SUJEIÇÃO PASSIVA TRIBUTÁRIA

LUÍS CESAR SOUZA DE QUEIROZ

Procurador Regional da República. Professor Titular de Direito Financeiro e Tributário na Faculdade de Direito da Universidade do Estado do Rio de Janeiro. Mestre e Doutor em Direito Tributário pela Pontifícia Universidade Católica de São Paulo. Pós-Graduado em Direito Comercial pela Fundação Getúlio Vargas. Ex-Procurador do Município do Rio de Janeiro (área tributária).

SUJEIÇÃO PASSIVA TRIBUTÁRIA

- Norma jurídica tributária
- Validade, vigência e eficácia
- Normas de conduta e de produção normativa
- Normas constitucional e complementar tributárias
- Princípios constitucionais tributários
- Contribuinte, responsável e substituto
- Substituição tributária "para frente": teoria e jurisprudência

4ª Edição
revista e ampliada

Prefácio de ***Paulo de Barros Carvalho***

GZ
EDITORA

Rio de Janeiro
2021

4ª edição – 2021
3ª edição – 2017
2ª edição – 2002
1ª edição – 1999 – 2ª tiragem
1ª edição – 1998

CIP – Brasil. Catalogação-na-fonte.
Sindicato Nacional dos Editores de Livros, RJ.

Q43s
4. ed.

Queiroz, Luís Cesar Souza de
Sujeição passiva tributária / Luís Cesar Souza de Queiroz. - 4. ed., rev. e ampl. - Rio de Janeiro: GZ, 2020.
292 p.; 24 cm.
Inclui bibliografia e índice
ISBN 978-65-5813-009-3
1. Direito tributário - Brasil. 2. Obrigação tributária - Brasil. I. Título.

20-67866
CDU: 34:336.221(81)

contato@editoragz.com.br
www.editoragz.com.br

Av. Erasmo Braga, 299 - sala 202 - 2º andar – Centro
CEP: 20020-000 – Rio de Janeiro – RJ
Tels.: (0XX21) 2240-1406 / 2240-1416 – Fax: (0XX21) 2240-1511

Impresso no Brasil
Printed in Brazil

A Paulo de Barros Carvalho, exemplo de pensador, analítico e preciso.

A Eurico Marcos Diniz de Santi, pela valiosa e incansável ajuda.

À Família, meu irmão Paulo, o eterno e verdadeiro amigo, meus pais Jadyr e Zuleide, por todo amor e dedicação, minha esposa Carla, meu amor, por toda a carinhosa ajuda e compreensão e, especialmente, pelo presente precioso, nosso bebê.

"A verdade não está com os homens, mas entre os homens."

Sócrates

ÍNDICE SISTEMÁTICO

ABREVIATURAS E SIGLAS USADAS

ADCT	Ato das Disposições Constitucionais Transitórias
art.	artigo
CF	Constituição Federal
CRFB	Constituição da República Federativa do Brasil
CTN	Código Tributário Nacional
DJ	Diário de Justiça
d. do Julg.	data do Julgamento
EC	Emenda Constitucional
ed.	edição
Ed.	Editora
Eg.	Egrégia
ERESP	Embargos de Divergência em Recurso Especial
Exmo.	Excelentíssimo
ICM	Imposto sobre Circulação de Mercadorias
ICMS	Imposto sobre Circulação de Mercadorias e Serviços
i.e.	id est (isto é)
IPI	Imposto sobre Produtos Industrializados
IPTU	Imposto sobre a Propriedade Predial e Territorial Urbana
IR	Imposto sobre a Renda
IRRF	Imposto sobre a Renda Retido na Fonte
ISS	Imposto sobre Serviços
nº	número
p.	página
p. ex	por exemplo
Prof.	Professor
PR	Paraná
PUC	Pontifícia Universidade Católica
RE	Recurso Extraordinário
REP	Representação
Resp	Recurso Especial
RS	Rio Grande do Sul
segs.	seguintes

Sr.	Senhor
SP	São Paulo
STJ	Superior Tribunal de Justiça
UERJ	Universidade do Estado do Rio de Janeiro
USP	Universidade de São Paulo
vol.	volume

PREFÁCIO

Muito expressiva tem sido a produção de dissertações e teses no Programa de Pós-graduação em Direito, da Pontifícia Universidade Católica de São Paulo, circunstância que contribui decisivamente, para o excelente conceito (A) de que desfruta essa entidade, no quadro das instituições de ensino superior no Brasil. E entre tantas, como é natural, algumas se distinguem pelo nível de organização teórica, pelo ineditismo, pelo caráter especulativo, pelo estilo forte da mensagem, pelo rigor na forma e por outros predicados que possam identificar a obra científica, concebida dentro dos padrões acadêmicos que se querem observados, mas que passam a ser, sobretudo, modelos ideais para elaborações dessa índole.

Penso ser um dever de justiça apontar com determinação para essas contribuições ao pensamento jurídico, desenvolvidas nos cancelos da Academia, e bem assim a seus autores, como estímulo ao prosseguimento dos nossos objetivos e a título de reconhecimento pelo esforço empreendido nesse setor de estudos avançados.

A dissertação de mestrado do Prof. Luís Cesar Souza de Queiroz, que agora foi transformada no livro *Sujeição Passiva Tributária* , é manifestação eloqüente de superação de expectativas, de ultrapassagem fecunda e positiva de limites pré-estabelecidos, pois, na verdade, aquilo que dele se esperava seria, apenas, uma elaboração dissertiva, ao passo que o produto apresentado ostenta a dimensão de autêntica tese. Mas, aqui se demora a tônica especial que desejo ver ressaltada: não é, também como tese, um trabalho que se mantenha nesse nível de produção universitária: o ilustre professor extrapassa, novamente, as fronteiras do desejável, imitindo-se em terreno de admirável labor criativo, para nos oferecer material científico da mais alta qualidade.

Não é preciso dizer que o candidato ao título de mestre pela PUC/SP se houve de modo brilhante na argüição, mantendo linha argumentativa equilibrada, do começo ao fim, o que assegurou harmonia e consistência à sua participação. Valeu-lhe, naquela oportunidade, a experiência docente já adquirida na prestigiosa Universidade Estadual do Rio de Janeiro (UERJ), permitindo-lhe utilizar, com destreza e naturalidade, as categorias fundamentais do direito.

A significação restrita que o título sugere corresponde mais à deliberação objetiva do autor e menos às exatas proporções em que foi idealizado o projeto, concebido numa visão ao mesmo tempo grandiosa e bem estruturada do fenômeno jurídico, para fins de aplicação nos domínios da atividade financeira do Estado, no que tange aos tributos. Dista de ser, por isso mesmo, uma simples obra de Direito Tributário, mero acréscimo no acervo da doutrina brasileira sobre o assunto. Pelo contrário, representa um corpo de meditações aturadas, em que o mestre, assumindo salutar atitude de pretensão intelectual, chega a oferecer modelos de raciocínio que surpreendem pela funcionalidade e pelo sentido prático, quando de sua utilização tópica no plano da experiência jurídica nacional.

Importa salientar, por outro lado, que todo o empenho declarativo do fenômeno jurídico requer um *quantum* de análise que, juntamente com os procedimento de síntese, perfazem a trajetória descritiva. Todavia, uma coisa é essa análise, como componente indispensável da composição dos discursos teoréticos; outra, bem diferente, é a feição analítica que identifica o autor como pertencente a uma escola de pensamento filosófico, isto é, a análise da linguagem tomada enquanto proposta de trabalho. Nessa medida é que vejo o livro do Prof. Luís Cesar Souza de Queiroz como produto inquestionável de grande e sutil vocação analítica.

Para além dos assomos de elevada indagação e de grande seriedade que o jovem professor soube, muito bem, imprimir à sua "dissertação", nela fazendo refletir traço inequívoco de seu caráter, cabe-me ainda acrescentar o modo sobranceiro como se ocupa do direito, outorgando-lhe posição digna, no quadro dos objetos da cultura. Não foi por outros motivos que Luís Cesar obteve, desde logo, assim de professores como de seus colegas da PUC/SP, concretas manifestações de respeito e admiração, oferecendo-nos, agora, obra de real importância científica que, certamente, muito contribuirá para o aperfeiçoamento das construções doutrinárias. Estão de parabéns, portanto, a dogmática brasileira, seus alunos da UERJ e todos aqueles que se dispuserem a ler e estudar essa obra de Ciência do Direito, densa e profunda em seu conteúdo, mas escrita de forma escorreita, tornando sua leitura amena e agradável.

São Paulo, 22 de dezembro de 1997

Paulo de Barros Carvalho
Titular de Dir. Tributário da PUC/SP (1985)
Titular de Dir. Tributário da USP (1997)
Advogado

INTRODUÇÃO

Este livro, apresentado sob o título de *Sujeição Passiva Tributária*, tem por desígnio descrever, com pretensão científica, um dos temas mais interessantes do Direito Positivo Tributário.

Para que seja possível lograr êxito neste propósito, é mister adotar rigorosas premissas metodológicas. Neste sentido, faz-se necessária a explícita apresentação do modelo utilizado para a construção deste discurso científico, o qual será norteado pelo método analítico-descritivo das normas jurídicas.

O presente livro não tem por objetivo dar esclarecimentos definitivos sobre problemas que, de longa data, preocupam aqueles que envidam seus esforços no intuito de conhecer e descrever o Direito.

Contudo, o que se pretende demonstrar é a efetiva possibilidade de se enfrentar questões jurídicas extremamente controvertidas, mediante a utilização de um certo modelo jurídico e alcançar respostas seguras e coerentes para tais questões.

É preciso desde já alertar que o modelo a ser apresentado contém algumas novidades, sendo, portanto, diferente de outros modelos utilizados pela doutrina ao tratar do objeto **Direito**. Esta advertência é imperiosa, pois é cediço que se forem adotados diferentes pontos de partida, axiomas ou premissas fundamentais, consequentemente ter-se-á diferentes respostas para as questões examinadas.

Por tal razão, aquele que for conhecer este trabalho deve, num primeiro momento, acolher os axiomas adotados, a fim de que seja possível averiguar a coerência das conclusões alcançadas durante a exposição.

É oportuno ressaltar que as premissas fundamentais assumidas guardam razoabilidade com aquilo que a comunidade, em especial a jurídica, tem aceito ao longo do tempo. Não atender este imperativo da razoabilidade implicaria, no mínimo, a falta de utilidade e, por consequência, a rejeição do modelo apresentado.

Dessarte, o livro tem início (**Capítulo I**) com um esclarecimento acerca do modelo jurídico proposto. Será evidenciado o *objeto do trabalho* (qual seja, como precisar, com rigor e segurança, quando um indivíduo passa a encontrar-se no estado jurídico de **sujeição passiva tributária,** em outras palavras, quando surge para uma pessoa a obrigação de entregar dinheiro ao Estado, a título de tributo – *obrigação tributária*), bem como o método empregado para lograr uma adequada explanação do tema.

Nesse ponto, será destacada a linha de raciocínio seguida para promover o desenvolvimento do trabalho. Serão também expostas algumas premissas do discurso científico, entre as quais ressalta-se a respeitante à concepção do Direito como fenômeno linguístico, sendo, inclusive, firmados, de forma preliminar, os conceitos de Direito Positivo, de Ciência do Direito, de norma jurídica e de ordenamento jurídico.

No capítulo seguinte (**Capítulo II**), proceder-se-á um profundo exame daquela que se qualifica como sendo a unidade fundamental do Direito – a *norma jurídica*. O exame tem início com a caracterização da norma jurídica, isto é, a demonstração do elemento definidor da norma jurídica, que possibilita distingui-la de outras normas (morais, sociais etc.). Este ponto é fundamental, pois ele complementa a noção de **Direito** (preliminarmente apresentada no Capítulo I), já que a norma jurídica é a unidade, cuja reunião (conjunto) compõe o sistema do Direito Positivo.

Será também analisada a *estrutura lógica da norma jurídica* (functor deôntico, antecedente, functor implicativo e consequente) e a *composição jurídica* (norma primária principal, norma primária punitiva acessória e norma secundária), a qual permite vislumbrar a *coercitividade* (elemento distintivo do jurídico).

A partir dessa caracterização do jurídico, terá pertinência a abordagem do tema relativo à ambiguidade envolvendo o vocábulo *sanção*. Tal ambiguidade deve ser devidamente afastada, pois ela pode prejudicar a atividade de identificação da norma jurídica tributária, mais especificamente, ela pode prejudicar a solução da seguinte questão: uma norma jurídica tributária "sem sanção" é realmente uma norma jurídica? Esta pergunta será enfrentada com o esclarecimento semântico acurado das acepções de "sanção".

A análise percuciente da norma jurídica será complementada com uma visita ao tópico referente à classificação das normas jurídicas (item 2.8), onde merece especial destaque a classificação da norma jurídica em *norma de produção normativa* e *norma de conduta* (item 2.8.3). Tal classificação é de vital importância para o desenvolvimento do tema central deste livro.

O capítulo será ultimado com um estudo dos requisitos necessários à classificação de uma norma como sendo norma jurídica tributária em sentido estrito (norma impositiva tributária), distinguindo-a da "norma tributária em sentido amplo"(norma administrativo-fiscal). Definido o conceito de norma impositiva tributária, efetuar-se-á sua classificação segundo os critérios anteriormente expostos.

O **Capítulo III** é determinante para a compreensão do modelo jurídico proposto. Nele, aparecem com clareza os axiomas fundamentais adotados na exposição, que possibilitam construir um sistema de Ciência do Direito Positivo, o qual pretende caracterizar-se pela coerência. Este capítulo revela o método empregado para delimitar, construir, conhecer e descrever o objeto *Direito*.

Perscrutar-se-á, portanto, o processo de produção do Direito, em especial, o processo de criação da norma impositiva tributária.

No início desse capítulo, procurar-se-á afastar a imprecisão que contamina a expressão "fontes do Direito", distinguindo a denominada *fonte formal* (instrumento introdutor de norma) da *fonte material* (fato jurídico). Após, será demonstrado que o Direito se desenvolve (produção e aplicação do Direito) por meio do movimento dialético entre norma jurídica e fato jurídico.

Em seguida, será pesquisado outro assunto de singular relevância: o *ponto de partida do ordenamento jurídico*. Neste tópico, analisar-se-ão as teorias de HANS KELSEN, HERBERT L. A. HART e ALF ROSS acerca da norma-origem do Direito Positivo.

Logo após, serão examinadas as teorias sobre o modo de produção e reprodução do Direito (a *cadeia da causalidade jurídica*), segundo alguns expoentes do pensamento jurídico contemporâneo, quais sejam: HANS KELSEN, HERBERT L. A. HART, ALF ROSS, NORBERTO BOBBIO e LOURIVAL VILANOVA.

Tendo estudado as principais teorias sobre o *ponto de partida do ordenamento jurídico* e sobre a *cadeia da causalidade jurídica*, apresentar-se-á uma proposta de modelo jurídico, onde ficará estabelecida a norma-origem do Direito Positivo brasileiro (premissa fundamental adotada) e, a partir dela, será construído todo o sistema do Direito Positivo brasileiro. Este modelo possibilita o reconhecimento dos requisitos necessários para a criação da norma impositiva tributária, ou seja, as condições necessárias para afirmar-se, com precisão e segurança, se e quando a norma impositiva tributária ingressará no Direito Positivo brasileiro (passará a ter existência jurídica).

Para completar, enfrentar-se-á, segundo o modelo jurídico proposto, a atormentadora questão relativa à definição e distinção dos conceitos de validade, vigência e eficácia.

O **Capítulo IV** tem como objeto a perquirição do relacionamento existente entre os Princípios Constitucionais Tributários e a norma jurídica tributária. O primeiro aspecto a ser focalizado é o concernente à rígida delimitação do conceito de Princípios Constitucionais. Em seguida, firmar-se-ão proposições fundamentais sobre as relações existentes entre Princípio Constitucional e norma jurídica.

Feito isso, torna-se possível o estudo de alguns dos mais importantes Princípios Constitucionais Tributários, que se constituem no fundamento de validade da norma impositiva tributária.

Ponto que suscita atenção especial é o relativo à demonstração da importância do Princípio Constitucional da Igualdade, para a determinação das espécies de normas impositivas tributárias: da taxa, da contribuição de melhoria e do imposto.

O ponto será encerrado com a apresentação de uma definição mais completa (que a fornecida no Capítulo II) de *norma impositiva tributária*.

No **Capítulo V** faz-se uma minuciosa imersão no processo da causalidade jurídica da sujeição passiva tributária. A fim de aumentar o enfoque analítico considerar-se-á apenas o processo pertinente à norma impositiva de imposto.

Esse capítulo subdivide-se em três grandes partes, que correspondem ao: a) plano normativo; b) plano fático; e c) plano relacional.

No plano normativo serão investigados todos os critérios (tanto os da antecedente quanto os do consequente) que a *norma impositiva de imposto* apresenta, com especial destaque para o critério pessoal passivo do consequente. Neste plano, já se verifica a prescrição, de índole indeterminada e geral, da *sujeição passiva tributária*.

No plano fático serão examinados os requisitos que o fato precisa atender para que seja qualificado como *fato jurídico tributário*.

No plano relacional, serão analisados os aspectos que envolvem a caracterização da relação jurídica tributária, em especial os atinentes ao seu pólo passivo, qual seja, a sujeição passiva tributária.

O primeiro item a ser objeto de exame é o da determinação completa da relação jurídica. Em seguida, definir-se-ão os conceitos da relação jurídica tributária em sentido estrito (relação jurídica tributária) e de "relação jurídica tributária em sentido amplo" (relação jurídica administrativo-fiscal). Após o esquadrinhamento da relação jurídica tributária, vislumbrar-se-á com clareza seu pólo passivo: a *sujeição passiva tributária*, inteiramente determinada e individualizada.

Esse capítulo termina com uma analítica exposição do processo de causalidade jurídica, o qual implica o surgimento da sujeição passiva tributária.

No último capítulo (**Capítulo VI**), será aplicado o modelo jurídico desenvolvido, com o propósito de analisar uma questão muito controvertida hodiernamente, qual seja: a da sujeição passiva *tributária antecipada*. Esta figura foi regulada pela Emenda Constitucional n.º 3, de 17 de março de 1993, ao acrescentar o § 7º ao art. 150 da Constituição da República. A constitucionalidade da substituição *tributária para frente* tem sido objeto de muita controvérsia, tanto na doutrina quanto na jurisprudência. Com a utilização do modelo jurídico desenvolvido, será possível tomar uma posição coerente e segura sobre esta questão.

Objetiva-se, assim, contribuir, de alguma forma, para o incremento das discussões sobre este palpitante e atual assunto, de interesse da comunidade em geral.

Capítulo I

CONSIDERAÇÕES PRELIMINARES

1.1. ESCLARECIMENTOS SOBRE O OBJETO E A METODOLOGIA: A PROPOSTA DE UM MODELO JURÍDICO

Esse ponto é essencial e propedêutico. É essencial, pelo fato de ser informador e conformador de toda mensagem aqui contida. É propedêutico, pois é necessariamente introdutório do discurso que agora se inicia, já que nele estarão presentes os elementos que constituirão e delimitarão o próprio objeto do trabalho.

Neste livro, objetiva-se enfrentar e oferecer solução para uma questão fundamental do Direito Positivo tributário, qual seja: como precisar, com rigor e segurança, quando um indivíduo passa a encontrar-se no estado (jurídico) de **sujeição passiva tributária**; em outras palavras, quando surge para uma pessoa a obrigação de entregar dinheiro ao Estado a título de tributo (*obrigação tributária*).

A doutrina, de longa data, preconiza uma análise sistemática do Direito, com o intento de melhor compreendê-lo e resolver as questões suscitadas.

Ora, se é inconteste que é preciso realizar uma análise sistemática do Direito para enfrentar questões jurídicas, em especial a que é objeto da presente exposição, então urge examinar outras relevantes e prejudiciais questões:

1ª – Que é Direito?

2ª – Que unidades compõem o sistema do Direito?

3ª – Que regras devem ser utilizadas para construir este sistema, ou seja, como é possível reconhecer as unidades que efetivamente compõem o sistema jurídico?

4ª – Que significa, com exatidão, o estado jurídico de sujeição passiva tributária?

5ª – De que modo e quando surge para alguém o estado jurídico de sujeição passiva tributária?

Essas perguntas têm que ver com conceitos fundamentais do Direito. Ao respondê-las, estar-se-á elaborando um **modelo jurídico**; um modelo necessário para delimitar e construir o objeto **Direito**. Somente depois de o Direito estar delimitado e construído, torna-se possível compreendê-lo e descrevê-lo.

Um **modelo jurídico** caracteriza-se por seus **axiomas**.

Como observa NICOLA ABBAGNANO,[1] os axiomas, numa concepção aristotélica, denotavam as proposições evidentes em si mesmas, pressupostos em de-

1 Nicola Abbagnano, *Dicionário de Filosofia*, pp. 96 e segs.

terminado sistema, surgindo sempre como premissa ou como ponto de partida para a demonstração de algo. Hodiernamente, a noção de axioma foi modificada. Não tem mais como característica definiente a imediata verdade, certeza, evidência, que lhe foi negada. Num ponto de vista formalista e lógico (PEANO, RUSSEL, FREGE e HILBERT), quase universalmente aceito, os **axiomas** não são verdadeiros nem falsos, mas são assumidos convencionalmente, na base de motivos de oportunidade, como fundamentos ou premissas do discurso. Neste sentido, não mais se distingue axioma e postulado. Deste modo, assevera-se que os axiomas são convencionais ou assumidos por convenção.

Cabe aduzir que a liberdade de escolha dos axiomas (premissas, postulados) está limitada por duas condições essenciais:

a) os axiomas devem ser coerentes, sob pena de o sistema construído a partir deles tornar-se contraditório;

b) os axiomas devem ser adotados com base em pressupostos considerados adequados (assumidos convencionalmente) por uma dada comunidade, sob pena de o sistema construído a partir deles ser considerado inútil.

Poder-se-ia cogitar: por que se preocupar com a elaboração de um (novo) modelo jurídico, se existem modelos jurídicos já devidamente expostos, que enfrentaram as questões anteriormente levantadas?

É certo que diversos modelos foram desenvolvidos para atender diferentes propósitos. NORBERTO BOBBIO,[2] um dos grandes pensadores de nosso século, afirmou recentemente (em 1987), no prefácio de seu livro *Teoría general del derecho*, que as obras de HANS KELSEN (a segunda edição da *Teoria Pura do Direito*, 1960), HERBERT L. A. HART (*O Conceito de Direito*, 1961) e ALF ROSS (*Direito e Justiça*, 1958) foram decisivas "para o desenvolvimento e formação da teoria geral do direito".

Efetivamente, a teoria de KELSEN causou relevante impacto na doutrina brasileira. Todavia, o modelo utilizado por KELSEN para aferir a pertinência de uma norma ao sistema jurídico (existência jurídica, validade) não convém ao Direito Positivo brasileiro (conforme será explicado oportunamente – Capítulo III).

Da mesma forma, os modelos de HART e ROSS não são compatíveis com o sistema jurídico brasileiro, sendo próprios para regimes da *Common Law* (ver Capítulo III, itens 3.6 e 3.7).

Dessarte, tornou-se imprescindível elaborar um modelo jurídico que fosse com-patível com o sistema de Direito Positivo brasileiro e que permitisse a construção de um sistema jurídico-científico (de Ciência do Direito Positivo, Dogmática Jurídica) que tenha como principal característica a busca incessante da coerência.

2 Norberto Bobbio, *Teoria General del Derecho*.

A fim de viabilizar a construção deste sistema jurídico-científico, cujo propósito último é a solução da questão central deste livro, foi imprescindível enfrentar todas as questões prejudiciais levantadas ao firmar-se a necessidade de (sempre) proceder-se a análise sistemática do Direito.

Vale, pois, retomar as referidas indagações.

Primeira – Que é Direito?

Essa questão será examinada preliminarmente nos itens 2 a 5 deste capítulo e será complementada com o desenvolvimento dos Capítulos II e III.

Segunda – Que unidades compõem o sistema do Direito?

Essa questão será resolvida no Capítulo II, onde será, inclusive, demonstrado que elemento confere juridicidade à norma, caracterizando-a como jurídica.

Terceira – Que regras devem ser utilizadas para construir este sistema, ou seja, como é possível reconhecer as unidades que efetivamente compõem o sistema jurídico?

Isso será respondido nos Capítulos III e IV, onde está acuradamente demonstrado o processo de produção da norma jurídica tributária, o processo da causalidade jurídica necessário para a criação da norma jurídica tributária. Este ponto será completado com a exposição da relação existente entre a norma jurídica tributária e os princípios constitucionais tributários.

Quarta – Que significa, com exatidão, o estado (jurídico) de sujeição passiva tributária?

Quinta – De que modo e quando surge para alguém o estado (jurídico) de sujeição passiva tributária?

Essas duas últimas questões referem-se diretamente ao tema central do livro e serão analisadas e respondidas nos Capítulos V e VI, com fundamento no modelo jurídico proposto nos primeiros capítulos.

Pelo exposto, ficou patente que para enfrentar o tema nuclear do trabalho (quarta e quinta questões) é essencial (por ser prejudicial) o tratamento das três primeiras questões. Sem este firme supedâneo teórico, as conclusões eventualmente obtidas careceriam de sustentação lógico-jurídica, havendo, ainda, sério risco de ingressar-se num campo meramente retórico.

O raciocínio que se segue é útil para elucidar o porquê foi necessário retomar pontos fundamentais do Direito para resolver uma questão de *cunho tributário*:

a) não há meio de perquirir-se, com profundidade, sobre *sujeição passiva tributária*, sem analisar o movimento dialético entre a norma jurídica tributária e o fato jurídico tributário (Capítulos V e VI);

b) para tanto, urge precisar que é fato jurídico tributário (Capítulos II, IV e V);

c) antes, porém, deve-se verificar se a norma jurídica tributária respeitou os Princípios Constitucionais Tributários, os quais se apresentam como um dos seus fundamentos de validade (Capítulo IV);

d) dessarte, torna-se relevante definir o conceito de princípio constitucional tributário (Capítulo IV);

e) contudo, é necessário um prévio exame do processo da causalidade jurídica, o qual permite afirmar que tanto o princípio constitucional tributário quanto a norma jurídica tributária pertencem ao sistema do Direito Positivo brasileiro (existem juridicamente) – investigação da fonte, da origem, do Direito (Capítulo III);

f) mas, a investigação da *origem do Direito* suscita a fixação e o estudo das unidades que o compõem, quais sejam, as normas jurídicas (Capítulo II);

g) entretanto, como estudar as normas jurídicas, sem antes precisar o que confere o caráter jurídico a uma norma, distinguindo-a de outras normas – norma moral, norma social etc. – (Capítulo II);

h) todavia, como pensar em *caráter jurídico*, sem ter uma noção preliminar do que se entende por Direito (Capítulos I e II).

Com a exposição dessa sequência lógica de questões, pretende-se evidenciar a linha de raciocínio adotada, onde, mediante o método da análise descritiva das normas jurídicas (que reunidas compõem o Direito Positivo), objetiva-se lograr um instrumental teórico suficiente para o enfrentamento do tema central escolhido.

Nesse sentido, o que será objeto de estudo é o Direito Positivo existente aqui e agora. Não tem pertinência, para os fins deste livro, analisar a conveniência e oportunidade do conteúdo das normas introduzidas no sistema do Direito Positivo, apesar de se reconhecer a importância desta espécie de estudo jurídico. Será objeto de atenção a *norma posta*, em especial, as relações existentes entre as diferentes unidades normativas do sistema jurídico positivo. Em termos metodológicos, a questão fundamental é saber reconhecer uma norma jurídica, para que seja possível analisá-la e, finalmente, descrevê-la.

Por fim, pode-se dizer que o modelo jurídico elaborado é o analítico-normativo, com predomínio do enfoque dogmático, onde as premissas (axiomas, postulados) adotadas são determinantes para a conformação deste modelo. A postura analítica é corrente durante todo o discurso. A preocupação constante em surpreender o fenômeno jurídico em toda sua complexidade, a fim de evidenciar o seu correto mecanismo, é uma nota distintiva nesta exposição. Por outro lado, a norma jurídica, construída a partir dos textos jurídicos objetivados em linguagem escrita, é o único objeto desta exposição, o que, por si só, confere uniformidade a este discurso de pretensões científicas.

1. 2. DIREITO E SEMIÓTICA

O Direito é um objeto cultural cujo propósito é regular condutas intersubjetivas. Por seu intermédio procura-se ordenar o comportamento humano nas inter-relações sociais, o que demonstra o seu caráter instrumental.

Somente por meio da linguagem é que o ser humano consegue conhecer e transmitir conhecimento. Se o Direito se propõe a ordenar condutas, ele tem que se expressar por meio de linguagem. Neste plano, a *Semiótica* ou *Teoria dos Signos* assume um lugar de destaque, proporcionando ao cientista do Direito um conjunto de instrumentos que facilita a compreensão do seu objeto, qual seja, do Direito Positivo.

A *Semiótica*, ou *Teoria dos Signos*, ensina que o signo é a unidade do sistema comunicacional, que se refere à relação triádica entre *suporte físico* (a palavra falada – ondas sonoras, ou a palavra escrita – tinta no papel, giz na lousa etc.), *significado* (objeto do mundo exterior ou interior, atual ou pretérito, concreto ou abstrato) e *significação* (noção, idéia ou conceito, que provoca em nosso intelecto).[3]

A Semiótica nos demonstra que toda linguagem pode ser investigada segundo três planos: o sintático, o semântico e o pragmático. O plano sintático é o que estuda a relação dos signos (unidades de comunicação) entre si. O campo semântico é o que analisa as significações, a relação dos signos com a realidade. O plano pragmático é aquele que pesquisa a relação do signo com os utentes da linguagem, averiguando de que forma esta é utilizada por aqueles. Somente percorrendo os três planos é possível alcançar o conhecimento de uma linguagem qualquer. Neste livro, entretanto, confere-se uma preeminência metodológica aos planos sintático e semântico. O plano pragmático, por ser o mais heteróclito dos três, terá reduzido exame, principalmente pelo fato de objetivar-se respostas mais precisas e seguras.

1.3. DIREITO POSITIVO E CIÊNCIA DO DIREITO

A Ciência do Direito apresenta uma peculiaridade: ela descreve um objeto que se apresenta também em forma de linguagem – o Direito Positivo. Tem-se uma linguagem falando de outra linguagem. A Ciência do Direito é uma metalinguagem que fala do Direito Positivo.

Utilizando os recursos da Semiótica é possível distinguir com tranqüilidade a Ciência do Direito e o Direito Positivo ou, se preferir, a linguagem da Ciência do Direito e a linguagem do Direito Positivo. Pode-se dizer que Direito Positivo é um corpo de linguagem, composto pelo conjunto de normas jurídicas (válidas) em determinado país. Está vertido em linguagem de função prescritiva, de tipo técnica, submetendo-se à Lógica Deôntica, cujos valores são o *válido* e o *não-válido*.

---

3 Paulo de Barros Carvalho, *Apostila de Lógica Jurídica*, p. 4.

A Ciência do Direito, por sua vez, é um corpo de linguagem que descreve (função descritiva) o Direito Positivo, estando vertida em linguagem de tipo científica, submetendo-se à Lógica Alética ou Clássica, cujos valores são o *verdadeiro* e o *falso*.

A concepção do Direito Positivo e da Ciência do Direito como camadas de linguagem facilita a diferenciação das mesmas, tornando-as entidades totalmente inconfundíveis. O que não significa afastar a mútua e contínua interação entre Direito Positivo e Ciência do Direito, em especial, ante a circunstância de sempre ser necessária a atividade de interpretação para a construção das normas jurídicas, como será evidenciado adiante.

1.4. TEXTO DO DIREITO POSITIVO E NORMA JURÍDICA

O texto do Direito Positivo não se confunde com norma jurídica. Neste ponto, é conveniente lembrar que o signo apresenta-se como uma relação triádica entre suporte físico, significado e significação. Seguindo este instrumental fornecido pela Semiótica, fica aclarada a distinção entre texto do Direito Positivo e norma jurídica. O texto do Direito Positivo ocupa a posição de suporte físico, a norma jurídica o tópico de significação, que se reporta a conduta humana nas suas relações intersubjetivas – o significado.

Sendo assim, pode-se dizer que a norma jurídica é a significação que se extrai da leitura dos textos do Direito Positivo (suporte físico)[4]. Norma jurídica não se confunde com o texto de uma lei, por exemplo. Aquela é a mensagem prescritiva que se constrói a partir dos enunciados legais. Destarte, a busca da norma jurídica exige um esforço muito grande, tendo sempre como referência o sistema do Direito Positivo globalmente concebido (interpretação sistemática).[5]

Por fim, cabe aludir que o conjunto de normas jurídicas que compõe o sistema do Direito Positivo é denominado **ordenamento jurídico**[6].

1.5. RESUMO

1. Neste livro, objetiva-se enfrentar e oferecer solução para uma questão fundamental do Direito Positivo tributário, qual seja: como precisar, com rigor e segurança, quando um indivíduo passa a encontrar-se no estado (jurídico) de **sujeição passiva tributária**; em outras palavras, quando surge para uma pessoa a obrigação de entre-

---

4 Paulo de Barros Carvalho, *Curso de Direito Tributário*, p.7.

5 Sistema é um termo multissignificativo. Normalmente, entendido como um conjunto de elementos que se inter-relacionam, compondo uma organização coerente. Lourival Vilanova entende que basta um critério definiente no agrupar objetos para que haja sistema. Causalidade e Relação no Direito, p. 14.

6 Neste sentido, leciona Norberto Bobbio, *Teoria do Ordenamento Jurídico*, p. 19.

gar dinheiro ao Estado a título de tributo (*obrigação tributária*) – (item 1.1).

2. O modelo jurídico elaborado é o analítico-normativo, com predomínio do enfoque dogmático, onde as premissas (axiomas, postulados) adotadas são determinantes para a conformação deste modelo (item 1.1).

3. A norma jurídica, construída a partir dos textos jurídicos objetivados em linguagem escrita, é o objeto desta exposição, o que, por si só, confere uniformidade a este discurso de pretensões científicas (item 1.1).

4. O Direito Positivo é o objeto da Ciência do Direito (item 1.3).

5. O Direito Positivo é um corpo de linguagem, composto pelo conjunto de normas jurídicas (válidas) em determinado país. Está vertido em linguagem de função prescritiva, de tipo técnica, submetendo-se à Lógica Deôntica (item 1.3).

6. A Ciência do Direito é um corpo de linguagem que descreve (função descritiva) o Direito Positivo, estando vertida em linguagem de tipo científica, submetendo-se à Lógica Alética ou Clássica (item 1.3).

7. A norma jurídica é a significação que se extrai da leitura dos textos do Direito Positivo (suporte físico) – (item 1.4).

8. O conceito de norma jurídica é fundamental tanto para o Direito Positivo quanto para a Ciência do Direito (Cap. I).

Capítulo II

NORMA JURÍDICA TRIBUTÁRIA

2.1. NORMAS: SOCIAIS, MORAIS E JURÍDICAS

No capítulo anterior, definiu-se Direito como sendo um conjunto de normas jurídicas, que tem por objetivo a regulação da conduta humana. Como será esclarecido adiante (item 2.8.3), apesar de existirem tanto normas jurídicas de conduta quanto normas jurídicas de produção normativa são aquelas as que, de modo mais direto, cumprem o papel de regular a conduta humana. Nesse primeiro momento, ao se falar apenas em *norma jurídica* quer se aludir à espécie norma jurídica de conduta. Não se deve olvidar que o universo normativo é extraordinariamente rico e variado. As normas jurídicas (de condutas e de produção normativa) compõem apenas um dos subsistemas (o jurídico) que integra o sistema normativo.

Os estudiosos do Direito costumam distinguir as normas jurídicas das normas morais e sociais. Desta forma, logra-se delimitar com precisão o objeto de seu interesse.

As normas sociais, morais e jurídicas têm um importante traço em comum, qual seja, todas objetivam regular condutas humanas.

A questão que se apresenta é a seguinte: qual a característica distintiva de cada uma delas?

Um primeiro critério, bastante utilizado pela doutrina, é o que tenta diferençar a norma jurídica das outras duas segundo o seu *conteúdo* . Deste modo, dizem que a norma jurídica regula somente condutas intersubjetivas, daí afirmar-se que a norma jurídica é *bilateral.* O caráter da bilateralidade decorre do fato de a norma jurídica regular a conduta de uma pessoa frente a outra, em interação com outra. Enunciam corriqueiramente: a norma jurídica é bilateral, pois estabelece direitos para uns e recíprocos deveres para outro.[1]

De certo, a característica da bilateralidade pode ser suficiente para distinguir a norma jurídica da norma moral, contudo é insuficiente para diferençá-la da norma social, que é igualmente bilateral.

---

1 O tema relativo à bilateralidade será revisitado no Capítulo V, subitem 5.4.1.1.4., onde será investigada a ambiguidade do binônimo "direito subjetivo-dever jurídico".

Em virtude da insuficiência do conteúdo (da bilateralidade da relação social regulada), há que se buscar outros critérios distintivos.

Um segundo critério utilizado é o que se refere ao *sujeito que cria a norma*. A norma moral é ditada por cada pessoa, ainda que mediante a influência do grupo social, com o fim de regular a sua própria conduta. Por sua vez, as normas sociais seriam criadas de forma difusa pelo grupo social, destinando-se à regulação das condutas intersubjetivas.

Diversamente, há quem diga que a norma jurídica é aquela criada por quem ocupa uma posição de superioridade. Esta pessoa detém um poder soberano, que lhe faculta regular as condutas intersubjetivas das demais pessoas. Há, pois, uma relação de poder entre o soberano, que institui a norma, e as demais pessoas da coletividade, que se submetem à norma imposta.

Esse critério foi bastante combatido, sendo igualmente considerado insuficiente, já que ele, entre outras coisas, exclui do universo das normas jurídicas as denominadas normas consuetudinárias,[2] além de conceber a relação entre representantes ("governo") e representados ("governados") como se fosse uma relação entre soberano e súdito, que não é compatível com a situação jurídico-política predominante hodiernamente.

Um terceiro critério, de que se fez uso e que guarda certa conexão com o anterior, foi o do *destinatário da norma*. A norma moral tem por destinatário o próprio criador da norma. Afirma-se que a norma moral é interna: é instituída por cada pessoa e tem por fim regular a sua própria conduta.

Esse critério é igualmente insuficiente para diferençar a norma jurídica da social. Ambas têm como destinatários as pessoas em geral, os membros da coletividade. Seu comando extrapola os limites internos do criador da norma.

Pelo que se viu até agora, os critérios examinados não são bastantes para divisar o campo de cada uma das normas. A questão central ainda está aberta: qual é o elemento caracterizador do *jurídico*, capaz de diferençá-lo das demais normas, em especial da norma social?

Antes de enfrentar tal questão (subitem 2.1.1), cabe assentar as características já analisadas de cada uma das normas:

Norma Moral: a) regula a conduta interna (para alguns, também a externa); b) é criada por cada indivíduo; e c) o comando objetiva regular a conduta da própria pessoa (destinatário).

---

2 Herbert L. A. Hart construiu sua obra tendo como um dos principais objetivos a apresentação de um modelo jurídico alternativo àquele apresentado por J. L. Austin, denominado de Teoria Imperativa. Segundo esta teoria, o direito é concebido como ordens coercitivas do soberano. *O Conceito de Direito* , tradução de A. Ribeiro Mendes, 2ª ed., Lisboa, Ed. Fundação Calouste Gulbenkian, 1994, prefácio e p. 89.

Norma Social: a) regula apenas a conduta externa, intersubjetiva; b) é criada pela coletividade de forma difusa; e c) o comando tem por fim regular a conduta das pessoas que compõem a coletividade (destinatário).

Norma Jurídica: a) regula somente a conduta externa, intersubjetiva; b) é instituída pela coletividade de forma difusa (ex. direito costumeiro ou consuetudinário) ou concentrada (ex. direito legislado); e c) o comando tem por propósito regular a conduta das pessoas que compõem a coletividade (destinatário).

2.1.1. A caracterização do jurídico

O critério que tem sido eleito como o fundamental para caracterizar o Direito é o da *coercitividade da norma jurídica*. Coercitividade da norma jurídica significa a possibilidade de a conduta prescrita pela norma, quando não for espontaneamente cumprida, ser imposta mediante o emprego da força, de maneira organizada, institucionalizada.

Nesse momento, um esclarecimento se faz necessário: em rigor, a coercitividade é uma característica encontrada no ordenamento jurídico, que se manifesta por intermédio da combinação de diferentes normas jurídicas, não sendo, pois, perceptível pelo exame isolado de somente uma norma jurídica.

A possibilidade de um comando contido na norma jurídica ser imposto pela força, isto é, a coercitividade, somente é perceptível quando se visualiza o fenômeno jurídico em toda sua complexidade.

A coercitividade requer a conjugação de diferentes normas que, numa sequência lógica, sistemática, apontam para as consequências jurídicas do não atendimento espontâneo daquilo que está prescrito por uma das normas.

Essa sequência lógica será mais bem demonstrada ao se estudar o fenômeno da composição jurídica (itens 2.5 e 2.6 deste capítulo). Em tal oportunidade, far-se-á uma acurada exposição do processo que envolve a coercitividade, o qual se apresenta mediante a reunião das chamadas normas *primária principal* (que impõem uma conduta em função da ocorrência de um fato qualquer não ilícito, não proibido), *primária punitiva acessória* (que, a título de punição, impõe uma conduta, em virtude do não-cumprimento de outra conduta que estava prescrita como obrigatória) e *secundária* (que regula a participação direta do Estado, por meio de um juiz, a fim de fazer cumprir, se for o caso por meio da força, aquilo que não fora espontaneamente cumprido).

Tal sequência lógica, que evidencia a coercitividade e que só é perceptível quando se tem sob exame o ordenamento jurídico, caracteriza os sistemas de Direito Positivo modernos, distinguindo-os dos sistemas morais e sociais.

A coercitividade, de uma forma ou de outra, com maior ou menor clareza, tem sido apontada pela doutrina como sendo a nota distintiva do jurídico. Autores de diferentes matizes, nacionais e estrangeiros, assim discorrem sobre o tema.

A fim de demonstrar a importância do critério da coercitividade na caracterização do jurídico, serão visitados quatro dos maiores nomes da Teoria Geral do Direito deste século.

O primeiro augusto jurista que releva o elemento coercitividade para caracterizar o Direito é HANS KELSEN. KELSEN tem forte preocupação com a separação dos planos das ordens social e moral para o plano da ordem jurídica. Ao fazê-la, é expresso em apontar a coação como elemento fundamental para o Direito. Pontifica KELSEN:[3]

> "As ordens sociais a que chamamos Direito são ordens coativas de conduta humana. Exigem uma determinada conduta humana na medida em que ligam à conduta oposta um ato de coerção dirigido à pessoa que assim se conduz (ou aos seus familiares). Isto quer dizer que elas dão a um determinado indivíduo poder ou competência para aplicar a um outro indivíduo um ato coativo como sanção". E complementa: "Como ordem coativa, o Direito distingue-se de outras ordens sociais. O momento coação, isto é, a circunstância de que o ato estatuído pela ordem como conseqüência de uma situação de fato considerada socialmente prejudicial deve ser executado mesmo contra a vontade da pessoa atingida e – em caso de resistência – mediante o emprego da força física, é o critério decisivo".

KELSEN ao tratar o Direito como uma "ordem coativa" evidencia, de forma irrefutável, a importância da coercitividade para a caracterização do Direito, erigindo-a em *critério decisivo*. É preciso destacar que o modelo de KELSEN não é tão analítico ao tratar do tema da sanção e da coerção. Não é feito um corte metodológico, distinguindo, claramente, o plano da norma primária punitiva do plano da norma secundária, processual (item 2.5 deste capítulo). Ao que parece, segundo o entendimento de KELSEN, a caracterização do jurídico decorre da **coercitividade** (possibilidade de impor uma conduta prescrita mediante o emprego da força) e não do simples fato de haver uma *sanção* (pena) para aquele que descumprir um comando normativo.

A existência de uma *sanção* (pena), por si só, não diferencia o plano jurídico dos planos da moral ou do social. Há sanções morais e sociais, que não são jurídicas. Logo, não há que se confundir *sanção* (pena) com coercitividade. Esta é a nota caracterizadora do jurídico, aquela não. O tema da ambiguidade do vocábulo sanção será mais bem estudado posteriormente (item 2.7 desde capítulo), pelo que não cabe um maior aprofundamento neste instante.

O segundo grande teórico geral do Direito a destacar o elemento coercitividade como distintivo do Direito é ALF ROSS. Este jurista escandinavo, ao discorrer sobre o conteúdo da ordem jurídica, levanta a questão relativa ao modo pelo qual se distinguiria o conteúdo do corpo de normas identificado como uma ordem jurídica nacional do conteúdo de outros corpos de normas, como, por exemplo, as do xadrez

---

3 Hans Kelsen, *Teoria Pura do Direito* , pp. 36, 37 e 38.

ou de cortesia. A questão se refere, exatamente, à perquirição do critério distintivo do Direito. ALF ROSS, apesar de adotar um modelo jurídico diferente do de KELSEN (segundo ele mesmo define, trata-se de um Empirismo levado às últimas consequências), responde a questão da identificação das normas da ordem jurídica do mesmo modo: o aspecto da **coercitividade** é o fundamental para caracterizar uma norma como sendo jurídica.

ROSS[4] afirma que as normas jurídicas "*son, en último análisis, normas que determinan las condiciones bajo las cuales debe ejercerse la fuerza a través del aparato del Estado, o – más brevemente – normas que regulan el ejercicio de la fuerza por los tribunales* ". E complementa: "*De acuerdo con esto, un orden jurídico nacional, considerado como un sistema vigente de normas, puede ser definido como el conjunto de normas que efectivamente operan en el espíritu del juez, porque éste las vive como socialmente obligatorias y por eso las obedece* ".

A definição de ordem jurídica como conjunto de regras que regulam o uso da força pelo Estado, além de ser um ponto central da Teoria Empirista de ROSS, ressalta o critério da coercitividade como sendo o caracterizador do jurídico.

O terceiro grande nome da Teoria Geral do Direito a ser examinado é o de HERBERT L. A. HART.[5]

Em que pese HART construir um modelo diferente dos modelos de KELSEN e ROSS, a presença do elemento coercitividade como caracterizador do Direito é revelada com limpidez em sua teoria.

HART define Direito como uma reunião de regras primárias (que regulam o que os indivíduos devem ou não fazer) com regras secundárias (que dispõem sobre os modos pelos quais as regras primárias podem ser criadas, alteradas ou eliminadas, bem como sobre o processo de determinação da ocorrência de violação destas regras). Para HART a conjugação de regras primárias e secundárias caracteriza o coração de um sistema jurídico (mas não o todo). As regras secundárias, por seu turno, subdividem-se em três: as de reconhecimento, de alteração e de julgamento. Neste momento, o que interessa são as regras de julgamento, onde repousa a coercitividade. Segundo leciona HART,[6] "o terceiro complemento ao regime simples das regras primárias, destinado a remediar a ineficácia da sua pressão social difusa, consiste

---

4 *Idem, ibidem* , p. 1.

5 HART, no prefácio de sua obra *O Conceito de Direito* , esclarece que seu objetivo foi de "aprofundar a compreensão do direito, da coerção e da moral como fenômenos sociais diferentes mas relacionados". Este professor de Oxford, falecido em 1994, observa que seu trabalho pode ser considerado como um ensaio da teoria jurídica analítica, pela sua preocupação com o pensamento jurídico, em vez de tratar de temas atinentes à crítica do direito ou da política legislativa. Apesar deste enfoque analítico, HART observa que seu livro também pode ser como um ensaio de sociologia descritiva, em virtude de a investigação sobre o significado das palavras estar voltada para o uso das mesmas no respectivo contexto social. *O Conceito de Direito.*

6 *Idem, ibidem* , pp. 106 e segs.

em regras secundárias que dão o poder aos indivíduos para proferir determinações dotadas de autoridade respeitantes à questão sobre se, numa ocasião concreta, foi violada uma regra primária". E complementa: "os sistemas jurídicos complementaram as regras primárias de obrigação com ulteriores regras secundárias e conferiram aos juízes, quando estes tenham apurado o facto da violação, o poder exclusivo de determinar a aplicação de penas por outros funcionários. Estas regras secundárias atribuem as 'sanções' oficiais centralizadas do sistema".

Vale observar que o modelo de HART não contém uma clara referência às normas primária punitiva e secundária. Apesar disso, ele valoriza o elemento coercitividade, quando discorre sobre o meio pelo qual se processa e se organiza a pressão social e a aplicação da pena nos casos de violação às normas.[7]

Por último, resta examinar o pensamento de NORBERTO BOBBIO. Este jusfilósofo italiano encontra na "sanção" o critério para distinguir o ordenamento jurídico das ordens moral e social.[8] Segundo BOBBIO, não obstante as três ordens possuírem sanção, cada uma delas apresenta características específicas. A sanção moral é puramente interior. Ela aparece como um sentimento de culpa, uma angústia, ao que a linguagem da ética denomina de remorso ou arrependimento. Por seu turno, a sanção social é externa, imposta pelo grupo social, de forma não organizada e, principalmente, sem uma devida proporção entre a violação cometida e a resposta aplicada.

BOBBIO caracteriza a sanção jurídica pelo fato de ser uma sanção externa e institucionalizada (organizada e regulada por meio de normas). Assevera BOBBIO:[9] "*Este tipo de sanción se distingue de la moral por ser externa, es decir, por ser una respuesta del grupo, y de la social por estar institucionalizada, esto es, por estar regulada en general con las mismas formas y por medio de las mismas fuentes de producción de las reglas primarias. Ello nos ofrece un criterio para distinguir las normas que habitualmente llamamos jurídicas de las normas morales y del conjunto de las normas sociales. Se trata de normas cuya violación tiene como consecuencia una respuesta externa e institucionalizada* ".

Afirma, ainda, que a norma jurídica se distingue das normas moral e social, por ser uma *norma com eficácia reforçada.*

Mais um ponto deve ser esclarecido quanto ao pensamento de BOBBIO. Ao definir "sanção", ele não leva em consideração a distinção entre a norma primária punitiva e a norma secundária. Esta ambigüidade com que trata o tema da sanção, dificulta a compreensão do que ele efetivamente entende como critério caracterizador do Direito. Ele define o conceito de "sanção" nos seguintes termos:[10] "*Por*

7 A Teoria de Hart voltará a ser objeto de estudo – subitem 3.7.2 do Capítulo III.

8 *Teoria General del Derecho* , pp. 106 e segs.

9 *Idem, ibidem* , pp. 110 e 111.

10 *Idem, ibidem* , p. 106.

'sanción' se entiende siempre una consecuencia desagradable de la violación, cuyo fin es prevenir la violación, o, en el caso en que se produzca la violación, eliminar las consecuencias nocivas ".

Embora não seja muito analítico quanto ao tema, é possível atestar que este jurista italiano igualmente confere à coercitividade o *status* de elemento distintivo do jurídico.

É mister aduzir que, na doutrina nacional, encontra-se o mesmo posicionamento no que tange à coercitividade como elemento caracterizador do Direito.

VICENTE RÁO,[11] ao estudar os caracteres distintivos da Moral e do Direito, destaca a coercitividade da norma jurídica, ao professar que: "A natureza das sanções respectivas também distingue as duas disciplinas. O desrespeito da norma moral pode causar um remorso (sanção individual e interna), ou a desconsideração social (sanção externa, mas de natureza simplesmente ética). Mas, a eficácia da norma jurídica é assegurada pela possibilidade de uma coerção material, praticada pela força do Estado".

SAN TIAGO DANTAS[12] ensina que o Direito se caracteriza pela exterioridade e pela coercibilidade. A exterioridade "significa que o comando jurídico refere-se sempre a uma ação externa do homem; não pode se referir a um ato de consciência; não pode se referir a um propósito mental". Quanto à coercibilidade esclarece com maestria: "Têm-se numerosas normas que regulam a vida da sociedade mas que não fazem parte do tecido da ordem jurídica. São comandos que se dirigem a todos os cidadãos, mas, ou fazem parte da ordem moral, ou fazem parte mesmo dos simples bons costumes; não entram na ordem jurídica". E complementa: "a norma jurídica, essa tem como sua característica mesmo a coercibilidade, o que quer dizer que, se alguém quiser se furtar à ação da norma jurídica, há uma autoridade capaz de impor ou o cumprimento da norma, ou o cumprimento de uma norma equivalente; ou é a própria norma que se cumpre ou então desaparece esta e surge uma outra que o Estado está em condições de impor".

Vale, ainda, citar a lição de PAULO DOURADO DE GUSMÃO[13] sobre a nota distintiva do Direito: "A nosso ver, a característica do direito é a *coercibilidade,* que consiste na possibilidade do emprego da força material para fazê-lo ser observado". Explica que: "A norma jurídica é executável coercitivamente. Há quem diga ser ela coativa. Como, porém, ela envolve a possibilidade jurídica da coação, é preferível considerá-la coercitiva. Assim, ao contrário das demais normas sociais, a jurídica se caracteriza pela *coercibilidade* : se inobservada, é imposta pelo Estado (direito estatal) ou por uma organização internacional (direito internacional)".

11 Vicente Ráo, O Direito e a Vida dos Direitos, p. 49.

12 San Tiago Dantas, *Programa de Direito Civil* , vol. I, p. 39.

13 Paulo Dourado de Gusmão, *Introdução ao Estudo do Direito* , pp. 75 e 109.

Sem embargo da preferência de alguns autores pelo termo *coercibilidade* em vez de *coercitividade*, este termo parece ser mais adequado que o primeiro. *Coercibilidade* significa qualidade do que é coercível, ou seja, do que se pode reprimir. *Coercitividade* denota qualidade de coercitivo ou coercivo, ou seja, que é capaz de exercer coerção, que coage, que reprime.[14]

Nessa linha, pode-se concluir que: a) a conduta humana é dotada de **coercibilidade**, é coercível, pode ser contida, reprimida; b) cada norma jurídica (em função do fenômeno de combinação de diferentes normas jurídicas que compõem o ordenamento jurídico) é dotada de **coercitividade**, pode exercer coerção, pode ser imposta pela força; e c) a **coercitividade** apresenta-se como sendo o elemento caracterizador do jurídico, que permite distinguir a norma jurídica das normas moral e social.

2.2. NORMA JURÍDICA: UNIDADE FUNDAMENTAL DO DIREITO

A norma jurídica destaca-se no universo normativo pelo fato de ser dotada de coercitividade. Esta unidade, construída a partir dos enunciados prescritivos presentes nos textos legislados, é reguladora da conduta humana no seio das relações sociais.

Alguns aspectos caracterizadores que envolvem a compreensão do conceito de norma jurídica devem ser retomados.

Em primeiro lugar, a norma jurídica é construída a partir de um texto, que está vertido em linguagem prescritiva. Consoante a Teoria dos Signos, o enunciado prescritivo (texto posto) é o suporte físico, objetivado; enquanto a norma jurídica é a significação (mensagem prescritiva) construída a partir do enunciado. A linguagem prescritiva, a linguagem das ordens, dos comandos, tem como propósito regular as condutas humanas. A lógica que a norteia é a lógica deôntica, do *dever-ser*. Como unidade do sistema linguístico prescritivo, a norma jurídica está num plano diverso do plano da conduta. A norma determina uma conduta (*dever-ser*), contudo ela jamais terá a aptidão de *tocar* a conduta (*ser*). É impossível a redução do plano normativo (dever-ser) ao plano fático (ser). Portanto, não se pode esperar que uma norma, sob um enfoque jurídico, tenha condições de afetar materialmente a conduta. O ponto de máxima proximidade entre uma norma jurídica e uma conduta é aquele em que uma norma individual ordena um ato de execução material. Todavia, mesmo neste caso a norma apenas prescreve uma ordem relativa à conduta de um indivíduo determinado, sem tornar-se o próprio ato material. Em rigor, no caso do último ato de execução material, a norma individual (p. ex., um mandado

---

14 Ver Caldas Aulete, *Dicionário Contemporâneo da Língua Portuguesa* , p. 839.

judicial) está dirigida à conduta de uma pessoa (p. ex., um oficial de justiça ou uma autoridade policial) que com o seu ato afetará a situação de outrem (p. ex., o que sofre o despejo, o arresto, o sequestro, o que é preso etc.). O último ato de execução material não se confunde com a norma. Se ele realmente ocorrer, estará no mundo dos fatos, não mais no mundo das normas. E mais, a conduta regulada, imposta pela norma individual acima descrita, é a do oficial de justiça (p. ex.), que está obrigado a praticar o ato de execução material.

Logo, a norma jurídica é apenas uma *mensagem prescritiva* dirigida à regulação de uma conduta humana. Esperar mais de uma norma jurídica, denota desconhecimento dos limites ontológicos do Direito (este aspecto é de extrema relevância para se construir, corretamente, a classificação da norma jurídica em abstrata e concreta – subitem 2.8.1 deste Capítulo).

Em segundo lugar, a conduta juridicamente regrada é a conduta exterior. A conduta interna, o pensamento, os atos de consciência não são objetos de regulação pelo Direito. Daí ser a *exterioridade* uma característica da norma jurídica.

Em terceiro lugar, a conduta regulada pela norma jurídica é a conduta intersubjetiva. Isto demonstra a bilateralidade do Direito. Todo comando normativo regula uma relação entre pessoas. Nos polos desta relação pessoal regulada pelo Direito, necessariamente, estarão pessoas diferentes. Daí se falar que a norma jurídica cria "direito" para um (denominado *sujeito ativo*) e "dever" para outro (denominado *sujeito passivo*). A *bilateralidade* é outra característica da norma jurídica.

Em quarto lugar, a norma jurídica tem como característica distintiva a possibilidade de ser imposto pela força (sob coação) de maneira organizada, institucionalizada, o prescrito pelo consequente normativo. Toda norma jurídica é dotada de coercitividade (ainda que, no caso das normas de produção normativa, de forma reflexa).

Pelo acima exposto, é possível desenhar uma definição do conceito de norma jurídica:

Norma Jurídica (de conduta ou de produção normativa) é uma mensagem prescritiva (significação), construída a partir de enunciados prescritivos, dotada de coercitividade, e, se for de conduta, também dotada de exterioridade e bilateralidade. Ressalta-se que a norma jurídica de produção normativa (a ser apreciada no item 2.8.3), por não regular conduta, não apresenta as características da exterioridade e coercitividade.

O conceito de norma jurídica é um conceito fundamental, tanto para o Direito Positivo quanto para a Ciência do Direito. Conceito fundamental não se confunde com o simples conceito geral. Conceito fundamental é aquele imprescindível.

Segundo Lourival Vilanova, conceito fundamental "é aquele sem o qual não é possível ordenamento jurídico". É "condição da possibilidade do direito positivo e da Ciência do Direito positivo".[15]

O conceito de norma jurídica pertence ao campo da Teoria Geral do Direito, não sendo peculiar a este ou aquele ramo.[16] Diversamente, conceito geral é aquele encontrado nos subdomínios do Direito, sendo, porém, prescindível.

Além de a norma jurídica ser um conceito fundamental, ela também se apresenta como unidade fundamental do Direito ou, nas palavras de Paulo de Barros Carvalho,[17] a norma jurídica é a "*unidade mínima e irredutível de significação do deôntico*" (grifos do autor).

Com isso pretende-se dizer que não há qualquer outra unidade do sistema do Direito Positivo que contenha o sentido deôntico. Somente o conjunto de normas jurídicas (unidades de sentido deôntico) formam o Direito Positivo.

Essa premissa caracteriza o modelo jurídico adotado: o modelo analítico-normativo.

O método utilizado para demarcar, constituir, conhecer e descrever o objeto *Direito* é o da análise das normas jurídicas que compõem o sistema do Direito Positivo brasileiro. Em suma, para os fins deste livro, somente a norma jurídica apresenta-se como unidade fundamental do Direito Positivo.

2.3. ESTRUTURA LÓGICA DA NORMA JURÍDICA DE CONDUTA

Tendo como premissa básica a de que o Direito Positivo, objeto deste discurso, é formado pelo conjunto de normas jurídicas existentes aqui e agora, sobressai a importância de perfazer-se uma investigação analítica sobre estas unidades deônticas.

Uma vez assentadas as características das normas jurídicas de conduta (mensagem prescritiva qualificada pela exterioridade, bilateralidade e coercitividade), resta aprofundar o exame da sua estrutura lógica.

O Direito, considerado como instrumento para regular a convivência por intermédio de normas (jurídicas), suscita uma técnica especial. Regular a convivência social significa ordenar as condutas humanas intersubjetivas.

Num sistema jurídico com um mínimo de complexidade, típico das sociedades contemporâneas, não é possível que alguém (legislador), dotado de poder para regu-

15 *Idem, ibidem*, p. 161.

16 É admissível falar-se em ramo do direito apenas para fins didáticos, pois num plano científico o direito é uno.

17 Paulo de Barros Carvalho, "Fundamentos Jurídicos da Incidência Tributária", tese apresentada ao concurso para professor titular do Departamento de Direito Econômico e Financeiro, da Faculdade de Direito, da Universidade de São Paulo, inédita, p. 24.

lar as condutas das demais pessoas, esteja ao lado de cada uma delas, o tempo todo, determinando o que deve e o que não deve ser feito.

Sendo assim, é preciso ditar, de forma geral e preventiva, as normas que regerão os comportamentos. Surge, pois, a necessidade de a norma ter um conteúdo apto para informar as condições que implicarão a conduta a ser seguida.

A estrutura lógica da norma começa a ficar delineada. Duas partes parecem essenciais para tanto:

a) a primeira – que descreve uma dada situação de fato e que funciona como implicante da segunda parte;

b) a segunda – que prescreve a maneira pela qual é regrada uma conduta intersubjetiva.

As normas jurídicas, portanto, apresentam uma estrutura proposional com duas partes: uma implicante, denominada antecedente, hipótese, suposto, prótase, descritor; outra implicada, denominada consequente, consequência, mandamento, estatuição, apódose, prescritor.

Uma análise percuciente da estrutura lógica da norma jurídica revela a presença de quatro elementos formadores desta unidade deôntica, assim denominados: a) functor deôntico; b) antecedente; c) functor implicacional; e d) consequente.

Com esses elementos, pode-se retratar a causalidade (interna) normativa da seguinte forma: deve ser, se o antecedente realizar-se, então instaura-se o consequente.

Formalizando tal estrutura, tem-se a expressão:

$D (A \rightarrow C)$

Explicando a fórmula:

i) D = é o functor deôntico;

ii) A = é o antecedente;

iii) $\rightarrow$ = é o functor implicativo

iiii) C = é o consequente

Convém examinar cada um desses elementos, a fim de permitir uma adequada compreensão do conceito de norma jurídica.

2.3.1. Functor deôntico

A linguagem do Direito Positivo é a prescritiva, a das ordens, dos comandos. A linguagem prescritiva é totalmente distinta da linguagem descritiva, informativa ou declarativa. Esta é a linguagem própria para transmitir notícias, divulgar informações. São funções da linguagem inteiramente diversas. Submetem-se a lógicas diversas: a prescritiva – à lógica deôntica (do dever-ser) e a descritiva – à lógica alética (do ser).

Por força dessas diferenças, há que se separar o plano da causalidade natural, relativa aos fenômenos da natureza, do plano da causalidade jurídica, própria dos fenômenos jurídico-normativos.

A linguagem do Direito não contém informações sobre a realidade. Seu propósito é o de afetar os comportamentos futuros, sempre. Este é um dado importante que merece ser ressaltado: **toda e qualquer norma de conduta, seja a denominada *geral e abstrata* ou a *individual e concreta,*[18] projeta o seu comando para uma conduta futura.**

A futuridade decorre de uma sequência lógica própria do fenômeno normativo. A norma jurídica sempre aponta, no seu consequente, para a conduta que deve ser seguida (conduta futura a ser cumprida). Mesmo a chamada "norma retroativa" projeta seu consequente para o futuro; é seu antecedente que tem projeção semântica para o passado (ver subitem 2.3.2 a seguir).

Por decorrência lógica, o cumprimento de uma norma requer que ela já exista. Cumpre-se a norma jurídica já existente, não aquela que não mais existe ou a que ainda está por vir. Assim, a norma jurídica determina qual conduta **deve ser** praticada. Este *dever ser* é peculiar à norma ou à causalidade normativa. Ele funciona como elemento distintivo da causalidade normativa. Pelas leis da natureza, ocorrida certa causa, então **é** o efeito: Dado C_N, então E_N (C_N é a causa natural e E_N é o efeito natural). Em função das leis jurídicas, ocorrida certa causa, então **deve ser** o efeito (a conduta prescrita deve ser realizada): Dado C_J, então D E_J (C_J é a causa jurídica, D simboliza o dever-ser e E_J é o efeito jurídico, qual seja, a conduta prescrita).

Ser e *dever-ser* são formas inconfundíveis e reciprocamente irredutíveis. KELSEN[19] é taxativo ao afirmar: "A distinção entre ser e dever-ser não pode ser mais aprofundada. É um dado imediato da nossa consciência. Ninguém pode negar que o enunciado: tal coisa é – ou seja, 'o' enunciado através do qual descrevemos um ser fático – se distingue essencialmente do enunciado: algo deve ser – com o qual descrevemos uma norma – e que da circunstância de algo ser não se segue que algo deva ser, assim como da circunstância de que algo deve ser não se segue que algo seja". Assenta, ainda:[20] "Um dever-se não se pode reduzir a um ser, um ser não se pode reduzir a um dever-ser; assim, também não se pode de um ser deduzir um dever-ser, nem de um dever-ser deduzir um ser".

É preciso atentar que tanto na causalidade natural quanto na causalidade normativa, existe uma implicação, há uma fórmula condicional: $C \rightarrow E$ ("$\rightarrow$" simboliza a implicação). Logo, esta implicação não serve para distinguir uma causalidade da outra.

---

18 As expressões norma geral e abstrata e norma individual e concreta são ambíguas. Esta questão será objeto de exame no item 2.8.1 deste capítulo.

19 *Teoria Pura do Direito* , *idem* , p. 6.

20 Hans Kelsen, *Teoria Geral das Normas* p. 70.

O elemento distintivo da causalidade normativa é o *dever-ser.* É o *dever-ser* que confere o matiz deôntico àquela fórmula condicional. Este *dever-ser* não afeta somente o consequente da norma jurídica, mas sim afeta a fórmula inteira. O antecedente (A), o consequente (C), e a implicação (→) que os une, são atingidos por este elemento simbolizador do deôntico.

Por tal razão, é mais rigoroso dizer: **deve ser, se o antecedente então o consequente.**

Formalizando, tem-se:

D (A→C)

Esse operador "D", pelo fato de ser caracterizador do deôntico e por afetar a fórmula (A→C), que contém o operador ou functor implicativo (→), recebe o nome de functor deôntico.

É exata a lição de LOURIVAL VILANOVA[21] quando assevera que "tanto a causalidade natural como a causalidade jurídica encontram na proposição implicacional sua adequada forma sintática". E complementa: "A diferença (parece-nos) residiria no operador, não no *functor interno* ('→', símbolo da implicação), mas num functor que afeta a proposição implicacional, em seu conjunto. Seria um *functor-de-functor* (algumas vezes denominado *functor functoral*), ou um operador de segundo grau, que vem *modalizar* , imprimir um *modus* à implicação, em seu todo".

Resumindo, o functor deôntico – "D" é o operador que afeta a fórmula condicional (A→C) e lhe confere natureza deôntica, sendo, pois, o elemento distintivo da causalidade jurídica.

2.3.2. Antecedente

Conforme dito anteriormente, a norma jurídica apresenta uma estrutura proposicional bimembre: uma primeira parte, *o antecedente* , que funciona como condicionante, implicante; e uma segunda parte, o consequente, que é condicionada, implicada. É válido dizer que a esta concepção bimembre da norma só se chega por meio de uma análise redutora de complexidade, pois o mundo dos enunciados prescritivos encontra-se envolvido num complexo emaranhado linguístico.

Antes de iniciar a perquirição do elemento **antecedente**, é proveitoso focalizar uma questão de cunho terminológico. Frequentemente, utiliza-se o termo *hipótese* para designar a primeira parte de uma norma. Contudo, este vocábulo não parece ser o mais adequado para todas as situações, em especial, para aquelas normas chamadas de *individuais e concretas.* É corrente dizerem que as sentenças são (ou veiculam) normas *individuais* e *concretas.* Nestes casos, o termo *hipótese* para designar

21 Lourival Vilanova, *Causalidade e Relação no Direito,* p. 47.

a primeira parte da norma parece não ser o mais adequado, pois a situação de fato, descrita na primeira parte da norma, já ocorreu no espaço e no tempo, não tendo, pois, caráter hipotético.[22]

Isso posto, o termo *hipótese* parece mais apropriado apenas para os casos em que a primeira parte da norma descreve uma situação de fato que ainda está por ocorrer, ou seja, com projeção semântica para o futuro. Em tais casos fala-se em normas *gerais e abstratas* (p. ex., as veiculadas por lei).

Neste livro, será adotado o termo **antecedente**, para nomear a primeira parte da norma, pelo fato de ele não apresentar o inconveniente semântico do termo *hipótese* e por ser, da mesma forma que este, utilizado com frequência nos textos científicos.

Esclarecida a questão terminológica, cabe retomar a investigação dos aspectos identificadores do antecedente. O antecedente normativo possui algumas peculiaridades.

A primeira: o antecedente possui o caráter de elemento condicionante, implicante, do consequente normativo (A→C).

A segunda: o antecedente se caracteriza por conter a descrição de uma situação de fato. Esta situação de fato pode ou não envolver uma conduta humana. Ou seja, a descrição pode ter como objeto uma situação da natureza (com ou sem a participação do ser humano) ou social (necessariamente com participação humana).

A terceira: o antecedente pode descrever um fato de possível ocorrência ou descrever um fato já ocorrido no tempo e no espaço. Serão examinadas cada uma destas hipóteses.

Uma: o antecedente normativo é do tipo que descreve um fato de possível ocorrência, ou seja, tem caráter hipotético, conjetural. Esta hipótese é a mais frequente no universo das normas veiculadas por leis, decretos, portarias etc.

O antecedente dessa espécie pode apresentar-se de duas formas: a) descrevendo fato que **pode** ocorrer no futuro; e b) descrevendo fato que **pode** ter ocorrido no passado.

Nos dois casos, há um ponto comum: a existência de uma suposição, conjetura, hipótese (tal circunstância foi simbolizada pelo termo "pode", que indica a possibilidade de ocorrer no futuro ou a possibilidade de ter ocorrido no passado).

A diferença, portanto, repousa na projeção temporal da conjetura: no primeiro caso –, para o futuro; no segundo caso –, para o passado.

É importante precisar que a projeção semântica para o passado não altera o caráter conjetural, hipotético da descrição. A suposição projetada para o passado se caracteriza por descrever um fato que pode ter ocorrido ou não no passado.

---

22 Segundo Caldas Aulete hipótese é "suposição feita acerca de uma coisa possível ou não, e de que se tiram diversas conclusões", e suposição é "ação ou efeito de supor; conjetura", *Idem* , *ibidem* , pp. 2.073 e 3.847.

As normas jurídicas, cujos antecedentes descrevem fatos que podem ter ocorrido no passado, são denominadas *normas retroativas*.

O efeito retroativo refere-se sempre ao antecedente, nunca ao consequente. Conforme dito anteriormente (Cap. II, subitem 2.3.1), o consequente jurídico está sempre projetado para o futuro. Carece de sentido deôntico um consequente normativo projetado para o passado. Por essa razão, parece ser inadequado falar em *normas com efeitos retroativos*. Um exemplo é útil para elucidar a questão. Supondo que uma norma do imposto sobre a renda criada em janeiro de 1997 assim disponha: antecedente – se alguém tiver adquirido uma renda superior a um milhão de reais no ano de 1995; consequente – o titular da renda está obrigado a voltar ao passado e entregar 50% do montante que superar aquele um milhão de reais, até o dia 31 de março de 1996.

Enquanto o homem estiver limitado fisicamente a se transportar para o passado, carece do mínimo sentido deôntico uma norma semelhante à do exemplo acima.

É um sem-sentido deôntico obrigar alguém a cumprir uma conduta num instante anterior àquele em que a ordem é emanada.

Logo, deonticamente, apenas o antecedente pode ser projetado para o passado, nunca o consequente. A circunstância de o Direito Positivo brasileiro vedar a retroatividade no plano tributário (CRFB – art. 150, III, *a*), não implica a impossibilidade lógica da retroatividade, isto é, a impossibilidade de o vetor semântico do antecedente estar projetado para o passado. Uma prova cabal desta assertiva é a possibilidade de ocorrer a retroatividade da "lei" (norma) penal para beneficiar o réu (CRFB – art. 5º, XL) ou ao infrator de norma tributária (CTN – art. 106, II).

Vale repisar: o ponto de referência para que a norma seja qualificada como retroativa (vetor semântico do antecedente projetado para o passado) é o átimo em que a norma começa a viger, ter vigência (Cap. III, item 3.11). Se o antecedente refere-se à situação de fato que pode ter ocorrido antes de a norma jurídica iniciar sua vigência, tal norma é retroativa. O caráter retroativo da norma independe da efetiva ocorrência, no passado, daquela situação (hipotética, conjetural) descrita pelo antecedente. É prescindível a verificação empírica. É suficiente o mero exame da norma jurídica.

Ainda quanto ao antecedente de caráter conjetural, seja aquele com vetor semântico projetado para o passado seja aquele com vetor projetado para o futuro, é correto afirmar: o antecedente deve descrever somente fatos de possível ocorrência.

O antecedente de cunho conjetural apenas se apresenta no modo ontológico da possibilidade. A descrição de fatos, cuja ocorrência é impossível, caracteriza um sem-sentido deôntico. Neste caso, pelo simples exame da norma, sabe-se que nunca haverá a produção do efeito jurídico prescrito pelo consequente.

Uma última observação: as normas jurídicas que apresentam o antecedente com feição conjetural são denominadas *abstratas*. Portanto, o caráter abstrato (ou, se for o caso, concreto) de uma norma decorre, exclusivamente, de um aspecto apresentado pelo antecedente. O consequente por prescrever uma conduta necessariamente futura, a ser realizada, tem sempre caráter abstrato (nunca concreto – sobre este ponto ver o subitem 2.8.1 deste Capítulo).

Analisada a situação em que o antecedente tem índole conjetural, resta estudar a outra hipótese.

Duas: o antecedente normativo é do tipo que descreve um fato já ocorrido no tempo e no espaço, ou seja, tem um caráter realista, concreto.

Esse tipo de antecedente é típico das normas veiculadas por sentenças judiciais.

Aceitando-se que a sentença judicial veicula norma jurídica, há um antecedente e um consequente. O antecedente da norma veiculada por uma sentença judicial (normalmente) descreve uma situação de fato não apenas de possível ocorrência, mas realmente ocorrida no tempo e no espaço (p. ex.: antecedente – dado o fato de João não ter pago o tributo no prazo legal; consequente – João está obrigado a entregar a quantia de dez mil reais ao Estado, a título de tributo, juros de mora e multa).

Nesse caso, o antecedente também se apresenta no modo ontológico da possibilidade. Porém, exige algo mais: o fato descrito deve realmente ter ocorrido no tempo e no espaço.

Agora, está mais evidente o porquê de se preferir o vocábulo *antecedente* ao termo *hipótese*. Não há conjetura, suposição, hipótese. O fato realmente ocorreu.

Por razão lógica, no caso de o antecedente ter caráter realista, o vetor semântico do antecedente está obrigatoriamente projetado para o passado.

Isso explica o motivo de ser exigida a comprovação, pelos meios juridicamente previstos (CRFB – art. 5º, LV e LVI; CPC – arts. 332 a 443), da efetiva ocorrência dos fatos, cuja descrição corresponde ao antecedente da norma veiculada pela sentença.

Mais um aspecto merece ser ressaltado: as normas jurídicas que apresentam o antecedente com feição realista são denominadas *concretas*, pois descrevem fatos já ocorridos no tempo e no espaço (ver subitem 2.8.1 deste Capítulo).

2.3.3. Functor implicativo

O papel do functor implicativo (→) já foi referido anteriormente (Cap. II, subitem 2.3.1): ele simboliza a relação de implicação existente entre o antecedente (proposição implicante ou condicionante) e o consequente (proposição implicada ou condicionada). O functor implicativo é um mero operador lógico, que denota a forma sintática que une as duas proposições da norma jurídica. Esse operador é neutro, isto é, não é modalizado.

Em função do papel lógico do functor implicativo, se uma norma jurídica determina que D (A→C), ou seja, que *deve-ser, dado o antecedente* – A, *então o consequente* – C , pode-se extrair algumas conclusões:

a – se A, então C (verdadeiro)
b – se não-A, então não – C (pode ser verdadeiro ou falso)
c – se não-A, então C (pode ser verdadeiro ou falso)
d – se A, então não-C (falso)

Explicando o acima dito:

a) se ocorrer o antecedente – A, então necessariamente (em termos jurídicos) instaura-se o consequente – C (conduta intersubjetiva prescrita deve ser realizada);

b) se não ocorrer o antecedente – A, não se pode afirmar *a priori* se há ou não a instauração do consequente não – C, pois, em tal caso, estar-se-á analisando uma outra norma jurídica e a resposta depende do que tal norma dispuser; em outras palavras, mesmo não ocorrendo o antecedente – A, pode ser que outro antecedente (não – A), por força de outra norma jurídica, implique C;

c) aplica-se o mesmo argumento utilizado na letra anterior (b);

d) é impossível (juridicamente) que ocorrido o antecedente – A, não haja a instauração do consequente – C.

Pode-se extrair a seguinte conclusão do exposto: na fórmula D (A→ C), o antecedente – A é condição suficiente de C, mas não é condição necessária de C.[23] Tais inferências decorrem das propriedades lógicas do operador condicional e independem, portanto, de saturação semântica das variáveis daquela fórmula para que se possa afirmar as respectivas verdades.[24]

2.3.4. Consequente

Essa segunda proposição da unidade normativa de conduta caracteriza-se por prescrever uma conduta intersubjetiva.

Ao se falar em conduta intersubjetiva, indica-se o caráter relacional do consequente. A conduta objeto de regulação pelo consequente normativo é a de uma pessoa frente a outra, em relação com outra.

Conforme demonstrado, a estrutura lógica da norma jurídica é expressa pela seguinte fórmula: D (A→C).

Essa fórmula está simplificada. Ela não explicita a composição interna do consequente. Este possui uma estrutura interna relacional. À medida que se afirma ser o consequente prescritor de conduta intersubjetiva, isto importa dizer que este regula uma relação interpessoal (entre duas ou mais pessoas). Em termos morfológicos, a

23 Lourival Vilanova, *idem, ibidem* , p. 48.

24 Delia Teresa Echave, María Eugenia Urquijo e Ricardo A. Guibourg, *Lógica, Proposición y Norma* , pp. 56 e segs.

conduta ou comportamento humano (de um certo *sujeito*) é designado por um *verbo* . *Verbo* é toda a palavra que indica ação (em sentido amplo, tanto a positiva quanto a negativa)[25] ou resultado de ação (estado). *Sujeito* é aquela pessoa gramatical que pratica uma ação.[26] Tratando-se, no caso em apreço, de conduta intersubjetiva, pode-se assegurar que o núcleo do consequente é formado por um *verbo pessoal* . Em outras palavras: o núcleo do consequente normativo é representado por um verbo que sempre exibe "a ação em relação com uma causa produtora, com uma pessoa gramatical".[27]

Essa breve incursão pela gramática portuguesa revela a utilidade e a importância de conceber-se o Direito como um fenômeno lingüístico.

A estrutura lógica do consequente já está aparente. Ela apresenta uma relação entre sujeitos, tendo como elemento central um verbo pessoal.

Se o consequente normativo regula uma conduta intersubjetiva (uma relação entre sujeitos, o comportamento que um deve ter frente ao outro), infere-se que o consequente, além de um verbo (que exprima ação), possui sujeitos, como termos dessa relação, que estão em posições diferentes, em pólos diferentes.

Retomando, de modo mais completo, a formalização da estrutura lógica da norma jurídica, tem-se que:

$D\ (A \to C)$

$D\ (A \to (R\ (S_1\ ,\ S_2\ )))$

Explicando a fórmula:

a) "D" é o functor deôntico, que simboliza o deôntico e afeta a implicação $(A \to C)$;

b) "A" é o antecedente;

c) "C" é o consequente, que contém uma relação "R" entre os termos "S_1 e S_2 ", que são os sujeitos da relação (intersubjetiva) regulada.

Uma observação merece ser feita de imediato: sendo a conduta objeto de regulação intersubjetiva, de um sujeito frente a outro, os termos "S1" e "S2" são necessariamente diferentes. O direito somente regula a relação de uma pessoa com outra, nunca uma relação intrasubjetiva, típica das relações reguladas pelas normas morais.

Essa fórmula revela ainda um operador intraproposicional, localizado no interior da proposição – consequente. Trata-se de um relacional deôntico (R), represen-

25 A regulação da conduta pode se dar em sentido positivo (ação em sentido estrito, p. ex: fazer) ou em sentido negativo (omissão, p. ex: não fazer).

26 Napoleão Mendes de Almeida, *Gramática Metódica da Língua Portuguesa* , pp. 164 e 165.

27 *Idem, ibidem* , p. 283.

tado pelo elemento nuclear da conduta (o verbo), devidamente modalizado, isto é, com a indicação do modo pelo qual a conduta é regulada. A modalização deôntica da conduta será objeto de estudo no tópico seguinte.

2.4. A CONDUTA E A MODALIZAÇÃO DEÔNTICA

A ordenação jurídica de um comportamento requer a modalização deôntica do verbo (elemento nuclear desse comportamento). Segundo a lógica deôntica, a conduta ao ser regulada juridicamente é afetada por três modais: o obrigatório (O), o permitido (P) e o proibido (V).[28]

Há quem aluda a um quarto modal, o facultativo. Todavia, este quarto modal equivale à conjunção de duas permissões: permissão bilateral (de fazer e de não fazer). Em outros termos, estar facultado equivale a estar permitido fazer e não fazer.

Rejeita-se, pois, um quarto modal. Neste sentido, são firmes as palavras de Lourival Vilanova:[29] "Há três modais e somente três. O modal da permissão constitui-se ora da permissão de fazer ou omitir, ora da permissão de fazer e omitir, isto é, da *permissão unilateral* e da *permissão bilateral* (Kalinowski, *Études de Logique Déontique* , pp. 200-201). A permissão bilateral às vezes é tomada como quarto modo, o facultativo. Todavia, se o facultativo compõe-se de duas permissões alternativas, não é um modal irredutível à permissão".

Dessa forma, o relacional deôntico (R) simboliza uma conduta (intersubjetiva) modalizada, ou seja, permitida (P), proibida (V) ou obrigatória (O).

Deve-se relevar: a modalização deôntica da conduta (P, V e O) só tem sentido se tal conduta estiver no modo ontológico possível. É um sem-sentido deôntico permitir (P), proibir (V) ou obrigar (O) condutas impossíveis ou necessárias.

Os modais deônticos (P, V e O) são interdefiníveis, porém irredutíveis. A Lógica Deôntica se desenvolveu a partir da Lógica Modal Alética, quando VON WRIGHT atentou para semelhanças entre os modais aléticos e os deônticos. Desta forma, foi estabelecida a seguinte analogia:

Necessário(N) – Obrigatório(O)
Possível(M) – Permitido (P)
Impossível(-M) – Proibido (V)

Em conformidade com a Lógica Modal Alética, os operadores M (possível) e N (necessário) são interdefiníveis:

a) $Mp \equiv N\text{-}p$
b) $\text{-}Mp \equiv N\text{-}p$

28 Utiliza-se a letra "V" para simbolizar o proibido, com o fim de não confundir com a mesma letra usada para o permitido. Além disso, a letra "V" é a inicial do vocábulo *vedado* nos idiomas português e espanhol, bem como *verboten* no idioma alemão. Há quem utilize a notação "Ph", como o fez Von Wright.

29 Lourival Vilanova, *As Estruturas Lógicas e o Sistema do Direito Positivo* , p. 38.

c) Mp ≡ Np
d) -Mp ≡ Np
(a letra "p" é uma variável que simboliza uma proposição qualquer)

Com base nessas duas tabelas, foi possível construir a Tabela de Interdefinição Deôntica:[30]

Pp ≡ -Vp ≡ -O-p
P-p ≡ -V-p ≡ -Op
-Pp ≡ Vp ≡ O-p
-P-p ≡ V-p ≡ Op

Por essa tabela, toda modalização deôntica da conduta pode ser representada por qualquer dos três modais combinado com o negador (–).

Segundo esse sistema, o operador modal deôntico "F" (facultativo) equivale à conjunção das permissões positiva (Pp) e negativa (P-p):

Fp ≡ (Pp. P-p)

Antes de finalizar este tópico, convém esclarecer que o operador facultativo (F) tem um sentido próprio para lógica deôntica e não deve ser confundido com o sentido em que é empregado na linguagem ordinária. A fim de demonstrar este asserto, é importante transcrever a lição de ECHAVE, URQUIJO e GUIBOURG[31] a respeito do correto sentido dos modais *permitido* (P) e *facultado* (F):

> "*Cuando en el lenguaje corriente hablamos de una conducta permitida, damos a esta palabra un significado más fuerte que el que le atribuye el lenguaje de la lógica deóntica: generalmente queremos decir que está permitido tanto cumplir la acción como omitirla. En el uso común (y aun en el de los abogados), 'permitido contraer matrimonio' significa que uno puede casarse si lo desea, pero que también – si tal es su decisión – le está permitido observar una conducta más prudente. En nuestro sistema, las acciones que están 'permitidas' en ese sentido bidireccional de la permisión se llamarán facultativas. Pero hay que aclarar que, cuando decimos de una acción que está permitida (Pp), sólo queremos afirmar que está permitido cumplirla, sin abrir juicio sobre su omisión: si la omisión está también permitida, la conducta será facultativa: si la omisión está prohibida, la acción resultará, en definitiva, obligatoria.*

Estas precisiones nos permiten introducir el operador 'F', que algunos autores utilizan para las acciones facultativas. Su definición puede simbolizarse así:

Fp ≡ (Pp. P-p)

30 Norberto Bobbio, *Teoria General del Derecho* , pp. 134 e 135; Delia Teresa Echave, Maria Eugenia Urquijo, e Ricardo A. Guibourg, *Lógica, Proposición y Norma* ..., p. 123; Roberto Jose Vernengo, *Curso de Teoria General del Derecho* , p. 67.

31 *Idem, ibidem* , pp. 134 e segs.

Es decir que una acción es facultativa si (y sólo si) está permitido cumplirla y también está permitido omitirla".

2.5. COMPOSIÇÃO JURÍDICA

A norma jurídica é concebida como mensagem prescritiva (significação, construída a partir de enunciados prescritivos – suporte físico), e, quando reguladora de condutas intersubjetivas, é dotada de exterioridade, bilateralidade e coercitividade. É a unidade fundamental do Direito. A estrutura mínima apta a regular deonticamente (P, O ou V) os comportamentos.

Se a norma jurídica é a unidade fundamental do Direito, é certo dizer: o Direito é composto pelo conjunto de normas jurídicas.

Segundo o exposto (Cap. II, subitem 2.1.1), o critério fundamental para caracterizar o Direito é o da coercitividade da norma jurídica, isto é, a possibilidade de a conduta prescrita pela norma, quando não for espontaneamente cumprida, ser imposta mediante o emprego da força, de maneira organizada, institucionalizada.

A coercitividade é perceptível em função de uma visão global do Direito. A visão isolada, de uma só norma jurídica, é insuficiente para vislumbrar a coercitividade. Esta apenas pode ser reconhecida, no seio do ordenamento jurídico, por intermédio da análise de uma combinação de normas jurídicas.

O Direito, por meio de suas normas, dispõe sobre os meios, para que a conduta prescrita e não cumprida seja imposta (ela própria ou uma conduta diversa) pela força.

É nesse sentido que se preconiza: o Direito regula o emprego da força.

Esse fenômeno jurídico de ordenar comportamentos e regrar o emprego da força, espelha a coercitividade. Para tanto, faz-se necessário um determinado conjunto de normas, que regule condutas, bem como a eventual imposição coercitiva de certos comportamentos.

Neste trabalho, resolveu–se denominar este fenômeno de *composição jurídica.*

Nesse sentido, a composição jurídica é formada pelo cientista do Direito com fins cognoscitivos, mediante a reunião de determinadas normas que apresentam características próprias, sendo conferidos, por conseguinte, nomes próprios. São elas:

a) a norma primária principal – que, em razão de um fato não ilícito, impõe uma conduta;

b) a norma primária punitiva (e acessória) – que em função de um fato ilícito, prescreve uma punição; e

c) a norma secundária – que regula o processo; é a norma processual.

Antes de prosseguir com a explicação, cabe lembrar que esta é apenas uma das diversas possibilidades de sistematização do universo normativo jurídico. A Ciência do Direito tem apresentado outros modelos. Com o propósito de melhor elucidar este tema específico, é útil examinar alguns aspectos dos modelos apresentados por três eminentes teóricos do Direito, quais sejam: HANS KELSEN, HEBERT L. A. HART e LOURIVAL VILANOVA.

KELSEN,[32] num primeiro momento, por conceber o Direito como uma ordem coercitiva, valoriza a norma que estabelece a *sanção* (no sentido de punição, pena) em detrimento daquela que prescreve a conduta que deve ser (ou deveria ter sido) seguida. Chama de *primária* a que estabelece uma pena pelo descumprimento e de *secundária* a que impõe um comportamento a ser seguido. Pontifica KELSEN:

"Um exemplo: não se deve roubar; se alguém roubar, será punido. Caso se admita que a primeira norma, que proíbe o roubo, é válida apenas se a segunda norma vincular uma sanção ao roubo, então, numa exposição jurídica rigorosa, a primeira norma é, com certeza, supérflua. A primeira norma, se é que ela existe, está contida na segunda, a única norma jurídica genuína. Contudo, a representação de Direito é grandemente facilitada se nos permitimos admitir também a existência da primeira norma. Fazê-lo é legítimo apenas caso se tenha consciência do fato de que a primeira norma, que exige a omissão do delito, depende da segunda norma, que estipula a sanção. Podemos expressar essa dependência designando a segunda norma como norma primária, e a primeira norma como norma secundária. A norma secundária estipula a conduta que a ordem jurídica procura ocasionar ao estipular a sanção".

Em obra publicada após sua morte, KELSEN[33] revê seu posicionamento e inverte os nomes conferidos às normas: "Se se admite que a distinção de uma norma que prescreve uma conduta determinada e de uma norma que prescreve uma sanção para o fato da violação da primeira seja essencial para o Direito, então precisa-se qualificar a primeira como norma primária e a segunda como secundária – e não o contrário, como o foi por mim anteriormente formulado".

HART também refere-se a regras primárias e secundárias. Todavia, confere-lhes significado diverso daquele utilizado por KELSEN. HART,[34] que compreende o Direito como uma união entre regras primárias e secundárias, considera: a) regras primárias – aquelas que regulam o comportamento dos indivíduos, o que eles podem ou não fazer; e b) regras secundárias – as referentes ao modo pelo qual se verifica que uma regra pertence ao ordenamento (regras de reconhecimento), as pertinentes à transformação do ordenamento (regras de alteração) e as relativas ao modo pelo qual serão julgados os conflitos (regras de reconhecimento). Na sistematização de HART, observa-se a distinção feita entre a norma que regula diretamente a conduta e a norma que regula o meio pelo qual se faz cumprir a norma não cumprida espontaneamente. Aquela, uma norma de cunho material, esta, de cunho processual (num sentido mais amplo do termo, envolvendo normas relativas à organização judiciária).

---

32 Hans Kelsen, *Teoria Geral do Direito e do Estado*, p. 65.

33 *Teoria Geral das Normas, idem*, p. 181.

34 *Idem, ibidem*, p. 104.

LOURIVAL VILANOVA, por sua vez, sistematizou de outra maneira o universo das normas jurídicas. Este jurista distingue a norma jurídica primária da secundária. Numa primeira abordagem, ele parece identificar, na norma secundária, tanto o elemento *sanção* (no sentido de punição) quanto o elemento *coação* (relacionado com a intervenção do Estado- juiz). Leciona o mestre:[35]

"Consideramos que a norma completa é dúplice. Sabe-se, isto é produto de abstração lógica, que corta a continuidade da série das normas que compõem o sistema. Representando dever-ser por "D", teremos: "D [(F→R' (S', S") v (não -F→R" (S', S")]" como esquema da norma. Não incluímos o sujeito S"', o sujeito judicante. A norma secundária, sancionadora, pode-se fazer cumprir não-contenciosamente: a sanção se realiza sem a coação do órgão estatal. Requerer a participação de S"' pressupõe fato jurídico qualificado por norma de direito substitutivo e de direito processual, e a configuração da relação R"', a relação processual".

Nessa passagem o autor destaca a "possibilidade" de a norma secundária conter apenas a *sanção* .

Em outro momento, aproxima a *norma secundária* da *norma processual*:[36]

> "Norma primária (oriunda de normas civis, comerciais, administrativas) e norma secundária (oriunda de norma de direito processual objetivo) compõem a bimembridade da norma jurídica: a primária sem a secundária desjuridiciza-se; a secundária sem a primária reduz-se a instrumento, meio, sem fim material, a adjetivo sem o suporte do substantivo".

Porém, quando examina os conceitos de sanção e *coação* , o professor esclarece a questão:[37]

> "Empregam-se os termos sanção e coação como equivalentes. Todavia, convém advertir que sanção pode haver na norma primária. O pagamento de um percentual de juros pela tardia adimplência da prestação do locatário, como a rescisão contratual independente de qualquer medida judicial, são geralmente cláusulas acessórias adjetas às cláusulas principais. As prestações subseqüentes às prestações principais são apenas acréscimos em ônus, ou a desvantagem, para o locatário, da rescisão contratual. Mas, essa sanção, cujo pressuposto é o descumprimento de obrigações negociais, é parte integrante da norma primária. As medidas que o locador toma para fazer exeqüível ou a exigibilidade que exerce para efetivar seu direito subjetivo, as diligências que emprega, tudo isso passa-se em nível da pretensão e da ação, *antes do processo* , como observa Pontes de Miranda".

Feito esse breve escorço do tema da composição jurídica sob a ótica de diferentes sistemas científicos, será estudado a seguir (subitens 2.5.1, 2.5.2. e 2.5.3.) o

35 *Causalidade e Relação no Direito*, idem, p. 60.

36 *Idem, ibidem*, p. 124.

37 *Idem, ibidem* , p. 126.

modelo adotado neste trabalho, o qual concebe a *composição jurídica* como a reunião das normas: **primária principal, primária punitiva** (e **acessória**) **e secundária.**

2.5.1. Norma primária principal

A primeira norma da *composição jurídica* é a norma primária principal. A denominação atribuída tem uma razão de ser, qual seja, a sua representatividade, a sua força comunicacional. Uma questão, de imediato, se apresenta: por que falar em norma *primária principal* e *primária punitiva* (e *acessória*)?

É brocardo corrente entre os juristas o de que o acessório segue o principal (*acessorium sequitur principale*). O enunciado do art. 58 do Código Civil Brasileiro preceitua: "Principal é a coisa que existe sobre si, abstrata ou concretamente. Acessória, aquela cuja existência supõe a da principal".

No caso em questão, a norma que estabelece em seu consequente uma punição (norma primária punitiva e acessória) pressupõe, **logicamente,** o descumprimento de uma conduta juridicamente imposta. Logo, toda e qualquer norma primária punitiva requer uma outra norma que logicamente lhe precede: a norma primária principal.

A norma primária principal não depende da norma primária punitiva para existir no sistema jurídico. Entretanto, a norma primária punitiva somente existe se a norma primária principal existir.

A norma primária principal caracteriza-se por apresentar um antecedente que descreve um fato lícito qualquer, ou melhor, fato que não seja contrário ao prescrito por uma norma jurídica. Se as normas jurídicas prescrevem condutas intersubjetivas, por exclusão, pode-se assegurar: o antecedente da norma primária principal caracteriza-se por descrever um fato qualquer (da natureza, econômico, social, conduta intersubjetiva etc.), exceto um fato-conduta que corresponda ao não-cumprimento de um comportamento prescrito por um consequente de outra norma jurídica, pois este é o caso de uma norma primária punitiva (e acessória).

Fato lícito significa fato-conduta que não seja contrário ao prescrito pelo consequente de uma norma jurídica.

Não tem sentido jurídico cogitar-se de fato da natureza ilícito. Somente fato-conduta pode ser regrado pelo Direito. Somente fato-conduta é qualificável como lícito ou ilícito.

Portanto, a melhor maneira de identificar uma norma primária principal, distinguindo da norma primária punitiva, é mediante o exame do seu antecedente. Se descrever fato lícito, ou melhor, se não descrever fato ilícito (pois um fato da natureza,[38] p. ex., não seria, em acepção mais estrita, fato lícito; mas é certo dizer

38 Um exemplo de norma primária principal que descreve fato da natureza: se o nível de umidade relativa do ar ficar inferior a certo limite, então as pessoas têm a permissão de não trabalhar e não ir à escola.

que ele não é um fato ilícito), será norma primária principal. Se descrever fato ilícito (somente fato-conduta contrário ao prescrito pelo consequente de outra norma) será norma primária punitiva.

A relação de acessoriedade existente entre a norma primária principal e a norma primária punitiva (e acessória) justifica a denominação escolhida.

Mais uma questão poderia ser levantada: se a composição jurídica é formada por três tipos de normas, por que não utilizar o termo *secundária* para designar a norma primária punitiva (e *acessória*) e o termo *terciária* para a norma secundária?

Houve uma razão para isso não ser feito. Se a norma primária principal pode existir sem que a norma primária acessória exista, isto implica dizer que a composição jurídica prescinde da norma primária punitiva. Se isto é verdade, não parece adequado apresentar uma estrutura para a composição jurídica com três membros, mas sim uma estrutura bimembre, cuja primeira parte pode ou não se bipartir.

É momento de afirmar: a composição jurídica (cujo aspecto fenomênico caracteriza o sistema como jurídico) requer, em sua estrutura mínima, apenas a presença da norma primária principal e da norma secundária; a norma primária punitiva (e acessória) é prescindível para a caracterização do sistema jurídico. Este tema será retomado mais adiante (Cap. II, item 2.7).

A norma primária principal, conforme exposto acima, descreve, em seu antecedente, um fato qualquer que não seja ilícito. Em seu consequente prescreve uma conduta (intersubjetiva) que não apresenta natureza de pena, punição. É primária (principal), pois é a que regula um determinado comportamento, positivo (ação) ou negativo (omissão), apontando em que sentido o convívio social deve se dirigir.

Formalizando a estrutura da norma primária principal, tem-se:

$D (Ap \rightarrow Cp)$

ou

$D (Ap \rightarrow (Rp (S_1, S_2))$

Por fim, explicando a fórmula:

a) "D" = é o functor deôntico, que afeta a fórmula implicacional "A C" ou "A (Rp (S_1, S_2)", conferindo-lhe cunho deôntico (dever-ser);

b) "Ap" = é o antecedente da norma primária principal, que se caracteriza por conter a descrição de um fato que não seja ilícito;

c) "F" = é o functor implicativo, que denota o caráter condicional da fórmula;

d) "Cp " ou "(Rp (S_1,S_2)" = é o consequente da norma primária principal onde está prescrita uma conduta intersubjetiva entre "S_1 " e "S_2 ", a qual não tem natureza de pena, punição;

e) "S_1 " e "S_2 " = simbolizam os sujeitos da relação, denominados, respectivamente, sujeito ativo e sujeito passivo;

f) Rp = é o relacional deôntico da norma primária principal, representativo da conduta intersubjetiva (principal) modalizada.

2.5.2. Norma primária punitiva (e acessória)

Norma primária punitiva (e acessória) é aquela cujo antecedente se caracteriza por descrever uma situação (fato-conduta, necessariamente) correspondente à não-realização do comportamento prescrito pelo consequente de uma norma primária principal. O seu consequente prescreve uma conduta que apresenta natureza de pena, punição (alguns empregam o termo *sanção* neste sentido; contudo, a utilização deste vocábulo é ambígua, o que será objeto de estudo mais à frente – Cap. II, item 2.7).

Ao adjetivar essa segunda (e eventual) parte da norma primária como punitiva (e acessória), pretende-se ilustrar de forma mais direta a sua natureza: a) diz-se *punitiva* em função da natureza do comportamento prescrito em seu consequente, o qual, normalmente, é considerado algo desagradável, um castigo; b) fala-se em *acessória* pelo fato de haver uma relação de dependência com a norma primária principal (esta sim, essencial) e por não ser necessária a sua presença para conferir juridicidade ao sistema.

Por causa dessa forte expressividade foram escolhidos os adjetivos "punitiva" e "acessória" para qualificar a segunda (e eventual) parte da norma primária.

É mister repisar: a segunda parte da norma primária, designada *punitiva (e acessória)* , não é de existência necessária para conferir juridicidade ao sistema. O fenômeno da juridicidade se manifesta (pelo menos) por meio da conjugação das normas primária principal e secundária. Estas representam a estrutura mínima da *composição jurídica.*

Formalizando a estrutura da norma primária punitiva (e acessória), tem-se:

$D\ (A_{P/A} \rightarrow C_{P/A})$

ou

$D\ (-Cp \rightarrow C_{P/A})$

ou

$D\ \{ -(Rp\ (S_1, S_2)) \rightarrow (R_{P/A}\ (S_1, S_2))\}$

Em rigor, o dever-ser (D) afeta a norma primária e a secundária. Como a secundária ainda será examinada (Cap. II, subitem 2.5.3), cabe montar, neste momento, ao menos, a fórmula da norma primária em sua composição bimembre:

$D\ \{ (Ap \rightarrow Cp) \cdot (A_{P/A} \rightarrow C_{P/A}) \}$

ou, de forma mais analítica:

$D\ \{ [Ap\ (Rp\ (S_1, S_2))] \cdot [-(Rp\ (S_1, S_2)) \rightarrow (R_{P/A}\ (S_1, S_2))]\}$

Explicando a fórmula bimembre da norma primária (principal e punitiva acessória):

a) "D" = é o functor deôntico, que afeta as fórmulas representativas das normas primárias principal "[Ap → (Rp (S_1, S_2))]" e punitiva "[-(Rp (S_1, S_2))]", conferindo-lhes cunho deôntico (dever-ser);

b) "Ap " = é o antecedente da norma primária principal, que se caracteriza por conter a descrição de um fato que não seja ilícito;

c) "→" é o functor implicativo, que denota o caráter condicional da fórmula;

d) "Cp " ou "(Rp (S_1, S_2))" = é o consequente da norma primária principal onde está prescrita uma conduta intersubjetiva entre "S_1 " e "S_2 ", a qual não tem natureza de pena, punição;

e) "S_1 " e "S_2 " = simbolizam os sujeitos da relação, denominados, respectivamente, sujeito ativo e sujeito passivo;

f) Rp = é o relacional deôntico da norma primária principal, representativo da conduta intersubjetiva (principal) modalizada;

g) "." = é o operador lógico da conjunção;

h) "$Ap_{/A}$ " ou "-(Rp (S_1, S_2))" = é o antecedente da norma primária punitiva (e acessória), o qual corresponde ao não-cumprimento (ou não-realização) da conduta intersubjetiva prescrita pela norma primária principal;

i) "$C_{P/A}$ " ou "($R_{P/A}$ (S_1, S_2))" = é o consequente da norma primária punitiva (e acessória), onde está prescrita uma conduta intersubjetiva entre "S_1 " e "S_2 ", a qual possui natureza punitiva (de pena, de castigo);

j) "S_1 " e "S_2 " = simbolizam os sujeitos da relação, denominados, respectivamente, sujeito ativo e sujeito passivo;

l) "$R_{P/A}$ " = é o relacional deôntico do consequente da norma primária punitiva (e acessória), representativo da conduta intersubjetiva (punitiva e acessória) modalizada.

2.5.3. Norma secundária

O foco temático deste livro é o estudo do fenômeno jurídico que envolve a sujeição passiva tributária nos planos normativo, fático e relacional. No que toca ao plano normativo, o tema da sujeição passiva tributária repousa na norma primária. A norma secundária apenas interessa à medida que o Estado for exigir coercitivamente o tributo não pago de forma espontânea. Desta forma, o objeto desta exposição não suscita um corte metodológico que permita uma análise profunda da norma secundária.

Essa observação tem relevância, pois o tratamento da norma secundária poderia ser mais meticuloso, acaso fosse esse o centro de interesse deste trabalho.

A norma secundária (também denominada processual),[39] juntamente com a norma primária principal, forma a estrutura mínima que confere juridicidade ao sistema.

É a combinação da norma primária principal com a norma secundária que produz o fenômeno da coercitividade. Aquela regula que conduta deve ser seguida, em virtude da ocorrência de um fato que não seja ilícito. Esta regula o modo pelo qual será exigida coercitivamente (com a intervenção do Estado-juiz) a realização de certa conduta, em função de não ter sido cumprida, de forma espontânea, a conduta imposta pela norma primária (a principal ou a punitiva).

LOURIVAL VILANOVA,[40] distinguindo a norma primária da secundária, leciona que "na segunda, a hipótese fáctica, o pressuposto é o não-cumprimento, a inobservância do dever de prestar, positivo ou negativo, que funciona como fato jurídico (ilícito, antijurídico) fundante de outra pretensão, a de exigir coativamente perante órgão estatal a efetivação do dever constituído na norma primária".

A norma secundária ou processual caracteriza-se por apresentar, em seu antecedente, a descrição de alguns fatos, entre os quais destaca-se o descumprimento da conduta prescrita no consequente da norma primária principal e, se for o caso, o descumprimento da conduta prescrita no consequente da norma primária punitiva.

Por sua vez, o consequente da norma secundária ou processual distingue-se por prescrever uma relação trimembre que envolve autor, juiz e réu.

Nesse sentido é o ensinamento de LOURIVAL VILANOVA[41] sobre a relação de cunho processual prescrita no consequente da norma secundária:

"É relação trinária, como se denomina na teoria geral das relações: é entre A, B e C, i. e., entre autor, réu e juiz. Em rigor, não é uma relação linear, em série, por assim dizer horizontal. A relação processual – simbolicamente estabelecida na norma secundária – consta de duas relações, como é tese dominante na processualística moderna: é a relação entre A e C e a relação entre B e C; relação entre o sujeito processual ativo e o órgão jurisdicional; relação entre o sujeito processual passivo e o mesmo órgão jurisdicional".

Deve-se alertar: a concepção da norma secundária, tal como exposta, decorre de uma construção redutora de complexidade. No universo das normas que dispõem sobre o processo, há diversos antecedentes e consequentes. Este emaranhado de normas, que tratam do modo pelo qual o Estado-juiz intervirá para fazer cumprir (coercitivamente, se preciso) as prescrições normativas primárias, está reduzido à

39 Lourival Vilanova, *Causalidade e Relação no Direito*, cit., p. 124.

40 *Idem, ibidem*, p. 123.

41 *Idem, ibidem*, pp. 128 e segs.

representação do que se chamou de *norma secundária* . Em outras palavras, ao que parece, há diversas normas que dispõem sobre a instauração, o desenvolvimento e a extinção de relações processuais. Neste trabalho, reduz-se a complexidade deste universo normativo simbolizando-o com a figura da norma secundária.

Em linguagem formal, representa-se a norma secundária da seguinte maneira:

$$D\ (A_S \rightarrow C_S)$$

ou, de forma mais analítica:

$$D\ \{\ (\text{-}Cpv - C_{P/A}) \rightarrow (C_S)\ \}$$

ou, de forma bem mais analítica;

$$D\ \{\ [\text{-}(Rp\ (S_1, S_2))\ v - (R_{P/A}\ (S_1, S_2)] \rightarrow [\ R_S\ (S_1, S_3, S_2)]\ \}$$

Explicando as fórmulas;

a) "D" = é o functor deôntico, que afeta a implicação do antecedente ao consequente, conferindo-lhe cunho deôntico (dever-ser);

b) "A_S " ou " $(\text{-}Cp\ v - C_{P/A})$" ou $[\text{-}(Rp\ (S_1, S_2))\ v\ \text{-}(R_{P/A}\ (S_1,S_2)]$" = é o antecedente da norma secundária, representada pelo não-cumprimento da conduta prescrita pelo consequente da norma primária principal (necessariamente) ou da norma primária punitiva (eventualmente);

c) "$\rightarrow$" = é o functor implicativo, que denota o caráter condicional da fórmula;

d) "C_S " ou "$[\ R_S\ (S_1, S_3, S_2)]$" = é o consequente da norma secundária, que prescreve uma relação angular (processual) – "R_S ", que envolve autor (S_1), juiz (S_3) e réu (S_2);

e) "R_S " = é o relacional deôntico do consequente da norma secundária, que afeta a conduta intersubjetiva do autor, juiz e réu;

f) "S_1 , S_3 e S_2 " = são os termos da relação (processual), autor (S_1), juiz (S_3) e réu (S_2); e

g) "v" = é o operador lógico correspondente ao disjuntor includente ("ou" includente)

2.6. A FORMALIZAÇÃO DA COMPOSIÇÃO JURÍDICA E A RETOMADA DA CARACTERIZAÇÃO DO JURÍDICO – A COERCITIVIDADE

Conforme dito anteriormente, a composição jurídica é formada pela norma primária principal (sempre, imprescindivelmente), pela norma primária punitiva (eventualmente) e pela norma secundária ou processual (sempre, indispensavelmente).

Formalizando a estrutura global da composição jurídica, tem-se:

$D\{(Ap \rightarrow Cp)$.	$(A_{P/A}\, C_{P/A})$.	$(A_S\, C_S)\}$
norma primária principal	norma primária punitiva e acessória	norma secundária

ou, de modo mais analítico:

$$D\{[Ap \rightarrow Rp\,(S_1, S_2)] . [-Rp\,(S_1, S_2) \rightarrow R_{P/A}\,(S_1, S_2)] . [(-Rp\,(S_1, S_2)) \vee (-R_{P/A}\,(S_1, S_2)) \rightarrow R_S\,(S_1, S_3, S_2)]\}$$

a) "D" = é o functor deôntico, que afeta as três fórmulas representativas das normas primária principal "$[Ap \rightarrow Rp\,(S_1, S_2)]$", primária punitiva (e acessória) "$[-Rp\,(S_1, S_2) \rightarrow R_{P/A}\,(S_1, S_2)]$" e secundária "$[(-Rp\,(S_1, S_2)) \vee (-R_{P/A}\,(S_1, S_2)) \rightarrow R_S\,(S_1, S_3, S_2)]$", conferindo-lhes caráter deôntico (*dever-ser*);

b) "Ap" = é o antecedente da norma primária principal, que se caracteriza por conter a descrição de um fato que não seja ilícito;

c) "$\rightarrow$" = é o operador lógico *condicional* de cada uma das fórmulas;

d) "C_p" ou "$Rp\,(S_1, S_2)$" = é o consequente da norma primária principal onde está prescrita uma conduta intersubjetiva entre "S_1" e "S_2", a qual não tem natureza de pena, punição;

e) "S_1 e S_2" = simbolizam os sujeitos da relação, denominados, respectivamente, sujeito ativo e sujeito passivo;

f) "Rp" = é o relacional deôntico da norma primária principal, representativo da conduta intersubjetiva (principal) modalizada;

g) é o operador lógico da conjunção, que simboliza a união de normas que produz a composição jurídica, cujo fenômeno caracteriza o sistema como jurídico;

h) "$A_{P/A}$" ou "$-Rp\,(S_1, S_2)$" = é o antecedente da norma primária punitiva acessória, o qual corresponde ao não-cumprimento (ou não-realização) da conduta intersubjetiva prescrita pela norma primária principal;

i) "$C_{P/A}$" ou "$R_{P/A}\,(S_1, S_2)$" = é o consequente da norma primária punitiva acessória, onde está prescrita uma conduta intersubjetiva entre "S_1" e "S_2", a qual possui natureza punitiva (de pena, de castigo);

j) "$R_{P/A}$" = é o relacional deôntico do consequente da norma primária punitiva acessória, representativo da conduta intersubjetiva (punitiva acessória) modalizada;

l) "S_1 e S_2" = simbolizam os (mesmos) sujeitos da relação ($R_{P/A}\,(S_1, S_2)$"), denominados, respectivamente, sujeito ativo e sujeito passivo;

m) "A_S " ou "[(-Rp (S_1, S_2)) v (-$R_{P/A}$ (S_1, S_2))]" = é o antecedente da norma secundária, representada pelo não-cumprimento da conduta prescrita pelo consequente da norma primária principal (necessariamente) ou da norma primária punitiva acessória (eventualmente);

n) "C_S " ou "[R_S (S_1, S_3, S_2)]" = é o consequente da norma secundária, que prescreve uma relação angular (processual) – "R_S ", que envolve autor (S_1), juiz (S_3) e réu (S_2);

o) "R_S " = é o relacional deôntico do consequente da norma secundária, representativa da conduta intersubjetiva modalizada que envolve autor, juiz e réu;

p) "S_1, S_3, S_2 " = simbolizam os termos da relação (processual), autor (S_1), juiz (S_3) e réu (S_2); e

q) "v" = é o operador lógico correspondente ao disjuntor includente ("ou" includente).

Uma vez esclarecida a estrutura da composição jurídica, vale retomar a questão da caracterização do jurídico.

Já se firmou o ponto de vista no sentido de ser o fenômeno da coercitividade que distingue o sistema como jurídico. Coercitividade do sistema jurídico positivo significa a possibilidade de a conduta prescrita pela norma, quando não for espontaneamente cumprida, ser imposta mediante o emprego da força, de maneira organizada, institucionalizada.

Para tanto, se faz **necessária** apenas uma estrutura composta pela norma primária principal e pela norma secundária. Isto é, exige-se somente que um comportamento intersubjetivo (representado morfologicamente por um verbo que exprima ação), seja regulado por um dos modais deônticos (P, O ou V), em função da ocorrência de um fato que não seja ilícito (norma primária principal) e que seja regrado o meio pelo qual poderá ser exigido coercitivamente o cumprimento daquela conduta prescrita (norma secundária).

Um exemplo tornará mais claro esse posicionamento. Certa lei veicula uma norma que dispõe sobre o dever jurídico (abstrato e genérico) de pagar o imposto sobre a renda. Supondo que não haja qualquer norma determinando que o não pagamento no prazo certo implica o dever de pagar multa, mas que há norma regulando os meios pelos quais a União possa exigir coercitivamente (com a intervenção do Estado-juiz) o pagamento do imposto, pergunta-se:

Se ocorrer (concretamente) o fato descrito no antecedente daquela norma que dispõe sobre o imposto sobre a renda, existirá a obrigação de pagar o imposto, mesmo antes (ou independentemente) de haver uma norma estabelecendo uma pena, "sanção", punição (multa), pelo seu não pagamento? Em outras palavras: já existe juridicidade suficiente naquele enunciado legal para veicular uma norma jurídica impositiva de imposto sem que haja uma "sanção" (pena, punição) prevista para a hipótese de ocorrer o seu descumprimento? Há norma sem "sanção" (no sentido de pena, punição)?

Uma análise mais açodada dessa questão poderia conduzir à seguinte resposta: não há "lei" (norma) sem a correspondente "sanção". Tal assertiva é muito frequente, entretanto, peca pelo emprego do vocábulo *sanção*, cuja utilização é ambígua (o que será examinado no item seguinte). Se for substituído o termo *sanção* para *norma primária punitiva* ou *norma secundária*, a solução parece ficar mais clara.

No exemplo formulado, há uma norma legal que institui o dever jurídico (abstrato e genérico) de pagar imposto – *norma primária principal* – e há outra norma que regula os meios para se exigir coercitivamente (com a intervenção do Estado-juiz) o pagamento deste imposto (se este não ocorrer espontaneamente) – *norma secundária*. Contudo, inexiste norma prescrevendo uma "sanção" (pena, punição) pelo seu não pagamento – *norma primária punitiva*. Conforme exposto acima, o que confere juridicidade a um dado sistema de normas, distinguindo-o de outros (morais, sociais etc.) é a coercitividade, cujo fenômeno se produz com a mera combinação entre norma primária principal e norma secundária; não é necessária a existência de norma primária punitiva acessória. Logo, no exemplo em apreço, há total juridicidade por parte da prescrição normativa que impôs o dever de pagar o imposto.

Saber se a presença de norma primária punitiva contribui ou não para a conformação da conduta social no sentido prescrito pela norma primária principal é questão totalmente diversa da relativa à juridicidade de um sistema. Conforme exposto, as "normas punitivas" existem nos sistemas jurídicos, morais e sociais, sendo, pois, insuficientes para distinguir o sistema jurídico dos demais sistemas normativos (Cap. II, item 2.1.1).

2.7. A AMBIGUIDADE DO VOCÁBULO *SANÇÃO*

O vocábulo *sanção*, em si mesmo, não é retentor de qualquer ambiguidade. Esta repousa na utilização do vocábulo no processo comunicacional. Assim, é certo dizer que o emprego do vocábulo *sanção* no discurso jurídico (seja no científico – Ciência do Direito, seja no prescritivo – Direito Positivo) tem sido bastante ambíguo.

Sem pretender exaurir o universo das acepções do termo *sanção*, vale destacar três sentidos diferentes: a) como ato de natureza confirmativa do titular do Poder Executivo, que compõe o processo de formação de uma lei já aprovada pelo Poder Legislativo (CRFB – art. 66 e §§); b) como sinônimo de punição, pena, prescrita no consequente de norma primária punitiva; e c) como sinônimo de providência regulada pela norma secundária, aplicável coercivamente com a intervenção do Estado-juiz (isto é, sinônimo de possibilidade de exercer coação).

Para os fins deste livro, tem relevância o estudo das acepções expostas nas letras "b" e "c" acima. Nessa linha, convém visitar algumas lições acerca do tema *sanção*.

KELSEN[42] observa que uma ordem social pode estabelecer como *sanção* uma providência que denote um castigo ou um prêmio. O castigo significa uma desvantagem e o prêmio uma vantagem. Para KELSEN, a *sanção* , em sentido amplo, engloba um castigo (pena) ou um prêmio. Porém, afirma que a *sanção* típica da ordem jurídica é aquela que se refere a uma desvantagem, um castigo.

O modelo de KELSEN não aprofunda a distinção entre os elementos *coação e sanção* ; melhor dizendo: KELSEN, ao definir o Direito, aproxima as acepções de *sanção* como norma primária punitiva e *sanção* como norma secundária. Aproxima, mas não confunde. Ele distingue o momento da previsão da punição para o caso de descumprimento do que era devido (*sanção* na norma primária punitiva) do momento da imposição coativa de uma certa medida (*sanção* na norma secundária).

KELSEN,[43] apesar de não ser muito analítico no que tange à distinção entre *sanção* e *coação* , destaca o elemento coação como o característico do Direito: "Como ordem coativa, o Direito distingue-se de outras ordens sociais. O momento coação, isto é, a circunstância de que o ato estatuído pela ordem como consequência de uma situação de fato considerada socialmente prejudicial deve ser executado mesmo contra a vontade da pessoa atingida e – em caso de resistência – mediante o emprego da força física, é o critério decisivo". Complementa: "Na medida em que o ato de coação estatuído pela ordem jurídica surge como reação contra a conduta de um indivíduo pela mesma ordem jurídica especificada, esse ato coativo tem o caráter de uma sanção e a conduta humana contra a qual ele é dirigido tem o caráter de uma conduta proibida, antijurídica, de um ato ilícito ou delito – quer dizer, é o contrário daquela conduta que deve ser considerada como prescrita ou conforme ao Direito, conduta através da qual será evitada a sanção".

Outro jurista que, de certa forma, aproxima as duas diferentes acepções de *sanção* é NORBERTO BOBBIO. Segundo BOBBIO:[44] "*Por 'sanción' se entiende siempre una consecuencia desagradable de la violación, cuyo fin es prevenir la violación, o, en el caso en que se produzca la violación, eliminar las consecuencias nocivas* ".

O fato de o modelo adotado por BOBBIO não aprofundar a distinção entre a *sanção-pena* (plano da norma primária punitiva) e *sanção-coerção* (plano da norma secundária) explica a sua concepção de **norma jurídica** como "*una norma con eficacia reforzada*",[45] da '*sanción' como elemento constitutivo del derecho" e do 'derecho' como conjunto de reglas con sanción organizada* ".[46]

---

42 Hans Kelsen, *Teoria Pura do Direito* , cit., pp. 27 e segs.

43 *Idem, ibidem* , pp. 37 e segs.

44 Norberto Bobbio, *Teoria General del Derecho* , cit., p. 106.

45 *Idem, ibidem* , p. 112.

46 *Idem, ibidem* , p. 116.

Uma questão deve ser ressaltada. KELSEN refere-se à *sanção* (em sentido amplo) englobando tanto o castigo quanto o prêmio. BOBBIO, em sua fase denominada funcionalista, faz alusão a KELSEN e retoma este tema da *sanção negativa* (pena, punição) e da *sanção positiva* (prêmio). BOBBIO considera prêmio *"aquellas medidas que se proponen dar una satisfacción a quienes han cumplido ya una determinada actividad"*.[47]

Segundo o modelo adotado neste livro, tem-se mais uma acepção para o vocábulo *sanção*. A *sanção positiva*, ao que parece, estaria contida em uma *norma primária principal,* não em uma norma primária punitiva acessória. A sua estrutura seria basicamente a seguinte:

a) antecedente: se alguém fizer algo (este "algo" é uma conduta desejada pelo Estado);

b) consequente: terá direito àquilo (este "aquilo" é alguma coisa boa, agradável, um prêmio).

Essa quarta acepção do termo *sanção* – *"sanção positiva"* (na norma primária principal) – nada tem que ver com a "sanção negativa" ou "sanção-pena" (na norma primária punitiva) ou com a "sanção-coerção" (na norma secundária).

Na doutrina nacional, merece realce a lição de LOURIVAL VILANOVA. Como já se disse anteriormente (Cap. II, subitem 2.5.3), este jusfilósofo, em certos momentos aproxima as noções de *sanção e coação,* situando-as na "norma secundária ou sancionadora":[48] "Na norma secundária, a hipótese fáctica é a não-observância do dever da parte do sujeito passivo, a qual implica o exercício da sanção e da coação (já aqui através de órgão jurisdicional)". Em outros, situa a "sanção" na norma primária (*in casu*, na punitiva acessória):[49] "Empregam-se os termos sanção e coação como equivalentes. Todavia, convém advertir que sanção pode haver na norma primária. O pagamento de um percentual de juros pela tardia adimplência da prestação do locatário, como a rescisão contratual independente de qualquer medida judicial, são geralmente cláusulas acessórias adjetas às cláusulas principais. As prestações subseqüentes às prestações principais são apenas acréscimos em ônus, ou a desvantagem, para o locatário, da rescisão contratual. Mas, essa sanção, cujo pressuposto é o descumprimento de obrigações negociais, é parte integrante da norma primária. As medidas que o locador toma para fazer exeqüível ou a exigibilidade que exerce para efetivar seu direito subjetivo, as diligências que emprega, tudo isso passa-se em nível da pretensão e da ação, *antes do processo*, como observa Pontes de Miranda".

---

47 Norberto Bobbio, *Derecho, Filosofia y Lenguaje, Homenaje a Ambrosio L. Gioja*, pp. 24 e segs.

48 Lourival Vilanova, *Causalidade e Relação no Direito*, cit., pp. 112 e segs.

49 *Idem, ibidem*, p. 126.

Dessarte, a ambiguidade na utilização do vocábulo *sanção* é um fato inconteste e reconhecido:[50]

> "Por isso, quando se diz que o direito é um conjunto de normas sancionadas, coercitivas, coativas, necessário é, em análise no interior dos níveis das normas, sublinhar *onde a sanção é efeito de antijuridicidade material, onde é conseqüência processual.* É ainda, conceptuado com rigor, como se distinguem sanção e coação, esta como execução coercitiva, através do órgão do Estado, de sanções preceituadas nas sentenças condenatórias. Mais, que a coação é normativamente delimitada: pelas regras de competência do órgão aplicador, pela prévia caracterização dos fatos de conduta (tipificação do fáctico através das normas), e pela área de sua incidência (não-execução sobre a pessoa do devedor, mas sobre seu patrimônio, não sobre todo ele, sobrexcedendo o limite do equivalente jurídico da sanção). Em suma, a aplicação da coação para efetivar a sanção segue a via processual, que é uma série de atos normativamente regrados: segue o devido processo legal.
>
> O uso não-unívoco dos termos 'sanção' e 'coação' é comum. Mesmo num Kelsen, com sua habitual precisão, e em linguagem da Teoria Geral do Direito, essa indistinção se faz notar".

A ambiguidade deve ser afastada. Para tanto, convém não utilizar o vocábulo *sanção* , cuja multissignificação não contribui para a precisão do discurso jurídico.

Justifica-se, assim, a utilidade de se distinguir, na composição jurídica, a *norma primária principal* , a *norma primária punitiva acessória* e a *norma secundária* , pois, deste modo, vislumbra-se, com clareza, o fenômeno da **coercitividade**. Um modelo que proporcione uma firme e límpida percepção do fenômeno da coercitividade possibilita (pelo fato de ela ser o elemento distintivo do sistema jurídico) conhecer e demarcar, com segurança e coerência, o objeto **Direito Positivo.**

2.8. CLASSIFICAÇÃO DAS NORMAS JURÍDICAS

2.8.1. "Norma geral e abstrata" e "norma individual e concreta": expressões imprecisas

É frequente a classificação das normas jurídicas em "*geral e abstrata* " e "*individual e concreta* ", como se fossem binômios necessários. Normalmente, fala-se que "as leis são normas gerais e abstratas", enquanto "as sentenças judiciais são normas individuais e concretas". Tendo um pouco mais de rigor, considerando a diferença entre norma jurídica e enunciado prescritivo (lei), dever-se-ia dizer: "as leis veiculam normas *gerais* e *abstratas* ; as sentenças judiciais veiculam normas *individuais* e *concretas* ". Contudo, as expressões "norma geral e abstrata" e "norma individual e concreta" permanecem imprecisas.

Vale ressaltar que KELSEN já havia derrubado as barreiras do preconceito de considerar-se que todas as normas eram "gerais e abstratas", ao demonstrar que as

50 *Idem, ibidem*, p. 131.

normas "individuais e concretas" também são "Direito" por fazerem parte da ordem jurídica como um todo.[51]

KELSEN[52] destacou, também, as diferentes características da norma *geral* e da norma *individual*:

"A norma geral, que liga a um fato abstratamente determinado uma conseqüência igualmente abstrata, precisa, para poder ser aplicada, de individualização. É preciso estabelecer se *in concreto* existe um fato que a norma geral determina *in abstracto* ; e é necessário pôr um ato concreto de coerção – isto é, ordená-lo e depois executá-lo – para este caso concreto, ato de coerção, esse que é igualmente determinado *in abstracto* pela norma geral. Portanto, a aplicação de uma norma geral a um caso concreto consiste na produção de uma norma individual, na individualização (ou concretização) da norma geral. E, por isso, a função da norma geral a aplicar também pode consistir em determinar o conteúdo da norma individual que é produzida através do ato judicial ou administrativo, da decisão judicial ou da resolução administrativa."

Segundo KELSEN, a norma geral possui o antecedente e o conseqüente *abstratos* ; ao mesmo tempo, aproxima os conceitos de "individualização" e "concretização". O modelo adotado por este jurista não precisa o conceito de "norma geral e abstrata" nem o de "norma individual e concreta"; ao que parece, considera-os sinônimos ou binômios necessários: "Este processo, no qual o Direito como que se recria em cada momento, parte do geral (ou abstrato) para o individual (ou concreto). É um processo de individualização ou concretização sempre crescente".[53]

Essa ambiguidade das expressões "norma geral e abstrata" e "norma individual e concreta" não passou despercebida por NORBERTO BOBBIO,[54] que leciona:

> *"En efecto, la doctrina de la generalidad y abstracción de las normas jurídicas por un lado es imprecisa, porque no aclara correctamente si los dos términos general y abstracto se usan como sinónimos ('las normas jurídicas son generales o abstractas'), o bien, con dos significados diferentes ('las normas jurídicas son generales y abstractas'). Por otro lado, es insuficiente o por lo menos no adecuada, porque al poner en evidencia los requisitos del carácter general y del carácter abstracto deja creer que no hay normas jurídicas individuales y concretas."*

BOBBIO[55] propõe uma definição desses conceitos e esclarece o significado de cada um deles:

---

51 Hans Kelsen, *Teoria Geral do Direito e do Estado* , cit., p. 42.

52 Hans Kelsen, *Teoria Pura do Direito* , cit., pp. 248 e segs.

53 *Idem, ibidem*, p. 255.

54 Norberto Bobbio, *Teoria General del Derecho* , cit., p. 130.

55 *Idem, ibidem*, pp. 130 e segs.

> *"En vez de usar promiscuamente los términos general y abstracto, creemos oportuno calificar de generales las normas que son universales respecto del destinatario, y abstractas aquellas que son universales respecto de la acción. Por esto aconsejamos hablar de normas generales cuando nos encontramos frente a normas que se dirigen a una clase de personas; y de normas abstractas cuando nos encontramos frente a normas que regulan una acción-tipo (o una clase de acciones). A las normas generales se contraponen las normas que tienen por destinatario un individuo particular, y que sugerimos denominar normas particulares; a las normas abstractas se contraponen las normas que regulan una acción particular y que sugerimos llamar normas concretas."*

BOBBIO[56] ainda rompe com o ensinamento de que há os binômios necessários "geral e abstrata" e "individual e concreta", ao ensinar que por força da independência destes conceitos, as normas jurídicas podem ser de quatro tipos: "*normas generales y abstractas (de este tipo son la mayor parte de las leyes, por ejemplo, las leyes penales); normas generales y concretas (una ley que declara la movilización general se dirige a una clase de ciudadanos y al mismo tiempo prescribe una acción particular que, una vez cumplida, extingue la eficacia de la norma); normas particulares y abstractas (una ley que atribuya a determinada persona una función, por ejemplo la de juez de la corte constitucional, se dirige a un solo individuo y le prescribe no una acción particular, sino todas aquellas acciones que son inherentes al ejercicio del cargo); normas particulares y concretas (el ejemplo más característico es el de la sentencia del juez).*"

Apesar de BOBBIO ser bastante analítico em sua abordagem da questão, os critérios definidores escolhidos por ele não parecem suficientemente claros para distinguir cada uma das espécies de normas: *geral* ou *individual* – segundo os destinatários; e *abstrata* ou *concreta* – segundo a ação.

A principal dificuldade está no critério definidor da norma abstrata ou concreta. Falar-se em *ação-tipo* e *ação particular* não parece ser bastante para distinguir uma norma de outra, classificando uma como *abstrata* e outra como *concreta* .

O "critério da ação" refere-se ao consequente normativo, pois é no consequente que se prescreve a conduta a ser seguida, ou seja, o comportamento regulado (o qual tem no verbo expressivo de ação a sua representação morfológica).

Em termos semânticos, pode-se dizer que o vocábulo *abstrato* designa aquilo que se considera existente só no domínio das idéias, sem base material; "idéia de uma qualidade ou propriedade separada pelo entendimento da substância a que essa qualidade ou substância é inerente".[57]

Por outro lado, o vocábulo *concreto* designa algo que "nos é dado pela experiência sensível", "que é efetivamente real",[58] com existência material, determinado no tempo e no espaço.

56 *Idem, ibidem* , p. 133.

57 Caldas Aulete, *idem* , *ibidem* , p. 34.

58 Hilton Japiassú e Danilo Marcondes, *Dicionário Básico de Filosofia* , p. 54.

Nesse sentido, pode-se asseverar que todo consequente normativo é *abstrato*. Como foi dito acima (Cap. II, subitem 2.3.4), o consequente tem sempre projeção semântica para algo futuro, para uma conduta a ser realizada, ainda não existente em termos materiais. O consequente prescreve algo que deve ocorrer, nunca descreve algo já ocorrido. A conduta prescrita no consequente pode nunca se realizar no tempo e no espaço. Portanto, falar-se em *norma concreta* em função de a ação ser uma "ação individual", não parece adequado. Pode-se estar incorrendo em sério problema classificatório, qual seja, a mistura dos critérios definidores. "Ação individual" denota conduta de um indivíduo. O indivíduo cuja conduta está prescrita é o que chamam de destinatário da norma. Na classificação de BOBBIO, o critério "destinatário da norma" é o utilizado para distinguir a *norma geral* da *norma individual*.

A fim de evitar essa possível confusão de critérios definidores, que dificultaria a identificação daquelas espécies de normas jurídicas, propõe-se a seguinte metodologia para proceder a classificação:

a) quanto ao **critério da realização, no tempo e no espaço, do fato descrito no antecedente normativo** – classifica-se a norma jurídica em *abstrata* ou *concreta*;

b) quanto ao **critério da individualização dos sujeitos cuja conduta intersubjetiva é regulada pelo consequente normativo** – classifica-se a norma jurídica em *geral* e *individual*.

Segundo os critérios definidores propostos, a norma é:

i) **abstrata** – quando o antecedente da norma jurídica descreve uma situação de fato, cuja ocorrência é possível, uma mera suposição, uma hipótese (é o caso de uma norma relativa ao imposto sobre a renda, veiculada por lei, que descreve em seu antecedente uma situação hipotética – ex.: se alguém auferir renda em certo local e tempo);

ii) **concreta** – quando o fato descrito no antecedente da norma jurídica já se realizou no tempo e no espaço; descreve-se um fato já ocorrido, fato material, concreto (ex.: é o caso de uma norma, veiculada por sentença judicial, que decide litígio referente ao imposto sobre a renda e tem em seu antecedente a descrição de um fato já ocorrido – ex.: João auferiu a renda de 100 no dia "d" no local "l");

iii) **geral** – quando o consequente normativo regula o comportamento de uma classe de pessoas indeterminadas, não individualizadas, quer ocupem o polo passivo (sujeito passivo indeterminado), quer ocupem o polo ativo (sujeito ativo indeterminado) – é o caso de uma norma relativa ao imposto sobre a renda, veiculada por lei, que prescreve em seu consequente a conduta de uma classe de pessoas não determinadas, não individualizadas – ex.: o sujeito – qualquer um que realizar a conduta de auferir renda – está obrigado a entregar vinte por cento da renda auferida à União – sujeito ativo;

iiii) **individual** – quando o consequente normativo regula o comportamento de pessoas determinadas, individualizadas, isto é, tanto o sujeito ativo quanto o sujeito passivo estão determinados, individualizados – é o caso de uma norma, veiculada por aquela mesma sentença judicial, que decide litígio referente ao imposto sobre a renda e tem em seu consequente a prescrição da conduta de uma (ou mais) pessoa(s) específica(s), determinada(s), individualizada(s) – ex.1 : João, sujeito passivo, está obrigado a entregar 20 à União, sujeito ativo, no local e prazo determinados; ex.2: João e Pedro, sujeitos passivos, estão obrigados a entregar, cada um, 20 à União, sujeito ativo, no local e prazo determinados).

Deve-se observar que em função da combinação dos conceitos acima expostos quatro tipos de normas podem existir: a) norma abstrata e geral; b) norma abstrata e individual; c) norma concreta e geral; e d) norma concreta e individual.[59]

Exemplificando cada um desses casos:

a) norma abstrata e geral – corresponde aos exemplos dos itens "i" e "iii" acima referidos;

b) norma abstrata e individual – é o caso de uma lei que veicula a seguinte norma: (deve-ser) se a cidade do Rio de Janeiro for escolhida para ser a sede das olimpíadas de 2008 (antecedente), então a União está obrigada a emprestar a fundo perdido o valor de 100.000 milhões de reais àquela cidade (consequente) cento e vinte dias após ser divulgado o resultado da escolha;

c) norma concreta e geral – ocorre quando uma lei veicula a seguinte norma: (deve-ser) dado o fato de o herói de guerra Mauro da Paz ter falecido (antecedente), então a União deverá (está obrigada a) entregar a cada filho a importância de 30 mil reais, trinta dias após encerrado o processo de inventário e partilha (convém observar que o caráter da generalidade está presente pelo fato de a norma, ao estabelecer um dos termos do consequente, *in casu,* o sujeito ativo, estar referindo-se a uma classe de sujeitos – *os filhos* ; referência a sujeitos indeterminados, que podem, até mesmo, inexistir);

d) norma concreta e individual – corresponde aos exemplos dos itens "ii" e "iiii" acima expostos.

2.8.2. Norma superior e inferior

A classificação da norma jurídica em *superior* e *inferior* tem fundamento na concepção de um ordenamento jurídico composto de normas de hierarquias diversas. Estes diferentes níveis hierárquicos decorrem do que se denominou "estrutura escalonada do ordenamento jurídico". Daí se dizer que há normas de *superior* e outras de *inferior* hierarquia.

59 Pelo fato de os adjetivos *abstrata* e *concreta* se referirem a características do antecedente e os adjetivos *geral* e *individual* aludirem a aspectos do consequente, ao qualificar a norma coloca-se em primeiro lugar aqueles e depois estes, ou seja, *norma abstrata e geral* em vez de *norma geral e abstrata*

Questão relevante é a da determinação do critério para se afirmar que uma norma é superior e outra é inferior. Em outras palavras: qual o critério definidor da classificação das normas em *superior* e *inferior*?

KELSEN,[60] ao discorrer sobre esse tema, pontifica que o Direito tem uma peculiaridade: ele regula a sua própria criação. O Direito Positivo, como conjunto de normas jurídicas, dispõe sobre o modo pelo qual tais normas são produzidas. Segundo o jurista, algumas normas regulam o processo de produção de outras normas. Acrescenta que a norma reguladora do modo pelo qual outra norma é produzida representa o fundamento de validade desta última.

Nas palavras do mestre de Viena: "... dado o caráter dinâmico do Direito, uma norma somente é válida porque e na medida em que foi produzida de uma determinada maneira, isto é, da maneira determinada por uma outra norma, esta outra norma representa o fundamento imediato de validade daquela".

Conforme o modelo de KELSEN, o último fundamento de validade repousa na norma fundamental, a qual é meramente pressuposta. O vínculo entre uma norma superior e outra norma inferior é relativo. Para KELSEN, a Constituição é o fundamento de validade de uma lei, que por sua vez é o fundamento de validade de um decreto. Assim, na relação entre a Constituição e uma lei, aquela é a norma superior e esta é a norma inferior. Na relação entre uma lei e um decreto, aquela é a norma superior e este a inferior.

Dessarte, **o critério definidor utilizado para classificar a norma em superior e em inferior é o de uma norma ser o fundamento de validade de outra ou o da posição relativa da norma na estrutura escalonada do ordenamento jurídico.**[61]

Esse modelo que concebe o sistema jurídico como um conjunto de normas, as quais se apresentam em níveis hierárquicos diversos, em diferentes escalões, é adotado no Brasil. Examinando-se o texto constitucional, verifica-se a determinação de uma estrutura escalonada entre os veículos introdutores de normas (ex.: Constituição, Lei, Decreto, Portarias etc.). Do exame do enunciado do art. 102, inciso I, alínea "a", inciso III, alíneas "b" e "c", e § 2º, da Constituição da República (CRFB), atesta-se que a relação entre a "Constituição" e uma "Lei" se apresenta como uma relação entre norma superior e inferior, respectivamente. Da análise do enunciado do art. 84, inciso IV, da Constituição da República (CRFB), conclui-se que a relação entre uma "Lei" e um "Decreto" é de norma superior com norma inferior, respectivamente.

Logo, tomando em consideração a classificação preconizada por KELSEN, pode-se apresentar a seguinte conclusão: pelo Direito Positivo Brasileiro, as normas

60 Hans Kelsen, *Teoria Pura do Direito*, cit., p. 240.

61 Kelsen não perfaz uma distinção rigorosa entre "lei" (enunciado prescritivo) e "norma legal" (norma construída a partir daquele enunciado; significação daquele). Assim, ao se ler *Constituição* ou *lei*, deve-se entender norma constitucional (veiculada pela Constituição) ou norma legal (veiculada pela lei).

veiculadas pela Constituição da República (CRFB) – normas superiores – prevalecem sobre as normas veiculadas pelas leis (normas inferiores); por sua vez, as normas veiculadas pelas leis (normas superiores) prevalecem sobre as normas veiculadas por decretos (normas inferiores).

Esse tema será revisitado mais adiante, quando a questão será focalizada sob a ótica do modelo proposto neste livro (Capítulo III, item 3.3).

2.8.3. Norma de produção normativa e norma de conduta

Como ressaltado anteriormente, as normas jurídicas também podem ser classificadas como sendo de conduta ou de produção normativa. Esta espécie normativa é extremamente relevante para o tema relativo ao processo de produção do Direito (Capítulo III). Há uma certa proximidade entre esta classificação e a anterior. Proximidade apenas, não confusão. Os critérios definidores são diferentes. Assim, quanto ao **critério da espécie de conteúdo do antecedente e do consequente normativos**, classifica-se a norma jurídica em:

a) de produção normativa = é aquela cujo antecedente descreve uma específica situação de fato (de ocorrência possível), que se caracteriza por apresentar os requisitos necessários para que outra norma passe a pertencer (a ter validade – criação ou modificação) ou deixe de pertencer (revogação) ao sistema jurídico, e cujo consequente apresenta uma estrutura relacional, composta por variáveis, que simboliza a norma jurídica a ser criada, modificada ou revogada;

b) de conduta = é aquela cujo antecedente descreve uma situação de fato qualquer (fato-evento ou fato-conduta), de possível ocorrência, e cujo consequente apresenta a regulação de uma conduta intersubjetiva, por meio de uma permissão (P), uma obrigação (O) ou uma proibição (V).

A norma de produção normativa, que apresenta a mesma estrutura lógica das normas jurídicas em geral (D (A→C)), dispõe sobre a maneira pela qual outra norma jurídica é criada, modificada ou extinta. Ocorrendo o fato complexo descrito pelo antecedente da norma de produção normativa, o efeito é o nascimento, a modificação ou a extinção de uma norma jurídica. Este processo de produção do direito, regulado por normas de produção normativa, será objeto de minucioso estudo no capítulo seguinte (Capítulo III, subitem 3.8.2).

No caso das normas de conduta, ocorrendo no mundo real o fato descrito pelo antecedente normativo, o efeito é o nascimento, a modificação ou a extinção de uma *relação jurídica* (Capítulo V, item 5.4).

Retomando o que se disse no início deste ponto, acerca da proximidade entre a classificação das normas em superior e inferior, de um lado, e em de produção normativa e de conduta, de outro, pode-se assim resumir: toda norma de produção normativa é também superior se comparada com a norma cuja produção regulou. A norma produzida, por seu turno, pode ser de conduta ou de produção normativa (neste último caso, em relação a uma outra norma a ser produzida). É útil repetir: são classificações diferentes, com critérios definidores diversos; portanto, inconfundíveis.

2.9. NORMA JURÍDICA TRIBUTÁRIA

2.9.1. Tributo: conceito nuclear do direito tributário

É lição precisa a de que o sistema jurídico é uno. Não há rigor ao se falar em autonomia científica deste ou daquele "ramo" do Direito. Discutir acerca da autonomia do Direito Tributário é, nas palavras de PAULO DE BARROS CARVALHO,[62] um "falso problema". Para comprovar tal assertiva, o professor perscruta a regra matriz do Imposto Predial e Territorial Urbano (IPTU) e demonstra a necessidade de se enfrentar conceitos desenvolvidos pelo Direito Civil, Direito Administrativo e Direito Constitucional. Por esta maneira, ensina que não cabe cogitar de autonomia científica dos "ramos" do Direito, mas somente em autonomia didática. O mesmo professor, quando define o direito tributário positivo, evidencia o caráter nuclear do vocábulo tributo:[63] "direito tributário positivo é o ramo didaticamente autônomo do direito, integrado pelo conjunto das proposições jurídico-normativas que correspondam, direta ou indiretamente, à instituição, arrecadação e fiscalização de tributos".

De sua parte, a expressão "norma jurídica" (cuja definição foi apresentada no Capítulo II, item 2.2) também é qualificada pelo termo "tributária". Este vocábulo tem como base a palavra "tributo", a qual se constitui em conceito nuclear do Direito Tributário.

O Direito Positivo Tributário brasileiro apresenta uma definição estipulativa de tributo, a qual, em seu aspecto essencial, recebe a aprovação de boa parte da doutrina e da jurisprudência nacionais. Dispõe o art. 3º do Código Tributário Nacional que "tributo é toda prestação pecuniária compulsória, em moeda ou cujo valor nela se possa exprimir, que não constitua sanção de ato ilícito, instituída em lei e cobrada mediante atividade administrativa plenamente vinculada".[64]

Tomando como ponto de partida aquele enunciado legal, pode-se efetuar a seguinte proposição: **tributo** é toda prestação pecuniária compulsória, que não constitua *sanção* (no sentido de pena ou punição) de ato ilícito.

É necessário atentar para o seguinte aspecto: a locução "em moeda ou cujo valor nela se possa exprimir" é considerada pela doutrina como sendo excessiva, errônea e até inconstitucional. Neste sentido é antológica a discussão travada entre

62 Paulo de Barros Carvalho, *Curso de Direito Tributário*, p. 11.

63 *Idem, ibidem*, p. 12.

64 Paulo de Barros Carvalho efetua uma percuciente análise crítica desta definição. *Ibidem*, pp. 20 a 23.

RUBENS GOMES DE SOUZA, PAULO DE BARROS CARVALHO e GERALDO ATALIBA acerca da definição legal do conceito de tributo, presente no enunciado do art. 3º do Código Tributário Nacional, especialmente sobre a parte relativa à mencionada locução. Destaca-se parte das lições desses eminentes juristas:[65]

> "*Prof. Geraldo Ataliba* – Há alguma prestação pecuniária compulsória, que deixe de ser tributo?
> *Prof. Rubens Gomes de Sousa* – E aí nós temos outro elemento desta definição: '... que não constitua sanção de ato ilícito'.
> (...)
> *Prof. Paulo de Barros Carvalho* – Becker entende que o serviço militar estaria enquadrado na definição de tributo.
> *Prof. Geraldo Ataliba* – *Mas como, se não há caráter pecuniário no serviço militar?*
> *Prof. Paulo de Barros Carvalho* – Mas há. Tributo é toda prestação pecuniária, não só em moeda, ou cujo valor nela se possa exprimir.
> *Prof. Rubens Gomes de Sousa* – Aqui chegamos no ponto da minha discordância. Discordo desta alternativa – prestação pecuniária em moeda, ou cujo valor nela se possa exprimir. Discordo a partir de moeda, porque a expressão 'em moeda' já está contida na 'pecuniária' e, em segundo lugar, discordo de 'ou cujo valor nela se possa exprimir', porque transforma o tributo de dívida em dinheiro em dívida de valor.
> *Prof. Geraldo Ataliba* – E com uma agravante: descaracteriza a própria definição, porque a rigor toda prestação que tenha cunho patrimonial, embora não pecuniária, pelo cunho patrimonial se pode traduzir em obrigações de dinheiro. Então ficaria uma definição genérica de prestações devidas ao Estado, e não uma prestação específica tributária. Eu estou de acordo com a discordância do Professor.
> (...)
> *Prof. Geraldo Ataliba* – Esta cláusula 'ou cujo valor nela se possa exprimir' é inconstitucional. Não pode prevalecer no nosso sistema constitucional. Deve ser reputada pelo intérprete como não escrita. Já ao surgir encontrou um obstáculo constitucional irremovível.
> (...)
> *Prof. Paulo de Barros Carvalho* – Então, há duas conclusões. Ou o preceito está errado, ou está mal formulado, no que todos nós concordamos e, nesse caso, o tributo seria outra coisa, que não essa, expressa nesses quatro requisitos, porque há várias situações que atendem aos quatro requisitos e não são tributos.
> *Prof. Geraldo Ataliba* – *Quatro?*
> *Prof. Paulo de Barros Carvalho* – É uma prestação pecuniária, que não constitui sanção de ato ilícito, instituída em lei e cobrável mediante atividade administrativa plenamente regulada. Então, são quatro requisitos...
> *Prof. Geraldo Ataliba* – Que estão postos pela lei.
> *Prof. Paulo de Barros Carvalho* – *Toda situação, que atender a esses quatro requisitos, segundo o art. 3º, é tributo.*
> *Prof. Geraldo Ataliba* – Se foi excluída aquela cláusula 'cujo valor nela se possa exprimir'...
> *Prof. Paulo de Barros Carvalho* – *Mesmo excluindo, fica pecuniária, que não seja sanção de ato*

65 Rubens Gomes de Souza, Geraldo Ataliba e Paulo de Barros Carvalho, *Comentários ao Código Tributário Nacional: Parte Geral*, pp. 32 e segs.

> *ilícito, atividade administrativa plenamente vinculada e legal.*
> *Prof. Geraldo Ataliba – Só o tributo corresponde a essas características.*
> *Prof. Paulo de Barros Carvalho* – Se tirar aquela parte. Concordo que não esteja muito bem posto entre vírgulas. A verdade é que, como está, deve ser entendida assim.
> Resultado – dois tipos de interpretação do código. Uma interpretação literal, levando em consideração 'uma moeda ou valor que em moeda se possa exprimir', e a outra analisando o art. 3º, em cotejo com esta ordenação jurídica, e nós vamos ver, então, que este 'em moeda ou cujo valor nela se possa exprimir' está demais.
> *Prof. Geraldo Ataliba* – Perfeito."

A longa transcrição se justifica não só pelo elevado nível dos autores, mas principalmente pela clareza e percuciência com que o tema foi debatido. Portanto, daqui em diante, assume-se esta premissa: tributo é a prestação compulsória (obrigatória – "O") de entregar certa quantia em dinheiro ao Estado (excluída a locução "em moeda ou cujo valor nela se possa exprimir" em virtude de sua reconhecida imprecisão).

Assentado esse importante ponto, com o propósito de aprofundar o exame da aludida definição, cabe perguntar: qual o significado do vocábulo *prestação* posto como elemento central da definição legal de tributo?

A doutrina civilista, ao estudar o conceito de prestação, a define como objeto da obrigação. Tal prestação se consubstancia num dar, fazer ou não fazer. De forma mais clara: prestação significa a conduta prescrita pelo consequente da norma jurídica.

É nesse sentido a lição precisa do autor do Código Civil Brasileiro, CLOVIS BEVILAQUA:[66] "O objeto da obrigação é sempre um acto humano, *a prestação,* seja a realização de um facto, seja a dação de uma cousa. PAULO já o havia indicado claramente com as expressões – dare, facere praestere".

O ensinamento de SAN TIAGO DANTAS[67] é o mesmo: "existe como objeto da obrigação um ato, que o credor espera seja praticado pelo devedor. Esse ato, que é objeto da obrigação, chama-se prestação.

Por conseguinte, estudar-se-á a prestação. O credor tem direito à prestação e o devedor tem o dever de cumpri-la. Ela pode consistir, como já se sabe, em dar, em fazer ou em não fazer alguma coisa. Daí as três classificações de obrigações: obrigações *dandi, faciendi e non faciendi* ".

Estando certo que *prestação* significa conduta (a qual é deonticamente modalizada), pode-se pontificar, a partir do que dispõe o art. 3º do CTN, que *tributo* é a conduta obrigatória de entregar[68] (Op) certa quantia em dinheiro a alguém, sem apresentar caráter sancionatório ou punitivo.

---

66 Clovis Bevilaqua, *Direito das Obrigações* , p. 34.

67 San Tiago Dantas, *Programa de Direito Civil II* , p. 27.

68 A referida conduta de entregar engloba a situação de "permitir que retire", conforme será explicado adiante, ao se estudar a figura da substituição tributária –subitem 5.2.4.3 do Capítulo V.

Deve-se alertar que tributo não pode ser confundido com o objeto da conduta obrigatória de entregar ou objeto do tributo, que é o dinheiro.

2.9.2. Norma tributária em sentido estrito e sentido amplo: norma impositiva tributária e norma administrativo-fiscal

Toda norma jurídica é composta de um antecedente e um consequente. Aquele descreve um fato de possível ocorrência; este prescreve uma conduta intersubjetiva deonticamente modalizada (P, V ou O).

Uma vez determinado o conceito de *tributo*, é possível definir *norma jurídica tributária*.

Em sentido estrito, **norma jurídica tributária** é aquela que estabelece um vínculo jurídico entre um *antecedente*, que descreve um fato de possível ocorrência (que não seja um fato-conduta ilícito), e um *consequente*, que prescreve uma relação jurídico-formal, na qual impõe (obriga) a um sujeito de direito (sujeito passivo) a conduta de entregar certa quantia em dinheiro a outro sujeito de direito (sujeito ativo).

É útil analisar a definição proposta e destacar os seus elementos fundamentais:

a) antecedente

a.1 – *descreve um fato de possível ocorrência* = como todo e qualquer antecedente, o da norma jurídica tributária descreve um fato que tenha possibilidade de ocorrer no mundo fenomênico, no mundo real; é o que se denomina modo ôntico da possibilidade;

a.2 – *que não seja um fato-conduta ilícito* = a definição de *tributo* contida no enunciado do art. 3º do Código Tributário Nacional destaca que ele não tem o caráter de "sanção" ou punição. Com isto se conclui que a conduta prescrita pelo consequente da norma tributária não pode ter a natureza de uma pena pelo descumprimento de uma conduta prescrita por outra norma; em outros termos: a norma tributária não é uma norma primária punitiva acessória, mas uma norma primária principal (ver o item 2.5 deste capítulo).

b) consequente

b.1 – *prescreve uma relação jurídico-formal* = utiliza-se a expressão *relação jurídico-formal* para não confundir com a expressão *relação jurídica*. Aquela é usada para designar a relação contida no consequente da norma jurídica geral; esta é usada para designar a relação individualizada decorrente de um fato jurídico concreto (Capítulo V, subitem 5.4.1.1);

b.2 – *impõe (obriga) a conduta de entregar* = a conduta (prestação ou, no caso, *tributo*) imposta pela norma está representada pelo verbo *entregar* (p), encontrando-se afetada pelo modal deôntico *obrigatório* ("O");

b.3 – *certa quantia em dinheiro* = é o objeto da prestação tributária ou objeto do tributo;

b.4 – *um sujeito de direito* = é o que tem a obrigação de entregar ("Op") certa quantia em dinheiro, denominado *sujeito passivo* ;

b.5 – *a outro sujeito de direito* = é aquele que tem o direito de exigir (permissão de obrigar) de outrem (sujeito passivo) que seja entregue certa quantia em dinheiro; é denominado *sujeito ativo.*

Assim, nesse momento, pode-se afirmar: norma jurídica tributária é aquela que prescreve que se ocorrer um determinado fato-conduta lícito, então alguém terá a obrigação de entregar ("Op") certa quantia em dinheiro ao Estado.[69]

Alguns utilizam a expressão "norma jurídica tributária" numa acepção mais ampla (e mais imprecisa), referindo-se àquela norma que impõe a conduta compulsória (obrigatória – "O") de fazer certas atividades formais, instrumentais que, direta ou indiretamente, contribuem com o "Estado-Administração para o acompanhamento e consecução dos seus desígnios tributários.[70]

Em vez de falar em "norma jurídica tributária em sentido amplo", seria mais adequado utilizar-se a expressão **norma jurídica administrativo-fiscal.** Isto se justifica pelo fato de esta espécie de norma tratar de conduta que apresenta relação com matéria de natureza administrativa de interesse do Estado-fisco, qual seja, com a atividade de fiscalização e arrecadação dos tributos.[71]

PAULO DE BARROS CARVALHO,[72] com o propósito de afastar possíveis confusões terminológicas, denomina a norma jurídica tributária em sentido estrito de regra matriz de incidência tributária.

Para os fins deste trabalho, seguindo o raciocínio desenvolvido anteriormente de que a norma tributária em sentido estrito *impõe* a conduta de entregar, propõe-se a seguinte expressão para designá-la: *norma impositiva tributária.*

Tal denominação parece útil em face de sua expressividade, como se verifica:

a) ser *impositiva* = este adjetivo denota de que forma a norma tributária em sentido estrito regula, modaliza deonticamente, uma conduta – ela impõe (obriga) a conduta de entregar ("Op"); e

b) ser *tributária* = com tal qualificador se informa a natureza da norma, isto é, elucida-se que tipo de conduta está sendo imposta pela norma e que se trata de uma norma primária principal, não uma norma primária punitiva.

Logo, daqui em diante será utilizada a expressão *norma impositiva tributária* para simbolizar norma jurídica tributária em sentido estrito ou regra matriz de incidência tributária.

---

69 Esta definição será mais bem desenvolvida posteriormente – subitem 4.5.1 do Capítulo IV.

70 Paulo de Barros Carvalho, *Ibidem*, p. 197.

71 Paulo de Barros Carvalho utiliza o adjetivo fiscal para qualificar o termo "Direito" em sentido semelhante àquele empregado para qualificar esta espécie de norma. *Idem, ibidem* , p. 14.

72 *Idem, ibidem* , p. 155.

2.9.3. Classificação da norma impositiva tributária

As normas jurídicas são classificáveis de inúmeras formas, basta, para tanto, eleger um critério definidor. Neste ponto, serão utilizados os mesmos critérios acima expostos (item 2.8 deste capítulo).

O primeiro critério classificatório é o da *realização, no tempo e no espaço, do fato descrito no antecedente normativo* . Segundo este critério a norma pode ser:

a) abstrata = se o antecedente descreve uma situação de fato cuja ocorrência é possível;

b) concreta = se o antecedente descreve um fato já realizado no tempo e no espaço.

De acordo com esse critério, pode-se assentar: a norma impositiva tributária é uma norma *abstrata* .

O segundo critério classificatório é o da *individualização dos sujeitos cuja conduta intersubjetiva é regulada pelo consequente normativo.* De acordo com este critério, a norma pode ser:

a) geral = se o consequente normativo regula o comportamento de uma classe de pessoas indeterminadas, não individualizadas;

b) individual = se o consequente normativo regula o comportamento de pessoas determinadas, individualizadas.

Por esse critério, é certo afirmar: a norma impositiva tributária é uma norma *geral.*

O terceiro critério classificatório é o de uma ser *o fundamento de validade da outra ou da posição relativa da norma na produção normativa escalonada do ordenamento jurídico* . Como foi dito acima (subitem 2.8.2 deste capítulo), tal classificação somente pode ser feita comparando-se a situação de duas normas diferentes. Desta forma, é essencial verificar-se o veículo introdutor da norma. Aceitando-se o pressuposto de a norma impositiva tributária ser veiculada por uma lei ordinária, pode-se firmar que: a) em relação a uma norma constitucional, ela é norma inferior; b) em relação a uma norma veiculada por um decreto, ela é norma superior.

O quarto e último critério classificatório é o da *espécie de conteúdo do antecedente e do consequente normativos.* Em conformidade com este critério a norma pode ser:

a) de produção normativa – é aquela cujo antecedente descreve uma específica situação de fato (de ocorrência possível), que se caracteriza por apresentar os requisitos necessários para que outra norma passe a pertencer (a ter validade – criação ou modificação) ou deixe de pertencer (revogação) ao sistema jurídico, e cujo consequente apresenta uma estrutura relacional, composta por variáveis, que simboliza a norma jurídica a ser criada, modificada ou revogada;

b) de conduta – é aquela cujo antecedente descreve uma situação de fato qualquer (fato-evento ou fato-conduta), de possível ocorrência, e cujo consequente apresenta a regulação de uma conduta intersubjetiva, por meio de uma permissão (P), uma obrigação (O) ou uma proibição (V).

Conforme esse critério, pode-se asseverar que: a norma impositiva tributária é uma *norma de conduta* (ela impõe ao sujeito passivo a conduta de entregar certa quantia em dinheiro ao Estado).

2.10. RESUMO

1. *Norma Moral* caracteriza-se por regular a conduta interna (para alguns, também a externa), ser criada por cada indivíduo e objetivar a regulação da conduta da própria pessoa (destinatário) – (item 1.1).

2. *Norma Social* caracteriza-se por regular apenas a conduta externa, intersubjetiva, ser criada pela coletividade de forma difusa e visar a regulação da conduta das pessoas que compõem a coletividade (destinatário) – (item 2.1).

3. *Norma Jurídica de conduta* caracteriza-se por regular somente a conduta externa, intersubjetiva, ser instituída pela coletividade de forma difusa (ex. direito costumeiro ou consuetudinário) ou concentrada (ex. direito legislado) e ter por propósito regular a conduta das pessoas que compõem a coletividade (destinatário) – (item 2.1).

4. Coercitividade da norma jurídica significa a possibilidade de ser imposto pela força (sob coação), de maneira organizada, institucionalizada, o prescrito pelo consequente normativo. Toda norma jurídica é dotada de coercitividade (ainda que, no caso das normas de produção normativa, de forma reflexa) (item 2.1.1).

5. A existência de uma *sanção* (pena), por si só, não diferencia o plano jurídico dos planos da moral ou do social. Há sanções morais e sociais, que não são jurídicas. Logo, não há que se confundir *sanção* (pena) com coercitividade (item 2.1.1).

6. A conduta humana é dotada de **coercibilidade**, é coercível, pode ser contida, reprimida; cada norma jurídica (em função do fenômeno de combinação de diferentes normas jurídicas que compõem o ordenamento jurídico) é dotada de **coercitividade**, pode exercer coerção, pode ser imposta pela força (item 2.1.1).

7. A **coercitividade** apresenta-se como sendo o elemento caracterizador do jurídico, que permite distinguir a norma jurídica das normas moral e social (item 2.1.1).

8. Norma jurídica (de conduta ou de produção normativa) é uma mensagem prescritiva (significação), construída a partir de enunciados prescritivos, dotada de coercitividade, e, se for de conduta, também dotada de exterioridade e bilateralidade (item 2.2).

9. A estrutura lógica da norma jurídica apresenta quatro aspectos: functor deôntico, antecedente, functor implicacional e consequente (item 2.3).

10. O elemento distintivo da causalidade normativa é o *dever-ser* (D). É o *dever-ser* que confere o matiz deôntico à fórmula condicional (A→C). Este *dever-ser* não afeta somente o consequente da norma jurídica, mas sim afeta a fórmula inteira. O antecedente (A), o consequente (C), e a implicação que os une (→), são atingidos por este elemento simbolizador do deôntico (item 2.3.1).

11. O antecedente representa a primeira parte da estrutura lógica da norma jurídica. Caracteriza-se: por ser um elemento condicionante, implicante, do consequente normativo (A→C); por conter descrição de uma situação de fato, que pode ou não envolver uma conduta humana; e por descrever um fato de possível ocorrência ou descrever um fato já ocorrido no tempo e no espaço (itens 2.3.2 e 2.8.3).

12. As normas jurídicas, cujos antecedentes descrevem fatos que podem ter ocorrido no passado, são denominadas *normas retroativas* (item 2.3.2).

13. O functor implicativo (→) simboliza a relação de implicação existente entre o antecedente (proposição implicante ou condicionante) e o consequente (proposição implicada ou condicionada). O functor implicativo é um mero operador lógico, que denota a forma sintática que une as duas proposições da norma jurídica. Esse operador é neutro, isto é, não é modalizado (item 2.3.3).

14. O consequente caracteriza-se por prescrever uma estrutura relacional representativa (a) da criação, modificação ou extinção de uma norma jurídica, se for norma de produção normativa, ou (b) da criação, modificação ou extinção de uma relação jurídica, se for norma de conduta.(itens 2.3.4 e 2.8.3).

15. A ordenação jurídica de um comportamento requer a modalização deôntica do verbo (elemento nuclear desse comportamento). Segundo a lógica deôntica, a conduta ao ser regulada juridicamente é afetada por três modais: o obrigatório (O), o permitido (P) e o proibido (V) – (item 2.4).

16. A composição jurídica é formada pelo cientista do Direito com fins cognoscitivos, mediante a reunião de determinadas normas que apresentam características próprias, sendo conferidos, por conseguinte, nomes próprios. São elas: a norma primária principal – que em razão de um fato não ilícito, impõe uma conduta; a norma primária punitiva (e acessória) – que em função de um fato ilícito, prescreve uma punição; e a norma secundária – que regula o processo, é a norma processual (item 2.5).

17. O vocábulo *sanção,* em si mesmo, não é retentor de qualquer ambiguidade. Esta repousa na utilização do vocábulo no processo comunicacional. O emprego do vocábulo *sanção* no discurso jurídico (seja no científico – Ciência do Direito -, seja no prescritivo _ Direito Positivo) tem sido bastante ambíguo. Destacam-se três sentidos diferentes: a) como ato de natureza confirmativa do titular do Poder Executivo, que compõe o processo de formação de uma lei já

aprovada pelo Poder Legislativo (CRFB – art. 66 e §§); b) como sinônimo de punição, prescrita no consequente de norma primária punitiva; e c) como sinônimo de providência regulada pela norma secundária, aplicável coercitivamente com a intervenção do Estado-juiz (isto é, sinônimo de possibilidade de exercer coação) – (item 2.7).

18. Propõe-se a seguinte metodologia para proceder a classificação das normas jurídicas:

a) quanto ao critério da realização, no tempo e no espaço, do fato descrito no antecedente normativo – classifica-se a norma jurídica em *abstrata* ou *concreta* ;

b) quanto ao critério da individualização dos sujeitos cuja conduta intersubjetiva é regulada pelo consequente normativo – classifica-se a norma jurídica em *geral* e *individual* (item 2.8.1).

19. A norma jurídica é **abstrata** - quando o antecedente da norma jurídica descreve uma situação de fato, cuja ocorrência é possível, uma mera suposição, uma hipótese (item 2.8.1).

20. A norma jurídica é **concreta** – quando o fato descrito no antecedente da norma jurídica já se realizou no tempo e no espaço; descreve-se um fato já ocorrido, fato material, concreto (item 2.8.1).

21. A norma jurídica é **geral** – quando o consequente normativo regula o comportamento de uma classe de pessoas indeterminadas, não individualizadas, quer ocupem o polo passivo (sujeito passivo indeterminado), quer ocupem o polo ativo (sujeito ativo indeterminado) – (item 2.8.1).

22. A norma jurídica é **individual** – quando o consequente normativo regula o comportamento de pessoas determinadas, individualizadas, isto é, tanto o sujeito ativo quanto o sujeito passivo estão determinados, individualizados (item 2.8.1).

23. A classificação da norma jurídica em *superior* e *inferior* tem fundamento na concepção de um ordenamento jurídico composto por normas de hierarquias diversas (item 2.8.2).

24. O critério definidor utilizado para classificar a norma em superior e em inferior é o de uma norma ser o fundamento de validade de outra ou o da posição relativa da norma na estrutura escalonada do ordenamento jurídico (item 2.8.2).

25. O critério definidor utilizado para classificar a norma como sendo *de produção normativa* ou *de conduta* é o da espécie de conteúdo do antecedente e do consequente normativos (item 2.8.3).

26. Norma de produção normativa – é aquela cujo antecedente descreve uma específica situação de fato (de ocorrência possível), que se caracteriza por apresentar os requisitos necessários para que outra norma passe a pertencer (a ter validade – criação ou modificação) ou deixe de pertencer (revogação) ao sistema jurídico, e

cujo consequente apresenta uma estrutura relacional, composta por variáveis, que simboliza a norma jurídica a ser criada, modificada ou revogada (item 2.8.3).

27. Norma de conduta – é aquela cujo antecedente descreve uma situação de fato qualquer (fato-evento ou fato-conduta), de possível ocorrência, e cujo consequente apresenta a regulação de uma conduta intersubjetiva, por meio de uma permissão (P), uma obrigação (O) ou uma proibição (V) – (item 2.8.3).

28. Tributo é a conduta obrigatória (O) de entregar (P) certa quantia em dinheiro a alguém, sem apresentar caráter sancionatório ou punitivo (item 2.9.2).

29. Norma jurídica tributária *em sentido estrito* ou **norma impositiva tributária** é aquela que estabelece um vínculo jurídico entre um *antecedente*, que descreve um fato de possível ocorrência (que não seja um fato-conduta ilícito), e um *consequente* , que prescreve uma relação jurídico-formal, na qual impõe (obriga) a um sujeito de direito (sujeito passivo) a conduta de entregar certa quantia em dinheiro a outro sujeito de direito (sujeito ativo) – (item 2.9.2).

30. "Norma jurídica tributária" numa acepção mais ampla (e mais imprecisa) ou **norma jurídica administrativo-fiscal** é a que impõe a conduta compulsória (obrigatória – "O") de fazer certas atividades formais, instrumentais que, direta ou indiretamente, contribuem com o "Estado-Administração para o acompanhamento e consecução dos seus desígnios tributários (item 2.9.2).

31. A norma impositiva tributária é:

a) *abstrata*;

b) *geral*;

c) quando veiculada por uma lei ordinária, *inferior* , se comparada a uma norma constitucional, e *superior*, se comparada a uma norma veiculada por um decreto; e

d) *de conduta* (item 2.9.3).

Capítulo III

PROCESSO DE PRODUÇÃO DO DIREITO: A CRIAÇÃO DA NORMA JURÍDICA TRIBUTÁRIA

3.1. HOMOGENEIDADE DO PROCESSO DE PRODUÇÃO DO DIREITO

A questão relativa aos denominados "ramos do Direito" foi examinada anteriormente (Capítulo II, subitem 2.9.1). Trata-se de um problema fictício. O Direito Positivo possui unidade. Somente é possível cogitar-se de ramos autônomos do Direito Positivo *para fins didáticos*. Daí decorre uma forçosa conclusão: *o processo de produção do Direito Positivo é homogêneo*. Não há distinção, no que tange ao processo de produção de normas jurídicas, sejam elas normas tributárias, civis, penais, administrativas etc. O processo de produção de normas jurídicas apresenta (sempre) a mesma natureza.

Portanto, o que será objeto de estudo neste capítulo – o *Processo de Produção do Direito* - é aplicável a todas as normas jurídicas. Este tema é fundamental para a Ciência do Direito, pois é a partir da precisa identificação do modo pelo qual se processa a produção das normas jurídicas que o cientista pode reconhecê-las e, finalmente, descrevê-las. Serão desenvolvidos alguns conceitos (tais como: fonte do direito, causalidade jurídica, validade, vigência e eficácia) fundamentais para a conformação do *modelo jurídico* adotado. Tais conceitos são essenciais (e determinantes) para uma solução coerente das questões propostas no início deste livro.

3.2. FONTES DO DIREITO

A expressão *fontes do Direito* é utilizada pela doutrina para designar figuras diversas. Esta ambigüidade prejudica o rigor de um discurso científico, que deve caracterizar-se pela precisão.

O termo *fonte*[1] significa *nascente de água, chafariz, bica por onde corre a água, ou tudo que se lhe assemelha*. Em sentido figurado significa *princípio, causa donde provêm efeitos tanto físicos como morais*. É nesta última acepção que o termo é empregado quando se fala em fontes do Direito.

---

1 Ver Caldas Aulete; *Dicionário Contemporâneo da Língua Portuguesa*, p. 1.814.

Dessa forma, a expressão *fonte do Direito* designa a causa de onde provém o Direito. A questão que se apresenta, portanto, é a da origem ou procedência do Direito.

Segundo a lição de KELSEN,[2] "fontes do Direito é uma expressão figurativa que tem mais do que uma significação". Complementa esclarecendo que "no entanto, efetivamente, só se costuma designar como 'fonte' o fundamento de validade jurídico-positivo de uma norma jurídica, quer dizer, a norma jurídica positiva do escalão superior que regula a sua produção. Neste sentido, a Constituição é a fonte das normas gerais produzidas por via legislativa ou consuetudinária; e uma norma geral é a fonte da decisão judicial que a aplica e que é representada por uma norma individual". Conclui asseverando que "num sentido jurídico-positivo, fonte do Direito só pode ser o Direito." Para KELSEN, pois, fonte de norma é norma, apesar de não se aprofundar na distinção entre norma e instrumento introdutor de norma.

HART[3] também se refere à expressão fontes do direito, empregando-a de forma semelhante àquela de KELSEN.

Outro jurista que utiliza a expressão fontes do Direito é ALF ROSS. Pela concepção de ROSS[4] a denominação fontes do Direito engloba elementos muito diferentes entre si, quais sejam: a legislação, o costume, o precedente e a razão. Sendo assim, reconhecendo que sua concepção é mais imprecisa, ele define: "'*fuentes del derecho', pues ha de entenderse el conjunto de factores o elementos que ejercen influencia en la formulación, por parte del juez, de las reglas en las que éste basa su decisión; con el agregado de que esta influencia puede variar: desde aquellas 'fuentes' que proporcionan al juez una norma jurídica ya elaborada que simplemente tiene que aceptar, hasta aquellas otras que no le ofrecen nada más que ideas e inspiración para que el propio juez formule la norma que necesita*".

A definição do conceito de *fontes do Direito* de ROSS, embora mais imprecisa (como ele mesmo reconhece), é compatível com o modelo empírico-realista adotado por ele.

Outro renomado jurista que utilizou a expressão *fontes do Direito* foi NORBERTO BOBBIO. BOBBIO, ao tratar deste tema, parece envolver no conceito de *fontes do Direito* figuras diferentes, quais sejam: a) os instrumentos introdutores de normas (p. ex.: lei, costume, regulamento etc.); e b) certos fatos ou atos previstos pelo ordenamento jurídico. BOBBIO[5] emprega a referida expressão no primeiro sentido, quando discorre sobre as fontes reconhecidas e fontes delegadas: "em cada ordenamento, ao lado da fonte direta temos indiretas que podem ser distinguidas nestas duas clas-

---

2 *Teoria Pura do Direito, idem*, p. 251.

3 *Idem, ibidem*, p. 117.

4 *Idem, ibidem*, p. 75.

5 Norberto Bobbio, *Teoria do Ordenamento Jurídico*, p. 38 e segs.

ses: *fontes reconhecidas e fontes delegadas*". Típico exemplo de *recepção,* e, portanto, de *fonte reconhecida,* é o costume nos ordenamentos estatais modernos, onde a fonte direta e superior é a Lei. Típico exemplo de fonte delegada é o regulamento com relação à Lei. Emprega aquela expressão no segundo sentido quando fornece a sua definição:[6] "Podemos aceitar, neste momento, uma definição que já se tornou comum: 'fontes do direito' são aqueles fatos ou atos dos quais o ordenamento jurídico faz depender a produção de normas jurídicas".

Ao que parece, BOBBIO não emprega a expressão *fontes do Direito* em duas acepções diversas. Quando ele fala em "fatos ou atos" está se referindo às figuras da *lei,* do *costume* etc. Cabe aduzir que BOBBIO também não se aprofunda na distinção entre *instrumento introdutor de norma* e *norma.*

Posição diferente das anteriores é a defendida por LOURIVAL VILANOVA. Para este jusfilósofo as denominadas *fontes do Direito* são os fatos jurídicos:[7] "O que denominamos 'fontes do direito' são fatos jurídicos criadores de normas: fatos sobre os quais incidem hipóteses fácticas, dando em resultado normas de certa hierarquia".

Das diversas acepções que a expressão *fontes do Direito* possui, vale examinar duas de maior relevância para o presente trabalho: a) a de fontes formais do Direito; e b) a de fontes materiais do Direito.

3.3. FONTES FORMAIS OU INSTRUMENTOS INTRODUTORES DE NORMAS E A QUESTÃO DA HIERARQUIA DAS NORMAS

Fontes formais ou instrumentos introdutores de normas são aquelas fórmulas que o ordenamento jurídico estabelece para introduzir as normas jurídicas no sistema do Direito Positivo (p. ex.: leis, decretos, regulamentos etc.). Já se explicou anteriormente (Capítulo I, item 1.4), que o texto do Direito Positivo ou enunciado prescritivo não se confunde com a norma jurídica. É por tal razão que se afirma:[8] a *lei* veicula a *norma jurídica.*

O estudo dos instrumentos introdutores de normas ou fontes formais é importante para a montagem da estrutura piramidal ou escalonada do Direito Positivo. É nesta estrutura que se processa a relação entre as normas de superior e de inferior (relação de subordinação) e entre normas de igual (relação de coordenação) hierarquia.

A relação entre normas de diferentes escalões foi tratada quando se estudou a classificação das normas em superiores e inferiores (Capítulo II, subitem 2.8.2). Vale, contudo, retomar este tema.

---

6 *Idem,* p. 45.

7 *Causalidade e Relação no Direito, idem,* p. 24.

8 Paulo de Barros Carvalho prefere a expressão instrumento introdutório de normas. *Curso de Direito Tributário,* cit., pp. 40 e 43.

O critério utilizado para classificar uma norma como superior ou inferior é o da posição relativa da norma na estrutura escalonada do ordenamento jurídico ou o de uma norma ser o fundamento de validade de outra. É neste sentido que se diz: a *Constituição* prevalece sobre uma *lei;* em outras palavras e com mais rigor, as normas veiculadas pela Constituição prevalecem sobre as normas veiculadas por uma lei.

Essa questão merece ser analisada minuciosamente. Deve-se distinguir duas situações diferentes que muitas vezes são tratadas como se fossem uma só: a) uma coisa é certa norma ser o fundamento de validade de outra pelo fato de aquela regular a produção desta; b) outra coisa é uma norma ter hierarquia superior a outra pelo fato de o ordenamento prever que as normas veiculadas por um instrumento introdutor de norma (ex.: Constituição) prevalecem sobre as normas veiculadas por outro instrumento introdutor de norma (ex.: Lei).

A primeira situação está relacionada com a classificação da norma como sendo de produção normativa. Norma de produção normativa é a é aquela cujo antecedente descreve uma específica situação de fato (de ocorrência possível), que se caracteriza por apresentar os requisitos necessários para que outra norma passe a pertencer (a ter validade – criação ou modificação) ou deixe de pertencer (revogação) ao sistema jurídico, e cujo consequente apresenta uma estrutura relacional, composta por variáveis, que simboliza a norma jurídica a ser criada, modificada ou revogada. A norma de produção normativa, em relação à norma produzida, é norma de superior hierarquia (em virtude de aquela ser o fundamento de validade desta). Não tem sentido norma regular a produção de outra de mesma hierarquia. A norma de produção normativa que regula a produção de uma norma legal (veiculada por lei), em regra, é a norma constitucional (ver art. 59 e seguintes da Constituição da República, embora possa ser também uma norma veiculada por lei complementar, por ex., parágrafo único do art. 59 da Constituição da República).

A norma de produção normativa descreve em seu antecedente os requisitos necessários para que uma norma seja criada, modificada ou extinta. São eles: um sujeito competente, uma declaração prescritiva e um procedimento. Se estes requisitos não forem respeitados, não se cria, não se modifica nem se extingue uma norma jurídica.

Portanto, uma "norma legal de produção normativa" não pode contrariar o que está constitucionalmente disposto quanto ao *sujeito competente* e quanto ao *procedimento* para produzir normas legais. Se contrariar, é inconstitucional, não tem fundamento de validade.

No tocante ao aspecto declaração prescritiva (que equivale ao conteúdo da norma a ser produzida), a norma constitucional de produção normativa pode ou não trazer alguma limitação a respeito. Se trouxer, a "norma legal de produção normativa" não pode igualmente contrariar a norma constitucional de produção normativa, sob pena de inconstitucionalidade. Se esta nada dispuser sobre o conteúdo da norma a ser produzida, é certo dizer: respeitados os aspectos relativos ao sujeito competente e ao procedimento, a "norma legal de produção normativa" não tem como contrariar a Constituição. Parece ser igualmente certo dizer que, em geral, a "norma legal de produção normativa" que limita o conteúdo de norma legal a ser produzida é de nenhuma eficácia jurídica. Pelo Sistema Jurídico brasileiro a norma posterior prevalece sobre a norma anterior de mesma hierarquia. Assim, teria nenhum valor aquela limitação da suposta "norma legal de produção normativa", pois qualquer norma legal posteriormente produzida pode contrariá-la; prevalece a norma posterior. Em rigor, tal "norma legal de produção normativa" não é norma de produção normativa; pode ser, no máximo, uma simples norma legal de conduta (isto se chegar a ter a estrutura mínima para tanto). Só é cabível cogitar de *norma legal de produção normativa* quando ela dispuser sobre a produção, modificação ou extinção de outra norma cuja hierarquia seja inferior (ex.: norma veiculada por decreto, sentença judicial, ato administrativo etc.). Daí ser correto afirmar: a norma de produção normativa é sempre superior em relação à norma produzida.

Importa dizer que parece ser possível cogitar de norma legal (veiculada por lei ordinária) de produção normativa que informa a produção de outra norma legal (veiculada por lei ordinária). É o que, mediante uma adequada interpretação da Constituição brasileira, se percebe ocorrer (a) entre normas veiculadas pela lei do plano plurianual (superior) com relação a normas veiculadas pela lei de diretrizes orçamentárias (§ 4º do art. 166) e pela lei orçamentária anual (§ 7º do art. 165; e art. 166, § 3º, I), bem como (b) entre normas veiculadas pela lei de diretrizes orçamentárias (superior) com relação a normas veiculadas pela lei orçamentária anual (arts. 165, §2º; 166, §3º, I; 99, § 1º; 127, § 3º; 134, §2º; 195, § 2º). Vale sublinhar que também nesses casos prevalece o anteriormente dito: a norma de produção normativa é sempre superior em relação à norma produzida [9]

A segunda situação refere-se a uma hierarquia prevista pelo ordenamento entre as normas veiculadas pelos diferentes instrumentos introdutores de normas (Constituição, Lei Ordinária, Decreto etc.). Esta superioridade ou hierarquia está prevista pelo ordenamento jurídico brasileiro. A Constituição da República (CRFB) determina uma estrutura escalonada das normas em função do respectivo instrumento introdutor de norma. Isto se atesta, no que tange à relação entre a Constituição (veicula norma superior) e uma Lei (veicula norma inferior), a partir do enunciado da alínea "a" do inciso I, das alíneas "b" e "c" do inciso III, e § 2º do art. 102 da Constituição da República, bem como no que tange à relação entre uma

9 A questão concernente à hierarquia e requisitos constitucionais para a produção de norma veiculada por emenda constitucional apresenta uma interessante peculiaridade e será devidamente estudada no Capítulo VI, item 6.2, deste trabalho.

Lei (veicula norma superior), e um Decreto (veicula norma inferior), no caso do art. 84, inciso IV, da Constituição.

Resumindo, a relação de superioridade entre normas decorre basicamente de duas causas:

– *primeira* = de uma relação entre a norma de produção normativa (superior) e a norma produzida (inferior); e

– *segunda* = de uma relação entre uma norma de maior e outra norma de menor nível hierárquico, em função do tipo de instrumento introdutor de norma que a inseriu no ordenamento jurídico.

De certa forma, a segunda causa se aproxima da primeira. Isto acontece no seguinte sentido: em rigor, se há uma norma de conduta constitucional que regula um comportamento de certa maneira, esta mesma "regulação" reflete-se nas demais normas de produção normativa constitucionais. Em outras palavras: neste caso, as normas de conduta veiculadas pela Constituição integram o aspecto declaração prescritiva descrito pelo antecedente da norma constitucional de produção normativa (por força do inter-relacionamento existente entre todas as normas constitucionais) e, por este modo, limitam o conteúdo das normas infraconstitucionais de conduta que venham a ser produzidas, nos mesmos termos daquela regulação feita pela norma de conduta constitucional.

Esse processo de interação entre as normas constitucionais de conduta e de produção normativa decorre da necessidade de se tentar lograr uma harmonia entre as normas constitucionais.

Tendo em vista a inter-relação entre as normas constitucionais de conduta e de produção normativa, é lógica e juridicamente impossível uma norma ser produzida em consonância com a norma de produção normativa constitucional e ao mesmo tempo contrariar o conteúdo de uma norma de conduta constitucional (salvo se se admitir a possibilidade de existir antinomia real entre norma de conduta e norma de produção normativa veiculadas pela Constituição, questão que merece ser melhor estudada em outro trabalho).[10]

O mesmo raciocínio acima exposto aplica-se às demais normas do sistema veiculadas pelos diferentes instrumentos introdutores de normas.

Uma última questão deve ser analisada: que permite identificar um instrumento introdutor de norma? Em outras palavras: que características permitem distinguir a Constituição da Lei, a Lei do Decreto etc.?

---

10 Vale repetir, o processo que envolve a produção de uma norma veiculada por emenda constitucional apresenta certas peculiaridades (em especial, quanto à possibilidade de esta norma modificar o conteúdo de normas constitucionais) e será adequadamente estudado no Capítulo VI, item 6.2, deste trabalho.

A resposta perpassa necessariamente por uma investigação jurídico-positiva. O modelo jurídico utilizado neste livro parte de um axioma adotado pela doutrina e pela jurisprudência dominantes: a Constituição é a norma-origem (fundamental) do Direito Positivo *ou*, expressando com maior rigor, o conjunto das normas veiculadas pela Constituição representa a norma-origem do Direito Positivo.[11]

Aceitando esse axioma, é possível construir um sistema racional, coerente e, assim, responder aquelas questões.

Que é Constituição?

Constituição é o instrumento introdutor de normas que se caracteriza por ser composto pelo conjunto de enunciados prescritivos, veiculadores de normas jurídicas, representativas do último fundamento jurídico (de validade) do Direito Positivo.

Que é Emenda Constitucional?

Que é Lei Complementar?

Que é Lei Ordinária?

Que é Lei Delegada?

Que é Medida Provisória?

Que é Decreto Legislativo?

Que é Resolução?

Que é Sentença Judicial?

Que é Ato Administrativo?

Todas essas figuras têm um ponto em comum: todas são instrumentos introdutores de normas, ou seja, todas são fórmulas estabelecidas pelo ordenamento jurídico (cujo ponto de partida é o conjunto de normas da Constituição) para introduzir as normas jurídicas no sistema do Direito Positivo.

Como distinguir uma fórmula de outra?

Tais fórmulas são dados de fato, previstos em normas de produção normativa (de hierarquia superior). O fato, para ser relevante para o Direito, tem que estar previsto normativamente. No caso em questão, para que aquelas fórmulas tenham relevância jurídica é mister que estejam previstas no antecedente normativo de uma norma de produção normativa. Neste antecedente normativo, destacam-se dois as-

11 Este fundamental axioma adotado pela comunidade jurídica e utilizado neste trabalho será melhor estudado neste capítulo, a partir do item 3.6.

pectos que interessam agora: a) o sujeito competente para produzir a norma; e b) o procedimento necessário para produzir a norma.[12]

A distinção entre os diferentes instrumentos introdutores de normas repousa nestes dois aspectos formais: a) sujeito competente; e b) procedimento. O aspecto material, representado pela declaração de cunho prescritivo, não apresenta qualquer peculiaridade que permita identificar os instrumentos introdutores de normas.

Cada instrumento introdutor de norma possui uma *peculiaridade* quanto a um ou ambos os aspectos. Esta peculiaridade é que permite identificar cada um e, ao mesmo tempo, distinguir um do outro.

3.4. FONTES MATERIAIS: FATOS JURÍDICOS

Afirmar que as fontes formais ou instrumentos introdutores de normas são *fontes do Direito* é insuficiente. Com isto apenas se informa que os instrumentos introdutores de normas introduzem normas (p. ex.: que a lei veicula normas). Isto é tautológico. Nada explica.

Perquirir a fonte do Direito sugere a investigação da origem do Direito, do seu modo de nascer.

Em virtude de o estudo das fontes formais do Direito ser insuficiente para o conhecimento do fenômeno da produção do Direito, alguns autores professam que as fontes (materiais) do Direito são os fatos jurídicos.

LOURIVAL VILANOVA leciona que as denominadas "'fontes do direito' são os fatos jurídicos criadores de normas".[13] Este jusfilósofo destaca com precisão a importância do fato jurídico no processo de produção de normas:[14]

> "Um dos efeitos do fato jurídico é o estatuir norma. O efectual do processo legislativo, que é um fato jurídico complexo, é a criação da lei. É fato jurídico um complexo de manifestações de vontade, normativamente qualificado como ato (fato jurídico em sentido amplo) constitutivo de normas. O órgão competente é, por sua vez, um plexo de fatos e atos qualificado por normas de organização e de competência".

O chamado "processo legislativo" (em sentido amplo) é, portanto, um *fato complexo*, que engloba: o *procedimento* para a produção de normas jurídicas, o *sujeito competente* (habilitado pelo sistema para produzir normas jurídicas) e uma *declaração de cunho prescritivo* deste sujeito competente. Este fato complexo (processo legislativo em sentido amplo) é descrito pelo antecedente da norma de produção normativa

12 Este ponto atinente aos aspectos da norma de estrutura será melhor desenvolvido no item 3.8 deste capítulo, que trata da *cadeia da causalidade jurídica*.

13 *Idem, ibidem*, p. 24.

14 *Idem, ibidem*, p. 23.

constitucional, que dispõe sobre os requisitos necessários para a criação de normas. Quando este fato complexo se realiza no mundo real é imediatamente juridicizado pela norma de produção normativa constitucional, surgindo (como efeito jurídico) a norma jurídica infraconstitucional.

Portanto, a norma legal (veiculada por lei) origina-se de fato jurídico que, por sua vez, foi juridicizado pela norma de produção normativa constitucional. É por tal razão que se fala: o fato jurídico é a fonte material do Direito.

3.5. O FENÔMENO JURÍDICO: A DIALÉTICA NORMA-FATO

O vocábulo *fonte* designa (em sentido figurado) a causa ou origem de algo. A expressão *fonte do Direito* simboliza a causa ou origem do Direito. O estudo das denominadas "fontes formais" e "fontes materiais" do Direito não é suficiente para demonstrar a maneira pela qual se processa a produção do Direito. A busca da origem ou causa do Direito nas fontes formais ou nas fontes materiais conduz o cientista a caminhos diversos que sequer se encontram no infinito.

KELSEN é incisivo ao criticar a imprecisão das significações da expressão "fonte de Direito":[15] "A equivocidade ou pluralidade de significações do termo "fonte de Direito" o faz aparecer como juridicamente imprestável. É aconselhável empregar, em lugar desta imagem que facilmente induz em erro, uma expressão que inequivocamente designe o fenômeno jurídico que se tem em vista".

A utilização de forma ambígua da expressão "fontes do Direito" dificulta a compreensão do fenômeno que efetivamente interessa ao estudioso do Direito, qual seja: o *processo de produção do Direito.*

Esse fenômeno jurídico somente é revelado quando se surpreende o movimento dialético entre a norma e o fato, onde: norma jurídica de produção normativa incide sobre fato (em rigor, sobre o conceito deste fato),[16] tornando-o jurídico; o fato jurídico (juridicizado por aquela norma jurídica) produz (tem como efeito jurídico) norma jurídica.

Esse movimento dialético norma-fato apresenta, como ponto limite inicial da cadeia da causalidade jurídica, a norma-origem ou fundamental e, como ponto limite final, os últimos atos de execução material.

---

15 *Idem, ibidem*, pp. 251 e segs.

16 Paulo de Barros Carvalho observa que o correto é falar-se em "conceito do fato" pois a subsunção é uma operação lógica entre iguais (a norma é um conceito). *Curso de Direito Tributário*, cit, p. 161. Vale aduzir que em estudo mais recente, este professor adotou um novo modelo e passou a distinguir "evento" de "fato". Evento equivale ao que chamava anteriormente de "fato". Fato é a descrição em linguagem competente de um evento. *Fundamentos Jurídicos da Incidência Tributária*, idem, pp. 85 e segs.

KELSEN destaca os pontos limites da cadeia da causalidade jurídica quando discorre sobre o tema da criação e aplicação do Direito:[17] "Uma norma que regula a produção de outra norma é aplicada na produção, que ela regula, dessa outra norma. A aplicação do Direito é simultaneamente produção do Direito. Estes dois conceitos não representam, como pensa a teoria tradicional, uma oposição absoluta. É errado distinguir entre atos de criação e atos de aplicação do Direito. Com efeito, se deixarmos de lado os casos-limite – a pressuposição da norma fundamental e a execução do ato coercivo – entre os quais se desenvolve o processo jurídico, todo ato jurídico é simultaneamente aplicação de uma norma superior e produção, regulada por esta norma, de uma norma inferior".

Nesse sentido, o estudo completo do *processo de produção do Direito* suscita a análise do movimento dialético entre norma e fato jurídicos.

Esse tema é fundamental para a compreensão do fenômeno jurídico. Se entende-se Direito Positivo como sendo conjunto de normas jurídicas, é essencial perquirir: de que forma as normas jurídicas são produzidas; que requisitos são necessários para que uma norma jurídica passe a existir e, portanto, a pertencer a um dado sistema jurídico; que significa uma norma jurídica ter validade, vigência e eficácia?

Em suma, o estudo do *processo de produção do Direito* é o único meio que permite delimitar, com segurança, o objeto desta exposição: o universo das normas jurídicas que compõe o Direito Positivo.

3.6. PONTO DE PARTIDA DO ORDENAMENTO JURÍDICO

Para se construir qualquer Ciência é mister que se escolha e delimite com precisão um objeto. Haverá teoria sempre que se compuser um sistema de proposições descritivas sobre um determinado objeto com fins veritativos. A teoria será científica se, e somente se, tiver pretensão e finalidade veritativas.[18] A Ciência do Direito exige o cumprimento de tais requisitos epistemológicos.

A delimitação do objeto de uma Ciência requer o fazimento de um corte metodológico. No plano jurídico, este corte metodológico objetiva delimitar o campo do Direito Positivo. Afasta-se do foco tudo que for estranho ao fenômeno jurídico, para ter o Direito como único objeto a ser descrito.

O processo de produção do Direito se apresenta como um movimento dialético entre norma e fato, cujo ponto limite inicial da cadeia da causalidade jurídica é a norma-origem ou norma fundamental. Esta constitui-se em último fundamento de validade de todas as normas jurídicas de um determinado sistema jurídico-positivo.

17 *Idem, ibidem*, pp. 252 e segs.

18 Paulo de Barros Carvalho, *Apostila de Lógica Jurídica*, p. 33.

A função dessa norma-origem ou fundamental é a mesma dos axiomas ou postulados das demais Ciências: representa o ponto de partida que permite a construção e delimitação de qualquer objeto do conhecimento.[19]

A determinação da norma-origem é essencial para o conhecimento do Direito Positivo. Assim, faz-se necessário aprofundar o estudo sobre o ponto de partida do ordenamento jurídico, o que se dará pelo exame de três das mais importantes teorias sobre o assunto:[20] a de HANS KELSEN, a de HERBERT L. A. HART e a de ALF ROSS.

3.6.1. A norma fundamental de Hans Kelsen

É difícil analisar o trabalho de qualquer autor. A palavra escrita nem sempre (quiçá nunca) é suficiente para transmitir a inteireza de um pensamento. Tomar as palavras escritas de um autor com o propósito de compreender sua mensagem é tarefa das mais árduas. Normalmente, esse esforço analítico é incompleto, parcial e defeituoso. Com essas reservas, inicia-se uma sucinta análise das teorias sobre a Norma-Origem do Direito Positivo, começando pela *teoria da norma fundamental de KELSEN.*

O "princípio metodológico fundamental" adotado por KELSEN foi o de delimitar com rigor o campo do Direito, excluindo qualquer outro elemento que se apresente como estranho a ele, em especial: a psicologia, a sociologia, a ética, e a teoria política. Assim, compreende-se a assertiva de KELSEN ao esclarecer o objeto de sua teoria:[21] "A Teoria Pura do Direito é uma teoria do Direito positivo – do Direito positivo em geral, não de uma ordem jurídica especial." KELSEN começa a sua obra com estas palavras.

Tendo essa primeira mensagem na retentiva, é possível estudar a tão contestada e pouco compreendida *teoria da norma fundamental.*

KELSEN[22] distingue norma posta ou positiva de norma pressuposta. Aquela é estabelecida por ato de conduta humana. Esta é simplesmente pressuposta no pensamento, é o conteúdo de um ato de pensamento; não é, pois, norma posta ou positiva.

---

19 Axioma é uma "proposição evidente em si mesma e indemonstrável". É um "pressuposto em um sistema, ocorrendo sempre como premissa ou como ponto de partida para a demonstração para algo". Hilton Japiassu e Danilo Marcondes, *ibidem*, p. 31.

20 Norberto Bobbio pontifica, no prefácio de seu livro *Teoría General del Derecho*, que as obras de Hans Kelsen (a segunda edição da *Teoria Pura do Direito* – 1960), de Herbert L. A. Hart (*O Conceito de Direito* – 1961) e de Alf Ross (*Direito e Justiça* – 1958) foram decisivas "para o desenvolvimento e formação da teoria geral do direito". Um comentário desta natureza feito por um autor do quilate de BOBBIO, por si só, justifica a escolha efetuada.

21 *Idem, ibidem*, p. 1.

22 *Idem, ibidem*, p. 10.

KELSEN[23] apresenta a norma fundamental como sendo o fundamento de validade de uma ordem normativa. A norma fundamental é a resposta de KELSEN para a questão: por que uma norma pertence a um dado sistema de normas? Por que uma norma tem validade? Que fundamenta a unidade de diferentes normas?

A norma fundamental é o último fundamento de validade de um sistema de normas. Segundo KELSEN, o Direito regula sua própria produção. Uma norma regula como outra norma é produzida. A norma produzida tem naquela outra o seu fundamento de validade. O fundamento de validade de uma norma repousa na validade de outra norma. Aquela é denominada superior; esta, inferior. Há que se ter um limite nesta busca do fundamento de validade, sob pena de ser impossível delimitar o Direito.

A norma fundamental precisa ter o *status* de último fundamento de validade do sistema. Ela fundamenta todas as normas do sistema, mas não é fundamentada por qualquer norma. Pela teoria de KELSEN[24] a validade da norma fundamental é um axioma: "o fundamento da sua validade já não pode ser posto em questão". Ela é pressuposta como a norma mais elevada: "como norma mais elevada, ela tem de ser pressuposta, visto que não pode ser *posta* por uma autoridade, cuja competência teria de se fundar numa norma ainda mais elevada".

A determinação da norma fundamental como fundamento de validade de toda a ordem normativa é um ponto central nesta teoria. Nas palavras de KELSEN:[25]

> "Todas as normas cuja validade pode ser reduzida a uma e mesma norma fundamental formam um sistema de normas, uma ordem normativa. A norma fundamental é a fonte comum da validade de todas as normas pertencentes a uma e mesma ordem normativa, o seu fundamento de validade comum. O fato de uma norma pertencer a uma determinada ordem normativa baseia-se em que o seu último fundamento de validade é a norma fundamental desta ordem. É a norma fundamental que constitui a unidade de uma pluralidade de normas enquanto representa o fundamento da validade de todas as normas pertencentes a essa ordem normativa".

Um ponto dessa teoria merece destaque em virtude de ser tão relevante quanto delicado: o conteúdo da norma fundamental. Em outros termos: qual é a determinação contida na norma fundamental?

Para responder essa questão, KELSEN[26] parte da distinção entre o *princípio estático* e o *princípio dinâmico*. O critério definidor utilizado é o da natureza do fundamento de validade. As normas de um ordenamento do tipo estático são consideradas válidas em função de seu conteúdo; "a sua validade pode ser reconduzida a uma norma a cujo

---

23 *Idem, ibidem*, pp. 205 e segs.

24 *Idem, ibidem*, p. 207.

25 *Idem, ibidem*, p. 207.

26 *Idem, ibidem*, pp. 207 e segs.

conteúdo pode ser subsumido o conteúdo das normas que formam o ordenamento, como o particular ao geral". De outro lado, o ordenamento do tipo dinâmico caracteriza-se por apresentar uma norma fundamental cujo conteúdo é "a instituição de um fato produtor de normas, a atribuição de poder a uma autoridade legisladora ou – o que significa o mesmo – uma regra que determina como devem ser criadas as normas gerais e individuais do ordenamento fundado sobre esta norma fundamental".

KELSEN, após ter discorrido sobre ordenamento do tipo dinâmico e do tipo estático, inicia o tópico intitulado "o fundamento de validade de uma ordem jurídica"[27] com uma afirmação delicada: "O sistema de normas que se apresenta como uma ordem jurídica tem essencialmente um caráter dinâmico".

Nesse tópico, KELSEN desenvolve todo um raciocínio com base em tal (perigosa) premissa. Ele considera que a validade de uma norma jurídica decorre do fato de ter sido "criada de uma forma determinada – em última análise, por uma forma fixada por uma norma fundamental. Por isso, todo e qualquer conteúdo pode ser Direito".

Argumenta que considerando-se Constituição de uma comunidade a norma ou normas que ditam por que órgãos e processos (em especial o legislativo, ou o costume) serão produzidas as normas gerais da ordem jurídica, a norma fundamental é aquela que é pressuposta quando o costume ou quando o ato constituinte são considerados fatos produtores de normas. Por esta maneira, assevera que a norma fundamental pode ser designada como constituição no sentido lógico-jurídico, distinguindo da Constituição em sentido jurídico-positivo (de um Estado específico, composta por normas positivas, não por norma pressuposta).

KELSEN[28] ainda esclarece a natureza da norma fundamental: é uma pressuposição lógico-transcendental. Ressalta que a norma fundamental refere-se mediatamente a uma Constituição determinada, efetivamente estabelecida; e imediatamente refere-se à ordem coercitiva criada de acordo com essa Constituição. Acrescenta que o conteúdo da Constituição e da ordem jurídica nela fundada não é importante, está fora de questão se é justa ou injusta. A norma fundamental pressuposta prescinde de qualquer valor transcendente ao Direito Positivo.

Feito esse breve escorço da teoria da norma fundamental de KELSEN, é mister retomar uma questão essencial para o desenvolvimento deste trabalho: qual o conteúdo da norma fundamental?

Segundo KELSEN, "a norma fundamental de uma ordem jurídica não é uma norma material que, pelo fato de o seu conteúdo ser considerado como imediatamente evidente, seja pressuposta como a norma mais elevada da qual possam ser

27 *Idem, ibidem*, pp. 210 e segs.

28 *Idem, ibidem*, p. 214.

deduzidas – como o particular do geral – normas de conduta humana através de uma operação lógica".[29]

Pela teoria de KELSEN, a norma fundamental possui caráter formal, não material. Isto se atesta pela sua consideração de que "a ordem jurídica tem essencialmente um caráter dinâmico". No mesmo sentido, vale atentar para a passagem em que este jurista destaca a característica da norma fundamental em um ordenamento do tipo dinâmico:[30]

"Uma norma pertence a um ordenamento que se apóia numa tal norma fundamental porque é criada pela forma determinada através dessa norma fundamental – e não porque tem um determinado conteúdo. A norma fundamental apenas fornece o fundamento de validade e já não também o conteúdo das normas que formam este sistema. Esse conteúdo apenas pode ser determinado através de atos pelos quais a autoridade a quem a norma fundamental confere competência e as outras autoridades que, por sua vez, recebem daquela a sua competência, estabelecem as normas positivas deste sistema".

Conjugando essas assertivas e seguindo a teoria de KELSEN, é correto desenvolver o seguinte raciocínio:

a) se a norma fundamental do ordenamento jurídico, por ser do tipo dinâmico, não determina qualquer conteúdo das normas que formam o sistema, mas somente determina a "*forma*" (procedimento) e a "*competência*" (sujeito ou órgão habilitado) para a criação da norma (**premissa um**),

b) se a norma fundamental é o último fundamento que permite afirmar se uma norma pertence ou não a um dado sistema normativo, isto é, se tem validade (**premissa dois**),

então:

c) somente por intermédio de uma análise dos critérios "forma" (procedimento) e "competência" é que se pode avaliar se uma norma é ou não jurídica; o conteúdo (critério material) é irrelevante para tanto (**conclusão**).

O que merece ser ponderado é o seguinte: as premissas de KELSEN são cabíveis num sistema jurídico como o brasileiro? Por conseguinte, as conclusões de KELSEN são compatíveis com a realidade jurídico-positiva brasileira?

Essas questões serão definitivamente enfrentadas mais adiante (item 3.8 deste capítulo). Entretanto, convém desde já, abordar alguns pontos de teoria geral, que não são relacionados exclusivamente ao sistema jurídico brasileiro.

Em primeiro lugar: a asserção de KELSEN de que "o sistema de normas que se

---

29 *Idem, ibidem*, p. 210.

30 *Idem, ibidem*, p. 209.

apresenta como uma ordem jurídica tem essencialmente um caráter dinâmico" possui dois grandes inconvenientes. *Um*, o termo "essencialmente" pode denotar algo ligado à essência do Direito; isto seria mais compatível com um sistema fundado no Direito Natural, não com um sistema "puro" de Direito Positivo. *Dois*, tal expressão é ambígua, pois que significa dizer "tem essencialmente um caráter dinâmico": a) tem o sentido de algo necessário, inevitável, da própria essência; ou b) significa que normalmente ou geralmente tem aquele caráter?

Se KELSEN tiver utilizado a expressão "essencialmente" no primeiro sentido (letra "a"), haveria, em princípio, um conflito de posições. Isto se explica pelo fato de o próprio KELSEN[31] reconhecer que, não raramente, as Constituições em sentido jurídico-positivo, além de veicularem normas que regulam a produção de outras normas, podem conter normas que dispõem sobre outras matérias, delimitando, inclusive, o conteúdo das normas a serem produzidas. Ora, se pela teoria de KELSEN a norma fundamental determina que as normas da Constituição jurídico-positiva devem ser cumpridas, se estas normas além de regularem o modo de produção de outras normas, regularem, também, outras matérias (a conduta humana em geral), então o ordenamento será de tipo misto, afetado tanto pelo princípio estático como pelo dinâmico (o ordenamento jurídico brasileiro, por ex., é do tipo misto, já que a Constituição em sentido jurídico-positivo veicula tanto normas de produção normativa quanto normas de conduta) .

Se KELSEN empregou a expressão "essencialmente" no sentido de ser assim "geralmente", "normalmente" (letra "b"), não deveria afirmar que os critérios de aferição da validade são apenas a *competência* e a *forma*, pois tudo depende da realidade de cada sistema jurídico. Além do mais, é frequente existirem tanto normas de produção normativa como normas de conduta em uma Constituição jurídico-positiva (em verdade, esta é a situação mais comum nos sistemas constitucionais modernos).

Em segundo lugar, mais uma observação merece ser feita por força de sua relevância. Se a norma fundamental é pressuposta, meramente pensada, uma norma fictícia,[32] não parece adequado admitir que ela regule a "competência" (sujeito competente) e a "forma" (procedimento) para a criação das normas da Constituição jurídico-positiva. O mesmo argumento utilizado por KELSEN para demonstrar que a norma fundamental não tem "conteúdo imediatamente evidente", serve para rechaçar a assertiva de que a norma fundamental regula a "forma" e a "competência"

31 *Idem, ibidem*, p. 242.

32 Kelsen em obra publicada após sua morte (*Teoria Geral das Normas*), considerou a norma fundamental como sendo uma norma fictícia. Lecionou que: "A norma fundamental de uma ordem jurídica ou moral positivas – como evidente do que precedeu – não é positiva, mas meramente pensada, e isto significa uma norma fictícia, não o sentido de um real ato de vontade, mas sim de um ato meramente pensado". *Idem*, p. 328.

para a criação de outras normas; pois, tais matérias não são "imediatamente evidentes"; se a norma fundamental é pressuposta, pensada, meramente fictícia, se sua única finalidade é fundamentar a validade da Constituição jurídico-positiva, ela não teria qualidade para regular coisa alguma, seja o "conteúdo" (isto é, a declaração prescritiva), seja a "forma" (procedimento) ou a competência (sujeito competente).

Portanto, se na teoria de KELSEN a função da *norma fundamental* é fundamentar a validade da Constituição jurídico-positiva, a constatação de se tratar de um ordenamento estático ou dinâmico depende do exame específico de cada Constituição positiva. Esta poderá erigir como critérios de verificação de pertinência ao sistema somente aspectos formais ("forma" e "competência"), ou também aspectos materiais (determinação completa ou simples limites para a declaração prescritiva a ser emitida, à qual corresponderá o conteúdo da norma a ser produzida).

3.6.2. A última regra de reconhecimento de Herbert L. A. Hart

HART, tal como KELSEN, ressalta em sua teoria o ponto de partida que se deve fixar para construir um sistema jurídico. É certo que o modelo adotado por HART distingue-se com clareza do kelseniano. Costuma-se dizer que HART constrói um modelo Realista, embora com acentuado matiz analítico. Segundo o próprio autor,[33] o seu desígnio foi o de "aprofundar a compreensão do direito, da coerção e da moral como fenômenos sociais diferentes mas relacionados". E complementa: "o jurista considerará o livro como um ensaio sobre teoria jurídica analítica, porque diz respeito à classificação do quadro geral do pensamento jurídico, em vez de respeitar à crítica do direito ou da política legislativa".

HART, conforme visto acima (Capítulo II, subitem 2.1.1), concebe o Direito como sendo uma reunião de regras primárias e secundárias. Entre as regras secundárias, interessa neste momento a denominada regra de reconhecimento. Para HART,[34] regra de reconhecimento é aquela que expressa os requisitos necessários para que uma regra do grupo social seja considerada regra do sistema jurídico.

Ao discorrer sobre os fundamentos de um sistema jurídico, HART examina a relação existente entre a regra de reconhecimento e o que se conhece por validade. Leciona que o fundamento de um sistema jurídico repousa na situação social em que uma regra secundária de reconhecimento seja "aceita e utilizada" para identificar as regras primárias de obrigação. Assim, tal regra secundária de reconhecimento dispõe sobre critérios capazes de identificar regras primárias de obrigação, os quais podem assumir formas diversas, tais como: a) a referência a um texto dotado de autoridade; b) a um ato legislativo; c) à prática consuetudinária;

---

33 *Idem, ibidem*, prefácio, p. 1.

34 *Idem, ibidem*, pp. 104 e segs.

d) às declarações gerais de certas pessoas; ou e) a decisões judiciais passadas, prolatadas em casos concretos.

Observa que nos modernos sistemas jurídicos há uma diversidade de "fontes"[35] de direito e, por consequência, a regra de reconhecimento torna-se mais complexa. Normalmente, esta regra tem como um dos critérios identificadores do Direito a referência a uma constituição escrita, a aprovação por uma assembleia legislativa e precedentes judiciais. Adita que a regra de reconhecimento, na maior parte dos casos, estabelece uma hierarquia entre esses critérios; por exemplo, no direito inglês: o costume e o precedente estão subordinados à lei parlamentar.

HART salienta que, normalmente, a regra de reconhecimento não é enunciada, mas sua existência *manifesta-se* na maneira pela qual as regras concretas são identificadas, tanto pelos tribunais ou outros funcionários, como pelos particulares ou seus consultores. Demonstra a relação entre a validade e a regra de reconhecimento, quando pontifica:[36]

> "Dizer que uma dada regra é válida é reconhecê-la como tendo passado todos os testes facultados pela regra de reconhecimento e, portanto, como uma regra do sistema. Podemos, na verdade, dizer simplesmente que a afirmação de que uma regra concreta é válida significa que ela satisfaz todos os critérios facultados pela regra de reconhecimento".

Na exposição de HART, uma passagem merece ser realçada em função do ponto que se está analisando, qual seja: a referência ao que denominou "regra última de reconhecimento". Pontifica que a regra de reconhecimento que estabelece os critérios pelos quais confere-se a validade de outras regras é uma regra *última*. E acrescenta que, em havendo critérios hierarquicamente ordenados, um deles é *supremo*.

É precisa e importante a explicação de HART[37] acerca do conceito de critério supremo:

> "Podemos dizer que um critério de validade jurídica, ou fonte de direito, é supremo, se as regras identificadas por referência a ele forem ainda reconhecidas como regras do sistema, mesmo que elas estejam em conflito com regras identificadas por referência aos outros critérios, ao passo que as regras identificadas por referência a estes últimos não são reconhecidas como tal, se estiverem em conflito com regras identificadas por referência ao critério supremo".

HART aduz de forma esclarecedora sobre a necessidade de se ter um limite, um ponto de partida, do sistema jurídico; o que é possível graças ao que ele denomi-

35 HART se utiliza da expressão "fontes de direito" sem se preocupar com a distinção entre instrumento introdutor de norma ou fonte formal e a própria norma veiculada. *Idem, ibidem*, p. 112.

36 *Idem, ibidem*, p. 114.

37 *Idem, ibidem*, p. 117.

nou *regra última de reconhecimento*. Em face de sua qualidade didática, vale transcrever este pensamento de HART:[38]

> "O sentido em que a regra de reconhecimento é a regra última de um sistema é melhor compreendido, se seguirmos uma cadeia muito familiar de raciocínio jurídico. Se for levantada a questão de saber se uma certa regra é juridicamente válida, devemos, para lhe responder, usar um critério de validade facultado por uma outra regra qualquer. Será válida esta pretensa postura do Conselho de Condado de Oxfordshire? Sim, porque foi elaborada no exercício dos poderes conferidos e conforme o procedimento especificado por um decreto do Ministério da Saúde. Neste primeiro estágio, o decreto faculta os critérios, nos termos dos quais a validade da postura é apreciada. Pode não haver necessidade prática de ir mais além; mas há uma possibilidade permanente de o fazer. Podemos questionar a validade do decreto e apreciar a sua validade, nos termos da lei que concede poderes ao ministro para fazer tais decretos. Por fim, quando a validade dessa lei foi questionada e apreciada por referência à regra de que aquilo que a Rainha no Parlamento aprova é direito, chegamos a uma paragem nas indagações a respeito da validade: porque alcançamos uma regra que, tal como o decreto e a lei intermédios, faculta critérios para a apreciação da validade de outras regras; mas é ao mesmo tempo diferente deles, na medida em que não há regra que faculte critérios para a apreciação da sua própria validade jurídica".

Por fim, cabe mencionar que HART, ao analisar a natureza jurídica da regra última de reconhecimento, discorda que esta não possa ser demonstrada, sendo pois *assumida* ou *postulada*, ou mesmo uma *hipótese*. Em seu modelo Realista, assevera HART que há duas situações distintas e inconfundíveis: *uma*, a validade de uma regra só é apreciável por intermédio do exame dos critérios de pertinência ao sistema estabelecidos pela regra última de reconhecimento; *duas*, a regra última de reconhecimento, a ser utilizada para aferir a validade (ou seja, a pertinência a um dado sistema jurídico) de outras regras, é a que for realmente "aceite e empregue" no funcionamento geral do sistema, não cabendo com relação a ela qualquer questão acerca de validade. Atesta-se, pois, que, segundo a teoria de HART, a regra de reconhecimento representa o axioma, o ponto de partida de um dado sistema jurídico.

São fortes e sugestivas as palavras de HART[39] sobre a natureza jurídica da regra última de reconhecimento:

> "Só necessitamos da palavra 'validade' e só a usamos comumente para responder a questões que se colocam dentro de um sistema de regras onde o estatuto de uma regra como elemento do sistema depende de que ela satisfaça certos critérios facultados pela regra de reconhecimento. Uma tal questão não pode ser posta quanto à validade da própria

38 *Idem, ibidem*, pp. 118 e segs.

39 *Idem, ibidem*, p. 120.

regra de reconhecimento que faculta os critérios; esta não pode ser válida ou inválida, mas é simplesmente aceite como apropriada para tal utilização. Expressar este simples facto dizendo de forma pouco clara que a sua validade é 'suposta, mas não pode ser demonstrada', é como dizer que supomos, mas não podemos demonstrar, que a barra do metro-padrão em Paris, que é o teste último da correção de toda a medida métrica, é ela própria correcta".

HART[40] conclui ao assentar que uma regra subordinada de um sistema pode ser válida e, nesse sentido, *existir*, mesmo se ignorada pelas pessoas; a regra de reconhecimento somente existe como uma "prática complexa, mas normalmente concordante, dos tribunais, dos outros funcionários e dos particulares", quando identifica que é direito por alusão a certos critérios. Em suma, para HART a existência da regra de reconhecimento "é uma questão de fato".

3.6.3. A norma superior pressuposta de Alf Ross

ROSS ressalta, no prefácio da edição inglesa de seu livro, que seu principal objetivo é desenvolver os princípios empiristas, no campo do Direito, até suas conclusões últimas. Apesar da peculiaridade do modelo de ROSS, ele também destaca a necessidade de o sistema jurídico ter uma hipótese inicial.

ROSS, ao discorrer sobre o "direito legislado", segundo ele a "fonte" mais importante no direito da Europa continental, afirma que as normas de mais alta competência não podem ser sancionadas; elas têm que ser pressupostas. ROSS constrói o seguinte gráfico para ilustrar seu pensamento:

A3 – constituída por C3 – não sancionadas por uma autoridade
A2 – constituída por C2 – sancionada por A3
A1 – constituída por C1 – sancionada por A2

Esclarece que[41] "A3 *es la autoridad suprema y, en consecuencia, tiene que estar forzosamente constituida por normas de competencia que no han sido sancionadas por ninguna autoridad, sino que son presupuestas.*"

No esquema de ROSS, "C3" simboliza a norma superior pressuposta que não é sancionada por ninguém e que constitui a "autoridade suprema". Esta norma superior pressuposta, segundo ROSS, decorre de uma "ideologia pressuposta".

Leciona ROSS que as normas constituintes determinam as condições (**formais** e **materiais**) para a validade das normas subordinadas.

40 *Idem, ibidem*, p.121.

41 *Idem, ibidem*, p. 78.

ROSS conclui seu pensamento ressaltando a necessidade de se ter um ponto de partida, uma norma-origem, uma "hipótese inicial", a fim de que se possa construir um sistema jurídico. Em suas palavras:[42]

> *"Para resumir: todo sistema de derecho legislado (en sentido amplio) se base necesariamente en una hipótesis inicial que constituye la autoridad suprema, pero que no ha sido creada por ninguna autoridad. Solo existe como una ideología política que forma el presupuesto del sistema. Cualquier enmienda por el procedimiento jurídico establecido es solo posible dentro del sistema, cuya identidad está determinada por la hipótesis inicial. Todo cambio en la última, esto es, toda transición de un sistema a otro, es un fenómeno extra-sistemático, un cambio fáctico socio-psicológico en la ideología política dominante y no puede ser descripto como creación jurídica mediante un procedimiento".*

3.7. A CADEIA DA CAUSALIDADE JURÍDICA – ANÁLISE DAS PRINCIPAIS TEORIAS

Neste item serão investigadas as principais teorias envolvendo o tema da *causalidade jurídica*, isto é, do *processo de produção do Direito*. É certo que este processo tem um ponto de partida. No item anterior, estudaram-se três das mais importantes teorias a este respeito. Apesar de a posição adotada neste livro somente ser exposta mais adiante (subitem 3.8.1 – deste capítulo), não há prejuízo para o desenvolvimento da exposição, pois três das cinco teorias (sobre a causalidade jurídica) que serão analisadas são dos mesmos autores acima estudados (KELSEN, HART e ROSS) e, as outras duas (de BOBBIO e LOURIVAL VILANOVA) adotam, em linhas gerais, a teoria da norma fundamental de KELSEN.

Somente perquirindo o modo pelo qual o Direito regula a sua própria criação é que se torna possível aferir se uma norma pertence ou não a um dado sistema jurídico. Em outras palavras, somente com o estudo da cadeia da causalidade jurídica é possível averiguar se um enunciado prescritivo introduziu ou não norma jurídica no sistema do Direito Positivo.

Cada teoria a seguir examinada descreve esse fenômeno de uma maneira peculiar. A análise de cada uma delas se justifica pelo elevadíssimo nível dos respectivos arautos.

Convém ressaltar o objetivo dessas visitas a diferentes concepções teóricas sobre o modo pelo qual o Direito regula a sua própria produção:

– **um**, enriquecer o conhecimento do fenômeno jurídico por intermédio de diferentes modelos, diferentes perspectivas;

– **dois**, demonstrar que apesar da diversidade de modelos utilizados para conhecer o objeto Direito, há um ponto comum nas diferentes teorias, qual seja,

42 *Idem, ibidem*, p. 81.

o sistema jurídico apresenta uma dualidade normativa, com normas que regulam diretamente a conduta e normas que regulam a produção de outras normas.

Feitos esses esclarecimentos, cabe examinar, resumidamente, como a doutrina tem descrito o *processo de produção do Direito*.

3.7.1. A teoria de Hans Kelsen

KELSEN,[43] com singular propriedade, destaca logo no início de sua "Teoria Pura do Direito" a distinção que se deve fazer entre o *ato* e *seu significado*. Explica KELSEN que analisando o que se chama de *fato jurídico* é possível diferençar dois elementos: a) um ato sensorialmente perceptível realizado no tempo e no espaço; e b) sua significação jurídica. Exemplifica o primeiro elemento, com a referência a uma reunião de pessoas que discursam, discutem e alguns levantam a mão – este é o evento exterior. Quanto à significação jurídica disto: "foi votada uma lei, criou-se Direito". Chama atenção, assim, para a diferença entre o "processo legiferante" e o seu *produto*, no caso, uma lei. O mesmo fenômeno ocorre com uma sentença ou com um negócio jurídico (ex.: contrato).

Essa distinção levada a termo por KELSEN é crucial para a compreensão da causalidade jurídica. É inconfundível o *processo* de elaboração de uma norma com o *produto* deste processo – a norma jurídica. A significação jurídica (ex.: a norma produzida) é determinada pelo próprio sistema jurídico. É o sistema que apresenta os critérios identificadores que permitem verificar se da realização de um fato decorre ou não o surgimento de uma norma jurídica. Em outros termos: é o sistema do Direito Positivo que oferece os critérios que permitem determinar se um enunciado prescritivo teve ou não aptidão para introduzir norma jurídica no próprio sistema.

KELSEN[44] observa que o Direito é composto não só por normas que prescrevem ou proíbem condutas mas também por normas que conferem competência. Conferir competência significa autorizar, atribuir um poder jurídico, atribuir uma capacidade de produzir Direito.

De certa maneira, a distinção feita por KELSEN equivale ao que se disse sobre norma de conduta e norma de produção normativa (Capítulo II, subitem 2.8.3). A que prescreve ou proíbe conduta equivale à norma de conduta; a que confere competência (autorização, poder jurídico, capacidade de produzir Direito) equivale à norma de produção normativa.

43 *Idem, ibidem*, p. 2.

44 *Idem, ibidem*, p. 131.

KELSEN, ao tratar da "estrutura escalonada da ordem jurídica",[45] volta a firmar que o Direito regula a sua própria criação. Retoma, também, a assertiva de que o Direito possui um caráter dinâmico;[46] desta sorte, uma norma somente é válida porque e à medida que foi produzida da maneira determinada por outra norma. Ele chama a primeira de norma superior e a segunda de inferior.

KELSEN prega a distinção entre *Constituição em sentido material* e *Constituição em sentido formal*. Aquela significa a norma positiva ou as normas positivas por meio das quais é regulada a produção das normas jurídicas gerais (deve-se observar que KELSEN não diferencia o veículo introdutor de norma – ex.: a Constituição – das normas veiculadas por ele – ver item 3.3 deste capítulo). Esta significa um documento designado como "Constituição" que contém, além de normas que regulam a produção de normas gerais, outras normas que se referem a matérias politicamente importantes, que não podem ser revogadas ou alteradas da mesma forma que as leis normais, mas apenas por meio de um processo especial.

KELSEN assevera que as Constituições positivas, "não raramente", determinam o conteúdo das futuras leis; assim procedem ao prescrever ou excluir determinados conteúdos.[47]

Após retomar a assertiva de que a norma superior é o fundamento de validade da norma inferior, KELSEN[48] esclarece, de forma conclusiva, a sua visão do processo de criação do Direito:

> "Como já foi destacado, a criação de uma norma inferior através de uma norma superior pode ser determinada em duas direções. A norma superior pode não só fixar o órgão pelo qual e o processo no qual a norma inferior é produzida, mas também determinar o conteúdo desta norma. Mesmo quando a norma superior só determine o órgão, isto é, o indivíduo pelo qual a norma inferior deve ser produzida, e deixe à livre apreciação deste órgão tanto a determinação do processo como a determinação do conteúdo da norma a produzir, a norma superior é aplicada na produção da norma inferior: a determinação do órgão é o mínimo do que tem de ser determinado na relação entre uma norma superior e uma norma inferior. Com efeito, uma norma cuja produção não é de forma alguma determinada por uma norma superior não pode valer como uma norma posta dentro da ordem jurídica e, por isso, pertencer a essa ordem jurídica".

45 *Idem, ibidem*, pp. 240 e segs.

46 A questão envolvendo o caráter estático e dinâmico de um sistema, em especial o jurídico, foi tratada acima (subitem 3.6.1 deste capítulo).

47 *Idem, ibidem*, p. 242.

48 *Idem, ibidem*, p. 253.

3.7.2. A teoria de Herbert L. A. Hart

Conforme já mencionado (Capítulo 2 ,subitem 2.1.1), HART concebe o Direito como sendo uma reunião de regras primárias e regras secundárias. Aquelas regulam diretamente as condutas; determinam que se faça ou deixe de fazer alguma ação. Estas determinam o modo pelo qual as regras primárias podem ser: reconhecidas como regras jurídicas (regras de reconhecimento); criadas, eliminadas e alteradas (regras de alteração); e confirmadas, nos casos em que surgir alguma dúvida envolvendo o seu cumprimento (regras de julgamento). Nas palavras de HART: "as regras do primeiro tipo impõem deveres, as regras do segundo tipo atribuem poderes, públicos ou privados".[49]

HART justifica a necessidade das regras secundárias a partir da demonstração dos defeitos de um sistema que apresentasse apenas regras primárias. Destarte, as *regras de reconhecimento* são o remédio para a *incerteza* do regime simples das regras primárias, pois elas estabelecem critérios para a identificação das regras jurídicas. As *regras de alteração* são o remédio para o caráter *estático* (ou seja, sua rigidez, imutabilidade) do regime de regras primárias. As *regras de julgamento* são o remédio para a *ineficácia* do regime de regras primárias.

Num certo sentido, pode-se atestar que as regras secundárias de HART (mais especificamente, as *regras de reconhecimento* e as *regras de alteração*) guardam certa semelhança com o que já foi dito acerca das normas de produção normativa, enquanto as regras primárias de HART assemelham-se às regras de conduta (Capítulo II, subitem 2.8.3). Percebe-se, portanto, que, mesmo desenvolvendo um modelo Realista, HART demonstra uma perspectiva analítica ao vislumbrar a dualidade do sistema jurídico: regra primária e regra secundária.

Para finalizar, vale transcrever uma conclusiva passagem de HART a respeito de sua concepção de sistema jurídico:[50]

> "Há, portanto, duas condições mínimas necessárias e suficientes para a existência de um sistema jurídico. Por um lado, as regras de comportamento que são válidas segundo os critérios últimos de validade do sistema devem ser geralmente obedecidas e, por outro lado, as suas regras de reconhecimento especificando os critérios de validade jurídica e as suas regras de alteração e de julgamento devem ser efectivamente aceites como padrões públicos e comuns de comportamento oficial pelos seus funcionários. A primeira condição é a única que os cidadãos privados necessitam de satisfazer: podem obedecer cada qual 'por sua conta apenas' e sejam quais forem os motivos por que o façam; embora numa sociedade sã eles aceitem de facto freqüentemente estas regras como padrões comuns de comportamento e reconheçam uma obrigação de lhes obedecer, ou reconduzam mesmo esta obrigação à obrigação mais geral de respeitar a constituição. A segunda condição deve também ser satisfeita pelos funcionários do sistema. Eles devem encarar estas regras

49 *Idem, ibidem*, p. 102.

50 *Idem, ibidem*, p. 128.

como padrões comuns de comportamento oficial e considerar criticamente como lapsos os seus próprios desvios e os de cada um dos outros. Naturalmente é também verdade que, além destas, haverá muitas regras primárias que se aplicam aos funcionários na sua capacidade meramente pessoal, a que eles necessitam apenas de obedecer.
A asserção de que um sistema jurídico existe é, portanto, uma afirmação bifronte, que visa tanto a obediência pelos cidadãos comuns como a aceitação pelos funcionários das regras secundárias como padrões críticos comuns de comportamento oficial. Não precisamos de nos surpreender com esta dualidade. É meramente o reflexo do carácter compósito de um sistema jurídico, por comparação com uma forma pré-jurídica descentralizada e mais simples de estrutura social que consiste apenas em regras primárias".

3.7.3. A teoria de Alf Ross

Vale lembrar que ROSS[51] destaca, no prefácio da edição inglesa de sua obra, que seu objetivo principal é desenvolver os princípios empiristas, no campo do Direito, até suas conclusões últimas. O modelo adotado por ROSS não impediu que ele conferisse especial atenção para a dualidade normativa presente no sistema jurídico, qual seja: a) norma que dispõe sobre a conduta; e b) norma que dispõe sobre a produção de outras normas.

ROSS, ao discorrer sobre o conceito de "Direito vigente", mais especificamente ao tratar do "conteúdo da ordem jurídica", estabelece que as normas jurídicas podem ser divididas em dois grupos, segundo o critério do conteúdo imediato: a) normas de conduta – são aquelas que prescrevem uma certa linha de ação, um determinado comportamento; e b) normas de competência – são aquelas que criam uma competência (poder, autoridade), que dispõem que as normas criadas de acordo com o procedimento previsto serão consideradas normas jurídicas.[52]

ROSS, em seu modelo Empirista, salienta que a *norma de conduta* é uma diretiva para o juiz, enquanto que a diretiva ao particular é considerada uma *norma jurídica derivada* ou *norma em sentido figurado*, deduzida daquela.

Retomando a *norma de competência*, ROSS leciona com clareza sobre os requisitos impostos por tal norma para que sejam criadas outras normas. Leciona que,[53] as *normas de competência* estabelecem condições que podem ser divididas em dois grupos:

a) condições formais – "*Las condiciones formales de competencia definen el procedimiento para la sanción de la norma, lo que incluye la identificación de las personas calificadas para adoptar los diversos pasos del procedimiento. El procedimiento legislativo, para tomar un ejemplo, exige que los diversos pasos en la Cámara de Representantes y en el Senado sean realizados por personas que, según las leyes electorales y el resultado de las elecciones, tengan la calidad de miembros de uno u otro cuerpo*";

---

51 *Idem, ibidem*, p. XIII.

52 *Idem, ibidem*, pp. 32 e segs.

53 *Idem, ibidem*, pp. 77 e segs.

b) condições materiais – "*Las condiciones materiales definen el objeto o contenido de la norma que puede ser sancionada mediante el procedimiento indicado*".

ROSS complementa ao pontificar que: "*Combinando ambos conjuntos de condiciones podemos decir que una norma sancionada tiene fuerza legal si ha sido dictada por una autoridad que ha seguido el procedimiento regular y ha obrado dentro de su competencia material*".

Como se atesta, apesar de o modelo de ROSS ser diferente do utilizado neste trabalho, os requisitos ou condições definidos pela sua *norma de competência* para que uma norma pertença ao sistema jurídico (seja válida) guardam forte parecença com o que foi proposto como requisitos da norma de produção normativa, quais sejam: a) sujeito competente; b) procedimento; e c) declaração prescritiva.

3.7.4. A teoria de Norberto Bobbio

Nos anos de 1958 e 1960, BOBBIO publicou dois importantes livros, respectivamente: *Teoria da norma jurídica* e *Teoria do ordenamento jurídico.* Esta fase de BOBBIO é conhecida como *Estruturalista,* quando seus estudos estavam voltados para a análise estrutural do Direito. Vale relevar que no prólogo à primeira edição castelhana do livro *Teoría General del Derecho* (cuja primeira parte corresponde ao livro *Teoria da norma jurídica* e a segunda, ao livro *Teoria do ordenamento jurídico)*, em 1987, BOBBIO reafirma todas as conclusões a que chegou quando do desenvolvimento daquelas obras.

Nesse sentido, BOBBIO concebe o Direito como sendo um conjunto coordenado de normas. Nas palavras do próprio jurista italiano:[54]

> "Consideramos oportuno reproduzir aqui as palavras com que concluímos, no livro anterior, o exame da teoria da instituição: 'A nosso ver, a teoria da instituição teve o grande mérito de pôr em relevo o fato de que se pode falar de Direito somente onde haja um complexo de normas formando um ordenamento, e que, portanto, o Direito não é norma, mas um conjunto coordenado de normas, sendo evidente que uma norma jurídica não se encontra jamais só, mas está ligada a outras normas com as quais forma um sistema normativo".

Retomando o exame do conceito de Direito, BOBBIO volta a se reportar ao livro *Teoria da Norma Jurídica*, para precisar a sua definição de norma jurídica:[55]

> "Voltemos, agora, à definição de Direito a que chegamos no livro procedente. Ali determinamos a norma jurídica através da sanção, e a sanção jurídica através dos aspectos de

54 *Teoria do Ordenamento Jurídico*, *idem*, p. 21. O livro anterior a que BOBBIO se refere é o *Teoria da Norma Jurídica*.

55 *Idem, ibidem*, p. 27.

exterioridade e de institucionalização, donde a definição de norma jurídica como aquela norma 'cuja execução é garantida por uma sanção externa e institucionalizada'".

Uma vez esclarecido como BOBBIO concebe o Direito, já se pode analisar a maneira pela qual ele descreve o processo de produção do Direito.

BOBBIO, que adota a teoria da construção escalonada do ordenamento jurídico elaborada por KELSEN (inclusive no que toca à norma fundamental), reconhece que o ordenamento jurídico regula a própria produção normativa e que ao lado das *normas de conduta* ou *comportamento* existem *normas de estrutura* ou de *competência*. Estas normas regulam o modo pelo qual outras normas são produzidas, isto é, prescrevem "as condições e os procedimentos através dos quais emanam normas de conduta válidas".[56]

BOBBIO explica que em cada grau normativo há normas de estrutura e de conduta. Referindo-se a uma Constituição do tipo da italiana, assevera que "numa Constituição, como a italiana, há normas que atribuem diretamente direitos e deveres aos cidadãos, como as que dizem respeito aos direitos de liberdade; mas existem outras normas que regulam o processo através do qual o Parlamento 'pode funcionar para exercer o poder' Legislativo, e, portanto, não estabelecem nada a respeito das pessoas, limitando-se a estabelecer a maneira pela qual outras normas dirigidas às pessoas poderão ser emanadas".[57] Do mesmo raciocínio ele utiliza-se ao aludir às leis ordinárias.

Segundo BOBBIO,[58] diversamente das *normas de conduta* que possuem uma tripartição clássica (normas imperativas, proibitivas e permissivas), as *normas de estrutura* podem ser de nove espécies, quais sejam:

a) normas que mandam ordenar;
b) normas que proíbem ordenar;
c) normas que permitem ordenar;
d) normas que mandam proibir;
e) normas que proíbem proibir;
f) normas que permitem proibir;
g) normas que mandam permitir;
h) normas que proíbem permitir;
i) normas que permitem permitir.

Cabe observar que o modelo adotado por BOBBIO para conceber a *norma de estrutura* (norma de produção normativa) é totalmente diferente do modelo utilizado neste trabalho e, portanto, conduz a resultados diversos. O modelo de BOBBIO

56 *Idem, ibidem*, p. 33.

57 *Idem, ibidem*, p. 46.

58 *Idem, ibidem*, pp. 47 e segs.

acaba por reduzir a *norma de estrutura* a uma *norma de conduta*. Em outras palavras, a *norma de estrutura*, do modo que BOBBIO concebeu, equivale a uma *norma de conduta*, com a peculiaridade de o verbo representativo da ação (conduta, comportamento) estar afetado por um duplo modal deôntico (respectivamente: OO, VO, PO, OV, VV, PV, OP, VP e PP).

Ao que parece, esse modelo apresenta a seguinte inconveniência: não se compatibiliza com a estrutura dual de toda norma jurídica (antecedente e consequente). Em outros termos, tal modelo não consegue explicar qual o antecedente e qual o consequente da *norma de estrutura*. Por consequência, não explica também qual seria o fato jurídico que lhe corresponderia nem o efeito jurídico da incidência da norma jurídica de estrutura sobre o conceito do fato que lhe corresponda.

Dessa forma, o modelo de BOBBIO, no que tange à determinação da *norma de estrutura*, não consegue elucidar pontos fundamentais do processo de produção do Direito, pois não permite vislumbrar a fenomenologia que envolve a cadeia da causalidade jurídica.

3.7.5. A teoria de Lourival Vilanova

Esse jusfilósofo desenvolve um admirável estudo sobre a dialética norma-fato, que caracteriza a fenomenologia jurídica. LOURIVAL VILANOVA,[59] ao discorrer sobre o tópico "dialética norma/fato", declara que não adota um modelo conhecido por "positivismo naturalista" mas sim o "positivismo crítico (Kelsen), que é normativo".

Quando examina o tema relativo ao "ponto-limite" da cadeia da causalidade jurídica,[60] LOURIVAL VILANOVA esclarece que "uma norma jurídica mantém sempre uma relação-de-pertinencialidade a um sistema". A validade de uma norma decorre da sua pertinência a um dado sistema que a antecede em termos lógicos. Como qualquer sistema, o jurídico requer um ponto de partida, um limite. Um fato é jurídico por ter sofrido a incidência de uma norma. A norma-origem juridiciza o "fato primigênio". Leciona o professor:

> "Os fatos que antecedem à norma-origem são fatos não-juridicizados. Assim, a norma-origem (uma norma de direito positivo, a norma minimal, ponente do modo de produção normativa, ou uma norma pressuposta, como hipótese para reconstruir conceptualmente o sistema) é o ponto-limite da cadeia da causalidade jurídica. Ultrapassá-la é tomar um puro fato (um fato de conduta habitual, um fato de dominação, um fato de violência – que não se confunde com a relação-de-dominação), como fato-origem de normas. Se um puro fato F é origem empírica de uma norma N, a relação entre esse fato e a norma é extrajurídica: quebra-se a causalidade jurídica, que requer norma N, fato F e eficácia (efeitos) E. Sem N, a relação entre F e E é causa natural".

59 *Causalidade e Relação no Direito*, *idem*, pp. 87 e segs.

60 *Idem, ibidem*, pp. 25 e segs.

Como se atesta, segundo LOURIVAL VILANOVA, a *norma-origem* do sistema, que funciona como *ponto-limite da cadeia da causalidade jurídica*, pode ser uma *norma de direito positivo* (p. ex.: a Constituição) ou uma *norma pressuposta* (p. ex.: a norma fundamental da Teoria de KELSEN). E mais, aquilo que estiver além dos limites da norma-origem é estranho ao sistema jurídico.

O referido professor, com a acuidade que lhe caracteriza, descreve com clareza como se processa a produção das normas no sistema jurídico. Partindo das normas da Constituição, ele imerge no movimento dialético norma-fato e surpreende o momento da criação das normas jurídicas:[61]

> "Um dos efeitos do fato jurídico é o estatuir norma. O efectual do processo legislativo, que é um fato jurídico complexo, é a criação da lei. É fato jurídico um plexo de manifestações de vontade, normativamente qualificado como ato (fato jurídico em sentido amplo) constitutivo de normas. O órgão competente é, por sua vez, um plexo de fatos e atos qualificado por normas de organização e de competência.
> As normas de organização (e de competência) e as normas do 'processo legislativo', constitucionalmente postas, incidem em fatos e os fatos se tornam jurígenos. O que denominamos 'fontes do direito' são fatos jurídicos criadores de normas: fatos sobre os quais incidem hipóteses fácticas, dando em resultado normas de certa hierarquia".

Assim, a norma da Constituição (norma-origem do Direito Positivo) apresenta em seu antecedente a descrição de um "fato complexo" chamado de *processo legislativo*, que se compõe de "manifestações de vontade" produzidas de certa forma por um "órgão competente". Estas normas de competência (neste trabalho denominadas *normas de produção normativa*) ao incidirem sobre o fato complexo (processo legislativo, em sentido amplo) produzem como efeito jurídico outras normas jurídicas.

LOURIVAL VILANOVA insiste na tese de que o sistema tem início em uma norma-origem, daí ser um sistema normativo. As normas que regulam a produção de outras normas ele chama de "sobrenormas" ou "regras do processo legislativo". Estas sobrenormas oferecem os critérios para atribuir *validade* às normas produzidas; isto é, norma válida é aquela que decorre da incidência de sobrenorma sobre um certo fato (jurídico). Professa LOURIVAL VILANOVA:"[62]

> "Num e noutro caso, a aprioridade da norma, relativamente aos fatos (ou ao fato único), advém de seu modo de formação e da relação-de-validade com o sistema. A norma jurídica forma-se de acordo com as normas de formação do sistema (sobrenormas), ou as 'regras do processo legislativo'.

61 *Idem, ibidem*, pp. 23 e segs.

62 *Idem, ibidem*, pp. 45 e segs.

E complementa:

> "As sobrenormas, na espécie de normas sobre a formação de normas, conferem *validade* à norma criada. E a validade tem-na a norma, antes de ser 'aplicada'. Acontece, mesmo, que a norma já válida – promulgada, editada – protrai sua incidência, mas é válida já, pertence ao sistema, *com precedência aos fatos que serão seus suportes fácticos concretos*. A norma não se pospõe, indutivamente, prepõe-se, antepõe-se aos fatos".

A teoria de LOURIVAL VILANOVA tem o mérito de destacar, além da dualidade normativa (norma de conduta e "sobrenorma"), o modo pelo qual se apresenta o fenômeno de produção jurídica, qual seja, por intermédio do movimento dialético entre norma e fato.

3.8. PROPOSTA DE CADEIA DA CAUSALIDADE JURÍDICA SEGUNDO O DIREITO POSITIVO BRASILEIRO

Nesta parte, será demonstrado o modo pelo qual se processa o fenômeno de criação do Direito. Será desenvolvido um modelo que permitirá reconhecer os critérios para determinação do que pertence ao sistema jurídico positivo brasileiro, ou seja, quais são as normas jurídicas (válidas) do Direito Positivo brasileiro.

A construção dessa cadeia da causalidade jurídica tem início com o estabelecimento do axioma do sistema jurídico, qual seja, a norma-origem do Direito Positivo brasileiro.

Uma vez firmado o ponto de partida do ordenamento jurídico, será investigada a dualidade normativa constitucional (norma de conduta e de produção normativa) e sua ligação com o fenômeno dialético norma-fato, por intermédio do qual se processa a produção de novas normas jurídicas.

O modelo adotado e desenvolvido neste livro tem por objetivo a construção coerente de um sistema de Ciência do Direito.

Um modelo de Ciência do Direito deve reger-se pela coerência, sob pena de ser ineficaz em seu propósito: descrever um objeto.

A possível incoerência de um objeto (Direito Positivo) não afasta a necessidade de o modelo descritivo (Ciência do Direito) ser coerente. Nesta linha, não tem relevância a discussão acerca da coerência ou não do sistema do Direito Positivo. O que precisa ser coerente é o sistema da Ciência do Direito, sob pena de ser imprestável para lograr sua finalidade

A coerência referente ao sistema da Ciência do Direito é qualidade do modelo desenvolvido, construído, para descrever o Direito Positivo. A coerência relativa ao sistema do Direito Positivo é qualidade que tencionam atribuir a este sistema, no sentido de não ter proposições prescritivas conflitantes, isto é, antinomias.

Por último, cabe aduzir que o modelo científico proposto pretende caracterizar-se pela coerência, para tanto, algumas regras fundamentais serão rigorosamente respeitadas, quais sejam:

a) as leis impostas pela Lógica Alética, em especial, as da identidade, não contradição e terceiro excluído; e

b) a manutenção, até o fim, da premissa fundamental adotada.

3.8.1. Premissa fundamental adotada: conjunto de normas veiculadas pela Constituição como norma-origem do direito positivo brasileiro

A necessidade de se delimitar o objeto do conhecimento é pressuposto fundamental para qualquer discurso científico. Para a Ciência Jurídica ou Dogmática Jurídica, que tem no Direito Positivo seu objeto, tal pressuposto igualmente se apresenta de forma propedêutica.

Foram examinadas algumas passagens de três dos mais renomados teóricos do Direito, KELSEN, HART e ROSS (item 3.6 deste capítulo). O propósito deste exame foi o de evidenciar que, não obstante a diferença de modelos, os três autores tiveram a necessidade de firmar um ponto de partida para delimitar o objeto **Direito Positivo.**

Esse ponto de partida constitui-se no axioma da Ciência Jurídica, o qual, por definição, não é suscetível de questionamento. É a proposição de partida, pressuposto de um sistema, cuja verdade parece evidente ou é indemonstrável.

De certo que se as premissas adotadas forem diversas, é provável que o sistema construído a partir (com fundamento) delas seja também diverso.

A questão que se apresenta com força e pertinência é: como reconhecer o verdadeiro axioma do sistema do Direito Positivo brasileiro?

Essa pergunta é de difícil, quiçá impossível, resposta. Ela parte de um pressuposto cuja existência é no mínimo discutível, qual seja: o Direito possui uma essência.

Este trabalho não segue um caminho de cunho essencialista.

Sendo assim, a questão poderia ser reformulada nos seguintes termos: a partir de que axioma seria possível construir um determinado sistema de Direito Positivo (por exemplo: o sistema de Direito Positivo brasileiro), cuja *utilidade* seja manifesta para uma dada comunidade (por exemplo: a comunidade brasileira)?

Essa questão é mais fácil que a anterior, apesar de permitir diferentes respostas. Esta diversidade é diretamente proporcional à pluralidade de ***modelos*** ou métodos existentes para sistematizar o Direito.

O método empregado neste livro é o da análise descritiva das normas jurídicas, cuja reunião compõe o que se denomina Direito Positivo.

Diante disso, a questão se desloca para a determinação do que é exigido para que uma norma seja considerada como norma jurídica, em outros termos, que requisitos são necessários para afirmar-se que uma norma pertence a um sistema jurídico.

Conforme visto acima (item 3.7.1 deste Capítulo), o Direito regula a sua própria criação: há normas jurídicas que regulam a produção de outras normas jurídicas.

Esse posicionamento direciona a questão para a perquirição da primeira norma jurídica, em outras palavras, para a investigação da norma-origem do Direito Positivo.

KELSEN, em sua teoria pura, criou a denominada norma fundamental, de natureza hipotética, pressuposta, fictícia (subitem 3.6.1 deste Capítulo).

HART trabalhou com a regra última de reconhecimento, cuja existência seria uma questão de fato (subitem 3.6.2 deste Capítulo).

ROSS insistiu na natureza pressuposta da norma que inicia a cadeia normativa e constitui a autoridade suprema (subitem 3.6.3 deste Capítulo).

As três teorias apresentam um aspecto em comum: o ponto de partida adotado tem uma dupla função – a) servir de limite para os questionamentos relativos ao fundamento da pertinência de certa norma a um dado sistema jurídico e b) ser o fundamento de validade do conjunto de normas pertencentes ao Direito Positivo.

Costuma-se chamar o conjunto de normas de máxima hierarquia de um Direito Positivo de *normas constitucionais* e o seu instrumento introdutor de *Constituição* (positiva).

Essas normas constitucionais reunidas formam uma unidade, que se pode denominar *norma-origem do Direito Positivo.*

Esse ponto comum aproxima, de certa forma, as teorias de KELSEN, HART e ROSS: a norma fundamental de KELSEN, a regra última de reconhecimento de HART, e a norma pressuposta de ROSS, fundamentam a validade de normas de máxima hierarquia do Direito Positivo.

Analisando-se o sistema jurídico brasileiro (e boa parte dos sistemas jurídicos ocidentais) assume-se o seguinte axioma:

– o conjunto de normas constitucionais (veiculadas pela Constituição) representa a norma de máxima hierarquia no Direito Positivo, norma-origem do Direito Positivo; esta fundamenta a validade de todas as demais normas, fazendo com que pertençam a um dado sistema jurídico; a norma-origem do Direito Positivo fornece os critérios que conferem a pertinência das outras normas ao sistema jurídico, ou seja, a sua validade.

Essa premissa fundamental é comungada pela doutrina e jurisprudência brasileiras e, por que não dizer, por todo o grupamento social brasileiro: **as normas veiculadas pela Constituição são as normas de máxima hierarquia no Direito Positivo brasileiro.**

Esse axioma "realmente aceite e empregue no funcionamento geral do sistema" (na linguagem de HART)[63] permite delimitar e construir o sistema jurídico-positivo brasileiro.

63 *Idem, ibidem*, p. 120.

Se se quiser pensar segundo o modelo kelseniano, a conclusão seria a mesma: se a norma fundamental refere-se "imediatamente a uma Constituição determinada"; se o sentido daquela é o de que as pessoas se conduzam de "acordo com a Constituição efetivamente posta e eficaz"; e se "uma ordem jurídica é considerada válida quando as suas normas são, ***numa consideração global***, eficazes, quer dizer, são de fato observadas e aplicadas", *então*, pode-se dizer que KELSEN também assumiu o axioma "as normas veiculadas pela Constituição são as normas de máxima hierarquia no Direito Positivo", desde que sejam "globalmente eficazes" (linguagem kelseniana).

Nesse passo, convém transcrever as palavras de Kelsen sobre o entendimento de que a função da norma fundamental (pressuposta, não posta) é a de fundamentar a Constituição "efetivamente posta e eficaz", a qual "representa o escalão do Direito positivo mais elevado". Pontifica KELSEN:[64]

> "No silogismo normativo que fundamenta a validade de uma ordem jurídica, a proposição de dever-se que enuncia a norma fundamental – devemos conduzir-nos de acordo com a Constituição efetivamente posta e eficaz – constitui a premissa maior; a proposição de ser que afirma o fato – a Constituição foi efetivamente posta e é eficaz, quer dizer, as normas postas de conformidade com ela são globalmente aplicadas e observadas – constitui a premissa menor; e a proposição de dever-se – devemos conduzir-nos em harmonia com a ordem jurídica, quer dizer: a ordem jurídica vale (é válida ou vigente) – constitui a conclusão".

Se isso não bastasse para demonstrar que, segundo a *teoria pura*, a única função da norma fundamental é a de fundamentar "epistemologicamente" a Constituição, KELSEN afasta qualquer dúvida a respeito quando refere-se à necessidade de se mudar a norma fundamental pelo fato de a Constituição positiva ter mudado; em outras palavras, primeiro a Constituição positiva nova se estabelece eficazmente, depois muda-se a norma fundamental. Aquela informa a mudança desta. A Constituição Positiva existe de forma eficaz. Após, pressupõe-se a norma fundamental (primeiro a realidade – a eficácia da nova Constituição positiva; depois a construção da nova *norma fundamental*). Assevera KELSEN:[65]

> "Com efeito, o imediato fundamento de validade das normas jurídicas recebidas sob a nova Constituição, revolucionariamente estabelecida, já não pode ser a antiga Constituição, que foi anulada, mas apenas o pode ser a nova. O conteúdo destas normas permanece na verdade o mesmo, mas o seu fundamento de validade, de toda a ordem jurídica, mudou. Ao tornar-se eficaz a nova Constituição, modifica-se a norma fundamental".

---

64 *Idem, ibidem*, p. 230.

65 *Idem, ibidem*, p. 224.

Esse pensamento de KELSEN demonstra o reconhecimento implícito de que o verdadeiro axioma para construir a Ciência do Direito repousa na Constituição Positiva ("globalmente eficaz").

O mesmo raciocínio é seguido por ROSS[66] ao salientar que a existência e a mudança da "ideologia constituinte superior pressuposta" é uma questão de puro fato sócio-psicológico.

Por tudo isso, e principalmente pelo fato de ser um axioma **aceito pacificamente**[67] pela comunidade brasileira (jurídica e não jurídica) e, portanto, com utilidade manifesta, reitera-se a seguinte premissa ou proposição de partida fundamental adotada: **o conjunto de normas veiculadas pela Constituição representa a norma-origem do Direito Positivo brasileiro.**

Tal premissa ou proposição de partida fundamental está refletida no próprio enunciado da Constituição brasileira, o qual estabelece a hierarquia máxima das normas constitucionais. A assertiva de que as normas constitucionais estão no topo da estrutura escalonada das normas jurídicas encontra respaldo em vários dispositivos constitucionais, entre os quais destaca-se os seguintes:

> "Art. 102. Compete ao Supremo Tribunal Federal, precipuamente, a guarda da Constituição, cabendo-lhe:
> I – processar e julgar, originariamente:
> a) a ação direta de inconstitucionalidade de lei ou ato normativo federal ou estadual e a ação declaratória de constitucionalidade de lei ou ato normativo federal;
> III – julgar, mediante recurso extraordinário, as causas decididas em única ou última instância, quando a decisão recorrida:
> a) contrariar dispositivo desta Constituição;
> b) declarar a inconstitucionalidade de tratado ou lei federal;
> c) julgar válida lei ou ato de governo local contestado em face desta Constituição.
> § 1º A argüição de descumprimento de preceito fundamental decorrente desta Constituição será apreciada pelo Supremo Tribunal Federal, na forma da lei.
> § 2º As decisões definitivas de mérito, proferidas pelo Supremo Tribunal Federal, nas ações declaratórias de constitucionalidade de lei ou ato normativo federal, produzirão eficácia contra todos e efeito vinculante, relativamente aos demais órgãos do Poder Judiciário e ao Poder Executivo".

Vale ressaltar que as normas constitucionais brasileiras regulam diretamente aquilo que se conhece por "processo legislativo". Elas disciplinam o modo pelo qual outros instrumentos introdutores de normas são produzidos (CRFB – arts. 59

---

66 *Idem, ibidem*, p. 79.

67 A utilização de um axioma com raiz realista não torna este modelo Realista. A razão da escolha é a utilidade do modelo aqui desenvolvido para o grupamento social. Contudo, eleito o axioma fundamental, que permite delimitar o objeto ***Direito Positivo***, seguir-se-á um modelo Racionalista, que busca a coerência e segurança na descrição do Direito Positivo e na solução das questões que envolvem o sistema jurídico.

e segs.), ou melhor, o modo pelo qual outras normas podem ingressar no sistema jurídico e adquirir a condição de norma jurídica (ter validade).

Dessarte, é proposição fundamental e incontestável a de que *o conjunto das normas constitucionais compõe a unidade que funciona como norma-origem do Direito Positivo brasileiro.*

3.8.2. Norma constitucional: de conduta e de produção normativa

O conjunto de normas veiculadas pela Constituição da República Federativa do Brasil (CRFB) constitui-se na norma-origem do Direito Positivo brasileiro. Neste conjunto de normas constitucionais (veiculadas pela Constituição), existem normas de conduta e normas de produção normativa.

Conforme examinado anteriormente (Capítulo II, subitem 2.8.3), o critério definidor utilizado para classificar as normas jurídicas em normas de produção normativa e de conduta é o da espécie de conteúdo do antecedente e do consequente normativos.

Dessa forma, considera-se:

a) norma de produção normativa - aquela cujo antecedente descreve uma específica situação de fato (de ocorrência possível), que se caracteriza por apresentar os requisitos necessários para que outra norma passe a pertencer (a ter validade – criação ou modificação) ou deixe de pertencer (revogação) ao sistema jurídico, e cujo consequente apresenta uma estrutura relacional, composta por variáveis, que simboliza a norma jurídica a ser criada, modificada ou revogada; e

b) norma de conduta - antecedente descreve uma situação de fato qualquer (fato-evento ou fato-conduta), de possível ocorrência, e cujo consequente apresenta a regulação de uma conduta intersubjetiva, por meio de uma permissão (P), uma obrigação (O) ou uma proibição (V).

No sistema (jurídico-positivo) constitucional brasileiro, existem tanto normas de conduta quanto normas de produção normativa.

Um exemplo de norma constitucional de conduta pode ser extraído a partir do enunciado do inciso IV do art. 5º da CRFB, onde está expresso o direito à livre manifestação do pensamento.

Por seu turno, a matéria relativa às normas constitucionais de produção normativa é a que desperta maior interesse para os fins de compreender como se processa o fenômeno da produção do Direito, pois elas regulam este fenômeno ao determinar as condições necessárias e suficientes para que surja uma norma jurídica (válida).

A norma de produção normativa caracteriza-se por apresentar:

a) em seu antecedente, a descrição dos requisitos necessários e suficientes (fato complexo) para que uma norma jurídica (válida) seja criada, modificada ou extinta; e

b) em seu consequente, uma dupla ou tripla estrutura, equivalente a uma das três situações – criação, modificação ou extinção da norma jurídica.

Assim, ocorrendo no mundo real o fato complexo descrito pelo antecedente da norma de produção normativa, surge, como efeito jurídico, a criação, modificação ou extinção de uma norma jurídica.

É mister aprofundar o exame da norma constitucional de produção normativa, investigando mais minuciosamente a sua estrutura lógica.

O antecedente de toda norma de produção normativa descreve um fato complexo, de possível ocorrência, representativo dos requisitos necessários para a criação, modificação ou extinção de normas jurídicas.

Esse *fato complexo* é composto pelos seguintes elementos:

a) um ou mais sujeitos de direito habilitados a manifestarem a vontade, ou melhor, efetuarem uma declaração (para evitar a discussão em torno do elemento vontade) em sentido prescritivo (*sujeito de direito*);

b) uma declaração de cunho prescritivo (*declaração prescritiva*) que pode assumir duas formas distintas:

b.1 – *se a norma a ser produzida for uma norma de conduta* – a declaração prescritiva se apresentará como uma proposição prescritiva-condicional de conduta intersubjetiva;[68] ou

b.2 – *se a norma a ser produzida for uma norma de produção normativa* – a declaração conterá uma *proposição implicante* (cujo conteúdo corresponde à descrição de um fato complexo, representativo dos requisitos necessários para a criação, modificação ou extinção de outra norma jurídica) vinculada a uma *proposição implicada* (cujo conteúdo corresponde à estrutura completa – antecedente e consequente – da norma jurídica a ser criada, modificada ou extinta);

c) um *procedimento* (conjunto de fatos e atos) necessário ao surgimento, desenvolvimento, aperfeiçoamento (aprovação) e publicação (em forma de texto) da declaração de cunho prescritivo.

Pode-se apresentar a seguinte fórmula para o antecedente da norma constitucional de produção normativa:

$A_{CPN} \equiv F_C$

$F_C \equiv (s.d.p)$

onde

a) A_{CPN} - antecedente da norma constitucional de produção normativa, que descreve os requisitos (fato complexo) para a produção de uma norma jurídica;

68 Esta situação é a que corresponde à criação da norma impositiva tributária e que, portanto, merecerá um exame mais acurado.

b) F_C - "fato complexo" descrito no antecedente da norma constitucional de produção normativa, representativo da reunião dos requisitos necessários e suficientes (s.d.p) para a produção de uma norma jurídica;

c) "≡" - é o operador lógico *bicondicional*, que denota a equivalência entre as expressões;

d) s - um ou mais sujeitos de direito;

e) d - declaração de cunho prescritivo;

f) p - procedimento;

g) "." - é o operador lógico *conjunção*, que representa a combinação existente entre os elementos da fórmula.

Por seu turno, o consequente da norma constitucional de produção normativa prescreve uma estrutura que corresponde à criação, modificação ou extinção de uma norma jurídica (de conduta ou de produção normativa). A situação do consequente da norma constitucional de produção normativa pode ser representada pelas seguintes fórmulas (em crescente nível analítico):

i) se a norma a ser produzida for de conduta (ex.: norma impositiva tributária)

C_{CPN} $(P_1 \rightarrow P_2)$

C_{CPN} $(A \rightarrow C)$

C_{CPN} $[A \rightarrow (R_C\ (S_{A,},\ Sp))]$

onde

i.1) C_{CPN} - conseqüente da norma constitucional de produção normativa reguladora da produção de norma infraconstitucional de conduta; equivale (≡) às expressões "$(P1 \rightarrow P_2)$", "$(A \rightarrow C)$" e "$[A \rightarrow (R_C\ (S_A, Sp))]$";

i.2) "≡" - é o operador lógico *bicondicional*, que denota a equivalência entre as expressões;

i.3) "P_1" ou "A" - proposição que corresponde ao antecedente da norma de conduta a ser produzida;

i.4) "→" - é o operador lógico *condicional*;

i.5) "P_2" ou "C" ou "$(R_C\ (S_A, Sp))$" - proposição representativa do consequente da norma de conduta a ser produzida, a qual contém uma relação jurídico-formal, composta por: um relacional deôntico (R_C), que corresponde à futura conduta intersubjetiva (representada morfologicamente por um verbo) e modalizada (afetada por um dos modais deônticos "P", "O" ou "V"), a qual será objeto de regulação pela norma de conduta a ser produzida; um dos termos da relação jurídico-formal, correspondente ao denominado sujeito ativo referido pela norma de conduta a ser produzida (S_A); e um outro termo da relação jurídico-formal, correspondente ao denominado sujeito passivo referido pela norma de conduta a ser produzida (Sp);

ii) se a norma a ser produzida for de produção normativa (ex.: norma veiculada por lei complementar que dispõe sobre a produção da norma impositiva tributária).[69]

C_{CPN} $(P_1 \rightarrow P_2)$
C_{CPN} $(A_{PN} \rightarrow C_{PN})$
C_{CPN} $[(F_C' \rightarrow (A\ C)]$
C_{CPN} $[(s'.d'.p') \rightarrow (A \rightarrow (R_C\ (S_A, S\ p)))]$

onde

ii.1) C_{CPN} - consequente da norma constitucional de produção normativa reguladora da produção da norma de produção normativa infraconstitucional (que, por sua vez, regula a produção de outra norma); equivale (≡) às expressões "$(P_1 \rightarrow P_2)$", "$(A_{PN} \rightarrow C_{PN})$", "$[(F_C' \rightarrow (A\ C)]$" e "$[(s'.d'.p') \rightarrow (A\ (R_C\ (S_A, S\ p)))]$";
ii.2) "≡" - é o operador lógico *bicondicional*, que denota a equivalência entre as expressões;
ii.3) "P_1" ou "A_{PN}" ou "F_C'" ou "$[(s'.d'.p')$" - proposição que corresponde ao antecedente da norma de produção normativa a ser produzida, o qual descreverá um fato complexo, representativo dos requisitos necessários para a produção de outra norma;
ii.4) - é o operador lógico *condicional*;
ii.5) "P_2" ou "C_{PN}" ou "(A C)" ou "$(A\ (R_C\ (S_A, S\ p)))$" - proposição equivalente ao consequente da norma de produção normativa a ser produzida, o qual apresenta uma estrutura correspondente ao antecedente e conseqüente da terceira norma jurídica a ser produzida;
ii.6) "→" - é o operador lógico *conjunção*, que representa a combinação existente entre os elementos da fórmula.

Uma vez procedida a análise tanto do antecedente quanto do consequente da norma constitucional de produção normativa, resta apresentar a fórmula completa da norma constitucional de produção normativa, que pode assumir duas formas:

a) se a norma a ser produzida for de conduta
$D\ (A_{CPN} \rightarrow C_{CPN})$
$D\ [F_C \rightarrow (P_1 \rightarrow P_2)]$
$D\ [(s.d.p) \rightarrow (A \rightarrow C)]$
$D\ \{(s.d.p) \rightarrow [A \rightarrow (R_C\ (S_A, S\ p))]\}$

b) se a norma a ser produzida for de produção normativa
$D\ (A_{CPN} \rightarrow C_{CPN})$
$D\ [F_C \rightarrow (P1 \rightarrow P_2)]$

69 Este papel da lei complementar será melhor explicado no subitem nº 3.8.3 do Capítulo III.

$D\ [(s.d.p) \rightarrow (A_{PN} \rightarrow C_{PN})]$
$D\ \{(s.d.p) \rightarrow [(F_C' \rightarrow (A \rightarrow C)]\}$
$D\ \{(s.d.p) \rightarrow [(s'.d'.p') \rightarrow (A \rightarrow (R_C\ (S_A, S_P)))]\}$

Cabe repisar: "D" é o functor deôntico, que confere a natureza deôntica à fórmula integral.

A pormenorizada análise da norma constitucional de produção normativa permite vislumbrar os detalhes que envolvem o processo de produção da norma impositiva tributária. Tal análise possibilita identificar com maior precisão se, no mundo dos fatos, foram atendidos todos os requisitos necessários e suficientes para a produção da norma impositiva tributária. Em outros termos, o modelo apresentado, para analisar o processo de produção normativa, oferta um instrumental seguro para avaliar se uma norma ingressou ou não no sistema de Direito Positivo brasileiro, ou seja, se houve ou não produção de norma jurídica (válida), no caso, da norma jurídica impositiva tributária.

Cabe aditar que essa forma de compreender e descrever o processo de produção do Direito apresenta um critério analítico que torna possível identificar, com nitidez, o papel desempenhado por Leis Complementares que veiculam normas ligadas à matéria tributária, ponto que será melhor explicado logo adiante (subitem 3.8.3 deste Capítulo).

Esse modelo permite, ainda, construir a *cadeia da causalidade jurídica* por intermédio do *movimento dialético norma-fato*, partindo-se da norma constitucional de produção normativa até alcançar a norma impositiva tributária (este raciocínio será acuradamente demonstrado adiante – subitem 3.8.4 deste Capítulo).

3.8.3. A caracterização e o papel da *Lei Complementar Tributária* segundo o direito positivo brasileiro

Antes de iniciar a apresentação da cadeia da causalidade jurídica, é preciso examinar o tema relativo à caracterização e ao papel da Lei Complementar Tributária no Direito Positivo brasileiro.

Muitas linhas foram escritas acerca deste tema. De forma alguma, o que será exposto a seguir tem a pretensão de resolver as dúvidas que envolvem este assunto.

Contudo, o objetivo é demonstrar de que maneira o modelo desenvolvido neste livro pode auxiliar na compreensão deste tema tão controvertido.

Conforme já se disse (item 3.3 deste Capítulo), a lei complementar é um instrumento introdutor de norma, ou seja, é uma fórmula estabelecida pelo ordenamento jurídico (cujo ponto de partida é o conjunto de normas da Constituição) para introduzir as normas jurídicas no sistema do Direito Positivo. O critério que permite distinguir uma fórmula de outra repousa em dois aspectos formais: a) sujeito ou sujeitos de direito competentes; e b) procedimento. Assim, distingue-se um instrumento de outro em função da peculiaridade apresentada quanto a um ou ambos os aspectos formais.

No caso do instrumento "Lei Complementar", enquanto dado da realidade (dados de fato que ocorrem no mundo real), aquilo que o caracteriza é a combinação do aspecto subjetivo (sujeitos de direito competentes) com o aspecto procedimental (em especial, necessidade de a matéria discutida ser aprovada por maioria absoluta – art. 69 da Constituição da República – CRFB).

Poder-se-ia perguntar: o aspecto *declaração* (de cunho material) não é relevante para identificar se um determinado instrumento introdutor de normas é ou não *lei complementar*, já que a própria Constituição brasileira reserva matérias que só podem ser veiculadas por tal instrumento?

A resposta é taxativa: o aspecto material (*declaração*) não apresenta qualquer peculiaridade que permita identificar um instrumento introdutor de normas, somente os aspectos formais (sujeito(s) de direito competente(s) e procedimento) são aptos para tanto.

Dois exemplos parecem suficientemente elucidativos para comprovar tal assertiva.

Primeiro: o enunciado do inciso II do art. 146 da CRFB dispõe que cabe à lei complementar regular as limitações constitucionais ao poder de tributar. Um determinado instrumento introdutor de normas regula a mencionada matéria. Pergunta-se: o referido instrumento é uma *lei complementar*, sabendo-se que apenas ele pode dispor sobre as limitações constitucionais ao poder de tributar? A resposta só pode ser: é impossível dizer, pois os dados são insuficientes. Neste caso, a referida matéria pode ter sido veiculada por qualquer instrumento introdutor de norma (lei complementar, lei ordinária, medida provisória, decreto, portaria etc.). É certo que somente na hipótese de tratar-se de *lei complementar* estar-se-á cumprindo o que determina a norma constitucional de produção normativa e, portanto, introduzindo norma jurídica (válida) no sistema de Direito Positivo brasileiro. O que se quer demonstrar com este primeiro exemplo é: o simples exame da matéria veiculada é insuficiente para se identificar (caracterizar) um instrumento introdutor de normas, pois, no plano fático, um certo instrumento introdutor de norma pode veicular qualquer matéria. Se daí vai surgir norma jurídica (válida), depende do cumprimento ou não dos requisitos contidos na norma constitucional de produção normativa.

Segundo: no mundo dos fatos, o Congresso Nacional (*sujeito de direito competente*) aprovou, o Presidente da República (*sujeito de direito competente*) sancionou, segundo o *procedimento* previsto constitucionalmente para a elaboração de *lei complementar* (art. 61 a 69 da CRFB), uma declaração de cunho prescritivo, determinando que todo Município que auferir renda deve entregar (a título de imposto sobre a renda) certa soma de dinheiro, à União Federal. Pergunta-se: é possível afirmar que pelo simples fato de terem sido seguidos os requisitos constitucionais formais típicos (característicos) de uma *lei complementar*, que foi este o tipo de instrumento introdutor de norma produzido, apesar de a matéria por ele veiculada (faticamente produzida, declarada prescritivamente no plano fático) não corresponder ao previsto no critério material (declaração) do antecedente da norma constitucional de produção normativa? A resposta é taxativa: sim, trata-se do instrumento introdutor de normas denominado *lei complementar*. Isto não impede dizer que no mundo dos fatos não foram cumpridos os requisitos constitucionais necessários para introduzir norma jurídica (válida) no sistema de Direito Positivo brasileiro, ou seja, não ocorreu no mundo real o *fato complexo* necessário e suficiente para a produção de norma jurídica (válida).

Diante disso, é certo pontificar que a caracterização de qualquer instrumento introdutor de normas (como, por exemplo uma *lei complementar*) repousa somente nos aspectos formais (sujeito de direito e procedimento) descritos no antecedente da norma constitucional de produção normativa, independentemente do aspecto material (declaração prescritiva efetivamente produzida).

Esclarecido esse ponto, pode-se enfrentar uma outra importante questão: qual o papel da *lei complementar tributária* no Direito Positivo brasileiro, em outros termos, que tipo de norma (de conduta ou de produção normativa) pode o instrumento introdutor de normas *lei complementar tributária* veicular segundo o Direito Positivo brasileiro?

Essa questão passa pela conhecida discussão acerca da superioridade hierárquica da lei complementar (em rigor, da norma veiculada pela lei complementar) em relação à lei ordinária (em rigor, da norma veiculada pela lei ordinária).

Desde já, vale asseverar: a norma veiculada pela lei complementar será superior se ela apresentar-se como norma de produção normativa em relação àquela veiculada pela lei ordinária, segundo as determinações do Direito Positivo brasileiro.

Nesse sentido, é correto dizer que a norma veiculada pela **lei complementar** *tributária*, segundo o Direito Positivo brasileiro, pode ser uma norma de conduta ou uma norma de produção normativa.

Quando a lei complementar *tributária* veicular norma de conduta (norma impositiva tributária), ela terá a mesma hierarquia de uma lei ordinária. É totalmente irrelevante (para os fins de apurar-se a posição na estrutura escalonada das normas) o fato de a lei complementar ter como característica procedimental a aprovação por um *quorum* superior ao exigido para a lei ordinária (art. 69 – CRFB).

A inexistência de superioridade nada tem que ver com o fato de a norma constitucional de produção normativa exigir que determinadas matérias (declarações prescritivas) sejam veiculadas por lei complementar. O que ocorre, neste caso, é o seguinte: ou, no plano fático, são obedecidos os requisitos formais (sujeito e procedimento) que caracterizam o instrumento introdutor de norma como sendo lei complementar e, assim surge norma jurídica (válida); ou, no plano fático, tais requisitos formais não são cumpridos (exemplo: a norma é veiculada por lei ordinária, contrariando a norma constitucional) e, por conseguinte, não nasce norma jurídica (válida). Nestas duas situações, não há que falar em hierarquia entre normas; pois se para dispor sobre certa matéria a norma constitucional exige lei complementar (aspectos formais), se este requisito não for atendido não nascerá norma jurídica. Não tem sentido jurídico cogitar de hierarquia entre uma norma jurídica que existe (é válida – 1ª situação) e outra que não existe (não é norma jurídica, não é válida juridicamente – 2ª situação).

Exemplos de situações onde lei complementar *tributária* pode veicular norma de conduta (norma impositiva tributária) podem ser extraídos da própria Constituição: art. 148 – refere-se à *instituição* de empréstimo compulsório mediante lei complementar e art. 154, I – refere-se à instituição dos denominados "impostos residuais".

Por outro lado, a lei complementar pode veicular norma de produção normativa. Assim o faz quando ela regula o modo pelo qual as normas veiculadas por lei ordinária são criadas, modificadas ou extintas.

O sistema (ou subsistema) constitucional brasileiro prevê a possibilidade de uma lei complementar (geral, não a *tributária*) regular "a elaboração, alteração e consolidação das leis" (CRFB – parágrafo único do art. 59). Partindo-se da premissa de que a norma de produção normativa contém em seu antecedente a descrição de um fato complexo, o qual é composto por três critérios (*sujeito de direito* e *procedimento* – critérios formais e *declaração de cunho prescritivo* – critério material), pode-se afirmar que: a lei complementar acima referida é veiculadora de *norma de produção normativa* pois ela introduz norma que tem aptidão para regular a criação, modificação ou extinção de outras normas jurídicas (e somente é possível afirmar que se trata de *lei complementar* pelo exame dos aspectos formais que integram o conceito do fato complexo descrito pelo antecedente da norma constitucional de produção normativa).

A lei complementar aludida no parágrafo único do art. 59 da CRFB não possui qualquer nota que a qualifique como "tributária". Ela veicula norma de produção normativa que regula a criação, modificação ou extinção de qualquer outra norma, tributária ou não.

Todavia, há previsão constitucional de lei complementar veiculadora de norma de produção normativa que regula a criação, modificação ou extinção especificamente de *norma impositiva tributária*.

Nesse caso, tal instrumento introdutor de norma é denominado **lei complementar** (de produção normativa) *tributária* (o termo *tributária* é empregado em função de a norma a ser produzida ter natureza tributária) e regula não mais aspectos formais da produção da norma tributária, porém, o aspecto material, qual seja, a *declaração de cunho prescritivo*.

A norma veiculada pela *lei complementar de produção normativa tributária* regula apenas o aspecto *declaração prescritiva*, delimitando aquilo que pode ser declarado no plano fático, com o propósito de dar origem à norma jurídica impositiva tributária.

Tal lei complementar de produção normativa *tributária* está expressamente referida no art. 146, incisos I a III, da Constituição da República.

Examinando-se o disposto no art. 146 da Constituição, verifica-se que a norma veiculada pela lei complementar de produção normativa *tributária* dispõe sobre (delimita) o conteúdo da norma impositiva tributária à medida que a norma constitucional de produção normativa (elaborada a partir do enunciado daquele art. 146) dita que lhe cabe: a) dispor sobre conflitos de competência, em matéria tributária, entre a União, os Estados, o Distrito Federal e os Municípios; b) regular as limitações constitucionais ao poder de tributar; e c) estabelecer normas gerais em matéria de legislação tributária.

Quando a lei complementar de produção normativa *tributária* veicula a matéria prevista no art. 146 da CRFB, p. ex., define o *fato gerador* (ou seja, estabelece os limites do antecedente normativo) do imposto sobre a renda (art. 43, incisos I e II do Código Tributário Nacional); o que ocorre é o seguinte: tal norma de produção normativa veiculada pela lei complementar *tributária*, em seu antecedente, delimita o conteúdo do elemento *declaração prescritiva*; com isso, somente será produzida norma impositiva tributária (válida) se, no mundo dos fatos, forem atendidos todos os requisitos necessários para tanto, inclusive, que a *declaração prescritiva* realmente produzida (produzida no plano dos fatos) seja compatível com os limites materiais estabelecidos pela norma de produção normativa veiculada pela lei complementar *tributária*.

Portanto, cabe repisar que a lei complementar "tributária" pode assumir dois papéis distintos e inconfundíveis: a) veicular norma de produção normativa "tributária"; e b) veicular norma impositiva tributária (isto é, norma de conduta tributária).

Em rigor, apenas na hipótese da letra "b", caberia empregar o adjetivo tributária de forma consonante com o defendido anteriormente (subitem 2.9.2 do Capítulo II). Mesmo neste caso, a expressão "lei complementar tributária" somente seria aceitável considerando-se a presença de uma elipse; segue a construção completa: lei complementar veiculadora de norma impositiva tributária.

Essa dupla possibilidade ficará melhor demonstrada com a apresentação da cadeia da causalidade jurídica, que tem início com a norma constitucional de produção normativa e termina com a norma impositiva tributária, o que será objeto de exposição a seguir.

3.8.4. A cadeia norma-fato: da norma constitucional de produção normativa à norma impositiva tributária

A cadeia da causalidade jurídica é fruto do movimento dialético entre norma e fato, que se apresenta da seguinte forma: norma jurídica de produção normativa (norma-origem do Direito Positivo) incide sobre fato (em rigor, sobre o conceito deste fato) ocorrido no mundo real e torna-o fato jurídico; o fato jurídico, uma vez juridicizado por aquela norma jurídica, produz (como efeito jurídico) outra norma jurídica. A cadeia prossegue até alcançar a norma impositiva tributária, cujo objeto imediato é a regulação da conduta de entregar certa soma em dinheiro ao Estado.

Nesse sentido, duas situações serão apresentadas:

a) na primeira, a própria lei complementar veicula norma impositiva tributária;

b) na segunda, a lei complementar veicula norma de produção normativa que, por sua vez, regula a criação da norma impositiva tributária por meio de uma lei ordinária.

Primeira hipótese – caso de criação da norma impositiva tributária que institui um empréstimo compulsório nos termos do inciso I do art. 148 da Constituição da República (CRFB); segue:

a) **Plano Normativo** (da norma constitucional de produção normativa)

a.1. Antecedente

Se o Congresso Nacional (*sujeito de direito*) e o Presidente da República (*sujeito de direito*) efetuarem (aprovação e sanção, respectivamente) uma *declaração prescritiva-condicional*, segundo um determinado *procedimento* (art. 61 e segs., em especial, a aprovação por maioria absoluta – art. 69 – CRFB).

a.2. Consequente

Surgirá uma norma jurídica (de conduta, norma impositiva tributária), segundo a qual se ocorrer um certo fato (proposição implicante), alguém (sujeito passivo da norma a ser produzida) deverá se conduzir frente a outrem (sujeito ativo da norma a ser produzida) de uma determinada maneira (proposição implicada).

b) **Plano fático**

O Congresso Nacional aprovou e o Presidente da República ratificou, segundo o procedimento prescrito pela norma constitucional de produção normativa, a seguinte declaração prescritiva-condicional: tendo em vista a necessidade de atender a despesas extraordinárias decorrentes de uma calamidade pública, todo aquele que tiver, na presente data e no território nacional, um patrimônio cujo valor seja superior a "x" está obrigado a entregar o montante equivalente a 2% (dois por cento) daquele valor à União Federal na data "d" e no local "l".

c) **Plano normativo** (da norma impositiva tributária que institui o empréstimo compulsório)

c.1. Antecedente

Se alguém tiver um patrimônio cujo valor seja superior a "x" na presente data e no território nacional.

c.2. Consequente

A pessoa cujo patrimônio seja superior a "x" (sujeito passivo) está obrigada ("O") a entregar ("p") o montante equivalente a 2% (dois por cento) deste patrimônio à União Federal (sujeito ativo) na data "d" e no local "l".

Dessarte, pode-se asseverar que foi criada uma norma jurídica (válida), no caso, a norma impositiva tributária que instituiu o empréstimo compulsório (conforme prescrito no conseqüente da norma constitucional de produção normativa), pois, no mundo real, ocorreu o fato complexo (requisitos necessários e suficientes) descritos no antecedente da norma constitucional de produção normativa.

Segunda hipótese – caso de criação da norma impositiva tributária que institui o imposto sobre a renda; segue:

a) **Plano Normativo** (da norma constitucional de produção normativa)

a.1. Antecedente

Se o Congresso Nacional (*sujeito de direito*) e o Presidente da República (*sujeito de direito*) efetuarem (aprovação e sanção, respectivamente) uma *declaração prescritiva*-condicional (*proposição implicante* e *proposição implicada*), segundo um determinado *procedimento* (art. 61 e segs., em especial, a aprovação por maioria absoluta – art. 69 – Constituição da República – CRFB).

a.2. Consequente

Surgirá uma norma jurídica (de produção normativa, norma complementar *tributária*), segundo a qual se ocorrer um certo fato (*proposição implicante*), surgirá uma terceira norma (de conduta, a norma impositiva tributária) – *proposição implicada*.

b) **Plano Fático**

O Congresso Nacional aprovou e o Presidente da República ratificou, segundo o procedimento prescrito pela norma constitucional de produção normativa, a seguinte declaração prescritiva-condicional:

se os sujeitos previstos constitucionalmente (legisladores ordinários) quiserem criar a norma impositiva tributária que institui o imposto sobre a renda, deverão atender, além dos requisitos formais e materiais da Constituição, o seguinte requisito material – o **antecedente** da referida norma impositiva tributária deve descrever o fato de alguém adquirir a disponibilidade econômica ou jurídica de renda, assim, entendido o produto do capital, do trabalho ou da combinação de ambos, ou de proventos de qualquer natureza, assim entendidos os acréscimos patrimoniais não compreendidos no conceito de renda; e o **consequente** da aludida norma impositiva tributária deve prescrever, no mínimo, que aquele que auferir a renda ou proventos estará obrigado a entregar um valor em dinheiro equivalente a um percentual, a ser escolhido pelos mencionados sujeitos de direito (legisladores ordinários), do montante real, arbitrado ou presumido, da renda ou dos proventos.

c) **Plano Normativo** (da norma complementar tributária de produção normativa)

c.1. Antecedente

Se o Congresso Nacional (*sujeito de direito*) e o Presidente da República (*sujeito de direito*), segundo um determinado *procedimento* (arts. 61 a 67 – CRFB), efetuarem uma declaração prescritiva-condicional, cuja *proposição implicante* (que equivalerá ao antecedente da norma impositiva do imposto sobre a renda) contenha a descrição do fato de uma pessoa adquirir a disponibilidade econômica ou jurídica de renda, assim entendido o produto do capital, do trabalho ou da combinação de ambos, ou de proventos de qualquer natureza, assim entendidos os acréscimos patrimoniais não compreendidos no conceito de renda, em certo tempo e espaço, e cuja *proposição implicada* (que equivalerá ao consequente da norma impositiva do imposto sobre a renda) estabeleça, no mínimo, que a tal pessoa que adquiriu a disponibilidade de renda ou proventos estará obrigada a entregar um valor em dinheiro equivalente a um percentual, a ser escolhido pelos mencionados sujeitos de direito, do montante real, arbitrado ou presumido, da renda ou dos proventos, em certo tempo e espaço.

c.2. Consequente

Surgirá a norma impositiva do imposto sobre a renda, cujo antecedente equivalerá à *proposição implicante* (referida logo acima – "c.1") e cujo conseqüente equivalerá à *proposição implicada* (citada logo acima – "c.1").

d) **Plano Fático**

O Congresso Nacional aprovou e o Presidente da República ratificou, segundo o procedimento prescrito pela norma constitucional de produção normativa e incorporado (mesmo que implicitamente) pela norma complementar de produção normativa, a seguinte declaração prescritiva-condicional *de conduta intersubjetiva* (pois a norma a ser produzida é norma de conduta, qual seja, a norma impositiva do imposto sobre a renda): a pessoa que adquirir a disponibilidade econômica ou jurídica de *renda*, assim entendido o produto do capital, do trabalho ou da combinação de ambos, ou de *proventos* de qualquer natureza, assim entendidos os acréscimos patrimoniais não compreendidos no conceito da renda, no período de 01 de janeiro a 31 de dezembro de cada ano, no território nacional (*proposição implicante que equivalerá ao antecedente da norma impositiva do IR*), estará obrigada a entregar 10% (dez por cento) do montante real, arbitrado ou presumido, da renda ou dos proventos de qualquer natureza, em dinheiro, à União Federal, até o dia 31 de março do ano seguinte, em qualquer repartição da Receita Federal (*proposição implicada que equivalerá ao consequente da norma impositiva do IR*).

e) **Plano Normativo** (da norma impositiva do imposto sobre a renda)

e.1. Antecedente

Se uma pessoa adquirir a disponibilidade econômica ou jurídica de renda, assim entendido o produto do capital, do trabalho ou da combinação de ambos, ou de proventos de qualquer natureza, assim entendidos os acréscimos patrimoniais não compreendidos no conceito de renda, no período de 01 de janeiro a 31 de dezembro de cada ano, no território nacional.

e.2. Consequente

Aquela pessoa que adquirir a disponibilidade econômica ou jurídica de renda ou de proventos (sujeito passivo) estará obrigada ("O") a entregar ("p") 10% (alíquota) do montante real, arbitrado ou presumido, da renda ou dos proventos de qualquer natureza (base de cálculo), em dinheiro, à União Federal (sujeito ativo) até o dia 31 de março do ano seguinte (tempo), em qualquer repartição da Receita Federal (espaço).

Uma vez expostas as duas situações que demonstram o modo pelo qual se processa o **fenômeno da causalidade jurídica** (*movimento dialético norma-fato*), cabe tecer alguns comentários.

O objetivo dessa exposição foi o de vislumbrar, de forma minuciosa, a maneira pela qual se desenvolve a produção do Direito; que condições são necessárias para que seja criada uma norma jurídica (válida); mediante a construção da cadeia da causalidade jurídica (cadeia norma-fato), foi possível, partindo da norma constitucional de produção normativa (norma-origem do Direito Positivo brasileiro), alcançar com segurança e coerência a norma impositiva tributária (válida).

Os exemplos elaborados poderiam ser mais ricos no que tange aos elementos normativos e fáticos envolvidos na cadeia da causalidade jurídica. Da mesma forma, poderiam ter sido utilizados dados extraídos apenas de instrumentos introdutores de normas realmente existentes. Contudo, deve-se repetir: o propósito da exposição foi o de evidenciar a maneira pela qual se estabelece a cadeia da causalidade jurídica; que requisitos são necessários para criar uma norma jurídica (válida). Ao se optar pela extração de alguns dados apenas da Constituição da República (CRFB) e da Lei n.º 5.172/66 (Código Tributário Nacional – CTN), objetivou-se conferir uma maior abstração e amplitude ao modelo construído. Vale ainda aduzir que certos dados foram escolhidos arbitrariamente (p. ex. a alíquota de 10% da norma impositiva do imposto sobre a renda), pois o propósito era meramente elucidativo.

Uma última observação merece ser feita: a sucinta referência (sem maiores explicações quanto à significação) a termos como *sujeito ativo, sujeito passivo, base de cálculo* e *alíquota*, justifica-se por uma razão metodológica. Estes termos, além de serem utilizados correntemente pela comunidade jurídica, foram empregados de tal forma que o próprio contexto consegue informar o significado. Mesmo assim, é mister observar que o conceito de cada um deles será melhor explicado no capítulo relativo à fenomenologia da sujeição passiva tributária (capítulo V, item 5.2).

3.9. CRÍTICA AO DENOMINADO "CONFLITO ENTRE NORMAS DE DIFERENTES ESCALÕES": A IMPRECISÃO DA EXPRESSÃO "NORMA JURÍDICA TRIBUTÁRIA INCONSTITUCIONAL"

KELSEN, em sua obra *Teoria pura do direito*, cuida do tema "conflito entre normas de diferentes escalões". Neste tópico examina dois subtemas: "a decisão 'ilegal'" e a "a lei 'inconstitucional'".

É essencial o exame desses temas da teoria kelseniana, pois a partir deles torna-se possível compreender melhor o cerne do modelo jurídico por ele desenvolvido.[70]

Vale retomar algumas importantes assertivas de KELSEN quando ele discorre sobre a estrutura escalonada da ordem jurídica. Segundo KELSEN[71] "dado o caráter dinâmico do Direito, uma norma somente é válida porque e na medida em que foi produzida de uma determinada maneira, isto é, da maneira determinada por uma outra norma, esta outra norma representa o fundamento imediato de validade daquela". E complementa "a norma que regula a produção é a norma superior, a norma produzida segundo as determinações daquela é a norma inferior. A ordem jurídica não é um sistema de normas jurídicas ordenadas no mesmo plano, situadas umas ao lado das outras, mas é uma construção escalonada de diferentes camadas ou níveis de normas jurídicas". KELSEN ainda afirma que "se começarmos levando em conta apenas a ordem jurídica do Estado, a Constituição representa o escalão de Direito positivo mais elevado."

Pelo exposto, parece certo que uma norma (inferior), para ter *validade*, para pertencer a uma ordem jurídica, precisa ter sido produzida da maneira prescrita por outra norma (superior). E mais, para KELSEN, a Constituição representa o nível mais elevado do Direito Positivo. Assim, por este raciocínio, uma norma inferior (por ex., a norma legal) que não é produzida da forma prevista pela norma superior (por ex., a norma constitucional) carece de fundamento de validade, não é válida, não pertence a uma dada ordem jurídica.

Mais adiante, quando inicia o exame do tópico "a lei 'inconstitucional'", KELSEN continua mantendo um posicionamento coerente com aquele que vem preconizando desde o começo de sua obra. Todavia, logo a seguir, KELSEN muda seu ponto de vista e confere um novo (e contraditório) sentido para o termo "validade". Em função da relevância desta passagem será transcrita a íntegra da mesma, para evitar qualquer erro de interpretação. Leciona KELSEN:[72]

"A afirmação de que uma lei válida é "contrária à constituição" (anticonstitucional) é uma *contradictio in adjecto*; pois uma lei somente pode ser válida com fundamento na Constituição. Quando se tem fundamento para aceitar a validade de uma lei, o fundamento da sua validade tem de residir na Constituição. De uma lei inválida não se pode, porém, afirmar que ela é contrária à constituição, pois uma lei inválida não é sequer uma lei, porque não é juridicamente existente e, portanto, não é possível qualquer afirmação jurídica sobre ela. Se a afirmação, corrente na jurisprudência tradicional, de que uma lei é inconstitucional há de ter um sentido

70 Não é demais lembrar que o pensamento Kelseniano causou forte impacto sobre a doutrina ocidental, em especial, sobre a brasileira. Tal fato é suficiente para justificar um percuciente estudo desta relevante matéria.

71 *Idem, ibidem*, p. 240.

72 *Idem, ibidem*, p. 287.

jurídico possível, não pode ser tomada ao pé da letra. O seu significado apenas pode ser o de que a lei em questão, de acordo com a Constituição, pode ser revogada não só pelo processo usual, quer dizer, por uma outra lei, segundo o princípio *lex posterior derogat priori*, mas também através de um processo especial, previsto pela Constituição. Enquanto, porém, não for revogada, tem de ser considerada como válida; e enquanto for válida, não pode ser inconstitucional".

A utilização de critérios divergentes para aferir a validade de uma norma parece evidente. A impressão que se tem é a de que se trata de dois textos diferentes, totalmente incompatíveis.

O trecho que se inicia com "A afirmação de que..." e termina com "...afirmação jurídica sobre ela" é compatível com o pensamento desenvolvido por KELSEN ao discorrer sobre os pontos "O fundamento de validade de uma ordem normativa: a norma fundamental" e "A estrutura escalonada da ordem jurídica".[73]

Contudo, a segunda parte do texto transcrito (bem como o restante do ponto "Conflito entre normas de diferentes escalões") não é compatível com a primeira parte do aludido texto, nem com as assertivas feitas anteriormente por KELSEN, quando discorreu sobre fundamento de validade.

Essa aventada incompatibilidade deve ser melhor explicitada.

Na primeira parte do texto transcrito, KELSEN assevera que falar-se em lei válida contrária à Constituição é uma contradição, "pois uma lei somente pode ser válida com fundamento na Constituição". E mais, com certo rigor (apesar de não distinguir "lei" de "norma jurídica"), assenta que "uma lei inválida não é sequer uma lei, porque não é juridicamente existente". Este posicionamento condiz com o que KELSEN, até então, pontificara acerca do fundamento de validade de uma norma jurídica. Se não são cumpridos os requisitos impostos pela norma superior (norma constitucional de produção normativa), não há que se admitir que ocorreu produção de norma jurídica inferior (norma legal de conduta). Não se deu o ingresso de norma jurídica no sistema de Direito Positivo.

Se é assim, que justificaria a mudança de critério, para aferir a validade de uma norma jurídica, levada a termo por KELSEN?

Segundo a exposição de KELSEN, esse posicionamento se justifica pela busca de "um sentido jurídico possível" para a afirmação da jurisprudência tradicional de que uma "lei é inconstitucional". Para KELSEN há uma única explicação: a lei, de acordo com a própria Constituição, pode ser revogada não só por uma lei posterior mas também por "processo especial", previsto pela Constituição. Daí concluir que enquanto não for revogada, a lei deve ser considerada válida, e, pois, não pode ser inconstitucional.

73 *Idem, ibidem*, pp. 205 a 239, quanto ao primeiro ponto, e pp. 240 a 294, quanto ao segundo ponto. Ressalta-se que o tópico "Conflito entre normas de diferentes escalões", onde está contido o subtópico "lei inconstitucional", está inserido no final do segundo ponto, pp. 283 a 292.

Alerta-se: KELSEN pontifica que essa contrariedade à determinação constitucional (lei "inconstitucional") pode decorrer de um desrespeito ao requisito formal – "processo" (procedimento) – ou ao requisito material – "conteúdo" (declaração).[74]

Por essa maneira, mesmo que, p. ex., uma lei complementar da União não seja aprovada por maioria absoluta ("processo" ou procedimento prescrito pela norma constitucional de produção normativa desrespeitado – CRFB – art. 69), mesmo que ela imponha o confisco por meio de um imposto de competência municipal – IPTU ("conteúdo" ou **declaração prescritiva** estabelecida pela norma constitucional de produção normativa desrespeitada – CRFB – art. 150, V e art. 156, I), e mais, mesmo que tal lei complementar veiculasse uma norma primária punitiva que impusesse a aplicação imediata de pena de morte para aquele que não pagasse o imposto no seu vencimento ("conteúdo" ou **declaração prescritiva** estabelecida pela norma constitucional de produção normativa desrespeitada – CRFB – art. 5º, inciso XLVII, alínea "a"), segundo este último posicionamento de KELSEN tal "lei complementar" seria válida, ou com mais rigor, ambas as normas (a primária impositiva de imposto e a primária punitiva) veiculadas pela lei complementar seriam válidas.

Essa conclusão de KELSEN contraria todo o restante de sua teoria que trata da definição de fundamento jurídico de validade.

O critério inicialmente utilizado para aferir que uma norma jurídica foi produzida, ingressou na ordem jurídica, é consonante com o conjunto da obra de KELSEN.

O segundo posicionamento, ao considerar que a norma legal é válida, mesmo contrariando a norma constitucional (quanto ao "processo" ou "conteúdo"), sem que isso a caracterize como "inconstitucional" (como afirma KELSEN), além de contrariar o cerne da teoria pura do Direito, carece de sustentação lógico-jurídica.

Não há maneira de compatibilizar os dois pensamentos; eles são totalmente conflitantes:

a) o primeiro – "uma lei somente pode ser válida com fundamento na Constituição; uma lei inválida... não é juridicamente existente";

b) o segundo – lei "inconstitucional" (que contraria a Constituição, quanto ao "processo" ou "conteúdo") enquanto não foi revogada é válida, se é válida, não pode ser inconstitucional.

Por mais que se possa duvidar, não resta dúvida que o "segundo pensamento" de KELSEN (contraditório com o núcleo de sua obra) refere-se ao ato de criação da lei (ou como ele bem diz "um ato com a pretensão subjetiva de ter criado uma lei") de maneira contrária à Constituição. Segue:[75]

---

74 *Idem, ibidem*, p. 287.

75 *Idem, ibidem*, p. 287.

> "Enquanto, porém, não for revogada, tem de ser considerada como válida; e, enquanto for válida, não pode ser inconstitucional.
> Como a Constituição regula os órgãos e o processo legiferantes e, por vezes, determina até certo ponto o conteúdo de leis futuras, o legislador constitucional tem de levar em conta que as normas constitucionais não serão respeitadas sempre e totalmente – para nos exprimirmos da forma corrente -, que poderá surgir um ato com a pretensão subjetiva de ter criado uma lei, se bem que o processo pelo qual o ato se realizou, o conteúdo da lei criada por esse ato, não corresponda às normas da Constituição".

Se o objetivo de KELSEN era o de atribuir "um sentido jurídico possível" e, cabe complementar, coerente com o restante de sua teoria, para a expressão da jurisprudência tradicional "lei inconstitucional", deveria manter o afirmado na primeira parte do trecho transcrito, cujo sentido é: "lei" (norma) inconstitucional é "lei" (norma) inválida, inexiste juridicamente.

KELSEN, ao tentar explicar o seu 2º (e contraditório) pensamento, constrói alguns sistemas hipotéticos, possíveis, de controle da constitucionalidade.

Num deles (completamente diferente do sistema brasileiro), o controle da constitucionalidade pode ficar totalmente reservado ao órgão legislativo. Portanto, "isto significa que tudo que o órgão legislativo edita como lei há de valer como lei no sentido da constituição, que as normas, que são o sentido subjetivo de um ato posto pelo órgão legislativo, têm o sentido objetivo de normas jurídicas ainda que a lei – segundo o parecer de alguém – não seja conforme às normas da constituição que regulam o processo legislativo e o conteúdo das leis. O órgão legislativo está então numa situação análoga à de um tribunal de última instância cuja decisão tem força de caso julgado".[76]

Outro sistema de controle da constitucionalidade (mais próximo do brasileiro, porém, ainda diferente) é aquele em que um órgão diferente do legislativo realiza tal controle. Afirma KELSEN[77] que "a situação jurídica é essencialmente diversa quando a Constituição transfere o controle e a decisão da questão de saber se uma lei corresponde a determinações constitucionais que regulam diretamente a legiferação para um órgão diferente do legislativo e confere a este órgão competência para anular uma lei que considere 'inconstitucional'. Esta função pode ser confiada a um tribunal especial, ou ao tribunal supremo, ou a todos os tribunais".

Por esse segundo sistema, a lei continua válida até ser "anulada".

Uma pergunta oportuna e necessária para compreender a mensagem de KELSEN é a seguinte: que significa "anular uma norma"?

A resposta é dada por KELSEN quando ele trata do tema "a decisão judicial 'ilegal'" (contido no tópico "Conflito entre normas de diferentes escalões"). Deve-

---

76 *Idem, ibidem*, p. 289.

77 *Idem, ibidem*, pp. 289 e segs.

se transcrever a íntegra de um importante trecho do pensamento de KELSEN, para depois efetuar uma percuciente análise:

> "...uma 'norma contrária às normas' é uma contradição nos termos; e uma norma jurídica da qual se pudesse afirmar que ela não corresponde à norma que preside à sua criação não poderia ser considerada como norma jurídica válida – seria nula, o que quer dizer que nem sequer seria uma norma jurídica. O que é nulo não pode ser anulado (destruído) pela via do Direito. Anular uma norma não pode significar anular o ato de que a norma é o sentido. Algo que de fato aconteceu não pode ser transformado em não-acontecido. Anular uma norma significa, portanto, retirar um ato, que tem por sentido subjetivo uma norma, o sentido objetivo de uma norma. E isso significa pôr termo à validade desta norma através de outra norma. Se a ordem jurídica, por qualquer motivo, anula uma norma, tem de – como o mostrará a análise subseqüente – considerar esta norma primeiramente como norma jurídica objetivamente válida, isto é, como norma jurídica conforme ao Direito".[78]

Ora, é essencial que se faça uma análise pormenorizada dessa passagem.

A sequencia do raciocínio exposto é a seguinte:

a) norma jurídica que "não corresponde à norma que preside à sua criação não poderia ser considerada como norma jurídica – seria nula";

b) "o que é nulo não pode ser anulado (destruído) pela via do Direito";

c) "se a ordem jurídica... anula uma norma, tem de... considerar esta norma primeiramente como norma jurídica objetivamente válida, isto é, como norma jurídica conforme ao Direito".

Ao que parece, há uma contradição equivalente àquela de se afirmar que a norma contrária a norma constitucional, não é inconstitucional mas sim constitucional, válida.

Ora, se KELSEN afirma (de forma coerente com o discurso central de sua obra) que a norma não correspondente à outra que preside a sua criação (ou seja, que não foi produzida em conformidade com a norma de produção normativa) não é norma válida, como ele pode dizer que mesmo que isso ocorra a norma é válida?!

A resposta não parece ter uma sustentação lógica jurídica e tudo indica que decorre de uma premissa errada.

Pois veja a justificativa de KELSEN: se a ordem jurídica anula uma norma isto significa que tal norma ainda não era nula. Tal justificativa não condiz com o rigor científico de KELSEN.

A questão, de certo, está apresentada de forma invertida.

Pela teoria de KELSEN (ao menos em sua parte central, que trata da "norma fundamental" e da "estrutura escalonada das normas") a sequencia lógico-jurídica é outra, qual seja:

---

78 *Idem, ibidem*, p. 284.

a) ponto de partida (axioma, pressuposto inicial) de sua teoria – a norma fundamental é o fundamento de validade do sistema jurídico;

b) a *norma fundamental* (Constituição lógico-jurídica) fundamenta a validade da Constituição (jurídico-positiva);

c) a *Constituição* "material" regula a criação de outras normas ("órgão", "processo" e "conteúdo");

d) a *Constituição* (a material, pelo menos) é o fundamento de validade da *lei*;

e) a *lei* (norma legal) que não corresponde à *Constituição* (norma constitucional) não tem fundamento de validade, não existe juridicamente.

Essa é a essência do raciocínio de KELSEN.

Logo, por coerência, ao apreciar a questão relativa ao "conflito" entre uma *lei* (norma legal) e a *Constituição* (norma constitucional) a conclusão somente poderia ser uma: *lei* (norma legal) produzida de forma contrária ao determinado na *Constituição* (norma constitucional) não existe juridicamente, não pertence ao sistema do Direito Positivo.

No Brasil, o Poder Judiciário, ao decidir sobre um caso de inconstitucionalidade, não determina a "anulação de uma norma até então válida", mas sim, *declara*, reconhece, que tal "norma" nunca foi jurídica, ou seja, sempre foi inválida (Constituição da República, art. 102; I, "a"; III, "b" e "c" e § 2º).

Portanto, por tudo que foi exposto, pode-se asseverar que não há qualquer sentido lógico-jurídico em cogitar-se de "conflito entre normas de diferentes escalões".

Desde que o *modelo jurídico* utilizado para descrever o processo de produção do Direito tenha como característica a coerência (modelo jurídico Racionalista, Idealista), é inadmissível imaginar que uma norma jurídica é criada mesmo não atendendo aos requisitos impostos pelo próprio sistema jurídico para tanto.

Nesses termos, é totalmente contraditório e impreciso falar-se em *norma jurídica tributária* (que pertence ao sistema de Direito Positivo e impõe o tributo) *inconstitucional* (contrária à norma que regula a sua produção – norma constitucional de produção normativa). Se é inconstitucional não pode ser tratada como norma jurídica.

Para reforçar essa tese, vale concluir com as palavras do próprio KELSEN (apesar de seu ensinamento ser contraditório, conforme exposto acima):[79]

> "Da análise precedente resulta que entre a lei e a decisão jurisdicional, entre a Constituição e a lei, a Constituição e o decreto, a lei e o decreto, ou, numa fórmula inteiramente geral, entre uma norma superior e uma norma inferior de uma ordem jurídica, não é possível qualquer conflito que destrua a unidade deste sistema normativo, tornando impossível descrevê-lo em proposições jurídicas que não sejam contraditórias entre si".

79 *Idem, ibidem*, p. 292.

3.9.1. O posicionamento da doutrina e jurisprudência sobre: a situação jurídica da *norma inconstitucional* e os efeitos da declaração de inconstitucionalidade

O objetivo deste ponto é o de dar uma breve ideia do posicionamento da doutrina e jurisprudência nacionais acerca de duas questões que envolvem o tema da *inconstitucionalidade*. A primeira refere-se à situação jurídica da *norma inconstitucional* e a segunda relaciona-se com os efeitos da decisão judicial que declara a inconstitucionalidade de uma norma.

Pode-se dizer que, de longa data, boa parte da doutrina nacional (independentemente de uma análise mais acurada do modelo jurídico adotado por cada autor) vem considerando que a *norma inconstitucional*, desde sua criação, não pertence ao sistema jurídico positivo; uma vez declarada a inconstitucionalidade de uma norma, os efeitos da decisão retroagem até o seu nascimento (operam *ex tunc*).

FRANCISCO CAMPOS,[80] em profundo estudo sobre a questão, leciona que "uma lei inconstitucional não é lei, nem poderia ser, jamais, como tal considerada. Ela era o que é e continuará a ser, isto é, coisa nenhuma em Direito, antes e depois da declaração de inconstitucionalidade".

Na mesma linha, professora CAIO TÁCITO,[81] ao comentar um acórdão do Supremo Tribunal Federal que trata do tema da "anulação" de "leis inconstitucionais":

> "Mas, as leis inconstitucionais não geram direitos adquiridos, nem à sombra delas podem prosperar situações jurídicas legítimas e respeitáveis.
> A lei inconstitucional começa por não ser verdadeiramente uma lei. Tem a feição, ou a forma de lei, mas não a eficácia necessária à formação de direitos subjetivos. É apenas um ato emanado do congresso a que falta, porém, o requisito vital de validade.
> Segundo a consagrada expressão de Marshall, no famoso caso Marbury v. Madison (1803), *a legislative act, contrary to the Constitution, is not a law*.
> De igual modo, no conhecido caso Norton v. Shelby Co. (1866) a Suprema Corte dos Estados Unidos, pela voz do *Justice Field*, conceituou: *As inconstitutional statute is not a law; it confers no rights; it imposes no duties; it affords no protextion; it creates no office it is, in legal contemplation, as inoperative as though it had never been passed.*
> Também entre nós a doutrina e a jurisprudência afinam no mesmo diapasão".

ALFREDO BUZAID[82] afirma que a decisão proferida pelo Supremo Tribunal Federal em ação direta de inconstitucionalidade tem efeitos retroativos (*ex tunc*) à data da publicação da lei, afetando todos os atos praticados sob seu império, sob

80 Francisco Campos, *Direito Constitucional*, Rio de Janeiro, Freitas Bastos, vol. I, p. 440, 1956.

81 Caio Tácito, em parecer na *Revista de Direito Administrativo*, FGV, vol. 59, p. 346, 1960.

82 Alfredo Buzaid, *Da Ação Direta de Declaração de Inconstitucionalidade no Direito Brasileiro*, São Paulo, Saraiva, 1958, pp. 137 e segs.

pena de configurar-se uma paradoxal conclusão: "a validade da lei *si et in quantum* tem a virtude de ab-rogar o dispositivo constitucional violado; ou, em outros termos, considerar-se-iam válidos atos praticados sob o império de uma lei nula".

Essas lições vêm sendo reiteradas em trabalhos mais recentes, que têm por objeto a descrição da nova realidade constitucional brasileira (Constituição da República de 1988), que apresenta tanto um controle concentrado da constitucionalidade – "a", I, art. 102, quanto um controle difuso da constitucionalidade – "a", "b" e "c", III, art. 102.

SACHA CALMON NAVARRO COELHO,[83] ao discorrer sobre o sistema atual de controle da constitucionalidade no Brasil esclarece que "no controle de constitucionalidade concentrado da lei, a decisão da Suprema corte vale *ex tunc* e *erga omnes*. Independe do Senado a expulsão da lei ou ato normativo do *ordo juris*. Todos os casos em curso são afetados pela decisão. Não se trata de *stare decisis*. É mais do que isso. Significa que a Corte apaga do quadro legal a lei impugnada, que deixa de existir, ou melhor, que nunca existiu com validade material". E complementa, ao tratar do controle de constitucionalidade difuso das normas jurídicas, que "a decisão da Suprema Corte tem efeitos *ex tunc* e *inter partes*. O efeito *erga omnes* fica a depender do Senado Federal, ao qual, a teor do art. 52, X, compete suspender a execução, no todo ou em parte, de lei declarada inconstitucional por decisão definitiva do STF".

JACKSON BORGES DE ARAÚJO[84] em trabalho específico sobre o tema da inconstitucionalidade da Emenda à Constituição, desvenda com exatidão a diferença entre o momento em que ocorre o vício de produção de uma norma e o momento em que se efetua o "controle judicial":

"Embora o controle judicial da (in)constitucionalidade das 'emendas' se faça *a posteriori*, após a promulgação e publicação das mesmas, o vício da 'inconstitucionalidade' da 'emenda' (ou parte dela) ocorre **antes** desse controle, isto é, no momento em que a 'emenda' surge na ordem jurídica, como ato formal resultante do 'processo legislativo'. São dois momentos distintos: (a) o do controle judicial desse vício. O vício (vírus) surge com a própria emenda no momento em que ela passa a existir e a pertencer ao ordenamento jurídico. O ato jurídico (emenda) já nasce 'morto', condenado à morte, na melhor das hipóteses, por ser portador de uma **inadequação substancial** (ontológica) em relação à Constituição. Mesmo que se pretenda forçar, a Constituição, tal como um organismo vivo, rejeitará a qualquer tempo, o 'corpo'

83 Sacha Calmon Navarro Coelho, *O Controle da Constitucionalidade das Leis e do Poder de Tributar na Constituição de 1988*, Belo Horizonte, Del Rey, 1992, pp. 203 e segs.

84 Jackson Borges de Araújo, *O Controle Judicial da (in) Constitucionalidade da Emenda à Constituição*, Inojosa, p. 139, 1995.

estranho absolutamente incompatível com ela, que tentar, ainda que 'encapuçadamente', penetrar-lhe no âmago. A inconstitucionalidade pré-existe ao controle; este, no caso do judiciário, se dá posteriormente, pois a Constituição não prevê controle judicial preventivo de emenda.

A decisão judicial em relação à inconstitucionalidade da emenda é de natureza **declarativa** e não constitutiva, o que acarreta a **nulidade** absoluta *ipso jure* e *ex tunc* da **'emenda'** declarada inconstitucional (no todo ou em parte)".

Deve-se observar, contudo, que existem autores que entendem, na mesma linha de KELSEN, que a norma inconstitucional é anulável em vez de nula. Neste sentido, posiciona-se REGINA MARIA MACEDO NERY FERRARI,[85] que examina em seu livro o tema dos efeitos da declaração de inconstitucionalidade.

Essa professora tem uma forte influência do modelo kelseniano; tal circunstância faz com que ela resista à ideia de que a "lei", ao contrariar a Constituição, não veicula norma jurídica (válida). Apesar disso, REGINA FERRARI transcreve extratos de várias decisões do Supremo Tribunal Federal, sendo certo que a maioria delas demonstra, de forma expressa, dois importantes posicionamentos desta Corte:

a) primeiro – a decisão que declara a inconstitucionalidade de uma "lei" (norma legal) tem efeitos retroativos (*ex tunc*);

b) segundo – a norma inconstitucional é nula, não produz efeitos jurídicos, não gera direitos.

Cabe ressaltar que as 19 decisões referidas pela professora REGINA FERRARI podem ser divididas em quatro grupos:

a) o primeiro – 14 decisões são expressas em um ou ambos os sentidos acima descritos;

b) o segundo – 2 decisões determinam que "a anulação opera *ex tunc*: do ato nulo, em regra, não nasce direito";

c) o terceiro – 2 decisões referem-se à validade dos atos praticados por "funcionário de fato"; e

d) o quarto – 1 decisão não é expressa quanto aos efeitos da declaração de inconstitucionalidade. Seguem as decisões separadas por grupos:[86]

A) Primeiro grupo

a.1. "Se a cobrança do imposto de vendas e consignações foi invalidada pela inconstitucionalidade é de se conhecer e dar provimento ao recurso, porque a inconstitucionalidade torna sem validade a lei que autorizou a cobrança." (RE 43.884, 1960)

85 Regina Maria Macedo Nery Ferrari, *Efeitos da Declaração de Inconstitucionalidade*, pp. 142 e segs.

86 *Idem, ibidem*, pp. 142 e segs.

a.2. "Pago o imposto, é restituível, se declarada inconstitucional a lei que o criou." (RE 43.509, 1960)

a.3. "Declarada a inconstitucionalidade de uma lei, ela alcança, inclusive, os atos do passado praticados com base nessa lei." (RE 35.370, 1961)

a.4. "Lei anulada por inconstitucionalidade. Efeitos *ex tunc*. Jurisprudência do Supremo Tribunal. Recurso conhecido e provido para cassar a segurança." (RE 49.735, 1966)

a.5. "Declarada a Lei Estadual inconstitucional em frente a dispositivo expresso da constituição do Estado, desaparece qualquer direito, com base nessa lei." (MS 14.621, 1966)

a.6. "A lei inconstucional não pode produzir efeitos. Nulidade das nomeações praticadas sob a sua vigência." (RE 61.410, 1968)

a.7. "A suspensão da vigência da lei por inconstitucionalidade torna sem efeito todos os atos praticados sob o império da lei inconstitucional. Contudo, a nulidade da decisão judicial transitada em julgado só pode ser declarada por via de ação rescisória, sendo impróprio o mandado de segurança. Aplicado da súmula 430. Recurso desprovido." (MS 17.976, 1969)

a.8. "Inconstitucionalidade. Decretada esta, os atos praticados sob o seu amparo deverão ser tornados sem efeito, não gerando nenhum direito. Inconstitucionalidade de dispositivo do código de organização judiciária do Estado do Paraná, determinando a nomeação dos serventuários da Justiça pelo Presidente do Tribunal de Justiça. Desfazimento do atos praticados. RE não conhecido." (RE 84.230, 1976)

a.9. "Inconstitucionalidade. Fere dispositivo da Constituição Federal o art. 121 da Lei Orgânica dos Municípios de Minas Gerais (Lei 28, de 22.11.47), que institui recurso para a Câmara Municipal das decisões do Prefeito relativas aos funcionários municipais. Ofensa ao princípio da independência dos poderes. Lei inconstitucional não produz efeitos e os atos nela baseados não geram direitos. Recurso conhecido e provido." (RE 85.940, 1977)

a.10. "I – A decisão que em ação direta declara a inconstucionalidade de lei, tem efeito *ex tunc*. Assim sendo, não se julga prejudicada a representação quando a lei inquinada de inconstitucional é revogada no curso da ação. Decisão tomada por maioria de votos.

II – Procedência *in totum* da representação, por unanimidade de votos. O parágrafo 3º do art. 97, da Constituição Estadual, na parte em que dispõe 'não havendo compatibilidade, aplicar-se-á a norma prevista no parágrafo 2º deste artigo'. Contraria o parágrafo 3º do art. 104 da Constituição Federal. Vigente para os Estados e Municípios (art. 13, v, da Constituição Federal). O parágrafo 5º do citado art. 97, por sua vez, amplia a proibição expressa no parágrafo 5º do art. 104, da Carta Federal." (RE 971, 1978) a.11. "Declaração de inconstitucionalidade em ação direta. Efeito *ex tunc*. Assim reconhecido pelo acórdão local. Inocorrência de ofensa à Constituição Federal. Dissídio não demonstrado na forma regimental, Recurso Extraordinário de que se deixa de conhecer." (RE 93.356, 1981)

a.12. "Sendo inconstitucional, a regra jurídica é nula. Não incidindo sobre o fato nela visto ou previsto, não há fato jurídico e, via de lógica conseqüência, o fato não produz qualquer efeito jurídico. Recurso Extraordinário conhecido e provido." (RE 93.173, 1982)

a.13. "Declaração, pelo Plenário do Supremo Tribunal Federal, da inconstitucionalidade do Decreto-lei 322, de 7 de abril de 1967. Acórdão que, não obstante essa decisão, aplicou, em favor do locador, regras contidas nesse ato legislativo. Natureza da decisão que pronuncia a inconstitucionalidade de lei. Seu caráter constitutivo e sua eficácia retroativa. Caso em que não há falar-se na presunção, em que se acharia o agente de haver concluído contrato sob a proteção da lei declarada inconstitucional." (RE 79.343, 1977)

a.14 "Recurso extraordinário não conhecido. A declaração de inconstitucionalidade da lei importa em tornar sem efeito tudo quanto se fez à sua sombra. Declaração invalida uma lei tributária, a conseqüência das contribuições arrecadadas, salvo naturalmente as atingidas por prescrição." (RE 57.310, 1964)

B) Segundo grupo

b.1. "Poderes Legislativo e Executivo. Podem anular seus próprios atos. Quando os consideram inconstitucionais, entretanto, a palavra derradeira, a respeito, caberá ao Poder Judiciário, sempre que oportunamente provocado. Lei Cearense 4.488, que considerou nulos e de nenhum efeito os atos de criação, transformação e equiparação de cargos constantes da Lei 4.222 arts. 123 e 124 da Constituição do Ceará, que respectivamente, não permitem encargo que onere o Estado sem a atribuição de recursos suficientes para custear-lhe as despesas, nem que o Estado despenda, anualmente, com o funcionalismo, inclusive militares e extranumerários, mais de 50% de suas rendas, excluídas das despesas com o magistério primário e profissional. Não se pode ter como inconstitucional uma lei que anulou a anterior, por sua inconstitucionalidade. A anulação opera *ex tunc*: do ato nulo, *em regra*, não nasce direito. Segurança negada." (MS 7.243, 1960)

b.2. "Poder anular seus próprios atos, quando os considerem inconstitucionais.

Entretanto, a palavra derradeira, a respeito, caberá ao Poder Judiciário, sempre que oportunamente provocado. Lei Cearense 4.488, que considerou nulos e de nenhum efeito os atos de criação, transformação e equiparação de cargos constantes da Lei 4.222, arts. 123 e 124 da Constituição do Ceará, que, respectivamente, não permitem encargo que onere o Estado sem atribuição de recursos suficientes para custear-lhe as despesas, nem que o Estado despenda, anualmente, com o funcionalismo, inclusive militares e extranumerários, mais de 50% das suas rendas, excluídas as despesas com o magistério primário e profissional.

Não se pode ter como inconstitucional uma lei que anulou a anterior, por sua inconstitucionalidade.

Não se pode ter como inconstitucional uma lei que anulou a anterior, por sua inconstitucionalidade.

A anulação opera *ex tunc*: do ato nulo, em regra, não nasce direito. Segurança negada." (MS 7.684, 1970)

C) Terceiro grupo

c.1. "Funcionário público. Exercício da função. De oficial validade do ato praticado por funcionário de fato. Apesar de proclamada a ilegalidade da investidura do funcionário público na função de Oficial de Justiça, em razão da declaração de inconstitucionalidade da Lei Estadual que autorizou tal designação, o ato por ele praticado é válido." (RE 78.594, 1974)

c.2. "Administrativo. Funcionário de fato. Investidura baseada em norma posteriormente declarada inconstitucional. A nulidade não envolve uma das fases de ato complexo, de mera execução de ordem legítima, com a sua conseqüência normal e rotineira. Aparência de legalidade e inexistência de prejuízo. Recurso extraordinário, pela letra "c" do art. 119, III, da Constituição, não conhecido." (RE 78.533, 1982)

D) Quarto grupo

d.1. "EMENTA: – Representação. Argüição de inconstitucionalidade de "leis de efetivação", sem concurso público, de extranumerários e contratados, inclusive do Magistério Público estadual, com dez anos de efetivo serviço público.

d.2. Leis nºs 7.974, de 3.1.1985; 7.976, de 4.1.1985; 8.058, de 14.11.1985; 8.060, de 26.11.1985; 8.113, de 24.12.1985; 8.158, de 8.7.1986; 8.166, de 29.8.1986; 8.186, de 17.10.1986, art. 3º; e 8.189, de 23.10.1986, arts. 8º, 43 e 48, todas do Estado do Rio Grande do Sul.

d.3. Servidores contrastados e extranumerários da União e do Estado do Rio Grande do Sul e os limites normativos de autorização de seu ingresso no serviço público, a partir de 1947.

d.4. Regime jurídico desses servidores e providências de constituintes e legisladores, ao longo desse tempo, quanto a garantias funcionais.

d.5. Leis de efetivação, sem concurso público, de contratados e extranumerários: sua inconstitucionalidade.

d.6. Efeitos de normas inconstitucionais, até a declaração de invalidade, pelo Poder Judiciário. Na ação direta de inconstitucionalidade, examinam-se as leis impugnadas, apenas, em seus conteúdos, no sistema normativo o que definem e nos efeitos delas decorrentes, de forma abstrata, em face de preceitos da Constituição

Federal, não cabendo, assim, em princípio, ao Supremo Tribunal Federal, no âmbito estrito desse processo, confrontar ou considerar, em sua individualidade concreta, casos, situações ou efeitos particulares, porventura resultantes da aplicação das leis, objeto da representação até a data do julgamento." (REP 1418-5-RS, 1988)

Por esse rápido escorço do posicionamento da doutrina e jurisprudência nacionais atesta-se que, de forma preponderante, tem prevalecido o entendimento de que a norma inconstitucional está viciada desde sua produção e, portanto, nunca (em rigor) chegou a pertencer ao sistema do Direito Positivo.

Enfim, essa conclusão parece imperativa para todos que adotam um modelo jurídico, de Ciência do Direito, que preze pela coerência de suas proposições (Modelo Racionalista ou Idealista).

3.10. VALIDADE – COMO QUALIDADE DE NORMA QUE PERTENCE A UM SISTEMA DE DIREITO POSITIVO, POR TER SIDO REGULARMENTE PRODUZIDA

O termo *validade* tem sido empregado em diferentes acepções. Neste ponto, não se tem por finalidade efetuar uma investigação destas múltiplas acepções. O propósito é alcançar a definição do conceito de **validade**, seguindo as premissas caracterizadoras do modelo jurídico proposto.

Para os fins deste trabalho, adota-se a seguinte definição:

Validade significa a qualidade de toda norma jurídica (não apenas norma, porém, norma jurídica) que pertence a um determinado sistema de Direito Positivo, em função de ter sido regularmente produzida, ou seja, em virtude de ter sido produzida em consonância com o prescrito pela correspondente norma de produção normativa.

Assim, ao se afirmar que uma norma é jurídica, está se afirmando que ela é válida.

Segundo o modelo proposto e a definição apresentada, é lógica e juridicamente impossível uma norma ser jurídica e não ser válida.

Essa assertiva explica o motivo pelo qual as referências à validade de uma norma jurídica foram feitas da seguinte forma: norma jurídica (válida). A colocação do vocábulo *válida* entre parênteses denota que a validade é uma qualidade de toda e qualquer norma jurídica.

É mister retomar as premissas fundamentais do modelo jurídico proposto para descrever o processo de produção do Direito a fim de demonstrar a pertinência da definição de **validade**:

a) o conjunto de normas veiculadas pela Constituição (normas constitucionais) representa a norma-origem do Direito Positivo;

b) as normas constitucionais podem ser classificadas, quanto ao critério do que é *objeto imediato de regulação* em: norma de produção normativa e norma de conduta;

c) as normas constitucionais de produção normativa regulam o modo pelo qual outras normas podem ser produzidas, ao estabelecerem (no antecedente) os requisitos necessários para tanto;

d) o processo de produção do Direito se perfaz por meio de um movimento dialético entre norma e fato – *cadeia da causalidade jurídica*;

e) uma norma somente se torna jurídica (ingressa no sistema de Direito Positivo), quando, no mundo real, ocorrem os fatos descritos pelo antecedente da respectiva norma de produção normativa (sendo certo que a norma constitucional de produção normativa é a norma-origem desta cadeia).

Conclusão:

Uma norma torna-se jurídica e, portanto, válida, quando ingressa no sistema do Direito Positivo por ter sido regularmente produzida, ou seja, em função de ter sido produzida em consonância com o prescrito pela correspondente norma de produção normativa.

Cabe aditar que, respeitadas as diversidades dos modelos jurídicos, a definição de validade apresentada é semelhante àquelas concebidas por KELSEN, HART e ROSS, conforme exposto anteriormente (itens 3.6 e 3.7 deste Capítulo).

3.10.1. "Norma jurídica tributária inválida": expressão contraditória

É frequente o asserto no sentido de considerar uma norma jurídica que disponha sobre tributo – *norma jurídica tributária* – como sendo inválida. A expressão "norma jurídica tributária inválida" encerra uma flagrante contradição (desde que sejam mantidas as premissas defendidas neste trabalho). É fácil demonstrar:

a) ser *norma jurídica* – significa ser uma norma que pertence a um dado sistema de Direito Positivo;

b) norma jurídica *tributária* – é aquela que estabelece um vínculo jurídico entre um *antecedente*, que descreve um fato de possível ocorrência (que não seja um fato-conduta ilícito), e um consequente, que prescreve uma relação jurídico-formal, na qual impõe (obriga) a um sujeito de direito (sujeito passivo) a conduta de entregar certa quantia em dinheiro a outro sujeito de direito (sujeito ativo);

c) pertencer ao sistema de Direito Positivo – designa que (c.1) ou trata-se de norma-origem do sistema de Direito Positivo e, portanto, de um axioma, ponto de partida, deste sistema, (c.2) ou (este é o caso da norma jurídica tributária) trata-se de uma norma regularmente produzida, ou seja, produzida de acordo com o prescrito pela correspondente norma jurídica de produção normativa;

d) ser *inválida* – significa que a norma não pertence ao sistema de Direito Positivo por não ter sido regulamente produzida, ou seja, *a norma não é jurídica.*

Está patente a contradição: falar em *norma jurídica tributária inválida* é o mesmo que falar *norma jurídica tributária não jurídica*.

A mensagem que normalmente se quer transmitir ao se aludir à "norma jurídica tributária inválida" é a de que uma determinada norma não é compatível com aquela que seria a correspondente norma de produção normativa.

Se é assim, a mensagem é expressada mais corretamente quando se diz apenas *norma inválida* (a declaração de cunho prescritivo pode ser considerada uma norma, contudo, de natureza não jurídica). Duas razões justificam esta observação:

a) ao não usar o termo *jurídica*, já se informa que não se trata de norma do sistema de Direito Positivo;

b) ao não utilizar o termo tributária, evita-se possíveis mal-entendidos, pois o qualificador tributária (*norma tributária*) pode dar ensejo a pensar-se que a norma é necessariamente jurídica. Realmente, num sentido mais técnico e restrito, esta interpretação seria correta. Esta circunstância, por si só, justifica a não-utilização do adjetivo "tributária" se a norma não for jurídica.

Desse modo, por respeito ao princípio lógico da não contradição que deve reger o discurso científico, rejeita-se a contraditória expressão: "norma jurídica tributária inválida".

3.11. VIGÊNCIA – COMO QUALIDADE DA NORMA JURÍDICA QUE ESTÁ APTA A PRODUZIR EFEITOS JURÍDICOS

O conceito de **vigência** é outro que se apresenta como fundamental e multissignificativo no plano da Ciência Jurídica. Não se pretende com este trabalho superar as divergências que circundam este tema. O objetivo é construir uma definição do conceito de vigência que seja coerente com o modelo jurídico proposto.

Nesse sentido, preconiza-se a seguinte definição: ***Vigência* é a qualidade da norma jurídica (válida, portanto) que está apta a produzir efeitos jurídicos, mediante a incidência sobre (o conceito de) fatos jurídicos.**

Ressalta-se que o conceito de vigência não se confunde com o de validade nem com o de eficácia (respectivamente, itens 3.10 e 3.12 deste capítulo).

Para tanto, é mister lembrar como se desenvolve o processo de produção do Direito por meio da *cadeia da causalidade jurídica* – a cadeia norma-fato.

A criação de toda norma jurídica é regulada por uma norma (jurídica) de produção normativa. Tomando como referência, para fins de exemplo, a norma (jurídica) impositiva tributária, mais especificamente, a norma impositiva do imposto sobre a renda e proventos de qualquer natureza (IR), tem-se, como norma de produção normativa, a norma construída a partir do veículo *Constituição* (CRFB). Com o propósito de simplificar a demonstração, não será destacado o papel da norma complementar construída a partir da Lei n.º 5.172/66 (CTN), o qual foi objeto de explicação anteriormente (subitem 3.8.3 deste capítulo).

Sendo assim, sabe-se que a norma constitucional de produção normativa descreve, em seu antecedente, os fatos (fato complexo) que implicarão um certo conseqüente. Este *fato complexo* compõe-se dos seguintes elementos:

a) sujeito de direito,
b) declaração prescritiva; e
c) procedimento.

No caso em apreço, o antecedente da norma constitucional de produção normativa determina que:

a) os *sujeitos de direito* – Presidente da República e Congresso Nacional – estão habilitados (têm *competência*) para emitir uma declaração prescritiva;
b) uma *declaração prescritiva* deve ser emitida; e
c) segundo um certo *procedimento*.

No plano fático, uma vez emitida a *declaração prescritiva* que corresponderá à norma impositiva do imposto sobre a renda, pelos *sujeitos de direito* competentes (Presidente da República e Congresso Nacional) e seguindo o *procedimento* previsto, exsurge a norma impositiva do imposto sobre a renda e proventos de qualquer natureza (IR). Ao se dizer que a norma impositiva existe, considera-se que já foi atendido o requisito constitucional relativo ao Princípio da Anterioridade (Constituição da República – art. 150, III, "b"); este ponto será melhor explicado mais adiante (Capítulo IV, subitem 4.4.3).

Dizer que foi criada a norma jurídica impositiva do imposto sobre a renda e proventos de qualquer natureza (IR) significa afirmar que tal norma ingressou no sistema de Direito Positivo brasileiro. Em outras palavras, significa asseverar que esta norma impositiva tributária é **válida**, é jurídica.

Entretanto, o que se deseja saber é se a norma tem ou não **vigência**. Então caberia a pergunta direta e objetiva: a mencionada norma impositiva tributária (IR) tem vigência ou está vigente?

A resposta deve ser: depende.

Isso se justifica pela seguinte razão: os sujeitos de direito ao emitirem a declaração prescritiva podem sujeitá-la a um *termo*. Em outras palavras, a declaração prescritiva pode estar sujeita à ocorrência de um evento futuro e certo, qual seja, o decurso de um lapso temporal. Tratar-se-ia, assim, de uma **declaração prescritiva a termo**. Neste intervalo de tempo entre a publicação da lei e o final do prazo, a norma não tem **vigência**. Ela encontra-se no período conhecido como *vacatio legis*. A norma é válida, pertence ao sistema de Direito Positivo, contudo não é vigente, não está apta a produzir efeitos jurídicos.

Que significa dizer que a norma impositiva do "IR" não está apta a produzir efeitos jurídicos?

Em se tratando de uma norma de conduta, *não estar apta a produzir efeitos jurídicos* significa que, mesmo se acontecer, no mundo real, fenomênico, o fato descrito pelo antecedente da norma de conduta (p. ex.: alguém auferir renda), não haverá o fenômeno da incidência (da norma sobre o conceito do fato), não ocorrendo, por conseguinte, a implicação do consequente da norma impositiva do "IR" (p. ex.:

aquele que auferiu a renda não terá qualquer obrigação de entregar certa soma em dinheiro à União Federal).

Se se tratasse de uma norma de produção normativa a situação seria equivalente, respeitadas as devidas diferenças, ou seja: mesmo se acontecesse, no mundo real, o fato descrito pelo antecedente da norma de produção normativa ("fato complexo"), não sucederia o fenômeno da incidência (da norma sobre o conceito do fato), não havendo, pois, a implicação do consequente (isto é, não surgiria qualquer norma jurídica).

PAULO DE BARROS CARVALHO chama a atenção para a distinção que fazem entre os conceitos de *vigência* e *vigor*:[87]

> "A propósito, TÉRCIO SAMPAIO FERRAZ JR. distingue 'vigência' como o intervalo de tempo em que a norma atua, podendo ser invocada para produzir efeitos, e 'vigor', como a força vinculante que a norma tem ou mantém, mesmo não sendo mais vigente. O exemplo de uma regra não mais vigente, revogada, que continue vinculante para os casos anteriores à sua revogação, justificaria a variação semântica. Creio que o assunto mereça, efetivamente, variação terminológica capaz de indicar dois momentos diferentes. Parece-me, contudo, que os termos empregados não seriam os mais recomendáveis. Fico com a distinção, que a entendo útil e relevante, mas sem dar conteúdos semânticos diversos às palavras 'vigência' e 'vigor'".

Neste trabalho, não se distingue os conceitos de *vigor* e *vigência*. Vale aduzir que segundo o modelo adotado, uma norma válida pode não ser vigente; porém, não há possibilidade de a norma não ser válida e ser vigente. Portanto, uma norma revogada (retirada do sistema de Direito Positivo) não possui vigência. A razão é simples: se toda norma jurídica tem validade (existência jurídica), se uma norma é inválida, então ela não é jurídica; se não é norma jurídica, não há que se falar em vigência, pois esta é qualidade de normas jurídicas.

Poder-se-ia perguntar: uma norma tributária impositiva revogada não continuaria a viger quanto a fatos passados?

A resposta (segundo o modelo adotado, necessariamente) é: **não**. Nem a norma tributária impositiva nem qualquer outra teria possibilidade de continuar vigendo quanto a fatos passados. Repita-se: norma revogada não é mais jurídica e vigência é qualidade de normas jurídicas.

Não se deve confundir a "vigência de uma norma jurídica revogada" (expressão contraditória) com a vigência de outras normas que fazem alusão à norma revogada. Mais propriamente, com a vigência de outras normas que aludem à situação passada (que já ocorreu no tempo e no espaço) onde uma norma jurídica, então vigente, incidiu sobre (o conceito de) certo fato jurídico. Isto ocorre quando uma senten-

87 *Fundamentos Jurídicos da Incidência Tributária*, idem, pp. 68 e segs.

ça judicial ou uma decisão de um Conselho de Contribuinte (normas concretas) reportam-se ao passado, declaram que certo fato ocorreu (p. ex.: que uma norma impositiva tributária, que vigia no passado, mas está revogada agora, incidiu sobre o conceito de um fato jurídico tributário e implicou a obrigação de um determinado sujeito – *passivo* - entregar a outro sujeito – ***ativo*** - certa quantia em dinheiro) e impõem uma nova conduta.

A situação acima exposta, que não deve gerar confusão, envolve a vigência da norma que regula a produção da norma concreta (sentença judicial ou decisão administrativa) com a vigência, que não mais existe, da antiga e revogada norma impositiva tributária.

Logo, convém repetir:

Vigência é qualidade de norma jurídica (norma que existe juridicamente, é válida) que está apta a produzir efeitos jurídicos, quais sejam, se ocorrer o fato descrito em seu antecedente, então nascerá a norma jurídica ou a relação jurídica prescrita no consequente da norma de produção normativa ou da norma de conduta, respectivamente.

3.12. EFICÁCIA: JURÍDICA, TÉCNICA E SOCIAL

O conceito de **eficácia** é mais um dos que possui múltiplas acepções na Ciência Jurídica. Neste tópico serão perquiridas três acepções que pode assumir o termo eficácia: a) eficácia jurídica; b) eficácia técnica; e c) eficácia social.

Em termos científicos, mais importantes que os nomes (rótulos) são os conceitos dos objetos representados por estes nomes.

Em CALDAS AULETE,[88] *eficácia* significa "força, virtude de uma causa para produzir o seu efeito, qualidade de ser eficaz, efeito".

Considerando-se que o Direito Positivo é formado pelo conjunto de normas jurídicas, considerando-se a adoção do método da análise descritiva das normas jurídicas (Capítulo I, item 1.1), pode-se dizer que: a expressão *eficácia jurídica* refere-se à eficácia das normas jurídicas.

Sendo assim, seguindo essas premissas, propõe-se a seguinte definição:

Eficácia jurídica é a qualidade da norma jurídica (norma que existe juridicamente, é válida) que está apta a produzir efeitos jurídicos, quais sejam, se ocorrer o fato descrito em seu antecedente, então nascerá a norma jurídica ou a relação jurídica, prescrita no consequente da norma de produção normativa ou da norma de conduta, respectivamente.

---

88 *Idem, ibidem*, p. 1307.

Verifica-se que as definições propostas dos conceitos de **eficácia jurídica** e **vigência** são iguais. De certo, para os fins deste trabalho, **eficácia jurídica** (de norma do Direito Positivo) é considerada sinônimo de **vigência**.

Alguns autores atribuem à expressão "eficácia jurídica" outras significações. Em verdade, o que se faz é utilizar a mesma expressão (rótulo) para representar objetos diferentes. Tal falta de uniformidade não compromete este ou aquele discurso científico. O discurso ficará prejudicado se não houver coerência interna na construção e desenvolvimento dos conceitos.

O termo **eficácia** é encontradiço em outras expressões, assumindo significações diversas.

Dessa forma, fala-se em *eficácia técnica*.

PAULO DE BARROS CARVALHO,[89] coerente com seu modelo teórico, leciona que "'eficácia técnica' é a qualidade que a norma ostenta, no sentido de descrever fatos que, uma vez ocorridos, tenham aptidão de irradiar efeitos jurídicos, já afastadas impossibilidades materiais ou impossibilidades sintáticas (na terminologia de TÉRCIO)."

TÉRCIO SAMPAIO FERRAZ JR.[90] refere-se à eficácia semântica e a eficácia sintática. A norma possui *eficácia semântica* quando "tem condições fáticas de atuar, posto que ela é adequada em relação à realidade" e possui *eficácia sintática* quando "tem condições técnicas de atuar, posto que estão presentes os elementos normativos para adequá-la à produção de efeitos concretos." Para este professor, se a norma necessitar de regulamentação ela tem *ineficácia sintática*. E se a norma, p. ex., determinar o uso de um aparelho para proteção do trabalhador e se o aparelho não existe no mercado, a norma tem *ineficácia semântica*.

Convém examinar os dois exemplos sob a ótica do modelo adotado.

No primeiro caso (ineficácia sintática), se a norma não tem aptidão de produzir efeitos jurídicos, em virtude de necessitar de regulamentação, duas situações podem estar caracterizadas:

a) a norma, por definição, não é vigente ou eficaz juridicamente, pois, no plano fático, foi emitida uma *declaração prescritiva sob condição suspensiva*, qual seja, a de outros sujeitos de direito efetuarem declarações prescritivas complementares àquela efetuada (isto é, regulamentarem a norma);

b) a mensagem prescritiva, isoladamente considerada, não chega a formar uma norma jurídica, porém, dependendo do contexto (do ordenamento jurídico), pode

89 *Idem, ibidem*, p. 71.

90 *Introdução ao Estudo do Direito – Técnica, Decisão, Dominação*, São Paulo, Atlas, 1988, p. 181.

ser relevante para conformar o conteúdo de outras normas (trata-se de simples fragmento do discurso prescritivo).

No segundo caso (ineficácia semântica), a mensagem prescritiva ofende àquilo que chamam de "modo ôntico da possibilidade". Se a conduta é impossível, não tem sentido deôntico modalizá-la, isto é, permitir (P), proibir (V) ou obrigar (O) que se faça (p) ou deixe de fazer (-p). Assim, norma com tal característica carece de sentido deôntico, pelo que ainda não possui ou jamais possuirá o sentido de norma reguladora de conduta.

Por fim, costumam falar de *eficácia social* (ou *efetividade* para alguns). Considera-se *eficácia social* como sendo a qualidade de uma norma jurídica que é cumprida, ao menos, pela maior parte de um grupo social. A *eficácia social* (segundo o modelo proposto) não afeta a validade ou a vigência de uma norma jurídica. Uma norma válida e vigente pode ou não ter eficácia social. Trata-se de um critério sociológico e não jurídico de análise de uma norma jurídica.

Resumindo o que se disse acerca da *eficácia* (segundo o modelo proposto):

a) *eficácia jurídica* é a qualidade da norma jurídica (norma que existe juridicamente, é válida) que está apta a produzir efeitos jurídicos, quais sejam, se ocorrer o fato descrito em seu antecedente, então nascerá a norma jurídica ou a relação jurídica, prescrita no conseqüente da norma de produção normativa ou da norma de conduta, respectivamente;

b) *eficácia jurídica* é sinônimo de vigência;

c) *eficácia técnica* é qualidade que toda norma jurídica possui se tiver eficácia jurídica ou vigência;

d) a *ineficácia técnica* pode decorrer de ineficácia sintática ou de ineficácia semântica;

e) se a norma jurídica tiver *ineficácia sintática* significa que ela não é vigente, eficaz juridicamente, pois, no plano fático foi emitida uma declaração prescritiva sob condição suspensiva, qual seja, a de outros sujeitos de direito efetuarem declarações prescritivas complementares àquela efetuada (isto é, regulamentarem a norma);

f) se a norma tiver *ineficácia semântica*, ela sequer alcança o *status* de norma jurídica, pois carece de sentido de *dever-ser* por ofender o modo ôntico da possibilidade;

g) *eficácia social* é qualidade da norma jurídica que é cumprida, ao menos, pela maior parte do grupo social (critério sociológico e não jurídico);

h) a *ineficácia social* de uma norma jurídica não afeta a sua *validade* nem a sua *vigência*.

3.13. RESUMO

1. O Direito Positivo possui unidade. Somente é possível cogitar-se de ramos autônomos do Direito Positivo *para fins didáticos*. O *processo de produção do Direito Positivo é homogêneo* (item 3.1).

2. A expressão *fontes do Direito* é utilizada pela doutrina para designar figuras diversas. Esta ambiguidade prejudica o rigor de um discurso científico, que deve caracterizar-se pela precisão (item 3.2).

3. Fontes formais ou instrumentos introdutores de normas são aquelas fórmulas que o ordenamento jurídico estabelece para introduzir as normas jurídicas no sistema do Direito Positivo. O estudo dos instrumentos introdutores de normas ou fontes formais é importante para a montagem da estrutura piramidal ou escalonada do Direito Positivo (item 3.3).

4. Constituição é o instrumento introdutor de normas que se caracteriza por ser composto pelo conjunto de enunciados prescritivos, veiculadores de normas jurídicas, representativas do último fundamento jurídico (de validade) do Direito Positivo (item 3.3).

5. A Emenda Constitucional, a Lei Complementar, a Lei Ordinária, a Lei Delegada, a Medida Provisória, o Decreto Legislativo, a Resolução, a Sentença Judicial, o Ato Administrativo têm um ponto em comum: todos são instrumentos introdutores de normas, ou seja, todos são fórmulas estabelecidas pelo ordenamento jurídico (cujo ponto de partida é o conjunto de normas da Constituição) para introduzir as normas jurídicas no sistema do Direito Positivo (item 3.3).

6. A distinção entre os diferentes instrumentos introdutores de normas repousa em dois aspectos formais: o sujeito de direito e o procedimento. O aspecto material, representado pela declaração de cunho prescritivo, não apresenta qualquer peculiaridade que permita identificar os instrumentos introdutores de normas (item 3.3).

7. O fato jurídico é a fonte material do Direito (item 3.4).

8. O *processo de produção do Direito* apresenta-se como um movimento dialético entre a norma e o fato, onde: norma jurídica de produção normativa incide sobre fato (em rigor, sobre o conceito deste fato), tornando-o jurídico; o fato jurídico (juridicizado por aquela norma jurídica) produz (tem como efeito jurídico) norma jurídica (item 3.5).

9. O movimento dialético norma-fato apresenta, como ponto limite inicial da cadeia da causalidade jurídica, a norma-origem ou fundamental e, como ponto limite final, os últimos atos de execução material (item 3.5).

10. A função da norma-origem ou fundamental é a mesma dos axiomas ou postulados das demais Ciências: representa o ponto de partida que permite a construção e delimitação de qualquer objeto do conhecimento (item 3.6).

11. Costuma-se chamar o conjunto de normas de máxima hierarquia de um Direito Positivo de *normas constitucionais* e o seu instrumento introdutor de *Constituição* (positiva). Essas normas constitucionais reunidas formam uma unidade, que se denomina *norma-origem do Direito Positivo* (item 3.8.1).

12. Analisando-se o sistema jurídico brasileiro (e boa parte dos sistemas jurídicos ocidentais) assume-se o seguinte axioma: **o conjunto de normas constitucionais (veiculadas pela Constituição) representa a norma de máxima hierarquia no Direito Positivo, norma-origem do Direito Positivo; esta fundamenta a validade de todas as demais normas, fazendo com que pertençam a um dado sistema jurídico; a norma-origem do Direito Positivo fornece os critérios que conferem a pertinência das outras normas ao sistema jurídico, ou seja, a sua validade** (item 3.8.1).

13. No sistema (jurídico-positivo) constitucional brasileiro, existem tanto normas de conduta quanto normas de produção normativa (item 3.8.2).

14. As normas constitucionais de produção normativa determinam como se processa o fenômeno da produção do Direito, pois elas regulam este fenômeno ao determinar as condições necessárias e suficientes para que surja uma norma jurídica (válida) – (item 3.8.2).

15. O antecedente da norma constitucional de produção normativa descreve os requisitos (fato complexo) para a produção de uma norma jurídica. O consequente da norma constitucional de produção normativa prescreve uma estrutura que corresponde à criação, à modificação ou à extinção de uma norma jurídica (de conduta ou de produção normativa) – (item 3.8.2).

16. A norma veiculada pela *lei complementar tributária*, segundo o Direito Positivo brasileiro, pode ser uma norma de conduta ou uma norma de produção normativa (item 3.8.3).

17. Quando a lei complementar *tributária* veicular norma de conduta (norma impositiva tributária), ela terá a mesma hierarquia de uma lei ordinária. É totalmente irrelevante (para os fins de apurar-se a posição na estrutura escalonada das normas) o fato de a lei complementar ter como característica procedimental a aprovação por um *quorum* superior ao exigido para a lei ordinária (art. 69 – CRFB) – (item 3.8.3).

18. Por outro lado, a lei complementar pode veicular norma de produção normativa. Assim o faz quando ela regula o modo pelo qual as normas veiculadas por lei ordinária são criadas, modificadas ou extintas (item 3.8.3).

19. É totalmente contraditório e impreciso falar-se em *norma jurídica tributária* (que pertence ao sistema de Direito Positivo e impõe o tributo) *inconstitucional* (contrária à norma que regula a sua produção – norma constitucional de produção normativa). Se é inconstitucional não pode ser tratada como norma jurídica (item 3.9).

20. Tanto na doutrina quanto na jurisprudência nacionais tem prevalecido o entendimento de que a norma inconstitucional está viciada desde sua produção e, portanto, nunca (em rigor) chegou a pertencer ao sistema do Direito Positivo. Esta conclusão parece imperativa para todos que adotam um modelo jurídico, de Ciência do Direito, que preze pela coerência de suas proposições (Modelo Racionalista ou Idealista) – (item 3.9.1).

21. Validade significa a qualidade de toda norma jurídica (não apenas norma, porém, norma jurídica) que pertence a um determinado sistema de Direito Positivo, em função de ter sido regularmente produzida, ou seja, em virtude de ter sido produzida em consonância com o prescrito pela correspondente norma de produção normativa. Uma norma torna-se jurídica e, portanto, válida, quando ingressa no sistema do Direito Positivo por ter sido regularmente produzida, ou seja, em função de ter sido produzida em consonância com o prescrito pela correspondente norma de produção normativa (item 3.10).

22. Vigência é qualidade de norma jurídica (norma que existe juridicamente, é válida) que está apta a produzir efeitos jurídicos, quais sejam, se ocorrer o fato descrito em seu antecedente, então nascerá a norma jurídica ou a relação jurídica prescrita no consequente da norma de produção normativa ou da norma de conduta, respectivamente (item 3.11).

23. Eficácia jurídica é qualidade de norma jurídica (norma que existe juridicamente, é válida) que está apta a produzir efeitos jurídicos, quais sejam, se ocorrer o fato descrito em seu antecedente, então nascerá a norma jurídica ou a relação jurídica, prescrita no consequente da norma de produção normativa ou da norma de conduta, respectivamente. As definições propostas dos conceitos de **eficácia jurídica** e **vigência** são iguais (item 3.12).

24. Eficácia técnica é a qualidade que a norma ostenta, no sentido de descrever fatos que, uma vez ocorridos, tenham aptidão de irradiar efeitos jurídicos, já afastadas impossibilidades materiais ou impossibilidades sintáticas (item 3.12).

25. Eficácia social (ou *efetividade* para alguns) é a qualidade de uma norma jurídica que é cumprida pela maior parte de um grupo social. A *eficácia social* (segundo o modelo proposto) não afeta a validade ou a vigência de uma norma jurídica. Uma norma válida e vigente pode ou não ter eficácia social. Trata-se de um critério sociológico e não jurídico de análise de uma norma jurídica (item 3.12).

Capítulo IV

PRINCÍPIOS CONSTITUCIONAIS TRIBUTÁRIOS E NORMA JURÍDICA TRIBUTÁRIA

4.1. PRINCÍPIOS CONSTITUCIONAIS – DOUTRINA CORRENTE

Discute-se muito acerca da natureza dos princípios: se são normas jurídicas ou não; se possuem hierarquia superior à das normas; que papel assumem no sistema jurídico. A fim de melhor compreender estas e outras questões que envolvem o tema dos *princípios*, vale examinar a lição mais autorizada da doutrina sobre o assunto.

O constitucionalista português J. J. GOMES CANOTILHO, assim se posiciona acerca da caracterização de *princípio*:

> "A teoria da metodologia jurídica tradicional distinguia entre normas e princípios (Norm-Prinzip, Princiles-rules, Norm und Grundsatz). Abandonar-se-á aqui essa distinção para, em sua substituição, se sugerir: (1) – as regras e princípios são duas espécies de normas; (2) – a distinção entre regras e princípios é uma distinção entre duas espécies de normas"[1]

O constitucionalista português, após situar o princípio como espécie de norma, refere-se a cinco critérios para distingui-lo das regras. São eles: a) o grau de abstração; b) o grau de determinabilidade na aplicação do caso concreto; c) o caráter de fundamentalidade no sistema das fontes de direito; d) "Proximidades" da ideia de direito; e e) a natureza normogenética.

No Brasil, pontifica JOSÉ AFONSO DA SILVA[2] que:

> "A palavra princípio é equívoca. Aparece com sentidos diversos. Apresenta a acepção de começo, de início. Norma de princípio (ou disposição de princípio), p. ex., significa norma que contém o início ou esquema de um órgão, entidade ou de programa, como são as normas de princípio institutivo e as de princípio programático. Não é nesse sentido que se acha a palavra princípios da expressão princípios fundamentais do Título I da Constituição. Princípio aí exprime a noção de "mandamento nuclear de um sistema" (reportando-se à definição de CELSO ANTÔNIO BANDEIRA DE MELLO).

---

1 J. J. Gomes Canotilho, *Direito Constitucional*, pp. 172 e 173.

2 José Afonso da Silva, *Curso de Direito Constitucional Positivo*, pp. 93-94.

E completa afirmando que:

> "As normas são preceitos que tutelam situações subjetivas de vantagem ou de vínculo, ou seja, reconhecem, por um lado, a pessoas ou a entidades a faculdade de realizar certos interesses por ato próprio ou exigindo ação ou abstenção de outrem e, por outro lado, vinculam pessoas ou entidades à obrigação de submeter-se às exigências de realizar uma prestação, ação ou abstenção em favor de outrem. Os princípios são ordenações que se irradiam e imanatam os sistemas de normas, 'são – como observam GOMES CANOTILHO e VITAL MOREIRA – 'núcleos de condensações' nos quais confluem valores e bens constitucionais'. Mas, como disseram os mesmos autores, 'os princípios, que começam por ser a base de normas jurídicas, podem estar positivamente incorporados, transformando-se em normas-princípio e constituindo preceitos básicos da organização constitucional'".

Por seu turno, CELSO ANTÔNIO BANDEIRA DE MELLO[3] professa que *princípio* é:

> "Mandamento nuclear de um sistema, verdadeiro alicerce dele, disposição fundamental que se irradia sobre diferentes normas compondo-lhes o espírito e servindo de crédito para sua exata compreensão e inteligência, exatamente por definir a lógica e a nacionalidade do sistema normativo, no que lhe confere a tônica e lhe dá sentido harmônico. É o conhecimento dos princípios que preside a intelecção das diferentes partes componentes do todo unitário que há por nome sistema jurídico positivo".

E aduz:

> "Violar um princípio é muito mais grave que transgredir uma norma qualquer. A desatenção ao princípio implica ofensa não apenas a um específico mandamento obrigatório mas a todo o sistema de comandos. É a mais grave forma de ilegalidade ou inconstitucionalidade, conforme o escalão do princípio atingido, porque representa insurgência contra todo o sistema, subversão de seus valores fundamentais, contumélia irremissível a seu arcabouço lógico e corrosão de sua estrutura mestra.
> Isto porque, com ofendê-lo, abatem-se as vigas que o sustêm e alui-se toda a estrutura nelas esforçada".

Com a aprovação de GERALDO ATALIBA e CELSO ANTÔNIO BANDEIRA DE MELLO, o professor argentino AGUSTIN GORDILLO[4] leciona da seguinte forma:

> *"Diremos entonces que los princípios de derecho público contenidos en la Constitución son normas jurídicas, pero no sólo eso; mientras que la norma es un marco dentro del cual existe una cierta libertad, el principio tiene sustancia integral. La simples norma constitucional regula el procedimiento por el que son producidas las demás normas inferiores (ley, reglamento, senten-*

---

3 Celso Antônio Bandeira de Mello, *Curso de Direito Administrativo*, pp. 476-477.

4 Agustin Gordillo, *Introducción al Derecho Administrativo*, pp. 176-177.

cia) y eventualmente su contenido: pero esa determinación nunca es completa, ya que la norma superior no puede ligar en todo sentido y en toda dirección el acto por el cual es ejecutada; el principio, en cambio, determina en forma integral cual ha de ser la sustancia del acto por el cual se lo ejecuta. La norma es límite, el principio es límite y contenido. La norma da a la ley facultad de interpretarla o aplicarla en más de un sentido, y el acto administrativo la facultad de interpretar la ley en más de un sentido; pero el principio establece una dirección estimativa, un sentido axiológico, de valoración, de espíritu. El principio exige que tanto la ley como el acto administrativo respeten sus límites y además tengan su mismo contenido, sigan su misma dirección, realicen su mismo espíritu. Pero aún más, esos contenidos básicos de la Constitución rigen toda la vida comunitaria y no sólo los actos a que más directamente se refieren o a las situaciones que más expresamente contemplan".

Por sua vez, PAULO DE BARROS CARVALHO[5], que efetua profundo estudo em artigo sobre a natureza dos *princípios*, esclarece que:

> "O direito positivo, formado unicamente por normas jurídicas, não comportaria a presença de outras entidades, como por exemplo os princípios. Estes não existem ao lado das normas, co-participando da integridade do ordenamento. Não estão ao lado das unidades normativas, justapondo-se ou contrapondo-se a elas. Acaso estivessem, seriam formações linguísticas portadoras de uma estrutura sintática. E qual é esta configuração lógica? Ninguém, certamente, saberá responder a tal pergunta, porque 'princípios' são 'normas jurídicas' carregadas de forte conotação axiológica. É o nome que se dá a regras do direito positivo que introduzem valores relevantes para o sistema, influindo vigorosamente sobre a orientação de setores da ordem jurídica". E, finalmente, pontifica que "em termos de direito positivo, *princípios* são normas jurídicas portadoras de intensa carga axiológica, de tal forma que a compreensão de outras unidades do sistema fica na dependência da boa aplicação daqueles vetores. Acatando-se o enunciado assim formulado, preserva-se a uniformidade do objeto, permanecendo o sistema do direito posto como um conjunto de normas jurídicas: todas com a mesma estrutura sintática (homogeneidade sintática), porém diversas semanticamente (heterogeneidade semântica)".

Tal problemática, envolvendo a caracterização dos *princípios*, não foi ignorada por KELSEN.[6] Ele discorre sobre o tema quando esclarece que:

> "Ao lado de normas jurídicas, de vez em quando – assim em JOSEF ESSER, *Grundsatz und Norm in der Richterlichen Fortbildung des Privatrechts*, Tubingen 1956 – são também admitidas proposições fundamentais do Direito ou Princípios de Direito como partes integrantes do ordenamento jurídico.
>
> Essa distinção é ocasionada pelo problema da produção do Direito. Então, a produção de normas jurídicas gerais e individuais é influenciada por princípios da Moral, Política e Costume, que são dirigidos às autoridades que produzem o Direito, e exigem um conteúdo determinado para as normas jurídicas a serem produzidas.

5 Paulo de Barros Carvalho, *Sobre os Princípios Constitucionais Tributários*, p. 154.,

6 .Hans Kelsen, *Teoria Geral das Normas*, pp. 145-146 e 148.

A influência desses princípios revela-se na circunstância de que o conteúdo das normas jurídicas gerais e individuais produzidas pelas autoridades do Direito mais ou menos corresponde aos princípios. Estes princípios influenciadores da produção do Direito são identificados pela Ciência do Direito por via de uma análise e comparação das normas jurídicas positivas".

E complementa ao atestar que:

"Como princípios do 'Direito' podem-se indicar os princípios que interessam à Moral, Política ou Costume, só enquanto eles influenciem a produção de normas jurídicas pelas competentes autoridades do Direito. Mas eles conservam seu caráter como princípios da Moral, Política ou Costume, e precisam ser claramente distinguidos das normas jurídicas, cujo conteúdo a eles corresponde. Que eles são qualificados como princípios de 'Direito', não significa – como a palavra parece dizer – que eles são Direito, que têm o caráter jurídico. O fato de que eles influenciem a produção de normas jurídicas não significa – como ESSER aceita – que eles estejam 'positivados', quer dizer, Direito positivo são, pois, somente certas normas que ordenam específicos atos de coação, e essas são criadas de uma forma determinada mesmo pelo Direito. Somente o assim determinado conceito dc Direito pode ser separado do conceito de Moral e do conceito de Política e uma tal separação é da maior importância, considerada a partir de um ponto de vista econômico-conceitual."

4.1.1. Apreciação crítica

Após essa breve coletânea doutrinária, chega-se à conclusão de que a Ciência do Direito, em que pese apresentar alguns pontos comuns, ainda não alcançou um consenso sobre o tema dos denominados *princípios jurídicos*. Ao que parece, uma das razões desta dissonância doutrinária repousa no fato de o termo *princípio* ser usado para designar conceitos distintos, o que, por si só, explica a falta de univocidade. Portanto, cabe fixar, para os fins deste trabalho, a noção de *princípio jurídico*, bem como a sua relação com a norma jurídica.

Uma premissa deve ser lembrada e repisada: o Direito Positivo é composto pelo conjunto de normas jurídicas (válidas) em determinado espaço e num certo tempo.

Se a proposta é fazer Ciência do Direito em sentido estrito ou Dogmática Jurídica, é preciso descrever as normas jurídicas (válidas), aqui e agora. Nesse sentido, cabe fazer a seguinte pergunta: se o Direito Positivo é composto por normas jurídicas, se o cientista descreve (apenas) o Direito Positivo, por que os *princípios jurídicos* são relevantes?

A resposta, obrigatoriamente, passa por outra questão: *princípio jurídico* é norma jurídica?

Essas questões fundamentais merecerão a seguir um acurado estudo sob a perspectiva do modelo proposto.

4.2. PRINCÍPIO CONSTITUCIONAL: UMA NOVA CONCEPÇÃO

4.2.1. Premissas metodológicas

Com o propósito de responder de forma segura as questões (acima levantadas) relativas aos princípios jurídicos e, atendendo às premissas até então firmadas, que caracterizam o modelo jurídico proposto, será desenvolvida uma nova concepção de *princípio*.

Nesse sentido, cabe estabelecer algumas premissas.

Em primeiro lugar: o conceito de *princípio* que se está investigando é o jurídico; se é de outra natureza (moral, religioso, econômico), não interessa ao presente estudo. Os princípios pré-jurídicos ou os não-jurídicos não pertencem ao Direito Positivo, sendo estranhos aos estudos de dogmática jurídica.

Em segundo lugar: não parece adequado tratar o *princípio* como sendo sinônimo de norma, já que existem (para a maioria dos autores) diferenças entre as duas figuras (seja de cunho lógico ou axiológico).

Em terceiro lugar: boa parte dos autores ressalta o fato de os "princípios" serem portadores de elevada carga axiológica (de valor) e expraiarem seus efeitos por todo o ordenamento jurídico.

É mister retomar os seguintes pontos:

– um – o conjunto de normas veiculadas pela Constituição representa a norma-origem do Direito Positivo;

– dois – cada norma constitucional, seja de conduta, seja de produção normativa, por ser norma jurídica (como todas as demais), apresenta a mesma estrutura lógica – antecedente e consequente.

Mais um aspecto merece especial atenção. Não se deve olvidar que o termo *princípio* tem sido usado para designar conceitos, fenômenos, totalmente distintos. Elenca-se, a seguir, as acepções mais encontradiças. Aludem a *princípios* como sendo:

a) valores jurídicos (positivados) ou não jurídicos (não positivados);

b) normas constitucionais de elevada carga axiológica;

c) fragmentos do discurso prescritivo (da linguagem global do Direito Positivo), saturados de valor; e

d) grandes sínteses do discurso prescritivo (linguagem global do Direito Positivo), que funcionam como características *gerais* do sistema jurídico (os chamados *princípios gerais do direito*) ou como características *fundamentais* do sistema jurídico (os denominados *princípios fundamentais*).

Ora, a precisão terminológica é um requisito essencial para a elaboração do discurso científico. A multi-utilização do vocábulo *princípio*, designando conceitos distintos, só prejudica a compreensão e descrição do Direito Positivo, sendo fomentadora de infindáveis discussões.

A Ciência do Direito tem por finalidade descrever o Direito Positivo. O Direito Positivo é composto pelo conjunto de normas jurídicas. Logo, a preocupação do dogmático do Direito é a de descrever *normas jurídicas*. Estas são o objeto de sua investigação. Aquilo que não for norma jurídica deve ser posto à parte, entre parênteses, ser separado das normas, a fim de facilitar a tarefa do cientista.

4.2.2. Proposta de definição de princípio constitucional

Tendo por ponto de partida os estudos já referidos, é possível construir uma definição de **princípio** que se coaduna com a metodologia jurídica aqui adotada.

Dessarte, propõe-se a seguinte definição de Princípio Constitucional:

Princípio(s) Constitucional(is) é(são) o(os) aspecto(s) do conteúdo (parcial ou total) do antecedente ou do consequente de normas constitucionais, portador(es) de elevada carga axiológica.

A análise minuciosa da definição proposta (e daqui por diante adotada) de *princípio constitucional* é fundamental para a sua adequada compreensão.

O conteúdo do antecedente da norma constitucional de produção normativa foi analisado anteriormente, compondo-se de: um sujeito, uma declaração prescritiva e um procedimento. O denominado princípio pode ser um aspecto que envolve qualquer destes três elementos ou ser um aspecto do antecedente globalmente concebido.

O conteúdo do consequente da norma constitucional de produção normativa, conforme foi dito, é carente de saturação semântica, sendo composto por variáveis, por uma estrutura relacional. Por tais características, a referência a princípio que se encontre na consequência da norma constitucional de produção normativa é de difícil concepção.

Quanto aos aspectos do conteúdo do antecedente e do consequente da norma constitucional de conduta não há maiores especificidades. Todavia, neste tipo de norma, é mais fácil se encontrar a referência a "princípio" designando a totalidade dos aspectos do conteúdo do antecedente e do consequente da norma constitucional. Neste caso, surge aquela situação apontada como uma das acepções de princípio, qual seja, a de princípio como sendo "norma constitucional de elevada carga axiológica".

Vale salientar que a *saturação de valores* (*elevada carga axiológica*) é o que justifica o destaque conferido a determinado(s) aspecto(s) do conteúdo (total ou parcial) do antecedente ou do consequente da norma constitucional, a ponto de designá-lo(los) "princípio". Na situação acima aventada, onde a norma constitucional de comportamento (antecedente e consequente) é designada "princípio", todo o conteúdo do antecedente e todo o conteúdo do consequente (ou seja, o conteúdo da norma constitucional de conduta como um todo) possui elevada carga axiológica.

4.3. PROPOSIÇÕES FUNDAMENTAIS SOBRE AS RELAÇÕES ENTRE PRINCÍPIO E NORMA

Por tudo que fora exposto, cabe fixar algumas conclusões:

a) o princípio jurídico não está, ao lado da norma jurídica, compondo o Direito Positivo, estará, sim, sempre contido na norma jurídica, objeto da Ciência do Direito (isto confere uniformidade ao sistema jurídico);

b) o princípio não possui estrutura lógica una, peculiar;

c) o princípio precisa ser encontrado por intermédio de uma análise axiológica, não sendo alcançável por meio de uma análise puramente lógica;

d) o Direito Positivo é composto de normas jurídicas que, por sua vez, apresentam depósitos diferenciados de valores (valores jurídicos, positivados);

e) a interpretação e aplicação do Direito demandam a consideração dos valores;

f) a hierarquização das normas pode se processar segundo um critério lógico (ex. a norma constitucional é superior à norma legal) ou segundo um critério axiológico (de maior ou menor carga de valor);

g) não é admissível a confusão entre os planos lógico e axiológico, que são construídos segundo critérios diferentes e não (necessariamente) diretamente proporcionais; e mais, é preciso que tais critérios sejam manipulados com total clareza e precisão, principalmente, quando se discute acerca do conflito entre normas no interior do sistema.

4.4. PRINCÍPIOS CONSTITUCIONAIS TRIBUTÁRIOS E NORMA JURÍDICA TRIBUTÁRIA

Os princípios (jurídicos) constitucionais que serão definidos a seguir são particularmente relevantes para o processo criativo das normas jurídicas tributárias. Ao concebê-los como aspectos axiologicamente enriquecidos da norma constitucional de produção normativa, consegue-se manter a homogeneidade sintática do objeto da Ciência Jurídica: o conjunto das normas jurídicas. Além disso, pelo fato de serem conhecidas a sua localização e a sua estrutura lógica, é possível identificá-los com maior segurança e precisão. É mister salientar que a segurança e precisão decorrem de uma rígida opção metodológica no plano sintático.

Não se pretende com essa exposição superar as divergências semânticas que envolvem o tema dos princípios. Destarte, serão adotadas as definições (plano semântico) de certos princípios constitucionais fundamentais para o campo tributário, segundo a lição predominante da doutrina mais autorizada. Tudo isto, sem esquecer a rígida opção metodológica quanto ao plano sintático dos princípios.

4.4.1. Princípios da legalidade e da legalidade tributária materialmente qualificada e os fenômenos da indeterminação e mutação dos conceitos

O **Princípio Constitucional da Legalidade** é considerado um dos pilares do sistema jurídico brasileiro, quiçá ocidental. Trata-se de um Princípio Constitucional Geral, não um Princípio Constitucional peculiar ao campo tributário. Seu estudo, entre várias razões existentes, se justifica por uma em particular: o Princípio Constitucional da Legalidade Tributária Materialmente Qualificada é corolário seu.

A maior parte da doutrina que examina o Princípio Constitucional da Legalidade aponta o inciso II do art. 5º da Constituição da República como sendo o dispositivo que o veicula. Dita a Constituição:

> "Art. 5º. Todos são iguais perante a lei, sem distinção de qualquer natureza, garantindo-se aos brasileiros e aos estrangeiros residentes no País a inviolabilidade do direito à vida, à liberdade, à igualdade, à segurança e à propriedade, nos termos seguintes:
>
> ....
>
> II – ninguém será obrigado a fazer ou deixar de fazer alguma coisa senão em virtude de lei;"

Segundo CELSO ANTÔNIO BANDEIRA DE MELLO:[7]

> "No Brasil, o princípio da legalidade, além de assentar-se na própria estrutura do Estado de Direito e, pois, do sistema constitucional como um todo, está radicado especificamente nos arts. 5º, II, 37 e 84, IV". E confere os traços do princípio em exame ao doutrinar: "Nos termos do art. 5º, II, 'ninguém será obrigado a fazer ou deixar de fazer alguma coisa senão em virtude de lei'. Aí não se diz 'em virtude de' decreto, regulamento, resolução, portaria ou quejandos. Diz-se 'em virtude de lei'. Logo, a Administração não poderá proibir ou impor comportamento algum a terceiro, salvo se estiver previamente embasada em determinada lei que lhe faculte proibir ou impor algo a quem quer que seja. Vale dizer, não lhe é possível expedir regulamento, instrução, resolução, portaria ou seja lá que ato for para coartar a liberdade dos administrados, salvo se, em lei, já existir delineada a contenção ou imposição que o ato administrativo venha a minudenciar".

É objetiva e clara a lição de PAULO DE BARROS CARVALHO[8] sobre o Princípio da Legalidade. Afirma este mestre que:

> "*Também explícita em nosso sistema – art. 5.º, II – essa máxima assume o papel de absoluta preponderância. Ninguém será obrigado a fazer ou deixar de fazer alguma coisa senão em virtude de lei.* Efunde sua influência por todas as províncias do direito positivo brasileiro, não sendo possível pensar no surgimento de direitos subjetivos e de deveres correlatos sem que a lei os estipule. Como o objetivo primordial do direito é normar a conduta, e ele o faz criando direitos e deveres correlativos, a relevância desse cânone transcende qualquer argumentação que pretenda enaltecê-lo. A diretriz da legalidade está naquela segunda acepção, isto é, a de norma jurídica de posição privilegiada que estipula limites objetivos".

Dos ensinamentos desses cientistas do direito pode-se extratar uma nota comum: por força do "Princípio da Legalidade" somente a lei pode criar "direitos" e "deveres".

---

7 *Idem*, pp. 49-50.

8 *In Curso de Direito Tributário*, pp. 93-94.

De forma mais acurada e precisa, retomando a noção de instrumento introdutor de normas (capítulo III, item 3.3) é correto se afirmar: somente a lei (instrumento introdutor de norma primário em acepção ampla)[9] pode inaugurar o sistema jurídico introduzindo norma de conduta (que em seu consequente, estabelecerá a regulação de conduta intersubjetiva, modalizando-a em proibida, permitida ou obrigatória) ou norma de produção normativa (que regulará a produção de outras normas jurídicas).

Importa ressaltar que, a partir da Emenda Constitucional nº 32/2001, tornou-se possível a utilização do denominado "decreto autônomo" no ordenamento brasileiro, cujo suporte de validade advém diretamente da Constituição, pelo que, neste caso, ao decreto foi conferido status de instrumento introdutor de norma primário. Segundo a redação original do art. 84, inciso VI, da Constituição, competia privativamente ao Presidente da República " dispor sobre a organização e o funcionamento da administração federal, na forma da lei". Com a nova redação dada a esse inciso VI do art. 84, o Presidente da República passou a ter competência privativa para dispor, por meio de decreto, sobre "organização e funcionamento da administração federal, quando não implicar aumento de despesa nem criação ou extinção de órgãos públicos" e "extinção de funções ou cargos públicos, quando vagos". O status de instrumento introdutor primário para o decreto na referida hipótese já foi declarado pelo Supremo Tribunal Federal no julgamento da ADI 2564. Da ementa do acórdão, destaca-se a seguinte passagem: " Ausência de ofensa ao princípio da reserva legal, diante da nova redação atribuída ao inciso VI do art. 84 pela Emenda Constitucional nº 32/01, que permite expressamente ao Presidente da República dispor, por decreto, sobre a organização e o funcionamento da administração federal, quando isso não implicar aumento de despesa ou criação de órgãos públicos, exceções que não se aplicam ao Decreto atacado. Ação direta de inconstitucionalidade cujo pedido se julga improcedente."

Sendo assim, como situar (segundo a definição de princípio constitucional proposta – retro subitem 4.2.2) o Princípio da Legalidade na norma constitucional de produção normativa?

A resposta é a seguinte: o Princípio da Legalidade está presente em todas as normas constitucionais, sejam as de produção normativa sejam as de conduta (embora, num certo sentido, possa se cogitar de exceções constitucionais a tal princípio no que tange a alguns aspectos de normas infraconstitucionais – ex.: art. 153, §1º).

9 Os veículos introdutores de normas se classificam, quanto à possibilidade de promover o ingresso de normas inaugurais no sistema, em: primários (podem) e secundários ou derivados (não podem). São primários: a lei constitucional, a lei complementar, a lei ordinária, a lei delegada, a medida provisória, o decreto legislativo e as resoluções do Congresso Nacional e Senado Federal. Neste sentido, leciona Paulo de Barros Carvalho, *ibidem*, pp. 44 e segs.

No tocante à norma constitucional de conduta, o princípio é atendido de forma direta e induvidosa, pois ela é veiculada pela "lei constitucional" (a Constituição). Ou, de outro ângulo, por ser norma constitucional[10] apresenta-se como norma-origem do Direito Positivo; por conseguinte, não cabe qualquer discussão acerca de sua validade. A norma constitucional tem a qualidade (intrínseca) de ser jurídica, válida (axioma fundamental do sistema jurídico).

Com relação à norma constitucional de produção normativa, o princípio está presente no antecedente, ou melhor, em parte do antecedente. Ressalta-se: o antecedente é incindível; apenas por uma operação de abstração, com fins puramente cognoscitivos, é que tal separação é possível, para se destacar alguns aspectos axiologicamente enriquecidos.

Conforme explicado, o antecedente da norma constitucional de produção normativa descreve um fato complexo composto pelos seguintes elementos:

a) um sujeito de direito;

b) uma declaração prescritiva (no caso de a norma impositiva tributária ser o objeto imediato da regulação, tal declaração apresenta-se como uma proposição prescritiva-condicional de conduta intersubjetiva); e

c) um procedimento.

Ora, no caso do denominado Princípio da Legalidade, o que se tem é uma elevação da carga axiológica (uma valorização jurídica) dos aspectos do antecedente citados nas letras "a" e "c" acima, quais sejam: o sujeito de direito e o procedimento.

O conceito do fato complexo suficiente (fato ocorrido no mundo fenomênico, plano concreto) sofrerá a incidência da norma constitucional de produção normativa e produzirá, como efeito jurídico, norma infraconstitucional (válida pelo menos no que toca ao "Princípio da Legalidade") quando:

a) o *sujeito de direito* for aquele descrito pelo antecedente da norma constitucional de produção normativa (ex.: Congresso Nacional e o Presidente da República);

b) e o *procedimento* seguido for aquele igualmente descrito pelo antecedente da norma constitucional (ex.: processo legislativo – Constituição da República – arts. 61 a 67).

Logo, o Princípio da Legalidade estará respeitado quando atender-se, no mundo fenomênico, real, os aspectos *sujeito de direito* e *procedimento*, descritos pelo antecedente da norma constitucional de produção normativa.

Linhas atrás, foi dito que a previsão constitucional contida no § 1.º do art. 153 (alteração da alíquota de norma impositiva tributária por ato do Executivo) poderia dar ensejo a cogitar-se em exceção ao Princípio da Legalidade. Tendo em vista

10 Aqui não se inclui a norma veiculada por Emenda Constitucional, pois esta tem nas normas constitucionais originais o seu fundamento último de validade (este ponto será melhor analisado no capítulo V, subitem 5.2.1).,

aquilo que se disse sobre a localização e estrutura lógica deste princípio surgem duas conclusões possíveis:

a) no caso de considerar-se (questão semântica) que para atender o Princípio de Legalidade se faz necessária a participação do sujeito-Legislativo, então haveria uma exceção constitucional a tal princípio, não se podendo olvidar que segundo o §1º do art. 153, a alteração da alíquota pelo Poder Executivo somente pode ocorrer "atendidas as condições e os limites estabelecidos em lei";

b) se não se entender (questão semântica) necessária a participação do sujeito-Legislativo para caracterizar o atendimento ao Princípio da Legalidade, sendo suficiente que seja respeitado o sujeito de direito constitucionalmente determinado, então o Princípio da Legalidade está atendido, não cabendo falar-se em exceção constitucional.

Trata-se, pois, de uma opção semântica (e não sintática lógica) que não acarreta (pelo menos neste caso), seja qual for a preferência do cientista, qualquer diferença quanto à validade da norma produzida. Esse mesmo raciocínio é aplicável a todas as situações em que a Constituição possibilitar que um instrumento introdutor de norma que, normalmente (por força da própria Constituição), é secundário possa, em certas situações, ser utilizado como instrumento introdutor de norma primário.

Uma vez examinado o Princípio da Legalidade, pode-se iniciar a perquirição do conceito de **Princípio da Legalidade Tributária Materialmente Qualificada**, expressão mais elucidativa que Princípio da Estrita Legalidade Tributária e menos controvertida que Princípio da Tipicidade Tributária, como se observará adiante. O Princípio da Legalidade Tributária Materialmente Qualificada pode ser construído, especialmente, a partir da interpretação dos seguintes enunciados da Constituição:

Art. 145. A União, os Estados, o Distrito Federal e os Municípios poderão instituir os seguintes tributos:

[...]

§ 2º As taxas não poderão ter **base de cálculo** própria de impostos.

[...]

Art. 146. Cabe à lei complementar:

[...]

III – estabelecer normas gerais em matéria de legislação tributária, especialmente sobre:

a) definição de tributos e de suas espécies, bem como, em relação aos impostos discriminados nesta Constituição, a dos respectivos **fatos geradores, bases de cálculo** e **contribuintes**;

[...]

Art. 149. Compete exclusivamente à União instituir contribuições sociais, de intervenção no domínio econômico e de interesse das categorias profissionais ou econômicas, como instrumento de sua atuação nas respectivas áreas, observado o disposto nos arts. 146, III, e 150, I e III, e sem prejuízo do previsto no art. 195, § 6º, relativamente às contribuições a que alude o dispositivo.

[...]

§ 2º As contribuições sociais e de intervenção no domínio econômico de que trata o caput deste artigo:

[...]

III – poderão ter **alíquotas**:

a) ad valorem, tendo por base o faturamento, a receita bruta ou o valor da operação e, no caso de importação, o valor aduaneiro;

b) específica, tendo por base a unidade de medida adotada.

[...]

Art. 150. Sem prejuízo de outras garantias asseguradas ao contribuinte, é vedado à União, aos Estados, ao Distrito Federal e aos Municípios:

I – **exigir ou aumentar tributo sem lei que o estabeleça;**

II – instituir tratamento desigual entre contribuintes que se encontrem em situação equivalente, proibida qualquer distinção em razão de ocupação profissional ou função por eles exercida, independentemente da denominação jurídica dos rendimentos, títulos ou direitos;

[...]

§ 6º Qualquer subsídio ou isenção, redução de **base de cálculo**, concessão de crédito presumido, anistia ou remissão, relativos a impostos, taxas ou contribuições, só poderá ser concedido mediante lei específica, federal, estadual ou municipal, que regule exclusivamente as matérias acima enumeradas ou o correspondente tributo ou contribuição, sem prejuízo do disposto no art. 155, § 2º, XII, "g".

[...]

Art. 153. Compete à União instituir impostos sobre:

§ 1º É facultado ao Poder Executivo, **atendidas as condições e os limites estabelecidos em lei**, alterar as **alíquotas** dos impostos enumerados nos incisos I, II, IV e V.

[...]

Art. 154. A União poderá instituir:

I – mediante lei complementar, impostos não previstos no artigo anterior, desde que sejam não cumulativos e não tenham **fato gerador** ou **base de cálculo** próprios dos discriminados nesta Constituição; (grifo nosso)

ALBERTO XAVIER desenvolve um conhecido estudo sobre os Princípios da Legalidade e Tipicidade Tributárias. Explica[11] que o Direito Administrativo, em geral, exige uma simples reserva relativa da lei, pois a lei não precisa conter o critério de decisão no caso concreto, sendo possível que o legislador confira ao administrador o poder de livre valoração ao aplicar o Direito. Por sua vez, o Direito Tributário exige uma reserva absoluta da lei, ou seja, a lei deve conter não apenas o fundamento da conduta da Administração, mas também o critério da decisão no caso concreto.

---

11 Alberto Xavier, *Os Princípios da Legalidade e da Tipicidade da Tributação*, pp. 36 e segs.

Segundo ALBERTO XAVIER[12]:

> "Se o princípio da reserva de lei formal contém em si a exigência da *lex scripta*, o princípio da reserva absoluta coloca-nos perante a necessidade de uma *lex stricta:* a lei deve conter em si mesma todos os elementos da decisão no caso concreto, de tal modo que não apenas o fim, mas também o conteúdo daquela decisão sejam por ela diretamente fornecidos. A decisão do caso concreto obtém-se, assim, por mera dedução da própria lei, limitando-se o órgão de aplicação a subsumir o fato na norma, independentemente de qualquer livre valoração pessoal".

Em outras palavras, para esse jurista a norma impositiva tributária deve prescrever, de forma precisa, não somente a descrição do conceito de um fato de possível ocorrência (antecedente), mas também uma conduta intersubjetiva determinada (qualitativa e quantitativamente) e modalizada.

Afirma o jurista português[13] que o Direito Tributário é, nesse sentido, mais rigoroso que o Direito Penal. A norma penal tipifica o conceito do fato (antecedente), mas não tipifica (acrescenta-se, quantitativa e, às vezes, qualitativamente) o efeito jurídico, conferindo ao juiz uma certa margem de liberdade ao fixar a pena.

Elucidando o acima exposto, pode-se dizer que a norma penal, quanto ao consequente, atribui ao juiz, no tocante à fixação da pena, uma certa liberdade de índole qualitativa (ex.: pena de multa ou detenção) e quantitativa (ex.: pena de prisão de 2 a 6 anos).

Diversamente e de forma mais rígida que a norma penal, a norma tributária determina tanto os critérios do antecedente quanto os do consequente.

Para ALBERTO XAVIER, "no Direito Tributário a técnica da tipicidade atua, não só sobre a hipótese da norma tributária material, como também sobre o seu mandamento. Objeto da tipificação são, portanto, os fatos e os efeitos, as situações jurídicas iniciais e as situações jurídicas finais."[14]

Alerta-se que ao final deste item, serão realizadas relevantes observações sobre o controvertido uso da expressão "tipicidade tributária", em especial, sobre a posição defendida por ALBERTO XAVIER.

PAULO DE BARROS CARVALHO assim leciona acerca do Princípio da Estrita Legalidade:

> "O veículo introdutor da regra tributária no ordenamento há de ser sempre a lei (sentido lato), porém o princípio da estrita legalidade diz mais do que isso, estabelecendo a necessidade de que a lei adventícia traga no seu bojo os elementos descritores do fato jurídico e os dados prescritores da relação obrigacional. Esse plus caracteriza a tipicidade tributária,

12 *Ibidem*, pp. 37 e segs.

13 *Idem, ibidem*, pp. 72 e segs.

14 *Idem, ibidem*, p. 73.

que alguns autores tomam como outro postulado imprescindível ao subsistema de que nos ocupamos, mas que pode, perfeitamente, ser tido como uma decorrência imediata do princípio da estrita legalidade".[15]

SACHA CALMON NAVARRO COÊLHO[16] segue a mesma linha de pensamento, ao afirmar:

> "Por primeiro, é preciso dizer que enquanto a legalidade diz respeito ao veículo (lei), a tipicidade entronca com o conteúdo da lei (norma).
> O princípio da tipicidade é tema normativo, pois diz respeito ao conteúdo da lei. É, por assim dizer, o lado funcional do princípio da legalidade que originariamente cingia-se a requerer lei em sentido formal, continente de prescrição jurídica abstrata. Exigências ligadas aos princípios éticos da certeza e segurança do direito, como vimos de ver, passaram a requerer que o fato gerador e o dever tributário passassem a ser rigorosamente previstos e descritos pelo legislador, daí a necessidade de tipificar a relação jurídica tributária. Por isso, em segundo lugar, é preciso observar que a tipicidade não só do fato jurígeno-tributário como também do dever jurídico decorrente (sujeitos ativos e passivos, bases de cálculo, alíquotas, fatores outros de quantificação, *quantum debeatur* – como, onde, quando pagar o tributo)".

Extrai-se da lição desses autores que o Princípio da Legalidade Tributária Materialmente Qualificada embora decorrente do Princípio da Legalidade apresenta algo mais, um *plus*, que o caracteriza: a declaração prescritiva (elemento que compõe o fato complexo, cujo conceito é descrito pelo antecedente da norma constitucional de produção normativa) deve conter como *proposição implicante* a descrição completa do conceito de um fato (que corresponderá ao antecedente da norma impositiva tributária a ser produzida) e como *proposição implicada* a prescrição de uma relação intersubjetiva cujo núcleo é representado por uma conduta (intersubjetiva) modalizada (no caso, obrigatória – "O") e determinada de forma completa, tanto qualitativa quanto quantitativamente (que corresponde ao consequente da norma impositiva tributária a ser produzida).

Assim, por força desse princípio, compete ao Poder Legislativo (composto pelos representantes democraticamente eleitos pelo povo) da Pessoa Política constitucionalmente designada para instituir certo tributo decidir acerca dessa matéria, além disso, ao instituir um tributo, deve identificar todos os critérios (pessoal, material, temporal e espacial) do antecedente e do consequente da norma tributária (com especial destaque aos relacionados ao "fato gerador", ao contribuinte, à "base de cálculo" e à alíquota).

O Princípio da Legalidade Tributária Materialmente Qualificada, segundo o modelo proposto (lembrando que o antecedente da norma constitucional de produção normativa descreve o conceito de um *fato complexo* composto por um ou mais sujeitos de direito, uma declaração prescritiva e um procedimento), apresenta-se do seguinte modo:

---

15 *Curso ...*, p. 99.

16 Sacha Calmon Navarro Coêlho, *Comentários à Constituição de 1988: Sistema Tributário*, p. 285.

Princípio da Legalidade Tributária Materialmente Qualificada é uma combinação dos aspectos formais (*sujeito de direito* e *procedimento*) com uma característica especial do conteúdo do aspecto material (*declaração prescritiva*) da norma constitucional de produção normativa, ou seja, esta declaração prescritiva (elemento que compõe o fato complexo, cujo conceito é descrito pelo antecedente da norma constitucional de produção normativa) deverá conter, como *proposição implicante* (que corresponderá ao antecedente da norma impositiva tributária a ser produzida), a descrição de todos os critérios de identificação - pessoal, material, temporal e espacial do conceito de um fato e, como *proposição implicada* (corresponderá ao consequente da norma impositiva tributária a ser produzida), a prescrição de uma relação intersubjetiva, cujo núcleo é representado por uma conduta intersubjetiva (com a identificação dos sujeitos ativo e passivo (contribuinte)) modalizada (no caso, obrigatória – "O") e determinada de forma completa, tanto qualitativa (via de regra, *de entregar*) quanto quantitativamente (a quantia em dinheiro a ser entregue - base de cálculo e alíquota).

Por conseguinte, a norma impositiva tributária, para ingressar no sistema jurídico (ser jurídica, válida), deve ser produzida em consonância com a norma constitucional de produção normativa, que traz consigo (em seu interior) o Princípio da Legalidade Tributária Materialmente Qualificada.

A tese de que há no sistema jurídico brasileiro o denominado "Princípio da Tipicidade Tributária" tem sido objeto de severas críticas, especialmente em função do sentido atribuído às expressões "tipo" e "tipicidade" por parte de ALBERTO XAVIER.

Segundo parcela representativa da doutrina, a presença de tipos em normas tributárias, ao contrário de confirmar a tese de XAVIER, a infirma, à medida que não caberia falar em tipos fechados, já que os tipos se caracterizariam por serem sempre abertos, flexíveis.[17]

Outro ponto tão ou mais relevante que o relativo à discussão acerca do sentido conferido às expressões "tipo" e "tipicidade", é o pertinente ao posicionamento contrário de XAVIER sobre a possibilidade de serem adotados "conceitos indeterminados" em normas de imposição tributária.

Parece ser inevitável aceitar a presença dos fenômenos da indeterminação dos conceitos e da mutação conceitual no Direito, em especial em matéria tributária.

O fenômeno da indeterminação ou vaguidade dos conceitos é um problema que prejudica o processo de interpretação. Esse fenômeno acomete importantes conceitos constitucionais tributários, tais como, os que decorrem das expressões "renda e proventos de qualquer natureza", "circulação de mercadorias e serviços",

17 Por todos: Mizabel Abreu Machado Derzi. *Direito Tributário, Direito Penal e Tipo*. São Paulo, Revista dos Tribunais, 1988. Ricardo Lobo Torres. O princípio da tipicidade no direito tributário. *Revista de Direito Administrativo*, Rio de Janeiro, v. 235, p. 193-232, jan./mar., 2004a.

"propriedade predial e territorial urbana", "receita" e "faturamento". Releva, desde já, assentar que a existência de indeterminação nos conceitos constitucionais não significa ausência de sentido, pois as palavras são utilizadas na Constituição com o fim de transmitir uma mensagem com sentido, com o propósito de designar algum conceito, o qual possui limites, mesmo sendo conceito do tipo *indeterminado* ou, com mais rigor, ***conceito com razoável grau de indeterminação***[18].

Não se pode esquecer que **os conceitos (jurídicos ou não), em sua maioria, são do tipo "indeterminado", ou com maior precisão, são conceitos com razoável grau de indeterminação, fenômeno que é inerente ao processo de conhecimento humano.** Por isso se diz que **quase todas** as "palavras" ou "conceitos" possuem certo grau de indeterminação (imprecisão), ou seja, são vagas em certo grau.[19]

A questão atinente aos denominados *conceitos indeterminados* ou melhor, ao **fenômeno da indeterminação dos conceitos** é inerente ao processo de conhecimento e (re)constituição da realidade. A indeterminação dos conceitos (vaguidade ou imprecisão) representa a dificuldade em se definir, em se demarcar o conceito dos objetos em geral e pode repousar nas seguintes situações: a) na dificuldade ao identificar e constituir um objeto específico (na construção do *conceito de um objeto específico*) – pois o sujeito cognoscente tem a possibilidade de estabelecer, eleger, infinitas características definitórias; b) na dificuldade de se criar uma classe de objetos (na construção do *conceito de classe de objetos*) que apresentem características definitórias comuns – pois o sujeito cognoscente também tem a possibilidade de eleger infinitos caracteres definitórios comuns para criar a classe de objetos; e c) na dificuldade de se verificar se um objeto específico (o *conceito de um objeto específico*) pertence ou não a certa classe de objetos (ao *conceito de classe de objetos*) – pelas razões já explicadas nos itens 'a' e 'b'.

É certo que, ao se definir um conceito, são adotadas características que que permitem identificá-lo e diferençá-lo de outros conceitos. Isso não infirma o fato de as pessoas nem sempre estarem em plena concordância com tais características definitórias (situação existente, em maior ou menor grau, em todas as áreas do conhecimento), o que é explicável em função do referido **fenômeno da indetermina-**

18 O tema da indeterminação ou vaguidade dos conceitos tem merecido destaque de especializada doutrina, entre outros: Karl Engish (1983, p. 208); Karl Larenz (1989, p. 140 e 356); Afonso Rodrigues Queiró (1969, p. 2); Stephen Ullmann (1987, p. 241); Eros Roberto Grau (1988, p. 55); Eduardo García de Enterría e Tomas Ramon Fernandez (1991, p. 386 e 387); Alf Ross (1994, p. 109); Ricardo A. Guibourg, Alejandro M. Ghigliani, e Ricardo V. Guarinoni, (2004, p. 47), Queiroz (2003, p. 21-27).

19 Stephen Ullmann, *idem, ibidem*, pp. 241 e segs.; Ricardo . A. Guibourg, Alejandro M. Ghigliani, e Ricardo V. Guarinoni, *idem*, pp. 48 e 51.; Alf Ross, *Sobre el Derecho Y la Justicia*, p. 111; Genaro R. Carrió, *Notas sobre o Derecho y Lenguaje*, pp. 31 e segs. Importa ressaltar que Karl Engish (op. cit., p. 208) chama a atenção para a existência de alguns conceitos absolutamente determinados – p. ex.: os numéricos combinados com os de medida – 50 km, 24 horas.

ção, o qual, insta advertir, é fomentado por dois fatores: a ***mutação*** e a ***diversidade espacial***. Entenda-se por ***mutação*** o fenômeno (também, mas não exclusivamente jurídico) representativo das mudanças de compreensão, de constituição e de interpretação dos objetos em sentido amplo ou da denominada *realidade*, decorrentes das mais variadas razões (morais, econômicas, culturais, físicas, tecnológicas etc.) que se dão ao longo do tempo. E entenda-se por ***diversidade espacial*** a circunstância de as diferentes características físicas do meio circundante informarem a compreensão e a construção da realidade. É nesse sentido, por exemplo, que Stephen Ullmann (1987, p. 251) observa que os Esquimós e os Lapões possuem, em sua linguagem, uma multiplicidade de termos para diferentes espécies de neve. Certamente, isso é função de necessidades específicas provocadas pelas singulares características ambientais, onde o ou os *objetos-neve* assumem uma especial importância para os habitantes dessas regiões. Desse modo, os Esquimós e os Lapões acabam por constituir diferentes objetos, constroem uma nova e diversa realidade.

Esse especial modo de se compreender e de se utilizar a expressão *conceito*, **que concebe ser necessária a consideração de que os fenômenos da indeterminação e da mutação acometem os conceitos em geral em graus variados**, parece guardar vantagens para o uso de outras expressões relacionadas, tais como, *tipo*, *cláusula geral*, *conceitos determinados*, *conceitos indeterminados* etc., as quais têm suscitado desnecessárias dúvidas acerca de sua caracterização.

Assim, o fato de se poder considerar que as expressões "renda e proventos de qualquer natureza", "circulação de mercadorias e serviços", "propriedade predial e territorial urbana", "receita" e "faturamento" representam **conceitos com razoável grau de indeterminação** não importa em reconhecer que se tratam de conceitos vazios, sem sentido, sem limites, nem permite deduzir que o legislador infraconstitucional possui total liberdade para definir tais conceitos.

Portanto, pode-se dizer que, no sistema jurídico brasileiro, existem, no contexto tributário, mais especificamente no dos impostos e das contribuições, os conceitos constitucionais tributários de "renda e proventos de qualquer natureza", "circulação de mercadorias e serviços", "propriedade predial e territorial urbana", "receita" e "faturamento", que, mediante adequada interpretação, podem ser identificados e definidos, de modo a permitir que eles sejam diferençados de outros conceitos que igualmente servirão como base tributável ("fato gerador" e "base de cálculo") de outros tributos, sem perder de vista que esses conceitos possuem razoável grau de indeterminação e que se encontram submetidos ao fenômeno da mutação.

Em suma, parece ser não apenas possível, mas necessário, compatibilizar o sentido proposto para o Princípio da Legalidade Tributária Materialmente Qualificada com os fenômenos da indeterminação e mutação dos conceitos. Tais fenômenos longe de excluírem a relevância desse princípio, contribuem para construir o seu adequado sentido.

4.4.2. Princípio da irretroatividade tributária

A doutrina considera que o Princípio da Irretroatividade Tributária repousa no enunciado do art. 150, inciso III, alínea "a":

> "Art. 150. Sem prejuízo de outras garantias asseguradas ao contribuinte, é vedado à União, aos Estados, ao Distrito Federal e aos Municípios:
>
> ....
>
> III – cobrar tributos:
>
> a) em relação a fatos geradores ocorridos antes do início da vigência da lei que os houver instituído ou aumentado;"

Dessarte, por força do Princípio da Irretroatividade Tributária, uma norma impositiva tributária (criada ou modificada) não pode projetar-se, incidir, sobre (o conceito de) fatos ocorridos antes de tal norma entrar em vigor. A projeção semântica da norma impositiva tributária está dirigida para fatos futuros, de possível ocorrência. Jamais poderá dirigir-se a fatos passados, já ocorridos.

O Princípio da Irretroatividade Tributária está contido no aspecto material do antecedente da norma constitucional de produção normativa e apresenta-se da seguinte maneira:

Princípio da Irretroatividade Tributária é o complemento condicionante do aspecto material – declaração prescritiva – do antecedente da norma constitucional de produção normativa, que estabelece a necessidade de, nas hipóteses de criação ou aumento de tributo, a declaração prescritiva a ser elaborada pelo legislador infraconstitucional conter como proposição implicante (a qual corresponderá ao antecedente da norma tributária a ser produzida) a descrição do conceito de um fato de ocorrência possível e futura, nunca a descrição do conceito de fato já ocorrido no tempo e no espaço, fato passado.

O não-atendimento ao Princípio da Irretroatividade implica a falta de fundamento constitucional de validade por parte da norma (não jurídica, inválida) produzida. Foi com esse sentido que o Supremo Tribunal Federal decidiu que um "decreto-lei" (a norma veiculada pelo decreto-lei) era *inconstitucional* (sem fundamento constitucional de validade), pois afrontou o Princípio da Irretroatividade. Segue:

> "RECURSO EXTRAORDINÁRIO N.º 111954-PR
> RELATOR: MINISTRO OSCAR CORRÊA
> JULGAMENTO: 1988/06/01
> SESSÃO: TRIBUNAL PLENO
> DJ -24-06-88, PG-16117
> EMENTA: EMPRÉSTIMO COMPULSÓRIO – DEC.-LEI 2.047, DE 20/7/1983. SÚMULA 418. A SÚMULA 418 PERDEU VALIDADE EM FACE DO ART. 21, § 2º, II, DA CONSTITUIÇÃO FEDERAL (REDAÇÃO DA EMENDA CONSTITUCIONAL 1/69). NÃO HÁ DISTINGUIR, QUANTO À NATUREZA, O EMPRÉSTIMO COMPULSÓRIO EXCEPCIONAL DO ART. 18, § 3º, DA CONSTITUIÇÃO

FEDERAL, DO EMPRÉSTIMO COMPULSÓRIO ESPECIAL, DO ART. 21, § 2º, II, DA MESMA CONSTITUIÇÃO FEDERAL. OS CASOS SERÃO SEMPRE OS DA LEI COMPLEMENTAR (CTN, ART. 15) OU OUTRA REGULARMENTE VOTADA (ART. 50 DA CONSTITUIÇÃO FEDERAL). O EMPRÉSTIMO SUJEITA-SE ÀS IMPOSIÇÕES DA LEGALIDADE E IGUALDADE, MAS, POR SUA NATUREZA, NÃO À ANTERIORIDADE, NOS TERMOS DO ART. 153, § 29, 'IN FINE', DA CONSTITUIÇÃO FEDERAL (DEMAIS CASOS PREVISTOS NA CONSTITUIÇÃO). O DEC.-LEI 2.047/83, CONTUDO, SOFRE DE VÍCIO INCURÁVEL: A RETROAÇÃO A GANHOS, RENDAS – AINDA QUE NÃO TRIBUTÁVEIS – DE EXERCÍCIO ANTERIOR, JÁ ENCERRADO. ESSA RETROATIVIDADE É INACEITÁVEL (ART. 153, § 3º, DA CONSTITUIÇÃO FEDERAL), FUNDAMENTO DIVERSO DO EM QUE SE APOIOU O ACÓRDÃO RECORRIDO. RECURSO EXTRAORDINÁRIO NÃO CONHECIDO, DECLARADA A INCONSTITUCIONALIDADE DO DECRETO-LEI 2.047, DE 20.7.83.
VOTAÇÃO: UNÂNIME. RESULTADO: NÃO CONHECIDO. A RSF-18/95 SUSPENDEU A EXECUÇÃO DO DECRETO-LEI DECLARADO INCONSTITUCIONAL".

4.4.3. Princípio da anterioridade e sua influência sobre a validade e a vigência da norma impositiva tributária

É lição corrente a de que o Princípio da Anterioridade tem assento no enunciado do art. 150, inciso III, alínea "b", da Constituição da República:

> "Art. 150. Sem prejuízo de outras garantias asseguradas ao contribuinte, é vedado à União, aos Estados, ao Distrito Federal e aos Municípios:
>
> ....
>
> III – cobrar tributos:
>
> b) no mesmo exercício financeiro em que haja sido publicada a lei que os instituiu ou aumentou;"

Em função do Princípio da Anterioridade, um tributo não pode ser exigido no mesmo exercício financeiro em que haja sido publicada a respectiva lei. Em outras palavras, a norma constitucional de produção normativa, ao regular a produção ou modificação (no caso de aumentar o montante de dinheiro a ser entregue ao Estado) da norma impositiva tributária, determina que a declaração prescritiva a ser produzida (e que se transformará na futura norma impositiva tributária) só prevalecerá após a ocorrência de um evento futuro e certo (termo), qual seja, o encerramento do "exercício financeiro em que haja sido publicada a lei que os ('tributos') instituiu ou aumentou".

Portanto, a norma constitucional de produção normativa, no que toca à produção ou modificação (que implique em aumento do valor a ser entregue ao Estado a título de tributo) de norma impositiva tributária, descreve, em seu antecedente, um "fato complexo" composto por (a) sujeitos de direito, (b) um procedimento e (c) uma declaração prescritiva *submetida à ocorrência de um termo* – o momento do encerramento do exercício financeiro em que haja sido publicada a respectiva lei (a lei veiculadora da norma impositiva tributária).

Desse modo, pode-se dizer que:

Princípio da Anterioridade é um complemento condicionante do aspecto material do antecedente da norma constitucional de produção normativa, que afeta o elemento *declaração prescritiva*, submetendo-o à ocorrência de um evento futuro e certo (termo) – o início do exercício financeiro seguinte àquele em que houver sido publicada a lei relativa à criação ou modificação aumentativa (que implique aumento do valor a ser entregue ao Estado a título de tributo) de norma tributária, ou seja, a norma tributária somente passará a integrar o sistema jurídico (ser válida, ter fundamento constitucional de validade) a partir do exercício financeiro seguinte àquele em que houver sido publicada a lei relativa à criação ou aumento do tributo (a ocorrência do termo).

Assim, somente com o advento do *termo* previsto, imposto, pela norma constitucional de produção normativa é que a *declaração prescritiva*, produzida no mundo real, fenomênico, combinada com os outros fatos (cujos conceitos também encontram-se descritos no antecedente da norma constitucional de produção normativa) – *sujeitos de direito* e *procedimento* – terá, como efeito jurídico, a criação ou modificação de uma norma impositiva tributária.

Como não poderia deixar de ser (segundo o modelo proposto), o Princípio da Anterioridade, por estar contido na norma constitucional de produção normativa, apresenta-se como um dos requisitos constitucionais de validade da norma impositiva tributária. Se o Princípio da Anterioridade não for respeitado no momento em que, no plano fático, se processar a produção normativa (o denominado "processo legislativo" em sentido amplo), ter-se-á como efeito o seguinte: a norma (mensagem prescritiva) produzida é (juridicamente) inválida, não é norma jurídica.

Sendo mais preciso: por se tratar de um *termo* que afeta o elemento *declaração prescritiva*, não tem validade (não é jurídica) a norma (mensagem prescritiva não-jurídica) que exigir a entrega de certo valor em dinheiro a título de tributo *no mesmo exercício financeiro;* a norma jurídica, a norma impositiva tributária (válida), apenas exsurgirá (ingressará no sistema do Direito Positivo) quando do advento do *termo*, isto é, quando ocorrer o encerramento do exercício financeiro em que haja sido publicada a respectiva lei (a lei veiculadora da norma impositiva tributária).

Poder-se-ia perguntar: o Princípio da Anterioridade, em verdade, não estaria afetando somente a vigência de uma norma validamente produzida?

Segundo o modelo proposto, a resposta é *não*. Vale imaginar um exemplo de tal situação a fim de demonstrar o raciocínio desenvolvido:

No mundo fenomênico, real, o Presidente da República e o Congresso Nacional, seguindo o procedimento constitucional previsto, emitem uma declaração prescritiva, cor-

respondente a uma futura norma que imporia um novo imposto, para prevalecer (vigorar) a partir da data em que ocorrer a publicação (no mesmo exercício financeiro).

Publicada a lei, alguém que examinasse a norma (a mensagem prescritiva) veiculada poderia afirmar: a lei (norma legal) é inconstitucional, pois ofende o Princípio Constitucional da Anterioridade; o tributo só pode ser exigido a partir do próximo exercício financeiro.

Com maior rigor científico, qual o significado desta afirmação: a norma (a declaração prescritiva-condicional de conduta intersubjetiva) produzida, por não ter fundamento de validade na norma constitucional de produção normativa, não ingressou no sistema do Direito Positivo, não se tornou norma jurídica – *norma impositiva tributária.* Tal norma só adquirirá fundamento constitucional de validade ao serem atendidos todos os requisitos estabelecidos pelo antecedente da norma constitucional de produção normativa, entre eles, o representativo do Princípio da Anterioridade; quando isto ocorrer, a norma (mensagem prescritiva) ingressará no sistema do Direito Positivo, ou seja, tornar-se-á norma jurídica – *norma impositiva tributária.*

Esse exemplo elucida que a assertiva "a norma impositiva tributária é inconstitucional por ofender o Princípio da Anterioridade" significa, em rigor, dizer: ainda não existe juridicamente norma impositiva tributária, pois não foi alcançado o termo determinado pelo antecedente da norma constitucional de produção normativa.

A matéria relativa à vigência, por razão lógica, apenas surge (conforme visto anteriormente – Capítulo III, item 3.11) quando já se encontra superado o problema da validade: **vigência é qualidade de norma jurídica (válida)**.

Outro exemplo auxilia o esclarecimento dessa questão:

O Legislador ordinário, além de atender todos os requisitos constitucionais, em especial o Princípio da Anterioridade, estabeleceu um prazo maior para a norma entrar em vigor, qual seja, 60 dias depois de iniciado o exercício financeiro seguinte ao da publicação da respectiva lei.

Nesse caso, alguém duvidaria que a norma produzida pelo legislador ordinário é válida (tem fundamento de validade)? Parece que não. Entretanto, apesar de válida, a norma legal não é vigente, não tem aptidão de produzir efeitos jurídicos. Mesmo que se realizasse, no mundo real, o fato descrito pelo antecedente da norma legal, não nasceria a "obrigação tributária" (a obrigação de entregar dinheiro ao Estado a título de tributo).

Logo, o desatendimento ao requisito constitucional representado pelo Princípio da Anterioridade acarreta falta de **validade**, não (apenas) falta de vigência.

A **validade** decorre do cumprimento, no plano dos fatos, dos requisitos estabelecidos pela norma (no caso, constitucional) de produção normativa.

A **vigência** depende da declaração prescritiva realizada no plano fático:

a) a declaração prescritiva pode ser emitida para produzir efeitos imediatamente, isto é, logo após a publicação da lei (desde que a norma legal tributária já possua validade – p. ex. – que o termo relativo ao Princípio da Anterioridade já tenha sido alcançado); ou

b) a declaração prescritiva pode ter sido feita *a termo* (por mera vontade do legislador, não por exigência da norma de produção normativa), quer dizer, a norma produzida, apesar de ser válida, ainda não está apta a produzir efeitos jurídicos, só adquirindo a vigência após ser alcançado o *termo* estabelecido pelo sujeito produtor da norma (o legislador).

Atesta-se a clara distinção:

i) **validade** – decorre do atendimento, no plano fático, dos requisitos estabelecidos pela norma de produção normativa; no que tange ao Princípio Constitucional da Anterioridade, depende da realização do *termo* determinado pelo complemento do aspecto material (*declaração prescritiva*) do antecedente da norma de produção normativa;

ii) **vigência** – depende da mera vontade do sujeito de direito (legislador) habilitado para emitir a declaração prescritiva, sem que isto decorra (uma vez atendidos os requisitos de validade) de qualquer imposição da norma de produção normativa; o sujeito de direito habilitado (legislador) pode decidir que a vigência da norma jurídica (já válida) será imediata ou sujeita *a termo* (submetida a um período de *vacatio legis*).

Vale aduzir que, recentemente (07.11.1995), o SUPREMO TRIBUNAL FEDERAL decidiu, de forma unânime, que a ofensa ao Princípio da Anterioridade caracteriza hipótese de *inconstitucionalidade*; em outras palavras, caracteriza um caso de norma (*não jurídica*) que não tem fundamento de validade em norma constitucional de produção normativa. Segue:

> "RECURSO EXTRAORDINÁRIO N.º 182191-RJ
> RELATOR: MINISTRO ILMAR GALVÃO
> JULGAMENTO: 1995/11/07
> SESSÃO: 01 – PRIMEIRA TURMA
> DJ -16-02-96, PP-03011
> EMENTA: TRIBUTÁRIO. IPTU. AUMENTO DA RESPECTIVA BASE DE CÁLCULO MEDIANTE APLICAÇÃO DE ÍNDICES GENÉRICOS DE VALORIZAÇÃO, APLICÁVEIS POR LOGRADOUROS, DITADOS POR LEI.
> Caso em que o instrumento normativo não poderia ser aplicado no mesmo exercício em que foi publicado, sem ofensa ao princípio da anterioridade.
> Acórdão que, para contornar o óbice constitucional, entendeu haverem os referidos índices sido estabelecidos por meio de ato regulamentar, com o que não evitou o vício da inconstitucionalidade que, nesse caso, residiria em violação ao princípio da anterioridade.
> Somente por via de lei, no sentido formal, publicada no exercício financeiro anterior, é permitido aumentar tributo, como tal, havendo de ser considerada a iniciativa de modificar a base de cálculo do IPTU, por meio de aplicação de tabelas genéricas de valorização de imóveis, relativamente a cada logradouro, que torna o tributo mais oneroso.
> Recurso extraordinário conhecido e provido".

VOTAÇÃO: UNÂNIME. RESULTADO: CONHECIDO E PROVIDO.

Por fim, vale também mencionar outra importante e elucidativa decisão do SUPREMO TRIBUNAL FEDERAL, que distingue (embora implicitamente) o requisito de **validade**, representado pelo Princípio da Anterioridade, da deliberação do legislador ordinário (sujeito de direito habilitado a emitir a declaração prescritiva) sobre a **vigência**. Segue:

> "RECURSO EXTRAORDINÁRIO N.º 96000-ES
> RELATOR: MINISTRO ALFREDO BUZAID
> JULGAMENTO: 1983/03/16
> SESSÃO: TRIBUNAL PLENO
> DJ -29-04-83, PG-05558
> EMENTA: TRIBUTÁRIO. 1. O ART. 153, § 29 DA CONSTITUIÇÃO DA REPÚBLICA DISPÕE QUE NENHUM TRIBUTO SERÁ INSTITUÍDO OU AUMENTADO SEM QUE A LEI QUE O HOUVESSE INSTITUÍDO OU AUMENTADO ESTEJA EM VIGOR ANTES DO INÍCIO DO EXERCÍCIO FINANCEIRO. A EXPRESSÃO – ESTEJA EM VIGOR – DA CLÁUSULA CONSTITUCIONAL QUER DIZER PUBLICADA ANTES DO INÍCIO DO EXERCÍCIO FINANCEIRO. POR ISSO, SE A LEI É EDITADA NUM ANO E DECLARA QUE ENTRARÁ EM VIGOR NO DIA PRIMEIRO DE JANEIRO DO ANO SEGUINTE, ESTA CIRCUNSTÂNCIA NÃO A AFASTA DO CANON CONSTITUCIONAL, QUE EXIGE A ANTERIORIDADE DA LEI. 2. RECURSO EXTRAORDINÁRIO CONHECIDO E PROVIDO.
> VOTAÇÃO UNÂNIME. RESULTADO CONHECIDO E PROVIDO".

4.5. PRINCÍPIO CONSTITUCIONAL DA IGUALDADE E A NORMA IMPOSITIVA DE: TAXA, CONTRIBUIÇÃO DE MELHORIA E IMPOSTO

Mais uma vez tomar-se-á como ponto de partida alguns ensinamentos da mais valedoura doutrina.

PAULO DE BARROS CARVALHO[20] pontifica com agudeza sobre o princípio da igualdade:

> "Está contido na formulação expressa do art. 5º, *caput*, da Constituição e reflete uma tendência axiológica de extraordinária importância. Todos são iguais perante a lei, sem distinção de qualquer natureza, garantindo-se aos brasileiros e aos estrangeiros residentes no País a inviolabilidade do direito à vida, à liberdade, à igualdade, à segurança e à propriedade... Seu destinatário é o legislador, entendido aqui na sua proporção semântica mais larga possível, isto é, os órgãos da atividade legislativa e todos aqueles que expedirem normas dotadas de juridicidade.
> O conceito de igualdade, porém, não é de fácil determinação. Autores ilustres pretenderam demarcá-lo, encontrando acerbas dificuldades, pois os valores não podem ser objetivados. Em função de sua plasticidade, amolda-se diferentemente aos múltiplos campos

20 *Idem, Ibidem, p.* 93.

de incidência material das regras jurídicas, o que torna penosa a indicação precisa do seu conteúdo. Celso Antônio Bandeira de Mello tem importante contribuição ao estudo dos obstáculos que se interpõem no caminho de um exame científico e aprofundado acerca desse tema".

É corrente a seguinte assertiva: atender o princípio da igualdade é tratar igualmente os iguais e desigualmente os desiguais. Desse modo se expressa RUI BARBOSA:[21]

> "A regra da igualdade não consiste senão em quinhoar desigualmente aos desiguais, na medida em que se desigualam. Nesta desigualdade social, proporcionada à desigualdade natural, é que se acha a verdadeira lei da igualdade. O mais são desvarios da inveja, do orgulho ou da loucura. Tratar com desigualdade a iguais, ou a desiguais com igualdade, seria desigualdade flagrante, e não igualdade real".

Em que pese a beleza das palavras, tal definição possui elevada dose de imprecisão. É certo que, de alguma forma, uma coisa pode ser igual ou diferente de outra, tudo depende do critério de classificação. Um homem é igual a uma mulher, perante o critério que identifica os seres humanos, porém, é diferente perante o critério sexo. Deste modo, a dificuldade repousa na escolha do critério classificatório, que permitirá separar os "iguais" dos "desiguais".

Isso não passou despercebido por CELSO ANTÔNIO BANDEIRA DE MELLO,[22] que elaborou uma das obras mais perspicazes e esclarecedoras sobre o Princípio da Igualdade. Ele demonstra com maestria quais são os critérios para identificação do desrespeito à isonomia:

> "Parece-nos que o reconhecimento das diferenciações que não podem ser feitas sem quebra da isonomia se divide em três questões: a) a primeira diz com o elemento tomado como fator de desigualação; b) a segunda reporta-se à correlação lógica abstrata existente entre o fator erigido em critério de discrímen e a disparidade estabelecida no tratamento jurídico diversificado; c) a terceira atina à consonância desta correlação lógica com os interesses absorvidos no sistema constitucional e destarte juridicizados.
>
> Esclarecendo melhor: tem-se que investigar, de um lado, aquilo que é adotado como critério discriminatório; de outro lado, cumpre verificar se há justificativa racional, isto é, fundamento lógico, para, à vista do traço desigualador acolhido, atribuir o específico tratamento jurídico construído em função da desigualdade proclamada. Finalmente, impende analisar se a correlação ou fundamento racional abstratamente existente é, *in concreto*, afinado com os valores prestigiados no sistema normativo constitucional. A dizer: se guarda ou não harmonia com eles".

---

21 *In Oração aos Moços*, pp. 33-34.

22 *In Conteúdo Jurídico ao Princípio da Igualdade*, p. 21.

Nessa linha, já é possível visualizar a fisionomia do Princípio da Igualdade.

Retornando à análise do antecedente da norma constitucional de produção normativa, verifica-se que ele compõe-se de:

a) um ou mais sujeitos de direito;

b) uma declaração prescritiva (no caso de esta norma de produção normativa ter como objeto imediato de regulação uma norma impositiva tributária, tal declaração equivale a uma proposição prescritiva-condicional de conduta intersubjetiva; e

c) um procedimento.

Seguindo o esquema proposto, pode-se dizer que o Princípio da Igualdade está contido em todas as normas constitucionais de produção normativa. Apresenta-se como um complemento necessário **condicionante** do elemento declaração prescritiva descrito pelo antecedente de toda e qualquer norma constitucional de produção normativa.

Portanto, pode-se pontificar: não é jurídica (válida não tem fundamento de validade na norma constitucional), a "norma infraconstitucional" que afronta o denominado Princípio da Igualdade; pois sendo este um complemento **necessário** e **condicionante** daquela declaração prescritiva, se o fato complexo ("fonte material" da norma infraconstitucional), realizado no mundo real, não contiver este complemento *necessário* e *condicionante* (Princípio da Igualdade), a norma constitucional de produção normativa não incidirá, não nascendo norma jurídica (válida) infraconstitucional.

Em outros termos: se o conceito do fato complexo, ocorrido no mundo fenomênico, não corresponder, integralmente, ao conceito descrito pelo antecedente da norma constitucional de produção normativa (sujeito + declaração prescritiva, *condicionada à igualdade jurídico-constitucional* + *procedimento*), não surgirá, como efeito jurídico, norma jurídica infraconstitucional (válida, com fundamento de validade na norma constitucional).

Cabe alertar que o conceito de "igualdade jurídico-constitucional" corresponde ao conceito de "Princípio da Igualdade". Observa-se que tal conceito é consoante com a definição proposta de "**princípio**".

Repita-se: o Princípio da Igualdade está presente em todas as normas do sistema jurídico positivo. Logo, é certo firmar:

O **Princípio Constitucional da Igualdade** (a igualdade jurídico-constitucional) é um complemento *necessário* (sempre presente) e *condicionante* (pois limita o conteúdo) do aspecto declaração prescritiva do antecedente de toda e qualquer norma constitucional de produção normativa, portador de elevada carga axiológica.

Em consequência, toda e qualquer norma infraconstitucional, para ser jurídica (válida, pertencente ao sistema do Direito Positivo), deve ser consonante com o denominado Princípio da Igualdade ou igualdade jurídico-constitucional.

É necessário, portanto, saber identificar quando este *complemento necessário e condicionante* do conteúdo parcial do antecedente da norma constitucional de produção normativa está atendido.

Nesse ponto, é precisa a lição de CELSO ANTÔNIO BANDEIRA DE MELLO:[23]

> "*Em suma: importa que exista mais que uma correlação lógica abstrata entre o fator* diferencial e a diferenciação consequente. Exige-se, ainda, haja uma correlação lógica concreta, ou seja, aferida em função dos interesses abrigados no direito positivo constitucional. E isto se traduz na consonância ou dissonância dela com as finalidades reconhecidas como valiosas na Constituição".

Logo, é sobre esse tripé que repousa a igualdade jurídico-constitucional, isto é, o Princípio da Igualdade:

a) um fator para desigualar, distinguir;

b) a correlação lógica entre ele e a desigualdade de tratamento; e

c) a consonância dessa correlação com os interesses absorvidos do sistema constitucional.

Tendo esclarecido a localização e o sentido do Princípio da Igualdade e sendo certo que ele está presente em *todas* as normas constitucionais de produção normativa, cabe investigar de que modo ele afeta a produção das normas impositivas tributárias. Neste ponto, pode-se asseverar o seguinte: o Princípio da Igualdade informa a distinção existente entre as espécies normativas tributárias.

Com esteio nos ensinamentos do saudoso mestre GERALDO ATALIBA,[24] é certo dizer que o Princípio da Igualdade constitui-se em "verdadeira 'chave de abóbada' do sistema constitucional".

GERALDO ATALIBA expõe com perspicácia que a individualização das espécies tributárias é informada pelo Princípio da Igualdade ou Isonomia. Ao tratar da caracterização do imposto, da taxa e da contribuição de melhoria, este jurista demonstra o relevante papel deste princípio, que se triparte em função de cada uma das espécies tributárias:

a) *Princípio da Capacidade Contributiva* para o imposto;

b) *Princípio da Retributividade* para a taxa; e

c) *Princípio da atribuição de mais-valia imobiliária, gerada por obra pública, ao Estado* para a contribuição de melhoria.

Em cada situação verifica-se a força do Princípio da Igualdade.

Quanto ao **imposto**, tributo não vinculado a uma atuação estatal, exsurge, como corolário do Princípio da Igualdade, o **Princípio da Capacidade Contributiva**, o qual determina a *riqueza de uma pessoa* (*contribuinte*) como critério informador daquilo que deverá ser entregue ao Estado a título de tributo: o antecedente da

23 *Idem, ibidem, p. 22.*

24 Geraldo Ataliba, *Hipótese de Incidência Tributária*, São Paulo, Malheiros, 1992, p. 180.

norma impositiva de imposto terá que descrever um fato (fato-conduta) que denote riqueza e que esteja ligado à esfera do sujeito (contribuinte); "esse fato é indicativo de capacidade contributiva de alguém que será, precisamente, posto na posição de sujeito passivo".[25] A relação existente entre a norma impositiva de imposto e o Princípio da Capacidade Contributiva será melhor desenvolvida no Capítulo seguinte (Capítulo V).

No que tange à **taxa**, esclarece o professor que "é essencial à definição da taxa a referibilidade (direta) da atuação ao obrigado. Só quem utiliza o serviço (público, específico e divisível) ou recebe o 'ato de polícia' pode ser sujeito passivo de taxa".[26] E complementa ao insistir que "a taxa, no direito positivo brasileiro, é um tributo remuneratório dos serviços, ou ressarcitório das despesas implicadas pelos atos de polícia individualizáveis".[27] Desta forma, conclui-se que a norma impositiva da taxa caracteriza-se por apresentar:

a) em seu antecedente, a descrição de um fato que simboliza o "exercício do poder de polícia ou a utilização, efetiva ou potencial, de serviços públicos específicos e divisíveis, prestados ao contribuinte ou postos a sua disposição"; e,

b) em seu consequente, uma relação jurídico-formal, onde aquele que provocar o exercício do poder de polícia ou que utilizar o serviço público (*sujeito passivo*) estará obrigado (O) a entregar (p) uma quantia, a título remuneratório dos serviços ou ressarcitório das despesas provocadas pelo ato de polícia, ao Estado (*sujeito ativo*).

Por fim, relativamente à importância do Princípio da Igualdade para a caracterização da **contribuição de melhoria**, GERALDO ATALIBA pontifica que: "O sistema constitucional brasileiro – com mais energia e determinação que o inglês, francês, norte-americano, italiano, belga, alemão etc. – adotou o critério de atribuir parcialmente as valorizações imobiliárias decorrentes de obra pública ao poder público. Deveras, o art. 145, III da CF não é mera autorização; é imperativo, por razões de justiça e isonomia".[28] Destarte, a norma impositiva da contribuição de melhoria caracteriza-se por apresentar:

a) em seu antecedente, a descrição de um fato representativo da realização de uma obra pública que implica a valorização do direito de propriedade sobre certos bens imóveis; e

b) em seu consequente, uma relação intersubjetiva onde aquele que se beneficiar com a referida valorização (o proprietário ou o enfiteuta – *sujeito passivo*) estará obrigado (O) a entregar (p) certa quantia em dinheiro (equivalente a parte ou ao total da valorização) ao Estado (*sujeito ativo*).

---

25 *Idem, ibidem*, p. 121.

26 *Idem, ibidem, p. 138.*

27 *Idem, ibidem, p. 172.*

28 *Idem, ibidem, p. 155.*

Por esse breve escorço do pensamento de GERALDO ATALIBA, é possível notar que o Princípio da Igualdade assume especial relevância no sistema jurídico brasileiro, em especial no campo tributário. Esta conclusão decorre da própria posição privilegiada que ele ocupa na estrutura escalonada do ordenamento jurídico brasileiro:

O Princípio Constitucional da Igualdade apresenta-se como um *complemento necessário e condicionante do aspecto declaração prescritiva do antecedente de toda e qualquer norma constitucional de produção normativa, portador de elevada carga axiológica.*

4.5.1. Definição (mais) completa da norma impositiva tributária

Anteriormente (subitem 2.9.2 do Capítulo II), ao se estudar a norma jurídica tributária, foi determinada a seguinte definição: norma tributária em sentido estrito ou norma impositiva tributária é a que estabelece um vínculo jurídico entre um *antecedente*, que descreve um fato de possível ocorrência (que não seja um fato-conduta ilícito), e um *consequente*, que prescreve uma relação jurídico-formal, na qual impõe (obriga) um sujeito de direito (sujeito passivo) a conduta de entregar (tributo) certa quantia em dinheiro (objeto de tributo) a outro sujeito de direito (sujeito ativo).

Essa primeira aproximação do conceito de norma jurídica tributária não é suficiente para possibilitar uma adequada distinção das outras normas primárias principais.

Pelo que se examinou acerca da relação entre o Princípio Constitucional da Igualdade e as normas impositivas da taxa, da contribuição de melhoria e do imposto, cabe firmar as seguintes proposições:

a) **a norma impositiva de imposto** caracteriza-se por apresentar, no antecedente, a descrição de um fato (fato-conduta) que denota riqueza pessoal e, no consequente, a prescrição de uma relação jurídico-formal, onde o titular daquela riqueza (sujeito passivo) será obrigado (O) a entregar (p) parte dela ao Estado (*sujeito ativo*);[29]

b) **a norma impositiva de taxa** caracteriza-se por apresentar, em seu antecedente, a descrição de um fato que simboliza o "exercício do poder de polícia" ou a "utilização, efetiva ou potencial, de serviços públicos específicos e divisíveis, prestados ao contribuinte ou postos a sua disposição"; e, em seu consequente, uma relação jurídico-formal, onde aquele que provocar o exercício do poder de polícia ou que utilizar o serviço público (*sujeito passivo*) estará obrigado (O) a entregar (p) uma quantia, a título remuneratório dos serviços ou ressarcitório das despesas provocadas pelo ato de polícia, ao Estado (*sujeito ativo*);

29 O estudo da norma impositiva de imposto será devidamente aprofundado no Capítulo V.

c) **a norma impositiva de contribuição de melhoria** caracteriza-se por apresentar, no antecedente, a descrição de um fato representativo da realização de uma obra pública que implica a valorização do direito de propriedade sobre certos bens imóveis e, no consequente, uma relação jurídico-formal, onde aquele que se beneficiar com a referida valorização (o proprietário ou o enfiteuta – *sujeito passivo*) ficará obrigado (O) a entregar (p) certa quantia em dinheiro (equivalente a parte ou ao total da valorização) ao Estado (*sujeito ativo*);

d) o conteúdo do antecedente da norma impositiva tributária está diretamente ligado ao conteúdo do seu consequente, mais especificamente, ao aspecto do consequente que informa a quantia a ser entregue ao Estado (*critério material quantitativo*) e ao aspecto do consequente que indica os caracteres para o reconhecimento daquele que será obrigado a entregar certa quantia de dinheiro ao Estado (*critério pessoal passivo*);

e) necessariamente, o sujeito passivo tributário, sujeito de direito indicado pelo critério pessoal passivo do consequente da norma impositiva tributária, deve estar indicado pelo antecedente desta mesma norma, na qualidade de titular ou de partícipe do fato-conduta lícito descrito.

Então, pode-se apresentar a seguinte definição: **norma impositiva tributária** é a que se caracteriza por estabelecer um vínculo jurídico entre um *antecedente*, que descreve um fato-conduta lícito, praticado por um determinado sujeito de direito (aquele que é titular da riqueza – nos impostos, o que usa ou tem a sua disposição o serviço, ou o que provoca o exercício do poder de polícia – nas taxas e o que se beneficia com a valorização – na contribuição de melhoria), a realizar-se em certo tempo e espaço, e um *consequente*, que prescreve uma relação jurídico-formal, onde aquele mesmo titular do fato-conduta lícito descrito pelo antecedente (sujeito passivo) será obrigado (O) a entregar (p) certa quantia em dinheiro correspondente à parte ou ao total da grandeza econômica extraída do fato-conduta lícito e diretamente ligada ao sujeito deste fato-conduta (qual seja, a riqueza pessoal – no caso de impostos, o custo do serviço ou do exercício do poder de polícia – no tocante às taxas e o montante da valorização relativamente à contribuição de melhoria) ao Estado (sujeito ativo) em certo tempo e espaço.

4.6. RESUMO

1. A Ciência do Direito, em que pese apresentar alguns pontos comuns, ainda não alcançou um consenso sobre o tema dos denominados *princípios jurídicos*. Ao que parece, uma das razões desta dissonância doutrinária repousa no fato de o termo *princípio* ser usado para designar conceitos distintos, o que, por si só, explica a falta de univocidade (item 4.1.1).

2. Princípio(s) Constitucional(is) é(são) o(os) aspecto(s) do conteúdo (parcial ou total) do antecedente ou do consequente de *normas constitucionais, portador(es)*

de elevada carga axiológica. Vale salientar que a *saturação de valores (elevada carga axiológica)* é o que justifica o destaque conferido a determinado(s) aspecto(s) do conteúdo (total ou parcial) do antecedente ou do consequente da norma constitucional, a ponto de designá-lo(los) "princípio" (item 4.2.2).

3. Por força do **Princípio da Legalidade** somente a lei pode criar "direitos" e "deveres". De forma mais acurada e precisa, é correto se afirmar: somente a lei (instrumento introdutor de norma primário em acepção ampla) pode inaugurar o sistema jurídico introduzindo norma de conduta (que em seu consequente, estabelecerá a regulação de conduta intersubjetiva, modalizando-a em proibida, permitida ou obrigatória) ou norma de produção normativa (que regulará a produção de outras normas jurídicas) (item 4.4.1).

4. O **Princípio da Legalidade** está presente em todas as normas constitucionais, sejam as de produção normativa sejam as de conduta. O Princípio da Legalidade estará respeitado quando se atender, no mundo fenomênico, real, os aspectos *sujeito de direito* e *procedimento*, descritos pelo antecedente da norma constitucional de produção normativa (item 4.4.1).

5. **Princípio da Estrita Legalidade Tributária** é uma combinação dos aspectos formais (*sujeito de direito* e *procedimento*) com uma característica especial do conteúdo do aspecto material (*declaração prescritiva*) da norma constitucional de produção normativa, ou seja, esta declaração prescritiva (elemento que compõe o fato complexo, cujo conceito é descrito pelo antecedente da norma constitucional de produção normativa) deverá conter, como *proposição implicante* (que corresponderá ao antecedente da norma impositiva tributária a ser produzida), a descrição completa do conceito de um fato e, como *proposição implicada* (corresponderá ao consequente da norma impositiva tributária a ser produzida), a prescrição de uma relação intersubjetiva, cujo núcleo é representado por uma conduta intersubjetiva (com a identificação dos sujeitos ativo e passivo (contribuinte)) modalizada (no caso, obrigatória – "O") e determinada de forma completa, tanto qualitativa (via de regra, *de entregar*) quanto quantitativamente (a quantia em dinheiro a ser entregue - base de cálculo e alíquota) (item 4.4.1).

6. **Princípio da Irretroatividade** é um complemento condicionante do aspecto material (*declaração prescritiva*) do antecedente da norma constitucional de produção normativa, que estabelece a necessidade de, nas hipóteses de criação ou aumento de tributo, a declaração prescritiva (a ser elaborada pelo legislador infraconstitucional, em regra o ordinário) conter como *proposição implicante* (a qual corresponderá ao antecedente da norma tributária a ser produzida) a descrição do conceito de um fato de ocorrência possível e futura, nunca a descrição do conceito de fato já ocorrido no tempo e no espaço, fato passado (item 4.4.2).

7. **Princípio da Anterioridade** é um complemento condicionante do aspecto material do antecedente da norma constitucional de produção normativa, que afeta

o elemento *declaração prescritiva*, submetendo-o à ocorrência de um evento futuro e certo (termo) – o início do exercício financeiro seguinte àquele em que houver sido publicada a lei relativa à criação ou modificação aumentativa (que implique aumento do valor a ser entregue ao Estado a título de tributo) de norma tributária, ou seja, a norma tributária somente passará a integrar o sistema jurídico (ser válida, ter fundamento constitucional de validade) a partir do exercício financeiro seguinte àquele em que houver sido publicada a lei relativa à criação ou aumento do tributo (a ocorrência do termo) (item 4.4.3).

8. O **Princípio Constitucional da Igualdade** (a igualdade jurídico-constitucional) é um complemento *necessário* (sempre presente) e *condicionante* (pois limita o conteúdo da declaração, prescritiva do legislador) do aspecto declaração prescritiva do antecedente de toda e qualquer norma constitucional de produção normativa, portador de elevada carga axiológica (item 4.5).

9. O **Princípio da Igualdade** repousa sobre o seguinte tripé: um fator para desigualar, distinguir; a correlação lógica entre ele e a desigualdade de tratamento; e a consonância dessa correlação com os interesses absorvidos do sistema constitucional (item 4.5).

10. A **norma impositiva de imposto** caracteriza-se por apresentar, no antecedente, a descrição de um fato (fato-conduta) que denota riqueza pessoal e, no consequente, a prescrição de uma relação jurídico-formal, onde o titular daquela riqueza (sujeito passivo) será obrigado (O) a entregar (p) parte dela ao Estado, (*sujeito ativo*) – (item 4.5.1).

11. A **norma impositiva de taxa** caracteriza-se por apresentar, em seu antecedente, a descrição de um fato que simboliza o "exercício do poder de polícia" ou a "utilização, efetiva ou potencial, de serviços públicos específicos e divisíveis, prestados ao contribuinte ou postos a sua disposição"; e, em seu consequente, uma relação jurídico-formal, onde aquele que provocar o exercício do poder de polícia ou que utilizar o serviço público (*sujeito passivo*) estará obrigado (O) a entregar (p) uma quantia, a título remuneratório dos serviços ou ressarcitório das despesas provocadas pelo ato de polícia, ao Estado (*sujeito ativo*) – (item 4.5.1).

12. A **norma impositiva de contribuição de melhoria** caracteriza-se por apresentar, no antecedente, a descrição de um fato representativo da realização de uma obra pública que implica a valorização do direito de propriedade sobre certos bens imóveis e, no consequente, uma relação jurídico-formal, onde aquele que se beneficiar com a referida valorização (o proprietário, o enfiteuta – *sujeito passivo*) ficará obrigado (O) a entregar (p) certa quantia em dinheiro (equivalente a parte ou ao total da valorização) ao Estado (*sujeito ativo*) – (item 4.5.1).

13. A **norma impositiva tributária** (segundo uma definição mais completa) é a que se caracteriza por estabelecer um vínculo jurídico entre um *antecedente*, que descreve um fato-conduta lícito, praticado por um determinado sujeito de direito

(aquele que é titular da riqueza – nos impostos, o que usa ou tem a sua disposição o serviço, ou o que provoca o exercício do poder de polícia – nas taxas e o que se beneficia com a valorização – na contribuição de melhoria), a realizar-se em certo tempo e espaço, e um *consequente*, que prescreve uma relação jurídico-formal, onde aquele mesmo titular do fato-conduta lícito descrito pelo antecedente (sujeito passivo) será obrigado (O) a entregar (p) certa quantia em dinheiro correspondente à parte ou ao total da grandeza econômica extraída do fato-conduta lícito e diretamente ligada ao sujeito deste fato-conduta (qual seja, a riqueza pessoal – no caso de impostos, o custo do serviço ou do exercício do poder de polícia – no tocante às taxas e o montante da valorização relativamente à contribuição de melhoria) ao Estado (sujeito ativo) em certo tempo e espaço (item 4.5.1).

Capítulo V

FENOMENOLOGIA DA SUJEIÇÃO PASSIVA TRIBUTÁRIA

5.1. ESCLARECIMENTOS PRELIMINARES

Ao se proceder esta investigação fenomenológica (este estudo do processo da causalidade jurídica), emprega-se a expressão *sujeição passiva tributária* em sentido amplo. Em sentido estrito, *sujeição passiva tributária* simboliza a situação em que se encontra o contribuinte no pólo passivo da relação jurídica tributária, determinada e individualizada, que decorre da realização do fato jurídico tributário.

Com o estudo do *processo da causalidade jurídica da sujeição passiva tributária* (em sentido amplo) objetiva-se surpreender a sucessão de acontecimentos cuja ocorrência é necessária para o nascimento da "obrigação tributária", determinada e individualizada. Esta concepção analítica destaca três planos distintos, quais sejam: o normativo, o fático e o relacional.

O primeiro plano – o *normativo* (**da norma impositiva tributária**) – tem como ponto de partida o exame dos requisitos necessários para a criação da norma jurídica impositiva tributária (válida). Neste ponto, serão analisados os critérios do antecedente e do consequente da mencionada norma, com um enfoque especial para os aspectos que envolvem o critério pessoal passivo.

O segundo plano – o *fático* (**do fato jurídico tributário)** – apresenta-se como projeção concreta do antecedente da norma impositiva tributária e, portanto, como elemento cujo conceito implica o surgimento da relação jurídica tributária.

O terceiro e último plano – o *relacional* (**da relação jurídica tributária**) – apresenta-se como projeção determinada (quanto à conduta) e individualizada (quanto aos sujeitos) do consequente da norma impositiva tributária, em cujo pólo passivo se localiza o titular (o sujeito passivo devidamente individualizado) da obrigação (O) de entregar (p) uma importância (precisa, certa, determinada) em dinheiro ao Estado.

Verifica-se que o caminho percorrido para estudar o fenômeno da sujeição passiva (concepção dinâmica) apresenta um nível crescente de *determinação do "dever jurídico" e de individualização do sujeito passivo*: a sujeição passiva, no plano normativo (abstrato e geral), possui uma carga mínima de determinação e de individualização, enquanto, no plano relacional, possui uma carga máxima de determinação e de individualização.

Há quem fale em carga de *abstração* de *"dever jurídico"* em vez de carga de *determinação*. Contudo, o **consequente normativo**, como já foi dito (Capítulo II, subitem 2.8.1), é **sempre abstrato.** O mesmo pode ser dito para a **relação jurídica** (determinada e individualizada) que aponta sempre para uma conduta *a ser* realizada: **é sempre abstrata.**

No sentido aqui referido, aquilo que distingue a **norma impositiva tributária**, abstrata (quanto ao antecedente) e geral (quanto ao consequente), da **relação jurídica tributária**, é o nível ou grau de individualização dos sujeitos e o nível ou grau de determinação da conduta a ser realizada. A **norma impositiva tributária** (abstrata e geral) tem um nível mínimo de individualização e de determinação. A **relação jurídica tributária** tem um nível máximo de individualização e de determinação.

Desse modo, a compreensão do **fenômeno da sujeição passiva tributária** suscita essa abordagem ampla, que facilita o enfrentamento das diversas questões que envolvem tal matéria.

5.1.1. O destaque conferido à fenomenologia da sujeição passiva relativa à norma impositiva de imposto

O modelo analítico desenvolvido é aplicável a todas as espécies tributárias. Todavia, neste capítulo, houve um corte metodológico arbitrário: optou-se por enfocar apenas a fenomenologia (o processo da causalidade jurídica) da norma impositiva de imposto, a fim de que fosse possível uma detalhada explicação dos diversos aspectos que conduzirão ao nascimento da sujeição passiva tributária, determinada e individualizada.

O corte metodológico realizado, apesar de arbitrário, não foi desprovido de critério. No caso em apreço, o critério foi de cunho pragmático.

Essa espécie tributária é a que desperta maior interesse tanto dos que lidam diretamente com o universo jurídico (professores, advogados, juízes, membros do Ministério Público, Procuradores das Pessoas Constitucionais etc.) quanto dos cidadãos que suportam o ônus financeiro decorrente da tributação em geral.

Essa peculiar situação que afeta a comunidade de uma forma global (jurídica e não-jurídica) justifica por si só o corte arbitrário efetuado e a escolha procedida.

Cabe repetir que o modelo desenvolvido e a seguir aplicado é compatível com qualquer espécie tributária, sendo necessário somente atender às peculiaridades que caracterizam cada uma delas.

A seguir, será analisado o **fenômeno da sujeição passiva tributária relativa ao imposto** em seus planos normativo, fático e relacional.

5.2. PLANO NORMATIVO – A PRESCRIÇÃO DA SUJEIÇÃO PASSIVA TRIBUTÁRIA – INDETERMINADA E GERAL

5.2.1. A norma impositiva de imposto e o princípio constitucional da capacidade contributiva

Segundo o modelo desenvolvido neste livro, a norma veiculada por uma lei (norma legal) para ser jurídica (ter validade) necessita ser produzida (plano fático) atendendo aos requisitos constitucionalmente prescritos.

O denominado Princípio Constitucional da Capacidade Contributiva, tal como os outros princípios anteriormente analisados, está contido em norma constitucional de produção normativa. A definição de seu conceito é fundamental para a construção da norma impositiva de imposto. Logo, é mister delimitar com acuidade a significação de *Princípio da Capacidade Contributiva.* Nestes termos, convém perquirir como a doutrina corrente tem se posicionado acerca deste princípio.

ALFREDO AUGUSTO BECKER, com a agudez que o identifica, assenta a noção do Princípio da Capacidade Contributiva ao destacar a necessidade de o legislador atendê-lo, sob pena de haver "inconstitucionalidade da lei" (isto é, norma legal carente de fundamento de validade na norma constitucional de produção normativa). Assim, afirma que:

> "A regra jurídica constitucional que juridicizou o 'princípio da capacidade contributiva' tem eficácia jurídica exclusivamente perante o legislador ordinário. Somente o legislador ordinário está juridicamente obrigado por esta regra constitucional e sua obrigação consiste no seguinte: ele deverá escolher para a composição da hipótese de incidência da regra jurídica criadora do tributo, exclusivamente fatos que sejam signos presuntivos de renda ou de capital. A desobediência, pelo legislador ordinário a esta regra constitucional, tem como consequência a inconstitucionalidade da lei. Por exemplo: será inconstitucional a criação de tributo ou a criação de sua alíquota segundo uma discriminação racial. Note-se que se este fosse o único alcance da eficácia jurídica da regra constitucional em exame, já seria suficiente para se reconhecer a natureza jurídica desta regra, pois, caso inexistisse, seria perfeitamente constitucional uma tributação favorecendo a discriminação racial".[1]

Por sua vez, ALCIDES JORGE COSTA[2] chama a atenção para a ligação existente entre o Princípio da Capacidade Contributiva e o Princípio da Igualdade ao dizer que "se a igualdade tributária consiste em tributar do mesmo modo todos os cidadãos de uma mesma categoria essencial, igualdade tributária, no Brasil, consiste em tributar da mesma forma todos os que têm a mesma capacidade contributiva".

---

1 Alfredo Augusto Becker, *Teoria Geral do Direito*, p. 454.

2 Alcides Jorge Costa, "Capacidade Contributiva", artigo publicado na *Revista de Direito Tributário*, São Paulo, 1991, vol. 55, pp. 300, 301 e 302.

E prossegue, na mesma linha de BECKER, apontando a vinculação do legislador ao disposto no art. 145, § 1º, da Constituição: De qualquer modo, o dispositivo em causa vincula o legislador no sentido de limitar sua discricionariedade, impedindo-o de erigir em fato gerador de tributo comportamentos sociais que não constituem manifestação de riqueza. Seria impossível, p. ex., instituir um imposto sobre celibatários ou um imposto de capitação".

O Princípio da Capacidade Contributiva pode ser considerado sob dois aspectos diferentes: um absoluto e outro relativo. PAULO DE BARROS CARVALHO esclarece estas duas acepções, ao lecionar que o Princípio da "capacidade contributiva absoluta ou objetiva retrata a eleição, pela autoridade legislativa competente, de fatos que ostentem signos de riqueza; por outro lado, tornar efetivo o princípio da capacidade contributiva relativa ou subjetiva quer expressar a repartição do impacto tributário, de tal modo que os participantes do acontecimento contribuam de acordo com o tamanho econômico do evento".[3]

E complementa, ressaltando a presença do Princípio da Capacidade Contributiva Absoluta no sistema de Direito Positivo brasileiro:

> "No Brasil, o sistema do direito positivo exibe, em todas as figuras tributárias conhecidas, a observância do princípio da *capacidade contributiva absoluta*, uma vez que os fatos escolhidos denotam signos de riqueza. Como decorrência, em todos eles há uma base de cálculo e, com isso, campo para o exercício da diretriz da igualdade.
> Sobremais, o § 1.º do art. 145 da Constituição Federal de 1988 é incisivo ao determinar que os impostos serão graduados segundo a capacidade econômica do contribuinte".

Na mesma linha posiciona-se MARÇAL JUSTEN FILHO, reforçando a importância do Princípio Constitucional da Capacidade contributiva para os fins da elaboração da norma tributária pelo legislador infraconstitucional, afirma que:

> "A chamada capacidade contributiva 'absoluta' informa diretamente a materialidade da hipótese de incidência tributária. Ou seja, toda hipótese de incidência, que se reconheça como tributária, necessariamente está assujeitada ao princípio da capacidade contributiva 'absoluta'. Como visto, só há hipótese de incidência tributária quando a norma descrever, abstratamente, uma situação exteriorizada de riqueza, de conteúdo patrimonial.
> Já a capacidade contributiva 'relativa' – propriamente a capacidade 'econômica' – aplica-se, fundamentalmente, sobre o mandamento normativo.
> No ângulo da norma que impõe o comando ('pague a importância X ao Estado') é que se firmam as questões sobre a 'distribuição' e a 'intensidade' da carga tributária.
> Logo, ali se encontra a problemática da capacidade contributiva 'relativa', com a maior gama de dificuldades a serem enfrentadas".[4]

---

3 Curso ... , *idem*, pp. 235 e segs.

4 Marçal Justen Filho, *Capacidade Contributiva*, pp. 362 e 363.

Para concluir esse escorço doutrinário, é relevante citar a lição de SAINZ DE BUJANDA, que ressalta a importância do acatamento do princípio da capacidade contributiva como fundamento constitucional da norma tributária: "(...) um fato gerador só estará justificado, do ponto de vista constitucional, se, como tal, aparecer configurado pela norma tributária como índice, direto ou indireto de capacidade econômica".[5]

Em razão do acima exposto, cabe efetuar outro importante corte metodológico: tendo em vista os propósitos deste trabalho, somente será avaliado o Princípio da Capacidade Contributiva no sentido objetivo ou absoluto, com relação ao qual, praticamente, inexistem divergências.

Nesse sentido, Capacidade Contributiva significa a existência de fato ou fatos que revelem sinais de riqueza por parte de alguém, decorrendo, portanto, para esse mesmo alguém uma aptidão, para entregar parcela da riqueza (de que é titular) ao Estado.

Vale repisar: a doutrina sublinha que o Princípio da Capacidade Contributiva é corolário do Princípio da Igualdade.

Tal assertiva é perfeita. Pelo que se expôs, para que o Princípio da Igualdade (ou igualdade jurídico-constitucional) seja atendido é mister a conjugação de três elementos: a) o fator de desigualação; b) a correlação lógica entre este fator e a diversidade de tratamento; e c) a consonância desta correlação com os interesses constitucionalmente absorvidos.

Ora, no momento de se determinar como deverá ser feita a participação obrigatória das pessoas na entrega de recursos (dinheiro) para o Estado, o único fator que pode ser erigido como desigualador é a **riqueza**. Se a norma tributária que dispõe sobre o imposto (norma impositiva de imposto) tem como propósito regular a conduta de entrega de dinheiro ao Estado, tal norma só pode exigir esta conduta daquele que tem aptidão para entregar parte da riqueza de que é titular, ou seja, só pode exigir daquele que é titular de capacidade contributiva.

Desse modo, pode-se definir o conceito do Princípio Constitucional da Capacidade Contributiva:

Princípio Constitucional da Capacidade Contributiva é o complemento, necessário e condicionante, do aspecto *declaração* prescritiva do antecedente da norma constitucional de produção normativa (que dispõe sobre a criação de normas impositivas de imposto), portador de elevada carga axiológica, o qual exige que o antecedente da norma impositiva de imposto descreva um fato que ostente sinal de riqueza pessoal, e que o seu consequente prescreva a conduta (obrigatória) do titular desta riqueza de entregar parte dela ao Estado.

5 Sainz de Bujanda, *Hacienda y Derecho*, vol. IV, p. 551 (segundo citação feita por José Marcos Domingues de Oliveira, *Capacidade contributiva – Conteúdo e Eficácia do Princípio*, Rio de Janeiro, Renovar, 1988, p. 38).

Atesta-se, assim, não só por força de disposição expressa constitucional (art. 145, § 1º), mas também por decorrência do Princípio da Igualdade, o relevantíssimo papel do Princípio da Capacidade Contributiva, no que tange à conformação da norma infraconstitucional tributária que dispõe sobre impostos.

Nesse sentido, entende-se (de forma sintética) que:

Imposto é uma das espécies de tributo, que se caracteriza pelo fato de a norma impositiva tributária (que dispõe sobre a sua instituição) apresentar, no antecedente, a descrição de um fato que ostente sinal de riqueza por parte de um determinado sujeito de direito e, no consequente, a prescrição da conduta obrigatória do titular desta riqueza entregar parte dela ao Estado. A norma impositiva tributária que apresentar esta característica é **norma impositiva de imposto.**

Conjugando o que foi acima dito com o esquema proposto para caracterização dos princípios, é possível responder a fundamental pergunta: onde se situa o Princípio da Capacidade Contributiva?

A resposta é: o Princípio da Capacidade Contributiva está contido no antecedente da norma constitucional de produção normativa, já que é um complemento do aspecto *declaração prescritiva* do antecedente da norma constitucional que dispõe sobre a criação da norma impositiva do imposto, portador de elevada carga axiológica.

Por conseguinte, da mesma forma que ocorre com o Princípio da Igualdade, o Princípio da Capacidade Contributiva é um complemento necessário e condicionante do aspecto *declaração prescritiva* do antecedente de toda e qualquer norma de produção normativa que disponha sobre a produção de norma impositiva de imposto.

De forma mais analítica: no antecedente de norma constitucional de produção normativa, que regula a elaboração de norma infraconstitucional sobre imposto, mais especificamente, no aspecto *declaração prescritiva*, há um complemento **necessário** (pois sempre deverá estar presente) e **condicionante** (pois limita a declaração do legislador infraconstitucional, conformando o conteúdo da norma impositiva de imposto), qual seja, o **Princípio da Capacidade Contributiva**.

Assim, o conceito do fato complexo, que ocorre no mundo fenomênico, deve conter todos os aspectos do antecedente da norma constitucional de produção normativa, em especial, o aspecto *declaração prescritiva*, que deve estar *condicionado, necessariamente*, ao Princípio da Capacidade Contributiva. Isto significa que a norma impositiva de imposto, para que seja jurídica (válida, tenha fundamento de validade em norma constitucional de produção normativa), necessita que:

a) seu antecedente descreva um fato que ostente sinal de riqueza pessoal; e

b) seu consequente prescreva a conduta (obrigatória) do titular dessa riqueza entregar parte dela ao Estado.

Conclui-se, portanto, que:

O Princípio Constitucional da Capacidade Contributiva condiciona, necessariamente, tanto o conteúdo do antecedente quanto o conteúdo do consequente da norma infraconstitucional sobre imposto (a norma impositiva de imposto).

Esse tópico será melhor demonstrado nos itens seguintes, quando analisar-se-ão os critérios do antecedente e do consequente da norma impositiva de imposto.

5.2.2. Critérios do antecedente

Conforme já se estudou, a norma jurídica é o núcleo mínimo de significação deôntica. Ao se analisar os critérios do antecedente e do consequente da norma impositiva de imposto, serão investigados os aspectos que integram esta unidade deôntica. Com isso não se quer dizer que a norma pode ser cindida. Em termos de Lógica Deôntica ela é uma unidade irredutível. Somente por meio de uma abstração, com propósitos eminentemente científicos, é que se pode vislumbrar *critérios* da norma jurídica.

Desse modo, identificam-se no antecedente da norma impositiva de imposto quatro importantes critérios: pessoal, material, temporal e espacial. Cada um destes critérios será objeto de exame logo adiante.

5.2.2.1. Pessoal

Convém retomar o que se disse sobre a caracterização da norma que institui o imposto (subitem 5.2.1. deste capítulo).

A norma impositiva de imposto, por força do Princípio Constitucional da Capacidade Contributiva, caracteriza-se por apresentar:

a) em seu antecedente, a descrição de um fato que ostente sinal de riqueza pessoal (riqueza cujo titular é um determinado sujeito de direito); e

b) em seu consequente, a prescrição de uma relação (jurídico-formal), onde uma das partes, o titular daquela riqueza (sujeito passivo), está obrigada (O) a entregar (p) parcela da riqueza a outra parte, o Estado (sujeito ativo).

Verifica-se que o antecedente da norma impositiva de imposto distingue-se por apresentar, necessariamente, a descrição de um fato que simboliza uma ação de um sujeito de direito, qual seja: alguém ser titular de uma riqueza.

O **critério pessoal do antecedente** da norma impositiva de imposto está representado pela descrição do sujeito de direito que aparece como titular de uma riqueza.

Não existe a menor possibilidade de se imaginar uma norma impositiva de imposto que não possua um critério pessoal em seu antecedente. Repita-se, o critério pessoal do antecedente da norma impositiva de imposto é sempre simbolizado pela descrição de um sujeito de direito que é titular de uma riqueza.

Daí exsurge a conclusão: se uma norma impositiva tributária não descrever uma situação na qual um sujeito de direito (critério pessoal) é titular de uma riqueza, com certeza não se trata de norma impositiva de imposto.

A identificação desse critério pessoal do antecedente é fundamental para a precisa construção do consequente da norma impositiva de imposto, mais especificamente, para a determinação do sujeito de direito (sujeito passivo) que terá a obrigação de entregar certa quantia em dinheiro ao Estado.

5.2.2.2. Material

Conforme visto acima (subitem 5.2.2.1 deste capítulo), o antecedente da norma impositiva de imposto caracteriza-se por descrever um fato que se apresenta necessariamente como uma ação de um sujeito de direito; alguém (sujeito de direito) é titular de uma riqueza.

Quanto ao critério material, PAULO DE BARROS CARVALHO desenvolve um percuciente estudo sobre o critério material da norma impositiva tributária. Observa que:

> "Regressando ao tópico da transcendente importância do verbo da norma-padrão do tributo, quadra advertir que não se pode utilizar os da classe dos impessoais (como haver), ou aqueles sem sujeito (como chover), porque comprometeriam a operatividade dos desígnios normativos, impossibilitando ou dificultando seu alcance. Isso concerne ao sujeito, que pratica a ação, e bem assim ao complemento do predicado verbal, que, impreterivelmente, há de existir. Descabe falar-se, portanto, de verbos de sentido completo, que se expliquem por si mesmos. É forçoso que se trate de verbo pessoal e de predicação incompleta, o que importa a obrigatória presença de um complemento".[6]

No que tange aos impostos, a análise do critério material, levada a termo por PAULO DE BARROS CARVALHO, estudou o critério material da norma impositiva *tributária* (gênero); contudo, a identificação do critério material da norma impositiva *de imposto* (espécie) suscita um aprofundamento.

Para tanto não basta asseverar que o critério material é formado por um comportamento de um sujeito de direito (em sentido amplo, abrangendo verbo que exprima ação, estado ou qualidade de um sujeito), representado por um verbo pessoal e de predicação incompleta. É preciso sublinhar que, no caso da norma impositiva de imposto, o critério material do antecedente deve conter, obrigatoriamente, um comportamento que ostente sinais de riqueza. Isto é: por força do Princípio Constitucional da Capacidade Contributiva, o aspecto material do antecedente, deve, necessariamente, ostentar sinais de riqueza, sob pena de a norma ser inconstitucional.

---

6 *Idem, Ibidem*, p. 169.

Logo, pelo que foi exposto, cabe pontificar:

– o antecedente da norma impositiva de imposto, por exigência da correspondente norma constitucional de produção normativa (onde está presente o Princípio Constitucional da Capacidade Contributiva), deve conter em seu aspecto material a descrição do comportamento de um sujeito de direito que ostente sinais de riqueza, sob pena de aquela norma carecer de fundamento constitucional de validade, ou seja, ser inconstitucional.

Vale retomar, de forma analítica, o acima dito.

Em primeiro lugar, o aspecto material do antecedente da norma impositiva de imposto é representado por um comportamento de um sujeito de direito por uma necessidade lógica. Se o Princípio da Capacidade Contributiva exige que alguém tenha riqueza, para que possa entregar parte ao Estado, então o aspecto material (representado por um verbo) deve retratar (ser sinal de) uma *riqueza pessoal*. Riqueza pessoal significa o mesmo que patrimônio, ou seja, é o conjunto de direitos subjetivos suscetíveis de avaliação econômica de que uma pessoa é titular.

Em segundo lugar, o **verbo** tem que ser **pessoal** pela mesma razão acima exposta: alguém (pessoa, sujeito de direito) deve ser o titular, o sujeito, de uma situação que ostente riqueza, sendo, pois, o titular da capacidade contributiva (o titular de certa riqueza) e tendo possibilidade (física e jurídica) de entregar parte dessa riqueza (em dinheiro) ao Estado.

Em terceiro lugar, o **verbo** além de ser pessoal deve ser de **predicação incompleta**.

O complemento que o verbo exige não é qualquer um, mas, especificamente, um **complemento que denote riqueza**. É mister atentar para um elucidativo exemplo envolvendo o verbo "ser", que é pessoal e incompleto: Mario é feliz. Pergunta-se: tal comportamento (estado) pessoal pode servir de aspecto material para o antecedente de uma norma impositiva de imposto? A resposta é obviamente *não*. Mas o verbo não é pessoal e incompleto? Sim, mas "ser feliz" não denota que Mario é *titular de riqueza*. Daí os conhecidos comentários, em princípio óbvios, no sentido de não se poder tributar alguém por ser alto ou baixo, gordo ou magro, por ter cabelo ou não.

Atesta-se que: o aspecto material do antecedente da norma impositiva de imposto deve descrever um fato que seja signo de riqueza (complemento constitucionalmente exigido), representado por um comportamento atribuível a alguém que denote riqueza.

Vale citar mais dois exemplos, que demonstram a necessidade de o aspecto material do antecedente da norma impositiva de imposto descrever um comportamento humano (ou, de forma mais precisa, *comportamento de um sujeito de direito*, que englobaria, p. ex., as denominadas "pessoas jurídicas"): a) o baú contém muito ouro; e b) Paulo é proprietário de um baú que contém muito ouro. A situação "a", pura e simples (pode ser um caso de uma *res derelicta*), é insuscetível de figurar como critério material do antecedente de norma impositiva de imposto, pois não há sujeito titular de riqueza, sendo impossível obrigar a alguém a entregar parte daquela riqueza a título de tributo. Ao contrário, na situação "b" , *por haver um sujeito de direito titular de riqueza* (há capacidade contributiva), a tributação já se torna possível.

5.2.2.3. Temporal e espacial

O antecedente da norma impositiva de imposto, ao descrever um fato representado pelo comportamento de uma pessoa, precisa exibir, além dos critérios pessoal e material, os critérios temporal e espacial. A mensagem estaria incompleta (sem sentido deôntico completo) se o antecedente não contivesse critérios que pudessem identificar o momento da ocorrência do fato (critério temporal) e o local da sua realização (critério espacial).

PAULO DE BARROS CARVALHO[7] é mais uma vez percuciente ao professar que:

> "O comportamento de uma pessoa, consistência material linguisticamente representada por um verbo e seu complemento, há de estar delimitado por condições espaciais e temporais, para que o perfil típico esteja perfeito e acabado, como descrição normativa de um fato. Seria absurdo imaginar uma ação humana, ou mesmo qualquer sucesso da natureza, que se realizasse independentemente de um lugar e alheio a determinado trato de tempo".

Nesse passo, carecerá de sentido deôntico a norma impositiva de imposto (e poder-se-ia dizer, qualquer norma jurídica) que não apresentar os critérios temporal e espacial. Sem estes critérios seria impossível compreender a mensagem prescritiva (norma jurídica), pois não se teria como verificar quando (critério temporal) e onde (critério espacial) o fato descrito pelo antecedente normativo iria se realizar.

Urge não confundir duas situações distintas com efeitos igualmente diversos:

a) **Primeira** – um certo enunciado legal não faz qualquer referência ao tempo e ao local de realização do fato. Se pelo contexto normativo não for possível extrair tais critérios, então aquele enunciado não veiculou norma jurídica (norma com sentido deôntico).

b) **Segunda** – o enunciado legal não faz qualquer referência ao tempo e ao local de realização do fato, entretanto, por força do contexto normativo, é possível extrair tais critérios. Neste caso, existe norma impositiva de imposto (norma jurídica com sentido deôntico), pelo menos no que tange aos requisitos temporal e espacial do antecedente.

---

7 *Idem,ibidem*, pp. 169 e segs.

5.2.3. Critérios do consequente

O consequente da norma impositiva de imposto pode, da mesma forma que o antecedente, ser apreciado segundo os critérios: pessoal, material, temporal e espacial.

Conforme será demonstrado, há um vínculo muito forte entre os critérios do antecedente e os do consequente da norma impositiva de imposto. Em rigor, dever-se-ia fazer tal assertiva nos seguintes termos: **a norma constitucional de produção normativa que regula a produção da norma impositiva de imposto contém o Princípio da Capacidade Contributiva, o qual, por seu turno, afeta o conteúdo tanto do antecedente quanto do consequente desta norma, impondo importantes elos de ligação entre eles** (ver subitem 5.2.1. deste capítulo).

5.2.3.1. Pessoal: ativo e passivo

A norma impositiva de imposto, como qualquer outra norma de conduta, regula relações intersubjetivas. Estas relações apresentam (necessariamente) partes distintas intituladas: sujeito ativo e sujeito passivo.

Como se verificou anteriormente, o consequente da norma impositiva de imposto prescreve uma relação jurídico-formal, onde uma das partes, o titular da riqueza (sujeito passivo), estará obrigada a entregar (Op) parcela desta riqueza ao Estado (sujeito ativo).

Nesses termos, o critério pessoal do consequente da norma impositiva de imposto é o que informa os sinais que permitem identificar os sujeitos de direito referentes à relação intersubjetiva prescrita.

Assim, pode-se dizer, quanto à norma impositiva de imposto, que:

a) **critério pessoal ativo** – é o que informa os sinais necessários para identificar o sujeito de direito, denominado sujeito ativo, que terá o "direito subjetivo"[8] de exigir de outrem a entrega de certa importância em dinheiro; e

b) **critério pessoal passivo** – é o que informa os sinais necessários para identificar o sujeito de direito, denominado sujeito passivo, que terá o "dever jurídico" (obrigação) de entregar a outrem parcela da riqueza de que é titular.

Em função do tema escolhido para este livro, o ponto relativo ao critério pessoal passivo será objeto de um acurado exame mais à frente (subitem 5.2.4 deste capítulo).

8 As expressões "direito subjetivo" e "dever jurídico" são utilizadas de forma ambígua e serão objeto de estudo no subitem 5.4.1.1.4 deste capítulo.

5.2.3.2. Material

O critério material do consequente da norma impositiva de imposto informa os dados nucleares, centrais, da conduta intersubjetiva prescrita.

Se o consequente da norma que estabelece o imposto prescreve uma relação, onde uma das partes, o titular da riqueza (sujeito passivo), está obrigada a entregar parcela desta riqueza ao Estado (sujeito ativo), tem-se como critério material o segmento: **obrigada a entregar parcela desta riqueza**.

A partir desse segmento, é possível vislumbrar dois subcritérios:

a) um **qualitativo** – "obrigada a entregar"; e

b) outro **quantitativo** – "parcela desta riqueza".

5.2.3.2.1. Qualitativo

O critério material qualitativo informa a qualidade, o tipo, a espécie, de comportamento regulado pela norma jurídica. No caso da norma impositiva de imposto (como de todas as outras normas impositivas tributárias) a conduta regulada é a representada pelo verbo **entregar**.[9]

Cabe lembrar o que se disse acerca do conceito de tributo (subitem 2.9.1 do Capítulo II). Naquele tópico afirmou-se que:

a) o conceito de tributo apresenta como elemento central de sua definição o vocábulo prestação;

b) a doutrina civilista ao estudar o conceito de prestação a define como objeto da obrigação e considera que a prestação consubstancia-se num dar (*dare*), fazer (*facere*) ou não fazer (*non facere*).

Dessarte, a conduta de **entregar** enquadra-se numa das clássicas modalidades de prestar, qual seja, a de *dar*.

O critério material qualitativo ainda apresenta outro relevante aspecto. O comportamento – representado pelo verbo entregar – encontra-se afetado deonticamente pelo modal "obrigatório" (O).

Portanto, pode-se pontificar que:

– **o critério material qualitativo do consequente da norma impositiva de imposto é o que informa qual ("entregar") e de que modo ("obrigatório") a conduta é regulada.**

5.2.3.2.2. Quantitativo: base de cálculo e alíquota

O critério material quantitativo é aquele que informa **o que** deve ser entregue; apresenta-se, pois, como complemento do verbo entregar.

9 Já se disse que, morfologicamente, a ação de um sujeito é representada por um verbo – ver subitem 2.9.1 do Capítulo II.

A indicação, pelo critério material quantitativo, do que deve ser entregue não é direta. Ela se processa por meio de dois conceitos, quais sejam: base de cálculo e alíquota.

Mais uma vez, vale rever que o consequente da norma impositiva de imposto prescreve uma relação onde: *um sujeito está obrigado a entregar parcela da riqueza de que é titular a outro sujeito de direito.*

O critério material quantitativo refere-se à seguinte parte da definição: "*parcela da riqueza*".

Mediante a conjugação dos sinais indicadores – *base de cálculo* e *alíquota* – é que se obtém o resultado final do montante em dinheiro que deve ser entregue.

Cabe perquirir, pois, a definição dos conceitos de *base de cálculo* e *alíquota.*

PAULO DE BARROS CARVALHO professora que:

> "... a base de cálculo é a grandeza instituída na consequência da regra-matriz tributária, e que se destina, primordialmente, a dimensionar a intensidade do comportamento inserto no núcleo do fato jurídico, para que, combinando-se à alíquota, seja determinado o valor da prestação pecuniária".[10]

No caso da norma impositiva de imposto, pode-se dizer que: **base de cálculo** é a grandeza instituída no consequente da norma, que se destina a dimensionar a riqueza presente no fato descrito, pelo antecedente normativo, mais especificamente, pelo aspecto material do antecedente normativo.[11]

Verifica-se, de imediato, a relevância do Princípio Constitucional da Capacidade Contributiva na determinação da base de cálculo da norma impositiva de imposto: ele exige, ao mesmo tempo, que o antecedente descreva um fato que seja *sinal de riqueza pessoal* e que o consequente prescreva uma relação, onde deva ser entregue *parcela daquela mesma riqueza pessoal.*

A correlação entre os critérios materiais do antecedente e do consequente é flagrante.

A base de cálculo tem por função fundamental dimensionar a riqueza presente no fato descrito pelo aspecto material do antecedente. A ela cabe a função de desvendar, com total clareza, o elemento riqueza, para que dele possa se extrair parte (daí o termo *alíquota*[12]).

---

10 *Idem, ibidem*, p. 227.

11 Esta é a denominada base de cálculo normativa, situada no plano normativo, abstrato. Ela não se confunde com aquela riqueza concretamente determinada, quando da ocorrência do fato concreto no mundo fenomênico. Esta última é denominada base de cálculo fática ou concreta.

12 Etimologicamente, esclarece Caldas Aulete quanto à *alíquota* : "parte *alíquota* de um número, a quantidade contida noutra um número exato de vezes." *Ibidem*, p. 180. Segundo Francisco da Silveira Bueno, é o que se diz da "parte ou quantidade que é contida um número exato de vezes em outra." *Ibidem*, p.76.

A base de cálculo da norma impositiva de imposto está igualmente *condicionada* (tanto quanto o aspecto material do antecedente) ao Princípio Constitucional da Capacidade Contributiva.

Logo, carece de fundamento constitucional de validade a norma impositiva de imposto, cujo aspecto material quantitativo do consequente não seja representado por uma grandeza (base de cálculo), a qual tem por função precípua dimensionar a riqueza presente no fato descrito pelo critério material do antecedente.

Por sua vez, **alíquota** é o critério aplicável sobre a base de cálculo, com o propósito de apurar a quantia líquida que deve ser entregue ao Estado. Pode aparecer sob duas formas: a) de um valor monetário fixo, ou variável em função de escalas da base de cálculo; ou b) de uma fração, percentual ou não.[13]

Por fim, cabe aduzir que o conceito *base de cálculo* tem assento constitucional, tendo sido erigido em um dos principais critérios para a identificação das espécies tributárias (CRFB – art. 145, § 2º e art. 154, I).

5.2.3.3. Temporal e espacial

Os critérios temporal e espacial do consequente têm merecido pouco destaque por parte da doutrina. Tal como foi exposto ao se examinar os mesmos critérios (temporal e espacial) do antecedente, pode-se dizer que: a mensagem prescritiva estaria incompleta (carecedora de sentido deôntico completo) se o consequente, ao prescrever uma relação jurídico-formal, onde impõe a obrigação de alguém entregar certa parcela de riqueza a outrem, não determinasse quando (critério temporal) e onde (critério espacial) tal conduta deveria se realizar.

É pertinente o pensamento de PAULO DE BARROS CARVALHO[14] anteriormente citado (subitem 5.2.2.3 deste capítulo): "Seria absurdo imaginar uma ação humana, ou mesmo qualquer sucesso da natureza, que se realizasse independentemente de um lugar e alheio a determinado trato de tempo".

O mesmo que se disse quanto aos critérios temporal e espacial do antecedente, cabe dizer agora: os critérios temporal e espacial do consequente da norma impositiva de imposto devem estar presentes explícita (isto é, claramente previstos nos enunciados prescritivos) ou implicitamente (ou seja, extraível do contexto normativo), sob pena de a norma carecer de sentido deôntico.

Dois exemplos podem elucidar esse asserto:

– Primeiro – Suponha-se que a norma impositiva do imposto sobre a renda determina, em seu consequente, que o sujeito que auferir renda (sujeito passivo) estará obrigado a entregar, em dinheiro (critério material qualitativo), 10% (alíquota) da renda auferida (base de cálculo) ao Estado (sujeito ativo), em qualquer reparti-

13 Paulo de Barros Carvalho, *ibidem*, p. 237.

14 *Idem, ibidem*, p. 170.

ção da Receita Federal (critério espacial), *em tempo nenhum* (critério temporal inexistente). Efeito – não há norma jurídica, pois a mensagem prescritiva de conduta intersubjetiva carece de sentido deôntico completo; não tem sentido obrigar alguém a cumprir uma conduta em tempo nenhum; esta cláusula final torna a mensagem um sem sentido jurídico.

– Segundo – Suponha-se que a norma impositiva do imposto sobre a renda determina, em seu consequente, que o sujeito que auferir renda (sujeito passivo) está obrigado a entregar, em dinheiro, (critério material qualitativo) 10% (alíquota) da renda auferida (base de cálculo) ao Estado (sujeito ativo) em lugar nenhum (critério espacial inexistente), num prazo de 30 dias, contados do instante em que a renda foi auferida (critério temporal). Efeito – não há norma jurídica, pois a mensagem prescritiva de conduta intersubjetiva carece de sentido deôntico completo; não faz sentido obrigar alguém a cumprir certa ação *em lugar nenhum*; esta cláusula final torna a mensagem um sem sentido jurídico.

Esses exemplos caricatos servem para comprovar a necessidade de existirem simultaneamente os critérios temporal e espacial, sob pena de a mensagem prescritiva carecer de sentido deôntico.

Não se deve olvidar, contudo, que em nosso sistema existem enunciados prescritivos que permitem que se extraiam do contexto normativo os critérios temporal e espacial do consequente da norma impositiva tributária. Nesta linha dispõem, de forma subsidiária, os arts. 159 e 160 da Lei nº 5.172/66 (Código Tributário Nacional), respectivamente, sobre o lugar (critério espacial) e tempo (critério temporal) do "pagamento" (isto é, do cumprimento da conduta, ação, prescrita pela norma jurídica); seguem os dispositivos:

"Art. 159. Quando a legislação tributária não dispuser a respeito, o pagamento é efetuado na repartição competente do domicílio do sujeito passivo.

Art. 160. Quando a legislação tributária não fixar o tempo do pagamento, o vencimento do crédito ocorre trinta dias depois da data em que se considera o sujeito passivo notificado do lançamento".

5.2.4. Critério pessoal passivo da norma impositiva de imposto e o princípio constitucional da capacidade contributiva

Neste tópico (subitem 5.2.4) serão definidos alguns importantes conceitos jurídicos, quais sejam: a) critério pessoal da norma impositiva de imposto; b) sujeito passivo tributário; c) contribuinte; d) responsável; e e) substituto.

A definição desses conceitos jurídicos só pode ser feita tendo em conta que se está analisando um único e mesmo sistema: o sistema do Direito Positivo Brasileiro. Este é composto pelo conjunto de normas jurídicas (válidas). E tem como último fundamento de validade a Constituição (normas constitucionais), norma-origem do sistema do Direito Positivo.

Dessarte, a elaboração dos referidos conceitos deve ser (e só pode ser) feita com fulcro nas unidades do sistema, as normas jurídicas (válidas), sem olvidar a preeminência hierárquica das normas constitucionais

Feitas essas considerações, é possível examinar o critério pessoal da norma impositiva de imposto, investigando a sua relação com o Princípio Constitucional da Capacidade Contributiva.

Conforme estudado anteriormente, o Princípio Constitucional da Capacidade Contributiva condiciona tanto o antecedente quanto o consequente da norma impositiva de imposto. Condiciona, diretamente, o *critério material do antecedente* bem como um dos aspectos do critério material quantitativo do consequente, a *base de cálculo*.

O mesmo condicionamento se processa, de forma direta e irrefutável, quanto ao *critério pessoal passivo*, mais especificamente, quanto ao critério que permitirá reconhecer o sujeito passivo, um dos termos da relação jurídica tributária (determinada e individualizada).[15]

Vale retomar o conceito de norma impositiva de imposto:

– **norma impositiva de imposto** é a norma jurídica que apresenta, no critério material do antecedente, a descrição de um comportamento de um sujeito de direito, representado por um verbo pessoal e um complemento, sendo tal comportamento um signo de riqueza pessoal (ou seja, há um sujeito de direito como titular dessa riqueza); e que apresenta, no consequente, a prescrição de uma relação jurídico-formal, onde se impõe (obrigatório – "O") a um sujeito de direito (sujeito passivo) a conduta ("p") de entregar certa quantia em dinheiro a outro sujeito de direito (sujeito ativo).

Destacando-se a parte correspondente ao consequente normativo, atesta-se que o **critério pessoal passivo** é o que informa o sujeito de direito (sujeito passivo) da relação jurídico-formal prescrita pela norma, que tem a obrigação de entregar certa quantia em dinheiro a outro sujeito de direito (sujeito ativo).

Assim, pode-se firmar a seguinte definição:

– **critério pessoal passivo** é o que informa os sinais necessários para identificar o sujeito de direito da relação jurídica tributária, denominado sujeito passivo, que está obrigado (modal obrigatório – "O") a entregar (conduta modalizada – "p") certa quantia em dinheiro, equivalente à parte (alíquota) da riqueza (base de cálculo) de que é titular, a outro sujeito de direito (sujeito ativo).

A influência do Princípio da Capacidade Contributiva para caracterização da norma impositiva de imposto é incontestável, conforme demonstrado acima (subi-

15 Conforme referido anteriormente (2.9.2 do capítulo II) a expressão *relação* jurídico-formal é usada para designar a relação contida no consequente da norma jurídica abstrata e geral, enquanto a locução *relação jurídica* é usada para designar a relação individualizada decorrente de um fato jurídico concreto.

tem 5.2.1 deste capítulo). Este Princípio afeta diretamente o critério pessoal passivo da norma impositiva de imposto.

Assim, o Princípio da Capacidade Contributiva (complemento, necessário e condicionante, da declaração prescritiva da norma constitucional de produção normativa, que dispõe sobre a criação da norma impositiva de imposto) exige (condiciona, afeta o conteúdo da referida declaração) que:

i) a norma impositiva de imposto descreva, no **critério material do antecedente**, um comportamento de um sujeito de direito que denote sinal (signo) de riqueza pessoal (um sujeito de direito deve ser o titular dessa riqueza); e

ii) o consequente da norma impositiva de imposto prescreva uma relação jurídico-formal, onde o sujeito de direito (sujeito passivo), titular da riqueza pessoal descrita pelo critério material do antecedente (somente ele), é obrigado ("O") a entregar ("p") uma certa quantia (informada pela conjugação entre base de cálculo e alíquota) ao Estado (sujeito ativo).

Em virtude do acima afirmado, é correto efetuar as seguintes proposições:

a) o sujeito de direito (sujeito passivo tributário) informado pelo critério pessoal passivo da norma impositiva de imposto, por força do Princípio Constitucional da Capacidade Contributiva, só pode ser aquele (mesmo) titular da riqueza pessoal descrita pelo critério material do antecedente, pois é parte da riqueza dele que será entregue ao Estado;

b) o que permite assegurar que uma norma possui a natureza de norma impositiva de imposto é a caracterização do antecedente e do consequente normativos da forma acima exposta, isto é , condicionados, diretamente, pelo Princípio Constitucional da Capacidade Contributiva;

c) a norma que não se enquadrar na definição de norma *impositiva de imposto*, se norma (válida) for, será, necessariamente, de outra natureza.

Logo, por força do Princípio Constitucional da Capacidade Contributiva, é correto pontificar: o único sujeito de direito que pode estar presente no pólo passivo da relação jurídico-formal prescrita no consequente da norma impositiva de imposto, tendo a obrigação de entregar dinheiro ao Estado, é aquele (mesmo) titular da riqueza pessoal descrita pelo aspecto material do antecedente da norma impositiva de imposto.

Dessarte, delimitado, com rigor e precisão, e de forma consonante com a Constituição, o **critério pessoal passivo** do consequente da norma impositiva de imposto, o qual informa os sinais para identificar o sujeito de direito que ocupa o pólo passivo da relação jurídica tributária (isto é, o sujeito passivo tributário), é oportuno examinar os outros conceitos jurídicos, normalmente encontrados nos textos do Direito Positivo e na doutrina, que dizem respeito ao aludido critério pessoal passivo; são eles: a) o de contribuinte; b) o de responsável; e c) o de substituto.

5.2.4.1. A situação de contribuinte

O Código Tributário Nacional (CTN), em seu art. 121, *caput*, dispõe:

> "Art. 121. Sujeito passivo da obrigação principal é a pessoa obrigada ao pagamento de tributo ou penalidade pecuniária".

E aduz no parágrafo único do mesmo artigo:

> "Parágrafo único. O sujeito passivo da obrigação principal diz-se:
> I – contribuinte, quando tenha relação pessoal e direta com a situação que constitua o respectivo fato gerador;"

A citada definição legal de **contribuinte** enquadra-se, quase plenamente, na definição de **sujeito passivo tributário**, cujos sinais identificadores (**critério pessoal passivo**) estão contidos na relação jurídico-formal prescrita pelo consequente da norma impositiva de imposto.

A ressalva que se faz necessária é relativa à parte final do *caput* do art. 121 do Código Tributário Nacional (CTN). Em rigor, por força da definição de tributo retro explicada (subitem 2.9.1 do Capítulo II), o "pagamento de penalidade pecuniária" é conduta estranha à prestação tributária (neste sentido, o art. 3º do CTN).

Desse modo, é possível asseverar:

– o único sujeito de direito (sujeito passivo tributário), que é objeto de identificação por meio do critério pessoal passivo do consequente da norma impositiva de imposto, é aquele (mesmo) titular da riqueza pessoal descrita pelo aspecto material do antecedente da norma impositiva do imposto, qual seja, o **contribuinte** (segundo a terminologia adotada pelo Código Tributário Nacional).

Em outras palavras: o **contribuinte** é o único sujeito de direito (sujeito passivo) que pode figurar no pólo passivo da relação jurídica tributária e cuja identificação é informada pelo critério pessoal passivo do consequente da norma impositiva de imposto.

Se o sujeito passivo for outro (*responsável* ou *substituto*, p. ex.), a norma terá necessariamente natureza diversa da tributária.

Nesse ponto, é possível precisar dois importantes conceitos (esclarecimento terminológico):

a) **critério pessoal passivo** – é o aspecto (no caso) da norma impositiva de imposto (e de qualquer norma tributária) que permite identificar (individualizar) o titular do pólo passivo de uma relação jurídica tributária (sujeito passivo), em função de ter ocorrido, no plano concreto, um fato jurídico tributário; e

b) **sujeito passivo tributário** ou **contribuinte** – é o sujeito de direito titular do pólo passivo de uma relação jurídica tributária (determinada e individualizada);

c) o **critério pessoal passivo** do consequente está para a norma jurídica tributária, assim como o **sujeito passivo tributário** ou **contribuinte** está para a relação jurídica tributária.

5.2.4.1.1. O contribuinte de fato e o de direito

Ficou assentado que, por força do Princípio Constitucional da Capacidade Contributiva, o contribuinte é o único sujeito de direito que figura no pólo passivo da relação jurídica tributária.

Em outros termos, a norma impositiva tributária, ao prescrever, em seu consequente, a relação jurídico-formal tributária, informa os dados para a identificação precisa (critério pessoal passivo) daquele único sujeito de direito que será obrigado a entregar dinheiro ao Estado, qual seja, o sujeito passivo tributário ou contribuinte.

No que tange à norma impositiva de imposto, o único sujeito de direito que é objeto de identificação pelo critério pessoal passivo do consequente normativo é aquele titular de uma riqueza (quer dizer, titular de direitos subjetivos suscetíveis de avaliação econômica), que será obrigado a entregar parte dela ao Estado. Tal sujeito de direito, titular de capacidade contributiva e submetido à situação jurídica de sujeito passivo tributário é quem se denomina **contribuinte.**

O raciocínio, anteriormente desenvolvido (subitens 5.2.1 e 5.2.4.1) e agora repisado, evidencia que o **critério** utilizado para definir o sujeito passivo tributário ou contribuinte **é exclusivamente jurídico.** E não pode ser diferente se o propósito for o de realizar um discurso jurídico-científico.

Essa insistência, em ressaltar um assunto já devidamente exposto, serve para demonstrar a total imprecisão do ato de classificar o conceito de contribuinte em: *contribuinte de direito* e *contribuinte de fato*.

Essa falta de rigor científico é facilmente atestável por duas fortes razões:

a) o flagrante pleonasmo da expressão *contribuinte de direito*; e

b) a flagrante contradição da expressão *contribuinte de fato*.

Há flagrante pleonasmo pelo fato de o conceito de *contribuinte* (quando utilizado pela Ciência do Direito) ser um conceito jurídico, que decorre de uma descrição do Sistema do Direito Positivo. Falar-se em contribuinte que não seja o de *direito* é tratar de matéria estranha ao Direito e, portanto, é incabível no plano da linguagem da Ciência do Direito. Em suma: o conceito jurídico (que é o relevante para o discurso jurídico) de **contribuinte** empregado neste trabalho, refere-se exclusiva e necessariamente à redundante expressão *contribuinte de direito*.

Há flagrante contradição na expressão contribuinte de fato, pois o termo "*de fato*" choca-se com a juridicidade do conceito (jurídico) de contribuinte.

No plano da linguagem da Ciência do Direito, só há um contribuinte, o redundantemente denominado *contribuinte de direito*. A outra pretensa espécie (*contribuinte de fato*) não tem espaço em termos jurídicos. É figura inteiramente estranha ao Direito, que para ser utilizada demandaria o seguinte (e estranho) esclarecimento: o conceito de *contribuinte de fato* é conceito que nada tem que ver com o conceito jurídico (utilizado na linguagem da Ciência do Direito) de contribuinte (contribuinte de *direito*).

A malfadada expressão "contribuinte de fato" tem sido combatida de longa data. Sua criação decorreu da falta de rigor científico em separar o objeto-Direito de outros objetos do conhecimento (no caso, o objeto-Economia). *Contribuinte de fato* é conceito econômico (é conformado por critérios econômicos, do interesse da Ciência Econômica) e não um conceito jurídico.

É nesse sentido a lição de um dos principais precursores dos estudos tributários no Brasil, RUBENS GOMES de SOUZA:[16]

> "Em certos impostos, chamados indiretos, pretendem alguns autores que haja dois contribuintes, o de direito (pessoa obrigada por lei a pagar o tributo, p. ex., o vendedor no imposto de vendas e consignações) e o de fato (pessoa que suportará financeiramente o tributo, p. ex. o comprador, quanto ao imposto de vendas e consignações acrescido pelo vendedor ao preço da mercadoria). Desenvolvemos este assunto no § 47, mas desde já podemos afirmar que, em direito tributário, existe, em cada caso, um só contribuinte, o que acima definimos como 'contribuinte de direito' ou 'contribuinte legal'".

Esse jurista explica a origem do desacerto de falar-se em *contribuinte de fato*, ao esclarecer outra impropriedade jurídica, qual seja, a de classificar-se os impostos em *diretos* e *indiretos*:

> "Para a maioria dos autores, impostos *diretos* são os suportados em definitivo pelo contribuinte obrigado por lei ao seu pagamento; *indiretos* os que são ou podem ser transferidos por aquele contribuinte para outra pessoa que por sua vez os transferirá ou suportará em definitivo: por isso se diz que no imposto indireto há dois contribuintes, o *de direito* (a pessoa obrigada por lei ao pagamento) e o *de fato* (a pessoa que arcará em definitivo com o ônus do imposto). Essa transferência do ônus fiscal de uma pessoa para outra chama-se *repercussão* ou *translação do imposto*. Já fizemos referência a este assunto a propósito da repetição do indébito (§ 32). Entretanto, a repercussão, fazendo-se através do acréscimo do imposto ao preço das mercadorias ou serviços tributados, está sujeita à lei da oferta e da procura, isto é, só será possível quando as condições do mercado a permitirem: é, portanto, um conceito econômico e não jurídico."[17]

A confusão entre o conceito jurídico de *contribuinte* com o conceito econômico de *contribuinte de fato* é inadmissível e só prejudica a compreensão do Direito.

A doutrina dominante tem seguido o mesmo posicionamento de RUBENS GOMES DE SOUZA e criticado a contraditória expressão *contribuinte de fato* e a imprecisa expressão *imposto indireto*.

AMÍLCAR DE ARAÚJO FALCÃO, ao distinguir os conceitos de contribuinte e substituto, ressalta a total falta de juridicidade da teoria da repercussão ou translação de tributo: "O caso, pois, pela sua natureza jurídica, difere do da simples

16 Rubens Gomes de Souza, *Compêndio de Legislação Tributária*, São Paulo, Resenha Tributária, 1981, p. 91.

17 Idem, *ibidem*, p. 170.

repercussão ou translação de tributo (Uberwälzung, Ruckwälzung), hipótese esta de caráter econômico e destituída de qualquer relevância jurídica".[18]

No mesmo sentido leciona GERALDO ATALIBA:[19]

> "57.1 É classificação que nada tem de jurídica; seu critério é puramente econômico. Foi elaborada pela ciência das finanças, a partir da observação do fenômeno econômico da translação ou repercussão dos tributos. É critério de relevância jurídica em certos sistemas estrangeiros. No Brasil, não tem aplicação (Cleber Giardino).
> 57.2 Pode inclusive acontecer de um imposto qualificável como direto, numa dada conjuntura econômica, se transformar em indireto e vice-versa, sem que nada altere a lei e sem que se modifique o sistema jurídico".

É definitiva a lição de ALFREDO AUGUSTO BECKER,[20] que rechaça, com erudição e de forma austera e implacável, aquelas malsinadas classificações (*imposto indireto* e *contribuinte de fato*):

> "CLASSIFICAÇÃO DOS TRIBUTOS EM DIRETOS E INDIRETOS É FALSA E IMPRATICÁVEL – A mais divulgada classificação dos tributos divide-os em diretos e indiretos, fundamentando esta divisão no critério da repercussão econômica do tributo. Direto seria o tributo que o contribuinte *de jure* está impossibilitado de repercuti-lo.
> Esta classificação dos tributos em diretos e indiretos baseada no critério da repercussão econômica, é muito antiga. Alguns dos precursores da Economia e das Finanças Públicas já utilizavam-na e a sua consagração e divulgação deve-se principalmente à obra dos fisiocratas. A antiguidade e simplicidade desta classificação, bem como a natureza político-fiscal de seu critério, com o<%3> decorrer do tempo, foram imprimindo a cada espécie de tributo o batismo de direto ou indireto, de tal modo que, pela simples enunciação do nome, uns tributos são imediatamente considerados diretos e outros indiretos.
> (....)
> A erronia das decisões dos tribunais em matéria tributária e a irracionalidade das leis tributárias são devidas, em grande parte, à classificação dos tributos em diretos e indiretos segundo o critério da repercussão econômica. Hoje, praticamente a totalidade de doutrina condena o critério da repercussão, considerando-o absolutamente artificial e sem qualquer fundamento científico. A Ciência das Finanças Públicas e a Política Fiscal têm demonstrado que aquele critério repousa na simplicidade da ignorância".

Complementa BECKER:[21]

> "A verdade é que não existe nenhum critério científico para justificar a classificação dos tributos em diretos e indiretos e, além disto, esta classificação é impraticável.
> No distante ano de 1882, PANTALEONI chegara a esta conclusão. Também SELIGMAN

---

18 Amílcar de Araújo Falcão, *Introdução ao Direito Tributário*, Rio de Janeiro, Forense, 1993, p. 89.

19 Geraldo Ataliba, *Hipótese de Incidência Tributária*..., cit., p. 126.

20 Alfredo Augusto Becker , *Teoria Geral do Direito Tributário*, São Paulo, Saraiva, 1972, pp. 488 e segs.

21 *Idem, ibidem*, p. 491.

conclui, em 1909, que, para o bem da ciência financeira, devia-se abandonar completamente a classificação dos tributos em diretos e indiretos e até usar outra terminologia. Em 1912 GASTON JÈZE reconheceu que a verdade é que todas estas classificações não têm valor científico. É impossível de dizer o que é um imposto direto ou indireto".

BECKER,[22] enfim, apresenta uma irrefutável conclusão:

> "CONCLUSÃO – Em cada país, sob determinadas condições de tempo e lugar, tendo-se presente a conjuntura econômica da época, após complexíssimo estudo, pode-se alcançar uma relativa previsibilidade da provável repercussão econômica do tributo. Esta relativa previsibilidade da provável repercussão econômica do tributo consiste no seguinte: a previsão nunca indicará a probabilidade da tendência da repercussão econômica, de sua velocidade, de sua forma, de sua graduação de sua direção preferencial a esta ou àquela classe econômica.
> Impossível é conhecer a verdadeira incidência econômica do tributo. A identificação do contribuinte 'de fato' é impraticável".

Por tudo que foi acima exposto, só resta insistir: o único titular da relação jurídica tributária é o **contribuinte**; as expressões *contribuinte de fato* e *contribuinte de direito* carecem de rigor científico e devem ser repelidas com veemência do universo da Ciência do Direito.

5.2.4.2. A responsabilidade

Retomando a terminologia legal, o art. 121, parágrafo único, inciso II, do Código Tributário Nacional, estabelece uma definição de responsável:

> ...."Art. 121.
> ....
> II – responsável, quando, sem revestir a condição de contribuinte, sua obrigação decorra de disposição expressa de lei".

E completa o art. 128 do mesmo Código:

> "Art. 128. Sem prejuízo do disposto neste Capítulo, a lei pode atribuir de modo expresso a responsabilidade pelo crédito a terceira pessoa, vinculada ao fato gerador da respectiva obrigação, excluindo a responsabilidade do contribuinte ou atribuindo-a a este em caráter supletivo do cumprimento total ou parcial da referida obrigação."

O Código Tributário Nacional ainda dispõe sobre responsabilidade dos sucessores (arts. 129 a 133), responsabilidade de terceiros (arts. 134 e 135) e responsabilidade por infrações (arts. 136 a 138).

---

22 *Idem, ibidem*, p. 499.

A doutrina não tem sido uníssona ao elaborar um critério preciso para distinguir o *responsável* do *substituto*. Isto se explica por duas razões básicas: a) falta de técnica por parte do legislador que emprega ambos os termos indistintamente; e b) falta de um mesmo critério para efetuar a correta distinção.

Posto isso, retomemos o que foi dito sobre o contribuinte: o **contribuinte** é o único sujeito de direito (sujeito passivo) que pode figurar no pólo passivo da relação jurídica tributária e cuja identificação é informada pelo critério pessoal passivo do consequente da norma impositiva de imposto; se o sujeito passivo for outro (*responsável* ou *substituto*, p. ex.), a norma terá necessariamente natureza diversa da tributária.

No caso do *responsável* é exatamente isso que ocorre. A norma, cujo critério pessoal passivo do consequente informa os traços para identificar o responsável (que somente exsurge no âmbito de uma relação jurídica), não tem natureza de norma impositiva de imposto, nem mesmo natureza impositiva tributária.

A norma que dispõe sobre a responsabilidade pode apresentar-se de duas formas diferentes:

a) ser uma norma primária principal não-tributária;[23] ou

b) ser uma norma primária punitiva.

PRIMEIRO – a responsabilidade decorre de uma **norma primária principal de natureza não-tributária** nos casos em que se processa uma **sub-rogação subjetiva** *de todos os direitos e deveres* (em especial os deveres tributários), exceto os personalíssimos (art. 928 do Código Civil – ex.: o direito à vida, à saúde etc.), **do contribuinte** para o **responsável.**

Em se tratando das chamadas pessoas físicas, essa **sub-rogação subjetiva de todos os direitos e deveres, exceto os personalíssimos**, somente é possível se processar na sucessão *causa mortis*, sendo impossível juridicamente sua realização por intermédio de sucessão *inter vivos* (art. 131, II e III do CTN).

No que toca às chamadas pessoas jurídicas, a **sub-rogação subjetiva de todos os direitos e deveres** se processa por meio das figuras da fusão (Lei nº 6.404/76 – art. 228), transformação (Lei nº 6.404/76 – arts. 220 a 222) e incorporação (Lei nº 6.404/76 – art. 227). Nestes casos desaparece o sujeito de direito anterior – o *contribuinte sub-rogado*, sendo transferidos todos os direitos e deveres para outro sujeito de direito – o *responsável sub-rogador* (art. 132 – *caput* do CTN).

A sub-rogação subjetiva de todos os direitos e deveres (tanto da pessoa física quanto da pessoa jurídica) decorre da realização de fato jurídico lícito (para as pessoas físicas – o *fato-morte* ; para as pessoas jurídicas – o *fato-transformação*, o *fato-incorporação* ou o *fato-fusão*).

23 Definição completa de norma impositiva tributária – ver subitem 4.5.1 do capítulo IV.

Se a sub-rogação subjetiva advém de fato jurídico lícito, então a norma que dispõe sobre a **responsabilidade por sub-rogação subjetiva total** é necessariamente uma norma primária principal, pois seu antecedente descreve um fato lícito (uma pessoa física morrer ou uma pessoa jurídica transformar-se, ser incorporada ou fundir-se).

Por consequência, a norma que dispõe sobre a sub-rogação subjetiva total nunca será uma norma punitiva, já que esta se caracteriza por descrever, no antecedente, um fato-conduta ilícito, e por prescrever, no consequente, uma punição àquele que se conduziu ilicitamente (ou seja, de forma contrária ao prescrito por uma norma primária principal).

Poder-se-ia cogitar sobre uma possível ilicitude envolvendo o fato-morte (ex.: um homicídio), o que prejudicaria a asserção acima efetuada de que todos os casos de **responsabilidade por sub-rogação subjetiva total** são regulados por norma primária principal e não por norma primária punitiva.

Essa proposição permanece intocada mesmo no caso de um homicídio. O fato-conduta relevante para implicar a **responsabilidade por sub-rogação subjetiva total** das pessoas físicas é a *ação de morrer* cujo sujeito (desta ação) é o falecido, não a *ação de matar*, cujo sujeito é o homicida. Aquela ação (morrer), em si, não é ilícita. Esta ação (matar) é a eivada de ilicitude, é a ação proibida pelo ordenamento jurídico.

Portanto, cabe pontificar sobre essa primeira hipótese de responsabilidade: **a responsabilidade por sub-rogação subjetiva total é sempre imposta por norma primária principal de natureza não-tributária.**[24]

A demonstração do modo pelo qual surge a **responsabilidade "*tributária*" por sub-rogação subjetiva total** contribui para elucidar esta última asserção. Segue um esquema simplificado:

i) Plano Normativo – Norma primária principal impõe a responsabilidade "*tributária*" por sub-rogação subjetiva total em função do evento morte de uma pessoa.

i.1 – Antecedente

Se um contribuinte morre sendo titular de direitos e deveres, em especial, deveres tributários e deixando herdeiros.

i.2 – Consequente

(então) Os herdeiros serão obrigados a entregar uma quantia equivalente àquela devida pelo contribuinte falecido, limitada ao montante transmitido por sucessão *causa mortis*.

ii) Plano Fático

24 Como se atesta da definição de norma impositiva tributária (subitem 4.5.1 do capítulo IV), a norma que dispõe sobre a responsabilidade tem natureza não tributária pelo fato de o sujeito passivo indicado em seu consequente não ser aquela mesma pessoa que é descrita pelo antecedente da norma impositiva tributária, a qual realizará o fato-conduta lícito (fato jurídico tributário).

Mauro (contribuinte) morre, deixando para um único herdeiro, João, montante de 1000 e uma dívida tributária no valor de 2000.

iii) Plano Relacional – relação jurídica não-tributária.

João está obrigado a entregar 1000 reais ao Estado.

No esquema acima exposto, fica evidenciado que o sujeito que realizou o fato--conduta lícito (fato jurídico tributário) descrito pelo antecedente da norma impositiva tributária e que aparece como o titular do pólo passivo da relação jurídica tributária (que corresponde, plano normativo, à relação jurídico-formal prescrita pelo consequente daquela mesma norma impositiva tributária) foi Mauro, o **contribuinte**, que veio a falecer depois de realizar o fato-conduta lícito, o fato jurídico tributário. Este sujeito de direito, de modo algum, pode ser confundido com o **responsável** *tributário*, pelo exemplo, João.

A norma que permitiu a identificação do responsável-João é a norma primária principal não-tributária. A norma que possibilitou a identificação do contribuinte--Mauro é a norma impositiva tributária. Por força de esta norma ter incidido sobre o fato jurídico tributário surgiu, no momento 1, a obrigação tributária para Mauro (contribuinte). Somente no momento 2, quando da morte de Mauro, é que se completou o fato jurídico não-tributário, que por sofrer a incidência da norma que dispõe sobre a responsabilidade, fez surgir a responsabilidade para João (responsável *tributário*).

Logo, está patente a natureza não-tributária da norma que dispõe sobre a **responsabilidade por sub-rogação subjetiva total.**

SEGUNDO – os demais casos de responsabilidade tributária previstos no Código Tributário Nacional (exceto os relacionados aos arts. 131, I e II e 132, *caput*) decorrem do disposto em **norma primária de natureza punitiva.**

Verifica-se uma nítida diferença entre a **norma impositiva tributária** (*in casu*, de imposto) e a **norma que dispõe sobre a responsabilidade por punição**, qual seja:

a) *naquela*, há uma relação jurídico-formal prescrita pelo consequente de **norma impositiva tributária** (no caso, de imposto), o qual informa os traços identificadores de um único sujeito passivo possível, denominado (segundo o enunciado legal) **contribuinte**;

b) *nesta*, atesta-se a existência de outro tipo de relação jurídico-formal (não--tributária), prescrita pelo consequente de **norma** *de natureza punitiva* (logo, não-tributária), o qual informa os traços identificadores de um sujeito passivo, denominado (segundo o enunciado legal) **responsável.**

O denominado **responsável** (que não se confunde nem substitui o **contribuinte** na relação jurídico-formal de natureza tributária) está presente em duas relações jurídico-formais diferentes:

a) na relação jurídico-formal prescrita no consequente de norma primária principal, de natureza não-tributária, administrativo-fiscal, a qual lhe impõe um determinado dever (ou seja, uma obrigação de se conduzir – "Op" – de certa forma) de interesse da Administração (p. ex.: o caso do sucessor responsável que tem a obrigação de verificar se os tributos relativos aos bens adquiridos foram satisfeitos pelo alienante – art. 131, I, CTN);

b) na relação jurídico-formal prescrita no consequente de norma primária punitiva, a qual lhe impõe um dever de caráter punitivo (antecedente da norma primária punitiva – *não-cumprimento da conduta prescrita no consequente da norma primária administrativo-fiscal*, p. ex., não verificou que os tributos relativos aos bens adquiridos não foram satisfeitos pelo alienante; consequente da norma primária punitiva – *o responsável é obrigado a entregar ao Estado uma quantia equivalente àquela que deveria ter sido entregue pelo alienante, o então contribuinte, a título de objeto do tributo*).

Sublinha-se: a norma que afeta o responsável tem natureza de pena (punição) administrativa. Tal caráter punitivo é totalmente estranho à definição de tributo.

Logo, conforme afirmado anteriormente, se o sujeito passivo da relação jurídico-formal prescrita pelo consequente da norma não for o definido como **contribuinte**, a norma terá natureza diversa da tributária.

No caso do sujeito passivo ser o **responsável**, a norma primária pode possuir uma dupla natureza:

a) natureza administrativo-fiscal – **norma** primária principal **administrativo-fiscal**;[25] ou

b) natureza de pena administrativa – **norma** primária **punitiva administrativo-fiscal.**

Esse fenômeno não passou despercebido pela argúcia de PAULO DE BARROS DE CARVALHO:[26]

> "Cremos haver demonstrado a natureza do vínculo que se instala, sempre que pessoa externa ao acontecimento do fato jurídico tributário é transportada para o tópico de sujeito passivo. Teremos uma relação jurídica, de cunho obrigacional, mas de índole sancionatória – sanção administrativa".

E completa com precisão:

> "Alguns autores invocam a extinção da obrigação tributária, quando o responsável paga a dívida, como um argumento contrário à tese que advogamos. O argumento, todavia, é inconsistente. Nada obsta a que o legislador declare extinta a obrigação tributária, no mesmo instante em que também se extingue a relação sancionatória. Dá-se por satisfeito, havendo conseguido seu objetivo final. Nem por isso, contudo, poderá impedir que o responsável procure ressarcir-se junto ao sujeito passivo tributário, aparecendo, perante ele, como credor no âmago de uma relação de direito privado".

---

25 Em consonância com o explicado no subitem 2.9.2 do Capítulo II.

26 *Idem, ibidem*, p. 224.

O ensinamento de PAULO DE BARROS CARVALHO parece escorreito. A circunstância de o responsável pagar um valor (a título de tributo) e tal fato implicar a extinção da relação jurídica tributária, em nada prejudica a conclusão de que a norma jurídica que dispõe sobre a *responsabilidade* possui natureza não-tributária – **norma** primária **punitiva administrativo-fiscal.**

Algumas palavras merecem ser ditas.

– **Uma** – parece certo que o pagamento pelo responsável, de importância equivalente àquela devida a título de tributo, extingue a relação jurídica tributária (que significa dizer que extingue tanto a obrigação quanto o crédito tributário, respectivamente, perspectivas passiva – *obrigação tributária* – e ativa – *crédito tributário* – de uma mesma relação jurídica tributária, assunto que será melhor tratado no item 5.4 deste capítulo). O fundamento desta asserção repousa no que dita o art. 128 do Código Tributário Nacional, ao estabelecer, expressamente, que a atribuição de responsabilidade a terceira pessoa (responsável) *exclui a responsabilidade do contribuinte ou atribui a este um caráter supletivo* do cumprimento total ou parcial da obrigação. Portanto, se terceiro (**responsável**) paga (cumpre totalmente) é indubitável que fica extinta a relação jurídica tributária entre o sujeito passivo (**contribuinte**) e o sujeito ativo (Estado).

– **Duas** – a caracterização de uma norma jurídica como sendo de natureza tributária independe do fato de outra norma prescrever alguma "responsabilidade tributária" para terceira pessoa (responsável). A norma primária principal (nunca norma primária punitiva ou norma secundária) será tributária se a conduta regulada apresentar-se com as características de tributo, em outras palavras, de prestação tributária, nos termos do art. 3º do Código Tributário Nacional (ver subitem 2.9.1. do Capítulo II).

– **Três** – A caracterização de uma norma jurídica (sempre primária principal) como sendo de natureza tributária independe do fato de haver norma regulando o ressarcimento do **responsável** *tributário* pelo **contribuinte** (sujeito passivo tributário), na hipótese de aquele pagar importância equivalente à devida por este a título de objeto do tributo.

– **Quatro** – No que tange à existência ou não de direito por parte do responsável de ser ressarcido pelo contribuinte, deve-se dizer que o sistema jurídico brasileiro veda o "enriquecimento sem causa" e, portanto, permite àquele que foi obrigado a pagar dívida de outrem exigir deste o correspondente ressarcimento. Essa é a regra geral . Todavia, esta regra geral não se aplica a todos casos elencados no Capítulo V, Título II, Livro Segundo, do Código Tributário Nacional intitulado "Responsabilidade Tributária". Em algumas situações, em virtude do próprio fundamento da responsabilidade, o ressarcimento não é cabível. Vale examinar, de forma sintética, cada uma das hipóteses previstas nos arts. 130 a 137 deste Código:

a) art. 130 – Segundo este dispositivo "os critérios tributários... sub-rogam-se na pessoa dos adquirentes"; a relação jurídica tributária se estabelece somente entre o **contribuinte** (sub-rogado, p. ex.: o antigo proprietário de um imóvel no que tange ao débito relativo ao IPTU existente em momento anterior à alienação) e o Estado (sujeito ativo); os *adquirentes* (sub-rogadores, **responsáveis** *tributários*) são obrigados a entregar certa soma em dinheiro ao Estado, a título de punição, equivalente ao devido a título de tributo pelos "*alienantes*" (**contribuintes**). Neste caso, há total possibilidade jurídica de o **responsável** *tributário* exigir o correspondente ressarcimento junto ao **contribuinte** (a relação não é de cunho tributário, mas de natureza civil), com o propósito de afastar o enriquecimento sem causa deste; o Estado-Fisco nada tem que ver com tal situação, que lhe é juridicamente estranha.

b) art. 131 – Este dispositivo subdivide-se em três incisos. Quanto ao inciso I, a situação é semelhante à do art. 130, porém um pouco mais ampla. O art. 131, I , trata da aquisição e também da remição[27] de quaisquer bens; em função da semelhança existente, é cabível aqui a mesma argumentação desenvolvida na letra "a". Os incisos II e III referem-se à situação concernente à sucessão *causa mortis*. Se a dívida tributária já existia antes da "data da abertura da sucessão", ou seja, antes do falecimento do contribuinte – o *de cujus*, é caso de mera sub-rogação subjetiva passiva (caso de **responsabilidade por sub-rogação subjetiva** estudado acima) para os sucessores *causa mortis* (os herdeiros – conforme o disposto no art. 1572 do Código Civil), que respondem nos limites de seus quinhões (regra equivalente àquela do Direito Civil – Código Civil – art. 1578, que limita a responsabilidade do herdeiro às forças da herança). No caso de a obrigação ser do **cônjuge meeiro,** em rigor, não há que se falar em **responsabilidade** *tributária* mas em situação de **contribuinte**, pois a situação do cônjuge meeiro era a de uma comunhão patrimonial (de direitos e deveres) e, neste caso, ele responderá pela parte que lhe caiba do patrimônio comum – o cônjuge meeiro terá que entregar parte da riqueza da qual já era co-titular. Na hipótese de a dívida surgir após a abertura da sucessão e até a partilha ou a adjudicação, a dívida já nasce para o cônjuge meeiro ou para os sucessores, por força do que dispõe o art. 1572 do Código Civil ("aberta a sucessão, o domínio e a posse da herança transmitem-se, desde logo, aos herdeiros legítimos e testamentários"). Pelas razões acima expostas, tanto nos casos do inciso II quanto nos do inciso III, não faz sentido cogitar de "ressarcimento" ;

c) art. 132 – Os casos previstos no *caput* deste dispositivo, pela própria natureza, são incompatíveis com qualquer ressarcimento. Contudo, na hipótese prevista no parágrafo único, caberia um ressarcimento junto aos demais ex-sócios, se a pessoa jurídica extinta era quem figurava na qualidade de contribuinte quando da prática do fato jurídico tributário. O fundamento deste ressarcimento é igual-

---

27 A utilização do termo "remido" no texto legal permite concluir que a figura sob exame é a da **remição** (relativa ao verbo *remir.* – liberar de um ônus , desonerar) e não a da **remissão** (atinente ao verbo *remitir* – perdoar). Neste mesmo sentido, leciona Aliomar Baleeiro, *Direito Tributário Brasileiro*, Rio de Janeiro, Forense, 1984, p. 483.

mente a eliminação do enriquecimento sem causa, *in casu*, por parte dos demais ex-sócios;

d) art. 133 – Pelos mesmos fundamentos da letra anterior, é cabível o ressarcimento junto ao alienante (o efetivo **contribuinte**), no que se refere aos fatos jurídicos tributários ocorridos até a data da respectiva alienação. Há duas espécies de responsabilidade aludidas – a integral e a subsidiária. Com relação àquela, o sujeito ativo da relação jurídica tributária (Estado) somente pode cobrar (de forma exclusiva) do **responsável**, cabendo a este providenciar o ressarcimento junto ao contribuinte (ou no caso de pessoa jurídica extinta, junto aos ex-sócios desta). Quanto à responsabilidade subsidiária, em primeiro lugar, o sujeito ativo tributário (Estado) deve cobrar do alienante (**contribuinte**) e, somente se este não tiver possibilidade de cumprir a obrigação tributária (total ou parcialmente), o adquirente (**responsável**) será obrigado a entregar (a título de punição) quantia equivalente àquela devida pelo alienante (a título de tributo) e não paga (total ou parcialmente).

e) art. 134 – Neste artigo cuida-se da chamada *responsabilidade de terceiros*. É caso típico de responsabilidade, pois esses "terceiros" não se confundem com aqueles sujeitos passivos da relação jurídica tributária – os **contribuintes**. O enunciado legal sob exame apresenta redação defeituosa (carente de precisão científica), pois mistura os conceitos de *solidariedade* com o de *caráter subsidiário*. No art. 134, tem-se caso de responsabilidade subsidiária, não solidária. Aquela é acessória, secundária, só exsurge "nos casos de impossibilidade de exigência do cumprimento da obrigação principal pelo contribuinte" (é a hipótese do art. 134). Haveria responsabilidade solidária (não é o caso do art. 134), se fosse possível exigir (segundo a escolha do sujeito ativo – Estado) do contribuinte (a título de punição) a entrega de certa quantia em dinheiro, em sua totalidade (nos termos do parágrafo único do art. 896 e do art. 904 do Código Civil). Cabe firmar que o enunciado do inciso I do art. 134 do CTN é preciso ao rezar que os pais são responsáveis "pelos tributos devidos pelos filhos menores", pois os filhos menores são realmente os **contribuintes** (p. ex.: no caso do IPTU, se um filho menor é o titular do direito subjetivo de propriedade sobre uma casa, está caracterizada uma situação que se apresenta como signo de riqueza e é parte desta riqueza que deve ser entregue ao Estado a título de tributo; a obrigação tributária é do menor, que deverá ser representado, se absolutamente incapaz, ou assistido, se relativamente incapaz, nos atos da vida civil, pelo seu representante legal, a quem cabe zelar pelos interesses do menor (arts. 84, 384, V do Código Civil). O mesmo pode ser dito, guardadas as devidas diferenças, quanto ao enunciado do inciso II do art. 134 do CTN, que dispõe sobre a obrigação tributária dos tutelados ou curatelados (contribuintes) e a responsabilidade dos tutores e curadores (respectivamente, arts. 426, I e 453 do Código Civil).

f) art. 135 – Nos casos deste dispositivo não é cabível qualquer ressarcimento. As pessoas referidas nos incisos I a III são pessoal e diretamente responsáveis em função de seus atos indevidos.

g) arts. 136 e 137 – As situações elencadas nos incisos I a III do art. 137 guardam certa parecença com as citadas na letra anterior. As pessoas lá referidas são pessoal e diretamente responsáveis, não havendo qualquer direito a ressarcimento.

Uma última questão merece ser abordada quanto ao tema do ressarcimento nos casos de **responsabilidade** *tributária*. Poder-se-ia argumentar que a natureza punitiva das normas que dispõem sobre a "responsabilidade tributária" (normas punitivas) é incompatível com o ressarcimento. A razão desta asserção seria a seguinte: o ressarcimento (quando cabível) elimina o caráter punitivo da **responsabilidade** *tributária*.

Essa linha de raciocínio não tem fundamentos para prosperar. O caráter punitivo não é afetado pela existência de um direito a ressarcimento, e mais, ele transparece, de forma evidente, seja mediante uma análise sintática seja por meio de uma análise semântico-pragmática, como atestar-se-á a seguir:

a) **Análise Sintática** – foi visto anteriormente que a norma primária punitiva (a que dispõe sobre a **responsabilidade** *tributária* **por punição**) caracteriza-se por descrever, em seu antecedente, uma situação (fato-conduta, necessariamente) correspondente à não-realização do comportamento prescrito pelo consequente de uma norma primária principal (elemento característico de natureza sintática) e por prescrever, em seu consequente, uma conduta que apresenta natureza de pena, punição. Um exemplo elucida a exposição: se o adquirente, antes do ato de aquisição do imóvel, não fizer com que o alienante (**contribuinte**) extinga seu débito tributário atinente ao IPTU (*antecedente da norma primária punitiva*), então o adquirente (**responsável** *por punição*) ficará obrigado a entregar ao Estado (sujeito ativo da relação jurídica tributária e da relação jurídica de caráter punitivo, não-tributária) certa soma de dinheiro equivalente àquela que deveria ter sido entregue pelo **contribuinte** a título de imposto, mas não foi.

b) **Análise Semântico-Pragmática** – a natureza de pena presente no consequente da norma primária punitiva fica evidenciada à medida que alguém (responsável) passa a ter a obrigação de entregar dinheiro a outrem (conduta compulsória, desagradável, não desejada – que caracteriza, em termos semântico-pragmáticos, a *pena*, a *punição*), por não ter cumprido certa conduta prescrita pela norma primária principal administrativo-fiscal. Mesmo considerando-se que o **responsável** tem direito de ressarcir-se junto ao **contribuinte**, o caráter punitivo não fica afastado, pois o **responsável** não seria obrigado a desfalcar seu patrimônio (ainda que temporariamente) se tivesse feito com que o alienante (**contribuinte**), p. ex., extinguisse o débito relativo ao IPTU. Alerta-se ainda que o ressarcimento junto ao alienante (**contribuinte**) será obtido a conta e risco do **responsável** (alienante), o que reforça a índole punitiva que envolve a **responsabilidade** *tributária* **por punição**.

Uma vez estudadas as duas modalidades de **responsabilidade** *tributária* (**por sub-rogação subjetiva** e **por punição**), uma questão ainda merece ser respondida:

se o **responsável** não é parte na relação jurídica tributária, por que utiliza-se o adjetivo tributário para qualificá-la?

Há duas razões básicas:

Primeira – a expressão **responsável** *tributário* é normalmente empregada pelo fato de a origem desta responsabilidade estar juridicamente vinculada à existência de uma relação jurídica tributária, cujo sujeito passivo é o **contribuinte** e o sujeito ativo é o Estado. Os casos de responsabilidade ou decorrem de mera sub-rogação subjetiva de direitos e deveres, em especial, os deveres tributários – **responsabilidade** *tributária* **por sub-rogação subjetiva** (ex.1 – caso dos sucessores *causa mortis* – art. 131, III; ex.2 – caso da pessoa jurídica que resultar de fusão, transformação ou incorporação de outra ou em outra – art. 132, *caput*), ou decorrem de um dever não cumprido pelo denominado responsável relacionado à verificação da regularidade da situação passiva tributária de uma terceira pessoa (contribuinte) subordinada ao responsável ou negocialmente ligada a este; e

Segunda – para distinguir, em termos semântico-pragmáticos e com finalidade meramente didática, de outras espécies de responsabilidade, decorrentes de vínculos com relações jurídicas de natureza diversa (exs.: responsabilidade civil, responsabilidade societária, responsabilidade penal, responsabilidade funcional etc.).

Portanto, encontra-se plantada, com rigor e fundamento constitucional, a total distinção entre **contribuinte** e **responsável.**

5.2.4.3. A substituição

A doutrina tem divergido ao longo do tempo a respeito da definição do conceito de **substituição** *tributária.*

Segundo o ensinamento clássico e pioneiro na doutrina brasileira de RUBENS GOMES DE SOUZA:[28]

> "O tributo deve ser cobrado da pessoa que tira uma vantagem econômica do ato, fato ou negócio tributado. Quando o tributo seja cobrado nessas condições, dá-se a **sujeição passiva direta**, que é a hipótese mais comum na prática.
> Entretanto, pode acontecer que em certos casos o Estado tenha interesse ou necessidade de cobrar o tributo de pessoa diferente: dá-se então a sujeição passiva indireta. A **sujeição passiva indireta** apresenta duas modalidades: **transferência** e **substituição**; por sua vez, a transferência comporta três hipóteses: **solidariedade, sucessão** e **responsabilidade**".

Percebe-se no ensinamento de RUBENS GOMES DE SOUZA que o conceito jurídico de **substituição** encontra-se amalgamado com conceitos econômicos, não do Direito, o que prejudica o raciocínio jurídico e dificulta a compreensão desta figura.

28 Rubens Gomes de Souza, *Compêndio de Legislação Tributária*, São Paulo, Resenha Tributária, 1981, p. 92.

AMÍLCAR DE ARAÚJO FALCÃO,[29] ao tratar da **substituição** *tributária*, assim se manifesta:

> "Tem-se, assim, que a substituição representa uma sub-rogação *ex lege* de um sujeito passivo substituto a um outro que possui a capacidade contributiva que normalmente faz surgir a obrigação tributária (substituído) – '*La surroga ex lege de un soggetto passivo (sostituto) – ad un altro che possiede la capacità contributiva che normalmente fa sorgere l'obbligazione tributaria (sostituito).*'
> (....)
> A substituição, pois, é mero critério, legalmente eleito, de atribuição do fato imponível. Como tal, o substituto é sujeito passivo da relação tributária".

ALFREDO AUGUSTO BECKER[30] pontificou que:

> "A fenomenologia jurídica da substituição legal tributária consiste, pois, no seguinte: Existe substituto legal *tributário*, toda a vez em que o legislador escolher para sujeito passivo da relação jurídica tributária um outro qualquer indivíduo, em substituição daquele determinado indivíduo de cuja renda ou capital a hipótese de incidência é fato-signo presuntivo. Em síntese: se em lugar daquele determinado indivíduo (de cuja renda ou capital a hipótese de incidência é signo presuntivo) o legislador escolheu para sujeito passivo da relação jurídica tributária um outro qualquer indivíduo, este outro qualquer indivíduo é o substituto legal tributário.
> A doutrina jurídico-tributária costuma introduzir na conceituação do substituto legal tributário uma série de elementos supostamente essenciais, mas que na verdade científico-jurídica do fenômeno são completamente *estranhos e indiferentes* à configuração da substituição tributária. Esta confusão e desentendimento da doutrina é provocada pela mistura de conceitos jurídicos com conceitos econômicos, ausência de terminologia científica, hibridez de raciocínio jurídico com raciocínio econômico, em síntese, *o fenômeno patológico da contaminação da atitude mental jurídica.*
> (....)
> O sujeito passivo da relação jurídica tributária, normalmente, deveria ser aquela determinada pessoa de cuja renda ou capital a hipótese de incidência é fato-signo presuntivo. Entretanto, frequentemente, colocar esta pessoa no pólo negativo da relação jurídica tributária é impraticável ou simplesmente criará maiores ou menores dificuldades para nascimento, vida e extinção destas relações. Por isto, nestas oportunidades, o legislador como solução emprega uma *outra* pessoa, cria o substituto legal tributário.
> (....)
> O substituto legal tributário é uma *espécie* de gênero contribuinte 'de jure'. Contribuinte 'de jure' é a pessoa que a regra jurídica põe no pólo negativo da relação jurídica tributária, assumindo a posição de sujeito passivo da mesma. Contribuinte 'de jure' é o *gênero* que abrange duas espécies: O substituto legal tributário e aquela determinada pessoa de cuja renda ou capital a hipótese de incidência é fato-signo presuntivo.

---

29 Amílcar de Araújo Falcão, *Introdução ao Direito Tributário*, Rio de Janeiro, Forense, 1993, pp. 88 e 91.1.

30 *Idem, ibidem*, pp. 503 e segs.

O fenômeno da substituição opera-se no *momento político* em que o legislador cria a regra jurídica".

A postura de BECKER, apesar de rigorosa e bem centrada em fenômenos exclusivamente jurídicos, é pouco fértil em oferecer **critérios** e **limites** para que o legislador infraconstitucional imponha a alguém a situação de **substituto**. Sua atenção está voltada apenas para as disposições da "lei" (norma legal, infraconstitucional), esquecendo o jurista gaúcho de pesquisar o relevante papel das **normas constitucionais de produção normativa.**

Essa omissão científica da teoria de BECKER acaba por atribuir uma excessiva liberdade ao legislador ordinário, a qual se apresenta flagrantemente contrária às <%3>normas constitucionais (de produção normativa) vigentes. Tal afronta (desconsideração, desrespeito) ao prescrito pelas **normas constitucionais de produção normativa** impede o nascimento de norma jurídica (válida) no sistema do Direito Positivo.

Posicionamentos doutrinários assemelhados ao de BECKER não contribuem para a solução de sérios problemas relativos ao tema da fenomenologia da sujeição passiva tributária, como é o caso da malfadada **substituição** *antecipada* ou *para frente*, que será objeto de acurado exame no capítulo seguinte (Capítulo VI).

A doutrina mais moderna também é dissonante sobre a precisa caracterização da **substituição** *tributária*.

Leciona PAULO DE BARROS CARVALHO:[31]

> "Não sobeja renovar que a substituição de que falam os mestres, ou que registram os textos prescritivos, dista de ser fenômeno jurídico em que um sujeito de direitos cede lugar a outro sujeito de direitos, sob o pálio de determinado regime, como sugere o termo. A modificação se produz antes que o texto seja editado, em tempo que antecede o aparecimento da disciplina jurídica sobre a matéria. Estamos diante de algo que se opera em intervalo meramente político, quando o legislador prepara sua decisão e a norma ainda não logrou entrar no sistema.
> (....)
> É preciso dizer que não se perde de vista o substituído. Ainda que não seja compelido ao pagamento do tributo, nem a proceder ao implemento dos deveres instrumentais que a ocorrência suscita, tudo isso a cargo do substituto, mesmo assim permanece à distância, como importante fonte de referência para o esclarecimento de aspectos que dizem com o nascimento, a vida e a extinção da obrigação tributária. Está aí a origem do princípio segundo o qual o regime jurídico da substituição é o do substituído, não o do substituto. Se aquele primeiro for imune ou estiver protegido por isenção, este último exercitará os efeitos correspondentes. Ao ensejo do lançamento, a lei aplicável há de ser a vigente no instante em que ocorreu a operação praticada pelo substituído, desprezando-se a do substituto. Mas, uma peça indispensável no arranjo jurídico da substituição é a pronta disponibilidade de um mecanismo eficaz para eventuais ressarcimentos do substituto".

31 *Fundamentos...*, *idem*, pp. 189 e segs.

Pontifica RICARDO LOBO TORRES: [32]

> "Substituto é aquele que, em virtude de determinação legal, fica em lugar do contribuinte, assumindo a responsabilidade pela obrigação tributária. O conceito de substituição se subsume na definição do art. 128 do CTN: a lei pode atribuir de modo expresso a responsabilidade pelo crédito tributário a terceira pessoa, vinculada ao fato gerador da respectiva obrigação, excluindo a responsabilidade do contribuinte.
> (....)
> Mas o substituído não é totalmente estranho à relação tributária. Para que haja a substituição é necessário que o contribuinte e o substituto participem do mesmo processo econômico, de modo que entre as suas atividades haja algum nexo. As imunidades e as isenções pertencem ao substituído, e não ao substituto.
> Mas entre o substituído e o substituto não existe nenhum vínculo de natureza tributária. O substituto pode ingressar com ação regressiva contra o substituído, para recuperar a importância correspondente ao imposto e para manter o equilíbrio da equação financeira da substituição, sem que esteja em jogo qualquer prestação veramente tributária".

Assevera MARÇAL JUSTEN FILHO:[33]

> "Quando se passa a substituição, existem duas normas jurídicas. Há a norma tributária comum, dita principal ou autônoma, definindo hipótese de incidência e mandamento (onde consta, como sujeito passivo, o destinatário legal tributário).
> E há a norma de substituição, ou não autônoma. Essa norma contém, na hipótese de incidência, a previsão da ocorrência do fato imponível da norma principal e, ademais, a verificação de uma situação de poder jurídico. Em decorrência dessa situação de poder jurídico, o destinatário legal tributário está subjugado à vontade de um terceiro qualquer, relativamente ao gozo da riqueza a que se alude a hipótese da norma principal".

Professa JOSÉ EDUARDO SOARES DE MELO:[34]

> "Na substituição – num plano pré-jurídico – o legislador afasta, por completo, o verdadeiro contribuinte, que realiza o fato imponível, prevendo a lei – desde logo – o encargo da obrigação a uma outra pessoa (substituto), que fica compelida a pagar a dívida própria, eis que a norma não contempla dívida de terceiro (substituto)".

Com esse sucinto escorço do pensamento da doutrina nacional, foi possível evidenciar a diversidade de critérios erigidos para delimitar o instituto da **substituição** *tributária*. Sem embargos de opiniões em contrário, é cabível neste momento focalizar esta questão utilizando o instrumental metodológico desenvolvido no pre-

32 Ricardo Lobo Torres, Curso de Direito Financeiro e Tributário, Rio de Janeiro, Renovar, 1993, pp. 212 e segs.

33 Marçal Justen Filho, *Sujeição Passiva Tributária*, CEJUP, 1986, p. 348.

34 José Eduardo Soares de Melo, ICMS – *Teoria e Prática*, São Paulo, Dialética, 1995, p. 95.

sente trabalho, a fim de apresentar uma proposta coerente, de definição do conceito jurídico sob exame.

Em tal contexto, urge retomar algumas premissas fundamentais adotadas durante a exposição, quais sejam:

– *uma* – a Ciência do Direito Positivo tem por objeto a descrição das normas jurídicas (válidas);

– *duas* – o conjunto de normas veiculadas pela Constituição apresenta-se como norma-origem do Direito Positivo brasileiro;

– *três* – há normas constitucionais cujo objeto imediato é a regulação do modo pelo qual uma norma jurídica é criada, modificada ou extinta, e recebem a denominação de normas constitucionais de produção normativa;

– *quatro* – o Direito Positivo é composto exclusivamente de normas jurídicas, logo, os denominados *Princípios Jurídicos* não se localizam ao lado das normas, mas sim estão contidos nas normas jurídicas;

– *cinco* – o Princípio Constitucional da Capacidade Contributiva (em sentido objetivo ou absoluto) é o complemento, necessário e condicionante, do aspecto *declaração* prescritiva do antecedente da norma constitucional de produção normativa (que dispõe sobre a criação de normas impositivas de imposto), portador de elevada carga axiológica, o qual exige que o antecedente da norma impositiva de imposto descreva um fato que ostente sinal de riqueza pessoal e que o seu consequente prescreva a conduta (obrigatória) do titular desta riqueza de entregar parte dela ao Estado;

– *seis* – por força do Princípio da Capacidade Contributiva, *norma impositiva de imposto* é aquela que se caracteriza por apresentar, no antecedente, a descrição de um fato que ostente sinal de riqueza por parte de um determinado sujeito de direito e, no consequente, a prescrição de uma relação jurídico-formal, onde um sujeito de direito (sujeito passivo tributário ou contribuinte) está obrigado a entregar parte daquela sua riqueza pessoal a outro sujeito de direito, o Estado (sujeito ativo tributário).

Uma vez revisadas essas premissas fundamentais, é possível enfrentar o tema relativo à definição do conceito de **substituição** *tributária* de modo coerente com o modelo até então proposto.

Em geral, a doutrina sustenta que o conceito de substituto pode ser extraído do enunciado do art. 121, parágrafo único, inciso II, e do art. 128, ambos do Código Tributário Nacional (CTN); seguem:

> "Art. 121. Sujeito passivo da obrigação principal é a pessoa obrigada ao pagamento de tributo ou penalidade pecuniária.
> Parágrafo único. O sujeito passivo da obrigação principal diz-se:
> I – contribuinte, quando tenha relação pessoal e direta com a situação que constitua o respectivo fato gerador;
> II – responsável, quando, sem revestir a condição de contribuinte, sua obrigação decorra de disposição expressa de lei.
> (...)

> Art. 128. Sem prejuízo do disposto neste Capítulo, a lei pode atribuir de modo expresso a responsabilidade pelo crédito tributário à terceira pessoa, vinculada ao fato gerador da respectiva obrigação, excluindo a responsabilidade do contribuinte ou atribuindo-a a este em caráter supletivo do cumprimento total ou parcial da referida obrigação".

Cabe insistir e deixar devidamente assentado:

i) **contribuinte** é o único sujeito de direito que figura no pólo passivo da relação jurídica tributária;

ii) **responsável** *tributário* é o sujeito de direito que figura no pólo passivo de uma relação jurídica não tributária, decorrente de uma norma primária principal não-tributária (no caso do **responsável por sub-rogação subjetiva**) ou de uma norma primária punitiva (no caso do **responsável por punição**).

A aceitação dessas premissas permite a seguinte conclusão: em respeito ao **princípio lógico da identidade**, o conceito de **substituição** não se confunde com o conceito de **contribuinte** nem com o de **responsável.**

Nesse plano, caberia a pergunta: se a norma que dispõe sobre a substituição não possui natureza tributária, sc tal norma se distingue da que dispõe sobre a responsabilidade *tributária*, que espécie de norma regula a conduta do **substituto** *tributário?*

A resposta é única: trata-se de norma cuja natureza é meramente administrativa.

O instituto da **substituição** *tributária* tem por fundamento o atendimento do interesse da chamada "Administração Tributária". Muitas vezes é difícil para a Administração efetuar a arrecadação e a fiscalização dos tributos. Daí surgir o regime jurídico da **substituição** *tributária* que se justifica, basicamente, por três importantes motivos:

a) pela dificuldade em fiscalizar contribuintes extremamente pulverizados;

b) pela necessidade de evitar, mediante a concentração da fiscalização, a evasão fiscal ilícita; e

c) como medida indicada para agilizar a arrecadação e, consequentemente, acelerar a disponibilidade dos recursos.

Todos os motivos acima elencados dizem respeito, exclusivamente, a interesses da Administração Tributária no tocante (repita-se) às funções de arrecadação e fiscalização tributárias.

A doutrina mais arguta,[35] aponta os seguintes requisitos para que possa haver *substituição*:

a) que o regime jurídico aplicável à tributação seja o do substituído e não o do substituto;

35 Geraldo Ataliba e Aires F. Barreto, "Substituição e responsabilidade tributária", artigo publicado na *Revista dos Tribunais*, RT, 1989, vol. 49, pp. 75 e segs. De certa forma, na mesma linha: Alfredo Augusto Becker, *idem*, pp. 484-488 e 500-508; Paulo de Barros Carvalho, *ibidem*, pp. 190 e segs.; Ricardo Lobo Torres, *ibidem*, p. 213.

b) que a lei aplicável seja a da data das operações substituídas e não a da data da operação do substituto; e

c) que a lei por força de determinação constitucional estabeleça mecanismos eficazes que garantam o pleno e rápido ressarcimento do substituto.

Explicando esse último requisito, Geraldo Ataliba e Aires Barreto[36] lecionam que ele se deve a quatro exigências constitucionais:

a) o princípio da igualdade de todos perante a lei (art. 150, III);

b) o princípio da capacidade econômica (art. 145, § 1º);

c) o princípio que veda o confisco (art. 150, IV): e

d) o fato de "a Constituição sempre designar, implicitamente embora, quem é o sujeito passivo do tributo".

Em função das proposições acima referidas, convém tecer alguns comentários:

1 – O primeiro requisito citado se explica pelo fato de só existir relação jurídica tributária entre o contribuinte e o Estado, sendo a relação entre o substituto e o Estado de cunho meramente administrativo, funcionando (o substituto) como um *mero agente arrecadador*.

2 – Não há que se falar em garantia de rápido e eficaz ressarcimento para o substituto, pois é inconstitucional qualquer exigência que se lhe faça no sentido de entregar "dinheiro", sem que exista a possibilidade (física e jurídica) de ele ter, previamente, aquela importância em dinheiro. Se porventura o substituto tivesse que entregar dinheiro sem ter (previamente) recebido ou retirado do contribuinte, haveria uma obrigação de entregar parte do seu patrimônio pessoal, sob a forma de dinheiro (conduta esta que não é tributo, já que o substituto não é o titular da riqueza, não tem a capacidade contributiva) **sem o fundamento constitucional necessário**, o que se evidencia pelo não enquadramento nas hipóteses constitucionais taxativas de restrição direta e frontal ao direito de propriedade (melhor dizendo, hipóteses que implicariam a diminuição do patrimônio pessoal, ou seja, de **quaisquer** direitos subjetivos suscetíveis de avaliação econômica, entre os quais se destaca – apesar de, evidentemente, não ser o único – o direito de propriedade) quais sejam: o *tributo* (arts. 145 e segs. – diminui o patrimônio); a *desapropriação* (art. 5º, XXV e art. 22, III – extingue direitos); a requisição (art. 5º, XXV e art. 22, III – pode extinguir direitos); o usucapião (arts. 183, *caput*, e 191, *caput*); a *pena* (em sentido amplo, de natureza penal ou civil – art. 5º, XLV, XLVI, art. 74, §1º etc.); as *limitações* e *servidões administrativas* (arts. 170 – III, 216, § 1º – podem diminuir o valor do patrimônio pessoal); e *expropriação* (art. 243 – extingue direitos sem indenização, é espécie de pena). Logo, **a imposição ao substituto da entrega injustificada e antecipada de dinheiro configura confisco, que é inconstitucional.**

36 *Idem, ibidem*, p. 76.

3 – A impossibilidade jurídico-constitucional de se lhe exigir a **entrega antecipada** (antes de receber ou de retirar do contribuinte) comprova que o substituto só pode atuar como *mero agente arrecadador*.

Consequentemente, surge uma dupla possibilidade:

a) ou a norma determina (obriga – "O") que o **contribuinte entregue** ("p") o dinheiro ao denominado **substituto** (*agente arrecadador do Estado*);

b) ou a norma permite ("P") que o denominado **substituto** (*agente arrecadador do Estado*) **retire** (retenha definitivamente – "p") o dinheiro que, apesar de estar em sua posse (do substituto), já é da disponibilidade jurídica do **contribuinte**, o que caracteriza o fato-signo de riqueza (é o caso, p. ex., das normas que dispõem sobre o *imposto sobre a renda retido na fonte – IRRF*).[37]

Atesta-se que tanto na hipótese "a" quanto na "b" não há por parte do substituto a obrigação de antecipar a entrega (entregar, para depois tentar receber do contribuinte) de dinheiro, o que caracterizaria uma restrição inconstitucional ao direito de propriedade, melhor dizendo, aos direitos subjetivos de cunho patrimonial.

Para finalizar, cabe dizer que, no fenômeno que envolve a **substituição** *tributária*, existem duas relações jurídico-formais de naturezas diversas e inconfundíveis:

– **uma** – a que corresponde à relação jurídica tributária que surgirá entre o **contribuinte** e o Estado (representado pelo seu *agente arrecadador*, o **substituto**) – **relação jurídico-formal de natureza tributária**; e

– **outra** – a que corresponde à relação jurídica administrativo-fiscal que nascerá entre o **substituto** e o Estado, onde o **substituto** (*órgão meramente arrecadador*) é obrigado a entregar (repassar) ao Estado o dinheiro recebido ou retido do contribuinte – **relação jurídico-formal de natureza administrativo-fiscal**.

Esse tema será retomado no capítulo seguinte, quando analisar-se-á com desvelo a controvertida questão da **sujeição passiva** *tributária antecipada, in casu*, **substituição** *tributária para frente*.

5.2.5. Definição completa da norma impositiva de imposto

A norma impositiva de imposto é diretamente informada pelo Princípio Constitucional da Capacidade Contributiva, cujo conceito foi definido do seguinte modo (subitem 5.2.1 deste capítulo):

---

37 Dizendo de forma conversa (inversa): o contribuinte é *obrigado a permitir que* o Estado (por meio do seu agente arrecadador, o "substituto") *retire* (retenha definitivamente) o dinheiro que já está em sua (do substituto) posse. Em termos semânticos, falar em "obrigado a permitir que retire" assemelha-se a "obrigado a entregar". A conduta de *entregar* (em sentido amplo, englobando a situação de "permitir que retire") foi considerada a conduta representativa da prestação tributária (Capítulo II, subitens 2.9.1 e 2.9.2).

***Princípio da Capacidade Contributiva** é o complemento, necessário e condicionante, do aspecto declaração prescritiva do antecedente da norma constitucional de produção normativa (que dispõe sobre a criação de normas impositivas de imposto), portador de elevada carga axiológica, o qual exige que o antecedente da norma impositiva de imposto descreva um fato que ostente sinal de riqueza pessoal e que o seu consequente prescreva a conduta (obrigatória) do titular desta riqueza de entregar parte dela ao Estado.*

A partir dessa definição do Princípio Constitucional da Capacidade Contributiva e de uma definição embrionária de norma impositiva de imposto, iniciou-se uma análise profunda de cada um dos critérios do antecedente e do consequente normativos. Vale repetir que a norma impositiva de imposto, como toda norma jurídica, *é uma unidade irredutível* em termos deônticos. Contudo, por meio de uma abstração, com propósitos científicos, foi possível vislumbrar critérios desta entidade normativa.

Nesse contexto, identificou-se os seguintes critérios:

a) quanto ao antecedente: pessoal, material temporal e espacial (subitem 5.2.2 acima); e

b) quanto ao consequente: pessoal (ativo e passivo), material (qualitativo e quantitativo, este último subdivide-se em base de cálculo e alíquota), temporal e espacial (subitens 5.2.3 e 5.2.4 acima).

Considerando todos esses pontos, devida e previamente esquadrinhados, é cabível firmar a definição completa da norma impositiva de imposto:

Norma Impositiva de Imposto *é aquela que se caracteriza por apresentar, no antecedente, a descrição de um comportamento* (critério material) *de um sujeito de direito* (critério pessoal) *situado no tempo* (critério temporal) *e no espaço* (critério espacial) *representado por um verbo pessoal e um complemento, sendo a descrição de tal comportamento um signo de riqueza pessoal* (ou seja, que haja um sujeito de direito como titular de direitos subjetivos suscetíveis de avaliação econômica) *e, no consequente, a prescrição de uma relação jurídico-formal, onde estão presentes os sinais necessários para o reconhecimento do sujeito de direito que é o titular da riqueza* (critério pessoal passivo, que informa os sinais necessários para identificar o sujeito passivo tributário, o *contribuinte*) *e que tem a obrigação de entregar* (critério material qualitativo) *parcela* (um dos aspectos do critério material quantitativo, a *alíquota*) *desta riqueza* (o outro aspecto do critério material quantitativo, a *base de cálculo*) *a outro sujeito de direito, cujos sinais identificadores estão igualmente presentes* (critério pessoal ativo, que contém os dados suficientes para determinar o sujeito ativo tributário), *em certo tempo* (critério temporal) *e espaço* (critério espacial).

5.2.6. Imunidade e isenção – uma rápida abordagem segundo o modelo proposto

Tendo examinado todos os critérios da norma impositiva de imposto, cabe aplicar o modelo jurídico proposto para distinguir dois institutos que despertam um especial interesse da doutrina: a **imunidade** e a **isenção.**

Conforme exposto, toda norma impositiva tributária apresenta-se como norma de conduta. A norma impositiva tributária, para existir juridicamente (ter validade), precisa ser produzida em conformidade com o prescrito pela correspondente norma de produção normativa. Em último e mais elevado grau, encontra-se a norma constitucional de produção normativa (subitem 3.8.4 do Capítulo III).

É lição corrente na doutrina a de que a imunidade tem assento constitucional, enquanto a isenção decorre de previsão legal. É mister aprofundar esta distinção.

Costuma-se dizer que as situações previstas no enunciado do inciso VI, alíneas "*a*" a "*d*", do art. 150, da Constituição da República, caracterizam casos de imunidade.

Tomando-se como referência estes casos e considerando-se aquilo que se disse sobre as diferenças entre a norma de produção normativa e a norma impositiva tributária, pode-se construir o seguinte raciocínio:

a) a imunidade é relevante para a produção da norma impositiva tributária;

b) a imunidade limita o "poder de tributar", isto é, o poder de exigir tributo por meio da norma impositiva tributária;

c) a imunidade está prevista em norma constitucional que é determinante para a produção da norma impositiva tributária ou seja, a imunidade está prevista em norma constitucional de produção normativa;

d) a norma constitucional de produção normativa descreve em seu antecedente um fato complexo que se compõe de um *sujeito competente*, uma *declaração prescritiva* e um *procedimento*;

e) a imunidade "limita o poder de tributar", isto é, limita, restringe, o conteúdo juridicamente possível da norma impositiva tributária;

logo, pode-se propor a seguinte definição:

Imunidade é o complemento limitativo do elemento declaração prescritiva descrito pelo antecedente das normas constitucionais de produção normativa – a que informa a criação da *norma complementar de produção normativa tributária* e a que informa a produção da *norma tributária* –, que conforma a competência do legislador infraconstitucional para criar normas jurídicas com o propósito mediato ou imediato de exigir tributos, à medida que impede que determinados critérios (pessoais ou materiais) venham a integrar o antecedente ou o consequente da norma tributária.

A imunidade, portanto, constitui-se em fundamento de validade da norma impositiva tributária. Se no plano dos fatos, quando da ocorrência do processo legislativo, não foi atendida a limitação representativa da imunidade, a consequência é: o não surgimento de norma impositiva tributária (válida), pois não terá sido realizado o fato complexo descrito pelo antecedente da norma constitucional de produção normativa.

A *imunidade* não deve ser confundida com duas outras figuras normalmente apontadas como afins: a *isenção* e a *não incidência*.

A doutrina e a jurisprudência não têm sido consonantes no que tange à utilização dos termos *isenção* e *não incidência*. Dessarte, para que o tratamento desse tema seja mais produtivo, será feita uma exposição dos diferentes fenômenos que, corriqueiramente, deseja-se retratar quando aqueles termos (*isenção* e *não incidência*) são empregados sem a preocupação prévia de conferir nomes a cada um deles.

Primeiro – a Constituição da República (art. 155, § 2º, XII, "e") dispõe que "cabe à lei complementar excluir da incidência do imposto (no caso, o ICMS), nas exportações para o exterior, serviços e outros produtos além dos mencionados no inciso X, "a". Nessa hipótese, tem-se o seguinte fenômeno: há uma norma constitucional de produção normativa que confere ao legislador complementar federal a competência de ele estabelecer, por meio de uma norma complementar de produção normativa,[38] limitações para o (excluindo do ou não permitindo que se inclua no) conteúdo dos critérios materiais do antecedente e do conseqüente da norma ordinária do ICMS, a ser produzida pelo legislador estadual.[39]

Segundo – o legislador federal, na lei ordinária que dispõe sobre o IR, além de estabelecer todos os critérios necessários para o nascimento da norma desse imposto, prescreve que determinadas pessoas estão "isentas" do mesmo.

Terceiro – o legislador federal, em lei ordinária específica, que não a lei ordinária que dispõe sobre todos os critérios necessários para o nascimento da norma do IR, prescreve que determinadas pessoas estão "isentas" do mesmo.

Quarto – o legislador federal, na lei ordinária que dispõe sobre o IR, além de estabelecer todos os critérios necessários para o nascimento da norma desse imposto, prescreve que determinadas pessoas "não sofrerão a incidência" do mesmo.

Quinto – o legislador federal, em lei ordinária específica, que não a lei ordinária que dispõe sobre todos os critérios necessários para o nascimento da norma do IR, prescreve que determinadas pessoas "não sofrerão a incidência" do mesmo.

Sexto – o legislador complementar, ao produzir a norma complementar de produção normativa relativa à criação da norma do IR (vide enunciados dos arts. 43 a 45 do CTN), define o critério material do antecedente ("fato gerador") da norma do IR de um modo menos amplo que a norma constitucional de produção normativa relativa ao IR possibilita. Isto é, a norma constitucional de produção normativa relativa ao IR possibilita que o legislador complementar estabeleça uma definição mais ampla para o critério material do antecedente ("fato gerador") da norma do IR, contudo, ele, por opção própria, resolve fixar uma definição menos ampla.

Sétimo – o legislador ordinário, ao produzir a norma do IR, fixa o critério material do antecedente ("fato gerador") da norma do IR de modo menos amplo que a norma complementar de produção normativa relativa ao IR (ou, se for o caso,

---

38 Mais especificamente, por meio de um complemento limitativo ao elemento declaração prescritiva descrito pelo antecedente da norma complementar de produção normativa.

39 Fenômeno semelhante ocorre em função do disposto no art. 156, § 3º, II, da Constituição.

que a norma constitucional de produção normativa) possibilita. Isto é, a norma complementar de produção normativa relativa ao IR possibilita que o legislador ordinário fixe um critério material do antecedente ("fato gerador") da norma do IR mais amplo, contudo, ele, por opção própria, resolve fixar um critério menos amplo.

Feito esse resumo dos fenômenos mais freqüentes relacionados àquilo que alguns chamam de "isenção" e outros de "não incidência", e sem pretender esgotar o universo de possibilidades, convém tecer breves comentários:

a) nenhuma das sete situações referidas tem relação com a *imunidade*, que possui natureza constitucional: é um complemento limitativo do elemento *declaração prescritiva* descrito no antecedente da norma constitucional de produção normativa.

b) Todas as sete situações referem-se a fenômenos que decorrem de enunciados veiculados por instrumentos infraconstitucionais (lei complementar ou lei ordinária).

c) O termo ***não incidência*** não parece adequado para designar, identificar de modo específico, qualquer dos sete fenômenos mencionados.

d) Sem pretender afastar a possibilidade de serem escolhidos nomes diferentes, denominam-se os fenômenos atinentes aos casos 2º, 3º, 4º e 5º de ***isenção***. Aplicam-se a tais casos as normas do CTN referentes à "isenção".

e) Sem pretender afastar a possibilidade de serem escolhidos nomes diferentes, denomina-se o fenômeno atinente ao 1º caso de ***isenção heterônoma***.

f) Sem pretender afastar a possibilidade de serem escolhidos nomes diferentes, denomina-se o fenômeno atinente ao 6º caso de ***definição reduzida de critério normativo***.

g) Sem embargos de opções por nomes diferentes, denomina-se o fenômeno atinente ao 7º caso de ***criação normativa reduzida***.

Fez-se referência a cinco diferentes expressões: ***não incidência***, ***isenção***, ***isenção heterônoma***, ***definição limitada de critério normativo*** e ***criação normativa reduzida***. Mais algumas palavras precisam ser ditas sobre cada uma delas.

Incidência é um fenômeno (que pode surgir a partir de toda e qualquer norma jurídica – válida – que tenha vigência) representativo da qualificação de um fato como sendo um *fato jurídico*, em função de o conceito desse fato corresponder ao descrito no antecedente normativo, produzindo, por conseguinte, certos efeitos jurídicos correspondentes ao conseqüente normativo – o nascimento ou revogação de uma nova norma jurídica, se for norma de produção normativa, ou o surgimento ou extinção de uma relação jurídica, se for norma de conduta.

O termo ***não incidência***, encontradiço até no texto constitucional (art. 155, § 2º, II), não parece adequado para designar, identificar de modo específico, qualquer dos sete fenômenos anteriormente mencionados. Em todas as sete hipóteses, não haverá o fenômeno da incidência de norma tributária ou ter-se-á *não incidência*. Não faz muito sentido, é pouco esclarecedor, dizer que há *não incidência* de norma tributária. Falar isso significa simplesmente firmar que não há o fenômeno da incidência, ou que há um "não fenômeno", um "não acontecimento". A incidência pode não ocorrer por diversos motivos, por exemplo: a) não há norma tributária; b) há norma tributária (válida), porém ela ainda não está vigendo; c) não ocorreu o fato descrito no antecedente da norma tributária; d) uma pessoa tem imunidade; e) uma pessoa é isenta etc. Em todas essas hipóteses, um ponto é comum: não há incidência, ou há *não incidência*, de norma tributária.

Como leciona LOURIVAL VILANOVA:[40] "A incidência é uma técnica do direito, é seu modo de referir-se aos objetos e situações objetivas, através do pressuposto ou hipótese fáctica da norma". E complementa: "tão logo a relação factual corresponda ao esquema delineado pela hipótese fáctica (hipótese que aponta para os fatos de possível ocorrência), sobre essa relação a norma incide, tecendo efeitos que não adviriam das meras relações de causalidade natural."

Os casos denominados de ***não incidência*** referem-se a situações em que não há tributação prescrita por norma de conduta tributária, seja pelo fato de a respectiva norma de produção normativa ter assim disposto, seja pelo fato de o sujeito produtor da norma de conduta tributária ter, por opção própria, desse modo decidido. Portanto, as situações correspondentes ao que se denominou anteriormente de (i) ***imunidade***, (ii) ***isenção***, (iii) ***isenção heterônoma***, (iv) ***definição reduzida de critério normativo*** e (v) ***criação normativa reduzida*** possuem um ponto em comum: pode-se dizer que, por força de todas elas, ter-se-á (o "não-fenômeno" da) a "não incidência de norma tributária". Em todas elas, não haverá norma tributária apta a incidir sobre o conceito de certo fato, em razão de este fato não estar descrito pelo antecedente de norma tributária (válida).

O termo ***isenção*** representa e compreende os 2º, 3º, 4º e 5º fenômenos anteriormente arrolados. A *isenção*, diversamente da *imunidade*, apenas decorre de veículo introdutor de norma infraconstitucional (p. ex., lei ordinária ou lei complementar).

Ao que parece, a **isenção** não se apresenta como norma de produção normativa nem como norma de conduta, mas, em rigor, apenas simboliza um conjunto de situações jurídicas. Nesse sentido, pode-se dar a seguinte definição:

Isenção é o fenômeno jurídico, que se surpreende ainda no plano das significações dos suportes materiais da linguagem jurídica (plano do sentido do texto legal, antes de se organizar com a estrutura de norma), representativo da situação de o sujeito competente para a produção da norma tributária, no processo legislativo (plano dos fatos), determinar textualmente (no respectivo veículo normativo) que certos conteúdos semânticos (pessoas, coisas etc.) não integrarão ou deixarão de integrar ("estão isentos" ou "não incidem"), um ou mais critérios de uma norma tributária.

40 *Causalidade e relação no direito*, p. 82.

A isenção apresenta-se como enunciado infraconstitucional que informa negativamente o conteúdo da norma tributária.

Uma importante conseqüência decorre desse modo de caracterizar a *isenção*: considerando, em especial, o prescrito nos arts. 104, III, e 178 do CTN, quando o legislador enuncia que determinada *isenção* está "revogada" ou que certo texto de lei que dispõe sobre a *isenção* está revogado, isso terá como efeito uma nova situação normativa, que poderá fazer com que aqueles conteúdos semânticos, anteriormente excluídos, passem a integrar a recém criada ou recriada norma tributária. Fala-se que "poderá", em função de este ser o efeito mais freqüente, contudo só se terá certeza ante a situação concreta, quando então, a partir da nova e diferente realidade jurídica, será possível construir a (nova) norma tributária. É nesse contexto que se costuma encontrar a afirmação de que "uma vez revogada a isenção, a norma tributária volta a ser como era antes de ocorrer a isenção". É algo que se assemelha a um efeito repristinatório implicitamente previsto.

Neste trabalho, distinguiu-se propositalmente o conceito "***isenção***" do conceito "***isenção heterônoma***". Assim se procedeu em função de estas expressões designarem fenômenos distintos. A *isenção* decorre de opção do próprio legislador que tem competência para criar a norma tributária. Diferentemente, na hipótese de *isenção heterônoma*, a situação é provocada não pelo legislador competente para criar a norma tributária, mas pelo legislador complementar federal que tem competência para criar a norma complementar de produção normativa que estabelece requisitos de validade para a criação da norma tributária estadual ou municipal.

É conhecida a regra geral da Constituição de que "É vedado à União instituir isenções de tributos da competência dos Estados, do Distrito Federal ou dos Municípios" (art. 151, III) – *isenção heterônoma* – (ao contrário do que dispunha a Constituição anterior – art. 19, § 2º). Contudo, tal regra geral encontra-se expressamente excepcionada – art. 155, § 2º, XII, "e"; art. 156, § 3º, II, da Constituição.

Nesse sentido, seria pertinente a seguinte definição:

Isenção heterônoma é o fenômeno jurídico, que se surpreende no *plano das significações dos suportes materiais da linguagem jurídica* (plano do sentido do texto legal, antes de se organizar com a estrutura de norma), representativo da situação de o legislador federal competente para a produção da norma complementar de produção normativa (a que estabelece requisitos de validade para a criação da norma tributária estadual ou municipal) determinar textualmente (no respectivo veículo normativo – lei complementar) que, no processo legislativo (plano dos fatos) estadual ou municipal, certos conteúdos semânticos (pessoas, coisas etc.) não poderão integrar ou deixarão de integrar ("estão isentos" ou "não incidem"), total ou parcialmente, os critérios do antecedente ou do conseqüente de certa norma tributária estadual ou municipal.

Apesar de a atual Constituição não fazer uso do termo "isenção" quando se refere ao fenômeno da *isenção heterônoma* (como fazia a anterior em seu art. 19, § 2º), mas sim da expressão "excluir da incidência", atesta-se, por uma interpretação sistemática, que o fenômeno previsto parece ser exatamente o mesmo. Dessarte, pode-se dizer que as mesmas observações feitas anteriormente para a situação denominada "revogação da isenção" valem para a chamada "revogação da isenção heterônoma". Quer dizer, se houver "revogação da isenção heterônoma", deve-se considerá-la retirada do sistema jurídico, o que terá como efeito uma nova situação normativa, que poderá (ou não) fazer com que aqueles conteúdos semânticos anteriormente excluídos passem a integrar a recém criada ou recriada norma tributária.

Por sua vez, a expressão ***definição reduzida de critério normativo*** não se confunde com os conceitos de "isenção" nem de "isenção heterônoma". Aqui, o sujeito competente para produzir a norma de produção normativa (p. ex., o legislador complementar – no caso do IR), ao conformar a competência material do sujeito habilitado a produzir a norma tributária (p. ex., o legislador ordinário federal – no caso do IR), o faz (com base no art. 146 , III, "a" – CRFB) de modo menos amplo que a Constituição possibilita. Tal conceito poderia ser por essa forma definido:

Definição reduzida de critério normativo é o fenômeno representativo da situação de o legislador competente para a criação da norma de produção normativa infraconstitucional (a que estabelece requisitos materiais de validade para a norma tributária) estabelecer, no processo legislativo (plano dos fatos), uma definição menos ampla que a permitida pela Constituição da República (norma constitucional de produção normativa) para os critérios (em especial, o pessoal e o material) do antecedente e do consequente da norma tributária.[41]

Por último, a expressão ***criação normativa reduzida*** refere-se a uma situação específica que não se confunde com as demais. Nessa hipótese, o sujeito competente para produzir a norma tributária (p. ex., o legislador ordinário federal, no caso do IR), por opção própria, resolve estabelecer o conteúdo de um critério normativo (do antecedente ou do conseqüente) de modo menos amplo que lhe permite a respectiva norma de produção normativa (p. ex., no caso do IR – a norma complementar construída a partir dos arts. 43 a 45 do CTN). Dessarte, define-se:

Criação normativa reduzida é o fenômeno representativo do fato de o próprio sujeito competente para produzir a norma tributária, por livre opção, estabelecer o conteúdo de critério do antecedente ou do conseqüente da norma tributária de modo menos amplo que lhe possibilita a respectiva norma de produção normativa.

Essa *criação normativa reduzida* pode se realizar de forma inaugural (desde a primeira instituição do tributo) ou pode se dar substituindo uma norma tributária até então existente. Vale aduzir que, nessa última hipótese, não se deve pensar em qualquer efeito repristinatório implícito. Se ocorrer a revogação da norma tributária criada de forma reduzida, não haverá restauração da norma anterior, como se infere

41 Aqui, por definição, não cabe cogitar da pertinência da expressão "revogação de isenção" e, por conseguinte, de qualquer efeito repristinatório implícito.

do disposto no art. 2º, § 3º, do Decreto-Lei nº 4.657, de 4 de setembro de 1942 - a Lei de Introdução às normas do Direito Brasileiro. Essa circunstância reforça a conveniência de não se tratar esse fenômeno como sendo "isenção".

5.3. PLANO FÁTICO

5.3.1. Questão semântica: fato e evento

Até o presente instante, o vocábulo "fato" vem sendo empregado sem maiores esclarecimentos quanto a sua significação. Entretanto, não houve prejuízo para a clareza do texto, pois, além de o contexto encarregar-se de elucidar o sentido, o termo "fato" foi usado segundo a concepção corrente da linguagem ordinária, comum, qual seja: um acontecimento, ocorrência, algo que acontece no tempo e no espaço e que é perceptível pelos sentidos humanos. É nesta acepção que a palavra "fato" tem sido disposta em dicionários da língua portuguesa: "caso, sucesso, ato, coisa ou ação feita; acontecimento ou coisa cuja veracidade é reconhecida; obra, ação que realmente se praticou".[42]

Esse sentido mais comum do vocábulo "fato", de um modo geral, é também encontradiço em dicionários de Filosofia. Assim se manifesta NICOLA ABBAGNANO:[43] "Fato. Em geral, uma possibilidade objetiva de verificação, de constatação ou de controle e, portanto, também de descrição ou de previsão: objetiva no sentido de que todos podem fazê-la própria nas condições adequadas". De igual modo, asseveram HILTON JAPIASSU e DANILO MARCONDES:[44] "fato. 1. algo que existe, que acontece, que nos é dado pela experiência. Evento, ocorrência. Uma realidade objetiva".

Tal acepção de *fato* é a mais utilizada pelos juristas quando, por exemplo, referem-se à expressão *fato jurídico*.

KELSEN,[45] ao se referir a *fato jurídico* esclarece que se trata de um "ato que se realiza no espaço e no tempo, sensorialmente perceptível ou uma série de atos, uma manifestação externa de conduta humana".

LOURIVAL VILANOVA,[46] por sua vez, ao discorrer sobre a distinção entre o *plano normativo* e o *plano fático*, leciona que "num plano, temos a hipótese e a consequência. No outro plano, temos os dados de fato, as contrapartes empíricas da hipótese e da consequência: os suportes fácticos e os efeitos (ou eficácia interna)."

---

42 Caldas Aulete, *ibidem*, p. 1.728; Francisco da Silveira Bueno, *ibidem*, p. 482.

43 Nicolas Abbagnado, *Dicionário de Filosofia*, Mestro Jou, 1982, p. 408.

44 *Idem, ibidem*, p. 96.

45 *Teoria Pura do Direito*, *idem*, p. 2.

46 *Causaliade e Relação no Direito*, *idem*, pp. 15 e segs.

Não se desconhece a distinção que pensadores de escol fazem acerca dos conceitos de *fato* e *evento*.

Paulo de Barros Carvalho,[47] em recente obra, firma a diferença entre fato e evento, (ou objeto da experiência) ao tratar do ponto "Enunciados e objetos da experiência – fato como enunciado protocolar – a constituição jurídica do fato". Professora que:

> "JURGEN HABERMAS trabalha com a distinção entre fatos e objetos da experiência. Os fatos seriam os enunciados linguísticos sobre as coisas e os acontecimentos, sobre as pessoas e suas manifestações. Os objetos da experiência são *aquilo acerca do que fazemos afirmações*, aquilo sobre que emitimos enunciados. Deriva dessas observações que o *status* dos fatos é diferente do *status* dos objetos a que se referem".

Complementa ao pontificar que:[48]

> "... fatos jurídicos não são simplesmente os fatos do mundo social, constituídos pela linguagem de que nos servimos no dia-a-dia. Antes, **são os enunciados proferidos na linguagem competente do direito positivo, articulados em consonância com a teoria das provas.** Quem quiser relatar com precisão os fatos jurídicos, nomeando-lhes os efeitos, que use a teoria das provas, responsável pelo estilo competente para referência aos acontecimentos do mundo do direito".

Esse professor traz ainda à colação o ensinamento de TÉRCIO SAMPAIO FERRAZ JR.[49] Esclarece este autor:

> "É preciso distinguir entre **fato** e **evento**. A travessia do Rubicão por Cesar é um **evento**. Mas 'Cesar atravessou o Rubicão' é um **fato**. Quando, pois, dizemos que 'é um fato que Cesar atravessou o Rubicão' conferimos **realidade** ao **evento**. 'Fato' não é pois **algo** concreto, sensível, mas um elemento linguístico capaz de organizar uma situação existencial como realidade".

Em suma, a distinção preconizada entre *fato* e *evento* (ou *objeto da experiência*) é a seguinte: a) *fato* – é a descrição em linguagem competente de um evento ou objeto da experiência; e b) *evento* ou *objeto da experiência* – equivalente àquilo que se chamou anteriormente de *fato* (na primeira acepção exposta), –, significa aquela "contraparte empírica", aquele ato perceptível pelos sentidos, que se realiza no tempo e no espaço.

Não obstante o elevado nível analítico da corrente que confere aos vocábulos *fato* e *evento* (ou *objeto* da *experiência*) significações diversas, apesar de concordar

47 *Fundamentos Jurídicos da Incidência Tributária, idem*, pp. 85 e segs.

48 *Idem, Ibidem*, pp. 90 e segs.

49 *Introdução ao Estudo do Direito, idem*, p. 253.

que é preciso conferir-se nomes (rótulos) diferentes para designar o "objeto de experiência" e para designar a "descrição deste *objeto da experiência*", para os fins deste trabalho, continua-se adotando a acepção tradicional para **fato** (como sinônimo de *evento*), que tem a seu favor a **força do uso**, tanto por parte dos utentes da linguagem ordinária quanto por parte dos utentes da linguagem científico-jurídica.

Desse modo, utiliza-se a seguinte terminologia:

a) para indicar o acontecimento, o "objeto da experiência", (que é perceptível pelos sentidos humanos e ocorre no tempo e no espaço), emprega-se o termo **fato**; e

b) para simbolizar a descrição deste acontecimento, do "objeto da experiência", faz-se uso da expressão **descrição do fato**.

5.3.2. Fato jurídico tributário

5.3.2.1. Definição

Uma vez esclarecida a questão semântica que envolve o termo *fato*, torna-se mais fácil enunciar a definição de **fato jurídico tributário**. Para tanto, convém retomar o sentido de cada um dos vocábulos que compõem esta expressão:

a) **fato** – é o acontecimento, o objeto da experiência, perceptível pelos sentidos humanos, que se realiza no tempo e no espaço. Daí dizer-se que o fato é *concreto*, pois é algo que "nos é dado pela experiência sensível", "que é efetivamente real",[50]

b) **jurídico** – reflete sua ligação com o universo do Direito, a qual se manifesta de duas formas: *uma* – pela correspondência do conceito do fato com o antecedente da norma; *duas* – pelo efeito jurídico (que equivalerá ao prescrito no consequente da norma) que sua realização provoca. O Direito desenvolve-se por meio do movimento norma-fato: norma incide sobre (o conceito do) fato e produz certo efeito *jurídico* (se for *norma de produção normativa* – o efeito jurídico é a produção de outra norma; se for *norma de conduta* – o efeito jurídico é o surgimento de uma relação jurídica);

c) **tributário** – retrata a relação direta com o fenômeno tributário (com o tributo, com a prestação tributária), mais especificamente: o conceito desde fato corresponde ao antecedente da norma impositiva tributária e sua realização, no tempo e no espaço, fará surgir, em consonância com o prescrito pelo consequente da norma impositiva tributária, a relação jurídica tributária, ou seja, a obrigação de entregar dinheiro ao Estado a título de tributo e o correlativo "direito" (permissão de obrigar que entregue) por parte do Estado.

Esclarecidos esses pontos, há condições de firmar a definição de fato jurídico tributário:

---

50 Hilton Japiassu e Danilo Marcondes, *ibidem*, p. 54. "determinado, particularizado, que exprime um objeto particular, individual (em oposição a abstrato)";Caldas Aulete, *ibidem*, p. 888.

– **Fato jurídico tributário** é aquele acontecimento perceptível pelos sentidos humanos, que se realiza, no tempo e no espaço, e cujo conceito corresponde ao antecedente da norma impositiva tributária.[51]

5.3.2.2. Requisitos

O exame dos requisitos do **fato jurídico tributário** suscita uma investigação sobre as condições necessárias para a sua caracterização.

Esses requisitos podem ser separados em dois grupos: um que se refere à determinação das condições necessárias para que exista um fato; outro que se reporta ao aspecto exclusivamente jurídico da expressão – "jurídico tributário".

Nesse passo, quanto ao primeiro aspecto, já se firmou que a acepção predominante para **fato** (seja ele jurídico, social, histórico, econômico, físico etc.) é a seguinte: **fato** é um acontecimento, ocorrência, algo que aconteceu no tempo e no espaço e que é perceptível pelos sentidos humanos.

Logo, para que seja possível cogitar de **fato** necessita-se de um acontecimento, de um objeto da experiência, de uma ocorrência que produza sensação, demarcada no tempo e no espaço. Assim, o **fato** não se confunde com a *descrição em linguagem do* **fato** ou com o ato de *pensar* o **fato**. Daí se afirmar: o **fato** é concreto, pois designa algo que "nos é dado pela experiência sensível", "que é efetivamente real", "determinado, particularizado, que exprime um objeto particular, individual (em oposição a abstrato)".

Vale ainda aduzir: é inadmissível confundir os conceitos de *fato presumido* com *fato fictício*. Aquele tem que ver com a questão relativa à prova de um fato; este refere-se a algo que só existe na imaginação, aparente, ilusório. Não distinguir com clareza estes conceitos caracteriza grave erro, que, por sua vez, implica sérios problemas jurídicos, como, p. ex., aquele que envolve a interpretação do enunciado do § 7º do art. 150 da Constituição da República.

Cabe desde já pontificar: não tem sentido jurídico cogitar-se de *fato jurídico tributário fictício*. Trata-se de expressão contraditória ou, se preferir, de uma linguagem elíptica, cuja mensagem é a seguinte: *fato jurídico tributário fictício* é um fato não ocorrido, não realizado, que está somente na imaginação de alguém (ato de imaginar ou ato de desejar um fato, que não se confunde com o próprio fato que, no caso, não existe).[52]

---

51 Esta definição é consoante à posição da doutrina dominante. Neste sentido, posicionam-se: Rubens Gomes de Souza, Alfredo Augusto Becker, Amílcar de araújo falcão, geraldo ataliba, paulo de barros carvalho (segundo um modelo anterior, exposto no seu livro *Curso de Direito Tributário*), Eduardo Soares de Melo, Hugo de Brito machado, Estevão Horvath, José Souto Maior Borges, Ruy Barbosa Nogueira, Ricardo Lobo Torres, Eurico Marcos Diniz de Santi, Dino Jarach etc.

52 Este ponto será retomado mais à frente – item 6.3 do Capítulo VI.

O segundo grupo de requisitos é atinente ao aspecto exclusivamente jurídico da expressão fato *jurídico tributário*. Conforme anteriormente examinado (item 5.1 deste capítulo), o plano fático (do fato jurídico tributário) apresenta-se como projeção concreta do antecedente da norma impositiva tributária.

Sendo assim, considerando-se que o antecedente da norma impositiva tributária apresenta quatro critérios (pessoal, material, temporal e espacial), pode-se asseverar que: o fato somente será **jurídico tributário**, se o seu conceito (do fato, acontecimento, que se realiza no tempo e no espaço e que é perceptível pelos sentidos humanos) corresponder, integralmente, àquilo que está descrito pelo antecedente da norma impositiva tributária.

Se, no mundo da experiência (concreto, real), realizar-se um fato cujo conceito não corresponda ao descrito pelo antecedente da norma impositiva tributária (em todos os seus critérios – pessoal, material, temporal e espacial), não surgirá a **sujeição passiva tributária**, determinada e individualizada (plano relacional, da relação jurídica tributária).

5.4. PLANO RELACIONAL – A SUJEIÇÃO PASSIVA TRIBUTÁRIA – DETERMINADA E INDIVIDUALIZADA

5.4.1. Relação jurídica tributária

A **relação jurídica tributária**, antes de ser qualificada como tributária, é relação jurídica. Deste modo, se o propósito é conhecer melhor a relação jurídica tributária é mister perscrutar o conceito de relação jurídica, identificar seus elementos e precisar suas qualidades. Feito isto, ter-se-á condições de investigar os principais aspectos que envolvem a relação jurídica tributária, em especial seu aspecto passivo – a **sujeição passiva tributária**.

5.4.1.1. Relação jurídica

5.4.1.1.1. Conceito amplo e estrito

A expressão **relação jurídica** é plurissignificativa. Num sentido amplo tem sido utilizada, por exemplo, nas seguintes acepções:

a) relação entre o homem e a norma;

b) relação entre a norma e o fato;

c) relação entre a norma e a conduta;

d) relação internormativa – entre normas;

e) relação intranormativa – dentro da norma abstrata e geral, entre o antecedente e o consequente;

f) relação existente no consequente da norma abstrata e geral, entre o critério pessoal passivo e o critério pessoal ativo, também denominada **relação jurídico-formal**;

g) relação determinada e individualizada, que é efeito jurídico da incidência da norma abstrata e geral sobre o fato jurídico.

Cada uma das relações acima referidas é chamada de *relação jurídica*. Tal situação não convém ao discurso científico, que se caracteriza pelo rigor sintático e pela precisão semântica.

Neste trabalho, concebe-se a expressão *relação jurídica* num único e mais restrito sentido:

– **relação jurídica** é a relação que decorre (é efeito jurídico) da incidência da norma jurídica (abstrata e geral) sobre o (conceito do) fato jurídico e que se apresenta como relação **individualizada** e **determinada**, isto é, que se estabelece entre sujeitos plenamente individualizados, tendo por objeto uma conduta intersubjetiva determinada e modalizada deonticamente.

A **relação jurídica** é projeção, enriquecida de determinação e de individualização, do consequente da norma jurídica abstrata e geral, assim como o **fato jurídico** é projeção, enriquecida de concretude, do antecedente da norma abstrata e geral.

Na relação jurídica (sentido estrito), os sujeitos (termos da relação) possuem posições inversas no que toca à conduta (representada morfologicamente por um verbo) intersubjetiva modalizada. Ou, como normalmente afirmam com certa dose de imprecisão, os sujeitos da relação jurídica possuem "direitos" e "deveres" correlatos. O tema da correlação na relação jurídica será apreciado mais adiante (subitens 5.4.1.1.4. e 5.4.1.1.5. deste capítulo).

5.4.1.1.2. Elementos da relação jurídica

A relação jurídica, antes de ser jurídica, é relação. Portanto, pode-se aplicar o instrumental fornecido pela Teoria das Relações, que é um subcapítulo da Lógica dos Predicados Poliádicos, para melhor estudá-la. Toda relação apresenta variáveis de termos e variáveis relacionais. A relação jurídica possui a mesma estrutura, porém, apresenta-se inteiramente determinada e individuada, não mais com variáveis. A determinação e individuação da relação jurídica se manifestam pela fixação de uma conduta específica (representada morfologicamente por um verbo), modalizada deonticamente (permitida – "P", proibida – "V" ou obrigatória – "O"), entre sujeitos (intersubjetiva) plenamente individualizados que devem comportar-se de forma certa, um perante o outro, assumindo posições inversas, correlatas.

Logo, em toda relação jurídica vislumbram-se três elementos:

a) dois de natureza subjetiva – um sujeito (individuado) que deve conduzir-se de determinada forma *(sujeito passivo)* e outro sujeito de direito que pode exigir que o primeiro se conduza da forma prescrita *(sujeito ativo)*; e

b) um de natureza material – a conduta intersubjetiva determinada e modalizada *(objeto)*.

Pode-se acrescer ao elemento material nuclear – o **objeto** – dois complementos essenciais para completar o sentido deôntico: o elemento temporal e o espacial.

Atesta-se que a estrutura da relação jurídica corresponde aos critérios do consequente da norma jurídica (pessoal, material, temporal e espacial). Isto se explica pelo que se disse acima: a relação jurídica é a projeção, enriquecida de determinação e individualização, do consequente da norma abstrata e geral.

5.4.1.1.3. Qualidades da relação jurídica

As relações em geral possuem algumas qualidades. A relação jurídica possui algumas qualidades peculiares. Assim, é certo asseverar: toda relação jurídica é **irreflexiva** e **assimétrica**.

O Direito regula condutas intersubjetivas, entre sujeitos. Por conseguinte, não tem sentido deôntico alguém estar proibido perante si próprio, permitido ante si mesmo, ou obrigado frente a si próprio. Daí afirmar-se que a relação jurídica é *irreflexiva*, ou seja, um sujeito não pode estar em relação consigo mesmo, ocupando, simultaneamente, os pólos ativo e passivo de uma mesma relação jurídica. LOURIVAL VILANOVA observa que: a relação jurídica é aliorelativa, é sempre perante outro.[53]

De outro lado, a relação jurídica é *assimétrica*, pois vale em sentido direto, não em sentido inverso. A relação "A é tão forte quanto B" é simétrica, pois se os termos forem invertidos, a relação permanece a mesma. Na relação jurídica isso não ocorre. Se A é obrigado a fazer algo para B, B tem a permissão de obrigar que A faça algo. Esta relação é a *conversa* (inversa) daquela. Pelo fato de ser assimétrica a relação jurídica original é sempre diferente da sua conversa.

Toda relação jurídica tem sua conversa. É preciso, contudo, respeitar as peculiaridades do universo jurídico para que se construa corretamente a relação jurídica conversa. Pode-se, assim, pontificar que: a relação jurídica conversa é obtida pela inversão da ordem dos termos da relação original e pela alteração do modal deôntico que afeta a (mesma) conduta regulada na relação original. A matéria concernente à relação conversa e à correlação deôntica será melhor desenvolvida logo a seguir (subitens 5.4.1.1.4. e 5.4.1.1.5.).

5.4.1.1.4. A relação jurídica conversa e a ambiguidade do binômio direito subjetivo-dever jurídico

O binômio *direito subjetivo-dever jurídico* é ambíguo, não sendo compatível com a precisão exigida para a elaboração de um discurso científico. Este fato não passou despercebido por HANS KELSEN. Este jusfilósofo observou que "direito subjetivo" designa várias situações muito diferentes umas das outras, elencando, basicamente,

53 *Idem, Ibidem*, p. 107.

o emprego desta expressão em cinco acepções diferentes. Neste sentido, professa que o *direito subjetivo* de um indivíduo pode ser:

a) um simples reflexo de um dever jurídico existente em prol deste indivíduo;

b) o poder jurídico de um indivíduo de fazer valer o não-cumprimento de um dever jurídico por meio de uma ação judicial;

c) um direito político, intervindo na produção das normas gerais diretamente, como membro da assembleia popular legislativa, ou indiretamente, como eleitor;

d) um direito ou liberdade fundamental; e

e) um direito subjetivo a permissão subjetiva de uma autoridade.[54]

KELSEN esclarece seu pensamento, quando afirma que existem *direitos* que são mais que o simples reflexo de um *dever jurídico*.[55]

Ora, essa mensagem de KELSEN merece um exame mais acurado. Sob a ótica da Lógica Deôntica, a conduta humana intersubjetiva é modalizada de três formas: é proibida, permitida ou obrigatória. Foi visto que toda relação possui a sua conversa, mediante a inversão da posição de seus termos. Em princípio, portanto, se toda relação jurídica é intersubjetiva (entre sujeitos) e irreflexiva (o mesmo sujeito não pode estar nos pólos ativo e passivo), se um dos sujeitos possui um "direito subjetivo", então parece que o outro é titular de um "dever jurídico".

Seguindo esse raciocínio, vale retornar às situações elencadas por KELSEN, a fim de verificar se em todos os cinco casos ocorre ou não uma correlação necessária entre "direito subjetivo" e "dever jurídico", excetuando-se a primeira, onde a correlação "direito-dever" é expressamente reconhecida pelo próprio jurista.

Na segunda situação (*poder jurídico de utilizar uma ação judicial*), há duas possibilidades diversas:

a) KELSEN pode estar se referindo à relação jurídica material conversa (determinada e individuada), onde o sujeito ativo pode exigir o cumprimento da conduta prescrita (POp) e o sujeito passivo tem o dever de cumprir a conduta (Op); ou

b) pode estar se referindo à relação processual, relação trinária entre autor, juiz e réu, onde há "direitos" e "deveres" diversos entre o autor e o juiz e entre o juiz e o réu. Em ambas relações, material e processual, há "direitos" e "deveres" correlatos.

Na terceira (*direito político*), há situações jurídicas diversas (a *do parlamentar* e a *do eleitor*), tratadas como se fossem de uma só espécie.

A *situação de parlamentar* é regida pelo direito constitucional. Pode ser tomada como um dos fatos integrantes do fato complexo (fato jurídico) suficiente para a produção de norma. Ou pode ser examinada sob o ponto de vista de ter o parlamentar direito a participar (Pp) do processo legislativo, tendo outrem dever de permitir que ele participe (OPp). Nesta última hipótese, se há, "direito", há por consequência, o

54 *Teoria Pura do Direito*, pp. 157-158.

55 *Idem, ibidem*, p. 149.

"dever" correlato. Na primeira, a simples circunstância de alguém ser parlamentar caracteriza mero fato, que, combinado com os outros, irá compor o fato complexo (fato jurídico) suficiente para a produção de normas jurídicas.

Por seu turno, a *situação de eleitor* é situação de fato, que, combinada com outros fatos, pode ter como efeito jurídico para o sujeito de direito – *eleitor* os *direitos* – "x" (p. ex., o *direito* de votar), correlatos aos *deveres* – "x" de outros sujeitos (o *dever* de permitir que vote) e os *deveres* – "y" (p. ex., *dever* de não beber no dia da eleição) correlatos a *direitos* – "y" de outros sujeitos (p. ex., *direito* de exigir que não beba). De igual modo, os "direitos" correspondem aos correlatos "deveres".

Na quarta situação (*direito ou liberdade fundamental*), há igualmente a correlação "direito-dever". LOURIVAL VILANOVA pontifica que nos direitos personalíssimos ou autopessoais (ex.: direito à vida), o *direito* se exerce em face de todos os demais (exceto o titular), que têm o *dever* de não interferir.[56] Pode-se dizer, em outras palavras, que todos estão obrigados a não interferir (O-p) e o titular do direito tem a permissão de exigir que todos os outros não interfiram (PO-p). Mais uma vez, se há "direito", há o correlato "dever".

Na última hipótese (*direito subjetivo como permissão positiva de uma autoridade*), também há igual correlação. É a situação em que um indivíduo é autorizado por uma autoridade a exercer uma atividade (Pp). Neste caso, o próprio KELSEN reconhece que "os outros são obrigados a não impedir essa atividade".[57] Ora, falar em "obrigados a não impedir" equivale a dizer: obrigado a permitir que faça (OPp). A correlação existente entre o "direito" de um e o "dever" de outros é admitida, de forma implícita, pelo próprio KELSEN.

Logo, em todas as situações, a correlação "direito-dever" é inevitável. Melhor dizendo, é correto firmar: sempre que houver um verdadeiro "direito" de um, haverá, necessariamente, um correlato "dever" de outro.

É compreensível a dificuldade em vislumbrar esta correlação em todos os casos em que há o chamado "direito". Essa dificuldade se deve, em grande parte, à falta de correspondência entre o binômio "direito-dever" e o trinômio "proibido-permitido-obrigatório" (modais deônticos).

A partir das lições sobre a Lógica Deôntica, torna-se possível construir (propor) uma *tabela de correlação deôntica*, com o fim de demonstrar a existência de uma correlação necessária entre "direito" e "dever" ou, sendo mais preciso, entre os modais deônticos "P", "V" e "O".

5.4.1.1.5. Proposta de tabela de correlação deôntica

Conforme estudado anteriormente (Capítulo II, item 2.4), o Direito regula as condutas intersubjetivas mediante o emprego dos modais deônticos: permitido (P),

56 *Idem, ibidem*, pp. 148-149.

57 *Idem, ibidem*, p. 150.

proibido (V) e obrigatório (O). Não há uma quarta possibilidade de modalização deôntica (lei do quarto excluído da Lógica Deôntica). O facultado (F) significa, apenas, uma conjunção do permitido fazer e do permitido não fazer (Pp . P-p), não se constituindo num quarto modal deôntico.

A Lógica Deôntica informa que esses modais deônticos, embora irredutíveis, são interdefiníveis,[58] apresentando a seguinte *Tabela de Interdefinição Deôntica*:

Pp ≡ -O-p ≡ -Vp
-Pp ≡ O-p ≡ Vp
P-p ≡ -Op ≡ -V-p
-P-p ≡ Op ≡ V-p

Ora, o vocábulo "direito" guarda uma semelhança semântica com o "permitido" (P) e, por sua vez o vocábulo "dever" possui certa parecença com o "obrigatório" (O). Sendo assim, tendo por base a tabela de interdefinição deôntica, é possível obter a tripla modalização da conduta, utilizando somente os modais permitido (P) e obrigatório (O). Fazendo um paralelo com os termos "direito" e "dever", pode-se dizer que:

a) direito = Pp (permitido fazer ou agir)
b) direito = P-p (permitido não fazer ou omitir)
c) dever = Op (obrigado fazer ou agir)
d) dever = O-p (obrigado não fazer ou omitir)

Com esse paralelo entre o binômio "*direito-dever*" e o trinômio "permitido--proibido-obrigatório", o discurso científico aumenta o seu rigor lógico-semântico.

O objetivo dessa proposta de estabelecer uma correlação entre os termos "direito" e "dever" e os modais deônticos (P, O e V) é o de tentar conferir maior precisão ao discurso científico, demonstrando que "direito subjetivo" e "dever jurídico" são expressões genéricas que englobam várias e diferentes espécies.

Para tornar possível a elaboração de uma tabela de correlação deôntica adotaram-se as seguintes premissas:

a) a conduta intersubjetiva é modalizada por apenas três modais deônticos (P, O e V);

b) o modal "proibido" equivale ao "obrigado não fazer ou omitir" (Vp ≡ O-p);

c) toda relação, inclusive a jurídica, possui uma relação conversa;

d) a relação jurídica é assimétrica;

e) a relação jurídica conversa é a inversa da original;

58 Lourival Vilanova, *As Estruturas Lógicas e o Sistema do Direito Positivo*, p. 38.

f) a conduta humana é representada morfologicamente por um *verbo*, que caracteriza e especifica a conduta prescrita;

g) a relação jurídica conversa deve manter o mesmo *verbo* (elemento morfológico representativo da conduta) da relação jurídica original, alterando-se somente a modalização deôntica, sob pena de modificar-se a conduta que foi especificamente prescrita, passando a tratar de conduta diversa da regulada pela relação judicial original.

Isso posto, segue a **Tabela de Correlação Deôntica** (adotando a conduta "fazer", como exemplo):

a) (se um tem a permissão de fazer) **Pp ↔ OPp** (outro tem a obrigação de permitir que o primeiro faça)

b) (se um tem a permissão de não fazer) **P-p ↔ OP-p** (outro tem a obrigação de permitir que o primeiro não faça)

c) (se um tem a obrigação de fazer) **Op ↔ Pop** (outro tem a permissão de obrigar que o primeiro faça)

d) (se um tem a obrigação de não fazer) **O-p ↔ PO-p** (outro tem a permissão de obrigar que o primeiro não faça)

Se retornarmos àquele paralelo entre o "direito" e a "permissão", de um lado, e o "dever" e a "obrigação", de outro, conclui-se que:

a) o termo "direito" (*direito subjetivo*) pode significar quatro situações distintas:

direito = Pp (permissão de fazer)
direito = P-p (permissão de não fazer)
direito = Pop (permissão de obrigar que faça)
direito = PO-p (permissão de obrigar que não faça)

b) o termo "dever" pode significar também quatro situações diferentes:

dever = Op (obrigação de fazer)
dever = O-p (obrigação de não fazer)
dever = OPp (obrigação de permitir que faça)
dever = OP-p (obrigação de permitir que não faça)

Com a presente proposta de *Tabela de Correlação Deôntica*, pretende-se, além de conseguir um maior rigor no discurso, lograr importantes conclusões:

a) toda relação jurídica (sentido estrito) possui uma relação conversa;

b) a relação conversa é reflexo da original, apresentando a mesma conduta (representada pelo mesmo verbo), apenas os sujeitos invertem as suas posições;

c) a diferença da relação jurídica original para a relação jurídica conversa transparece na mudança dos modais deônticos que afetam a conduta e não no verbo que representa a própria conduta;

d) é logicamente impossível extinguir a relação jurídica original sem extinguir a relação jurídica conversa; em termos menos precisos, não há possibilidade de se extinguir um "dever" sem extinguir o correlato "direito" e vice-versa.

A proposição da letra "c" demonstra a imprecisão da seguinte assertiva concernente à relação jurídica (original) que decorre da norma impositiva tributária: a relação jurídica (original) – "o contribuinte tem o dever de *entregar* ao Estado certa soma em dinheiro" tem como relação jurídica conversa – "o Estado tem o direito de *receber* do contribuinte certa soma em dinheiro".

A imprecisão repousa na mudança da conduta regulada. A norma impositiva tributária regula de forma direta (relação original) a conduta de **entregar**, que deve ser realizada pelo contribuinte, nada dispondo sobre a conduta de *receber*. Em rigor dever-se-ia dizer:

a) relação original – "o contribuinte está obrigado a entregar (Op) certa soma em dinheiro ao Estado"; e

b) relação conversa – "o Estado tem a permissão de obrigar que lhe seja entregue (POp) certa soma em dinheiro pelo contribuinte.

Naquela primeira construção, só fez sentido a referência ao verbo *receber* pelo fato de este ser o antônimo do verbo **entregar**. Que dizer se a conduta regulada fosse a de *cantar* (que não apresenta um antônimo adequado)? Provavelmente, ter-se-ia que dizer: A tem o "direito" de cantar (relação original) e *B* (que pode representar as demais pessoas da coletividade menos A) tem o "dever" de permitir que A cante (OPp). Com mais rigor: A tem a permissão de cantar (Pp) e *B* tem a obrigação de permitir que A cante (OPp).

Outro exemplo:

a) relação original – A (contribuinte) está obrigado a escriturar (Op) seus livros fiscais;

b) relação conversa – *B* (Fisco) tem a permissão de obrigar que sejam escrituradas (POp) certas informações fiscais por A.

Aprofundado o estudo da relação jurídica, é possível estudar com maior precisão a fenomenologia da relação jurídica tributária.

5.4.1.2. Sentido estrito e sentido amplo: relação jurídica tributária e relação jurídica administrativo-fiscal

Conforme visto anteriormente (Capítulo II, subitem 2.9.1), **tributo** é a *conduta obrigatória de entregar* certa quantia em dinheiro ao Estado. Por seu turno definiu-se:

a) **norma impositiva tributária** é a que se caracteriza por estabelecer um vínculo jurídico entre um *antecedente*, que descreve um fato-conduta lícito, praticado por um determinado sujeito de direito (o que é titular da riqueza – nos *impostos*, o que usa ou tem a sua disposição o serviço ou o que provoca o exercício do poder de polícia – nas *taxas* e o que se beneficia com a valorização – na *contribuição de melhoria*), em certo tempo e espaço, e um *consequente*, que prescreve uma relação jurídico-formal, onde aquele mesmo titular do fato-conduta lícito descrito pelo antecedente (sujeito passivo) será obrigado a entregar (Op) certa quantia em dinheiro correspondente à parte ou ao total da grandeza econômica extraída do fato-conduta lícito e diretamente ligada ao sujeito deste fato-conduta (qual seja, a riqueza pessoal no caso de *impostos*, o custo do serviço ou do exercício do poder de polícia no tocante às *taxas* e o montante da valorização relativamente à *contribuição de melhoria*) ao Estado (sujeito ativo), em certo tempo e espaço (subitem 4.5.1 do Capítulo IV); e

b) **norma tributária em acepção ampla** (e imprecisa) ou **norma administrativo-fiscal** como sendo a que estabelece a conduta compulsória (obrigatória – "O") de fazer certas atividades instrumentais que, direta ou indiretamente, contribuem com o Estado-fisco para o acompanhamento (fiscalização) e consecução (arrecadação) dos seus desígnios tributários (subitem 2.9.2 do Capítulo II).

Nesse passo, retomadas as definições de *tributo*, de *norma impositiva tributária* (ou norma tributária em acepção estrita) e *norma administrativo-fiscal*, torna-se mais simples proceder a definição do conceito de *relação jurídica tributária em sentido estrito* e *em sentido amplo*.

Desse modo, apresentam-se as seguintes definições:

a) **relação jurídica tributária (em sentido estrito)** é a que se apresenta como projeção, enriquecida de determinação e de individualização, do consequente da norma impositiva tributária e que surge em função da incidência desta norma sobre o conceito do fato jurídico tributário (ocorrido no plano concreto), ou seja, é a relação jurídica que se estabelece entre um sujeito de direito (o sujeito passivo tributário ou contribuinte) que está obrigado ("O") à conduta de entregar ("p" – que é o tributo) uma importância certa (calculada) em dinheiro (objeto do tributo) a outro sujeito de direito (o sujeito ativo tributário, o Estado), num certo tempo e espaço; e

b) **relação jurídica tributária em sentido amplo (e impreciso)** ou **relação jurídica administrativo-fiscal** é a que se apresenta como projeção, enriquecida de determinação e individualização, do consequente da norma jurídica administrativo-fiscal e que se refere à conduta compulsória (obrigatória – "O") do sujeito passivo fazer certas atividades instrumentais que contribuem, direta ou indiretamente, para o atendimento dos interesses tributários (fiscalização e arrecadação) do Estado-fisco (sujeito ativo), em certo tempo e espaço.

Nesse trabalho, emprega-se a expressão relação jurídica tributária somente em sua acepção estrita, a única consonante com a definição de tributo e de norma impositiva tributária ou *norma tributária em sentido estrito*.

A relação jurídica tributária apresenta tanto o lado ativo quanto o passivo. Enquanto estrutura relacional ela apresenta dois termos: o sujeito ativo e o sujeito passivo (o contribuinte). A definição acima proposta focaliza a relação jurídica tributária sob o ângulo da situação jurídica do sujeito passivo (**sujeição passiva tributária**, determinada e individualizada). Entretanto, aceitando-se a premissa que toda relação jurídica tem a sua conversa (inversa), aceitando-se a *tabela de correlação deôntica* proposta (subitem 5.4.1.1.5 deste capítulo), pode-se apresentar a seguinte definição: **relação jurídica tributária conversa** é a que se apresenta como projeção, enriquecida de determinação e individualização, do consequente da norma impositiva tributária e que surge em função da incidência desta norma sobre o conceito do fato jurídico tributário (ocorrido no plano concreto), ou seja, é a relação jurídica que se estabelece entre um sujeito de direito (o sujeito ativo tributário, o Estado) que tem a *permissão de obrigar* ("PO") a conduta de entregar ("p" – é a conduta, é o tributo) uma importância certa (calculada) em dinheiro (objeto do tributo) por parte de outro sujeito de direito (o sujeito passivo tributário ou contribuinte), num certo tempo e espaço.

Ao que parece, assumindo as premissas acima expressas, há maior rigor falar-se que:

a) na **relação jurídica tributária** (original) – o contribuinte está *obrigado a entregar* ("Op") em vez de o "contribuinte tem o dever jurídico de pagar" ("pagar" significa cumprir certa conduta juridicamente obrigatória, não apenas cumprir a conduta de entregar dinheiro, como possa parecer); e

b) na **relação jurídica tributária conversa** – o Estado (sujeito ativo tributário) tem a *permissão de obrigar a conduta de entregar* ("POp") em vez de "o Estado tem o direito subjetivo de receber" ("receber" é conduta diversa de "entregar"; esta é a conduta regulada, deonticamente modalizada; a relação conversa não pode ter como elemento material nuclear um verbo diferente do que tem a relação original ("*receber*" em vez de "entregar"), sob pena de aquela ter como objeto uma conduta diferente da que esta possui.

5.4.2. Sujeição passiva tributária – determinada e individualizada – o aspecto passivo da relação jurídica tributária

Conforme explicado a relação jurídica tributária, enquanto estrutura relacional, apresenta pólos diversos e pode ser focalizada sob a ótica da situação jurídica do sujeito passivo tributário (o contribuinte) ou do sujeito ativo tributário (o Estado).

O foco temático principal deste livro está voltado para a investigação dos fenômenos jurídicos que circundam o sujeito passivo e sua situação jurídica – a **sujeição passiva tributária**. É mister, contudo, não olvidar que estudar a **sujeição passiva tributária** nada mais é que examinar o aspecto passivo da relação jurídica tributária, quer dizer, analisar o estado em que se encontra (de que é titular) o sujeito passivo da relação jurídica tributária. Esta é o gênero, do qual aquela é a espécie.

5.4.2.1. Análise dos conceitos de *obrigação tributária principal* e *acessória* segundo o enunciado do art. 113 do Código Tributário Nacional

O Título II do Livro Segundo do Código Tributário Nacional (CTN) é denominado "Obrigação Tributária". Seu Capítulo I é intitulado "Disposições Gerais" e possui um único dispositivo, o art. 113, que assim dispõe sobre a *obrigação tributária principal* e *acessória*:

> "Art. 113. A obrigação tributária é principal ou acessória.
> § 1º A obrigação principal surge com a ocorrência do fato gerador, tem por objeto o pagamento de tributo ou penalidade pecuniária e extingue-se juntamente com o crédito dela decorrente.
> § 2º A obrigação acessória decorre da legislação tributária e tem por objeto as prestações, positivas ou negativas, nela previstas no interesse da arrecadação ou da fiscalização dos tributos.
> § 3º A obrigação acessória, pelo simples fato da sua inobservância, converte-se em obrigação principal relativamente à penalidade pecuniária".

Em primeiro lugar, deve-se proceder um esclarecimento: o vocábulo "obrigação" presente no enunciado do art. 113 do Código Tributário Nacional refere-se a aspecto (o passivo) da relação jurídica (a *tributária* ou a *punitiva* ou a *administrativo-fiscal*), não a aspecto da norma jurídica (a *tributária* ou a *punitiva* ou a *administrativo-fiscal*). É conceito que se apresenta somente no plano relacional, não no plano meramente normativo. Logo, a "obrigação tributária" apenas surgirá com a incidência da norma sobre o conceito do fato jurídico (o *tributário* ou o *ilícito* ou o *administrativo-fiscal*).

Uma vez elucidado esse ponto, é oportuno proceder uma análise dos conceitos de *obrigação tributária principal* e *obrigação tributária acessória*, segundo a perspectiva do modelo teórico proposto. Neste passo, tem-se que:

a) *Obrigação principal* (art. 113, §1º, do CTN) expressa dois significados diferente e inconfundíveis:

a.1 – na primeira parte do enunciado do §1º do art. 113 do CTN ("A *obrigação principal surge com a ocorrência do fato gerador, tem por objeto o pagamento do tributo*...") – designa o estado em que se encontra (do qual é titular) o sujeito passivo (o contribuinte) da relação jurídica tributária, ou seja, o estado de **sujeição passiva tributária** onde o contribuinte está obrigado ("O") a entregar ("p") certa quantia em dinheiro ao Estado (sujeito ativo tributário) a título de tributo, em certo tempo e espaço;

a.2. – na segunda parte do enunciado do § 1º do art. 113 do CTN ("A obrigação principal tem por objeto... ou *penalidade pecuniária*...") – não se tem, em rigor, "obrigação tributária", mas sim de natureza **punitiva**, pois designa o estado em que se encontra (do qual é titular) o sujeito passivo da relação jurídica punitiva *tributária*,[59] ou seja, o estado de **sujeição passiva punitiva** *tributária*, onde o sujeito passivo está obrigado ("O") a entregar ("p") certa quantia em dinheiro ao Estado (sujeito ativo) a título de punição (em virtude de não ter cumprido a conduta prescrita na relação jurídica tributária), em certo tempo e espaço.

b) *obrigação acessória* (art. 113, § 2º do CTN) designa o estado em que se encontra (do qual é titular) o sujeito passivo da relação jurídica administrativo-fiscal, ou seja, o estado de **sujeição passiva administrativo-fiscal**, onde o sujeito passivo está obrigado (O) a fazer certas atividades instrumentais que contribuem, direta ou indiretamente, para o atendimento dos interesses tributários (fiscalização e arrecadação) do Estado-fisco (sujeito ativo), em certo tempo e espaço.

c) *obrigação acessória* (art. 113, § 3º, do CTN) designa o estado em que se encontra (do qual é titular) o sujeito passivo da relação jurídica punitiva administrativo-fiscal, ou seja, o estado de **sujeição passiva punitiva administrativo-fiscal**, onde o sujeito passivo está obrigado (O) a entregar (p) certa quantia em dinheiro ao Estado (sujeito ativo) a título de punição (por não ter sido cumprida a conduta prescrita na relação jurídica administrativo-fiscal), em certo tempo e espaço.

5.4.2.2. Surgimento da sujeição passiva tributária

Antes de analisar o modo pelo qual surge a sujeição passiva tributária, vale lembrar aquilo que se disse sobre a sua topografia: a sujeição passiva tributária é o aspecto passivo da relação jurídica tributária, em outras palavras, é o estado em que se encontra o sujeito passivo (o contribuinte) da relação jurídica tributária, onde o contribuinte (sujeito passivo tributário) está obrigado (O) a entregar (p) certa quantia em dinheiro ao Estado (sujeito ativo tributário) a título de tributo, em certo tempo e espaço.

Não é demais ressaltar: a sujeição passiva tributária apenas surgirá no âmbito de uma relação jurídica tributária, que necessariamente apresenta dois pólos – o ativo e o passivo. Neste ponto, somente será perquirido o pólo passivo por duas razões:

– *uma* – pelo fato de este ser o foco temático deste livro; e

– *duas* – porque ao se concentrar a atenção no exame do pólo passivo da relação jurídica tributária, torna-se mais fácil vislumbrar e demonstrar os requisitos necessários para que surja a obrigação de uma certa pessoa pagar (cumprir) o tributo (a conduta de entregar dinheiro ao sujeito ativo tributário), isto é, para que nasça a **sujeição passiva tributária**.

---

59 Empregou-se o adjetivo "tributária" nas expressões "**relação jurídica punitiva** ***tributária***" e "**sujeição passiva punitiva** *tributária*", com o propósito de evidenciar a natureza da causa da punição, qual seja, a ocorrência de um fato ilícito – *não ter sido cumprida a conduta prescrita na relação jurídica tributária*. Com isso distingue-se esta relação de natureza punitiva de outras onde a punição também está presente (p. ex., a **relação jurídica punitiva administrativo-fiscal** referida mais adiante).

O Direito Positivo Tributário brasileiro contém dois diferentes regimes jurídicos no que tange ao surgimento da relação jurídica tributária e, por conseguinte, da sujeição passiva tributária.

No primeiro deles, a sujeição passiva tributária surge com a ocorrência do fato jurídico suficiente descrito no antecedente da norma impositiva tributária, independentemente e antes mesmo da existência do denominado "lançamento". Isto ocorre, por exemplo, com o sistema normativo do Imposto Sobre Serviços de qualquer natureza (ISS), do Imposto sobre Operações Relativas à Circulação de Mercadorias e Serviços (ICMS), do Imposto sobre Produtos Industrializados (IPI), em suma, naqueles casos onde tem cabimento o denominado "lançamento por homologação", e também com o sistema do Imposto sobre a Renda e proventos de qualquer natureza (IR), onde prevalece o denominado "lançamento por declaração".

No segundo regime, a sujeição passiva tributária só nasce com o denominado "lançamento". Isto ocorre, por exemplo, com o sistema normativo do Imposto sobre a Propriedade Predial e Territorial Urbana (IPTU), onde se faz necessário o denominado "lançamento de ofício".

É mister analisar cada um desses dois regimes.

Com fundamento no que foi anteriormente exposto, tem-se que a sujeição passiva tributária exsurge do movimento dialético norma-fato. O processo da causalidade jurídica tributária se inicia com a norma-origem, a Norma Constitucional (o conjunto de normas jurídicas veiculadas pela Constituição), que se apresenta como ponto limite inicial, e termina com o surgimento da sujeição passiva tributária. O processo compõe-se das seguintes fases:

a) **Plano Normativo Constitucional** – a *norma constitucional de produção normativa* dispõe sobre a produção da *norma complementar tributária de produção normativa* (que poderá dispor sobre parte do aspecto declaração, o qual corresponderá ao conteúdo da norma impositiva tributária) e dispõe sobre a produção da *norma impositiva tributária.*

b) **Plano Fático** – realiza-se, concretamente, no tempo e no espaço, o fato descrito pelo antecedente da norma constitucional de produção normativa, necessário para o surgimento da norma complementar tributária de produção normativa.

c) **Plano Normativo Complementar Tributário** – em função da incidência da norma constitucional de produção normativa sobre o conceito do fato jurídico (que assim se juridicizou), surge a norma complementar tributária de produção normativa. Esta, por sua vez, regula a produção da norma impositiva tributária (conforme os limites constitucionalmente estabelecidos).

d) **Plano Fático** – ocorre concretamente, no tempo e no espaço, o fato descrito pelo antecedente da norma complementar tributária, necessário para o surgimento da norma impositiva tributária.

e) **Plano da Norma Impositiva Tributária** (no caso, de imposto) – em função da incidência da norma complementar tributária de produção normativa sobre o conceito do fato jurídico (que assim se juridicizou), surge a norma impositiva tributária (no caso, de imposto). Esta, por seu turno, regula a conduta de alguém (o sujeito passivo) entregar certa soma em dinheiro a outrem (o sujeito ativo).

f) **Plano Fático** (do fato jurídico tributário) – realiza-se, concretamente, no tempo e no espaço, o fato (o fato jurídico tributário) descrito no antecedente da norma impositiva tributária. Surge, neste exato instante, a **sujeição passiva tributária.**

A fim de melhor elucidar o processo da causalidade jurídica tributária, serão desenvolvidos dois esquemas que demonstrarão a **dupla possibilidade que o Direito Positivo brasileiro apresenta para o surgimento da sujeição passiva tributária:**

i) no primeiro – **o "lançamento" não é necessário;**

ii) no segundo – **o "lançamento" é necessário.**<$F Sobre o tema relativo ao "lançamento", deve-se ressaltar a existência da recente e laureada obra de Estevão Horvath, onde, segundo rigoroso estudo, tal figura foi concebida como ato administrativo – *Lançamento tributário e "autolançamento"*. Outra importante e premiada obra sobre o tema é a de Eurico Marcos Diniz de Santi, *Lançamento Tributário.* Contudo, diversamente das obras referidas, o presente trabalho não tem a pretensão de aprofundar o estudo da natureza jurídica do "lançamento". Para os fins desta exposição, considerou-se o "lançamento" como sendo um fato jurídico que pode integrar o fato complexo descrito pelo antecedente da norma impositiva tributária. Nesta hipótese a realização do lançamento é necessária para o surgimento da sujeição passiva tributária (conforme exposto no subitem 5.4.2.2.2 deste capítulo).>

5.4.2.2.1. Quando o *lançamento* não é necessário

A seguir será exposto um esquema completo, que começa com a **Norma Constitucional** (a norma-origem) e termina com a **sujeição passiva tributária.** Para tanto, tomar-se-á como exemplo o processo da causalidade jurídica relativo ao Imposto sobre a Renda e proventos de qualquer natureza (IR).[60]

a) **Plano Normativo** (da **norma constitucional de produção normativa**)

a.1. Antecedente

Se o Congresso Nacional (*sujeito de direito*) e o Presidente da República (*sujeito de direito*) efetuarem (aprovação e sanção, respectivamente) uma *declaração prescritiva-condicional* (*proposição implicante* e *proposição implicada*), segundo um determinado *procedimento* (art. 61 e segs., em especial, a aprovação por maioria absoluta – art. 69 – Constituição da República – CRFB).

a.2. Consequente

Surgirá uma norma jurídica (de produção normativa, norma complementar *tri-*

60 Para construir este exemplo, com fins meramente didáticos, foram extraídos apenas dados gerais da Constituição da República e do Código Tributário Nacional, sem considerar as normas legais pertinentes.

butária), segundo a qual se ocorrer um certo fato (*proposição implicante*), surgirá uma terceira norma (de conduta, a norma impositiva tributária) – (*proposição implicada*).

b) **Plano Fático**

O Congresso Nacional aprovou e o Presidente da República ratificou, segundo o procedimento prescrito pela norma constitucional de produção normativa, a seguinte declaração prescritiva-condicional: se os sujeitos previstos constitucionalmente (legisladores ordinários) quiserem criar a norma impositiva tributária que institui o imposto sobre a renda, deverão atender, além dos requisitos formais e materiais da Constituição, o seguinte requisito material – o **antecedente** da referida norma impositiva tributária deve descrever o fato de alguém adquirir a disponibilidade econômica ou jurídica de *renda*, assim, entendido o produto do capital, do trabalho ou da combinação de ambos, ou de *proventos* de qualquer natureza, assim entendidos os acréscimos patrimoniais não compreendidos no conceito de renda; e o **consequente** da aludida norma impositiva tributária deve prescrever, no mínimo, que aquele que auferir a renda ou proventos estará obrigado a entregar um valor em dinheiro equivalente a um percentual, a ser escolhido pelos mencionados sujeitos de direito (legisladores ordinários), do montante real, arbitrado ou presumido, da renda ou dos proventos.

c) **Plano Normativo** (da **norma complementar tributária de produção normativa**)

c.1. Antecedente

Se o Congresso Nacional (*sujeito de direito*) e o Presidente da República (*sujeito de direito*), segundo um determinado *procedimento* (arts. 61 a 67 – CRFB), efetuarem uma declaração prescritiva-condicional, cuja *proposição implicante* (que equivalerá ao antecedente da norma impositiva do imposto sobre a renda) contenha a descrição do fato de uma pessoa adquirir a disponibilidade econômica ou jurídica de renda, assim entendido o produto do capital, do trabalho ou da combinação de ambos, ou de proventos de qualquer natureza, assim entendidos os acréscimos patrimoniais não compreendidos no conceito de renda, em certo tempo e espaço, e cuja *proposição implicada* (que equivalerá ao consequente da norma impositiva do imposto sobre a renda) estabeleça, no mínimo, que a tal pessoa que adquirir a disponibilidade de renda ou proventos estará obrigada a entregar um valor em dinheiro equivalente a um percentual, a ser escolhido pelos mencionados sujeitos de direito, do montante real, arbitrado ou presumido, da renda ou dos proventos, em certo tempo e espaço.

c.2. Consequente

Surgirá a norma impositiva do imposto sobre a renda, cujo antecedente equivalerá à *proposição implicante* (referida acima – "c.1") e cujo consequente equivalerá à *proposição implicada* (acima citada – "c.2").

d) **Plano Fático**

O Congresso Nacional aprovou e o Presidente da República ratificou, segundo o procedimento prescrito pela norma constitucional de produção normativa e incorporado (mesmo que implicitamente) pela norma complementar de produção normativa, a seguinte declaração prescritiva-condicional *de conduta intersubjetiva* (pois a norma a ser produzida é norma de conduta, qual seja, a norma impositiva do imposto sobre a renda): a pessoa que adquirir a disponibilidade econômica ou jurídica de *renda*, assim entendido o produto do capital, do trabalho ou da combinação de ambos, ou de *proventos* de qualquer natureza, assim entendidos os acréscimos patrimoniais não compreendidos no conceito da renda, no período de 01 de janeiro a 31 de dezembro de cada ano, no território nacional (*proposição implicante que equivalerá ao antecedente da norma impositiva do IR*), estará obrigada a entregar 10% (dez porcento) do montante real, arbitrado ou presumido, da renda ou dos proventos de qualquer natureza, em dinheiro, à União Federal, até o dia 31 de março do ano seguinte, em qualquer repartição da Receita Federal (*proposição implicada que equivalerá ao consequente da norma impositiva do IR*).

e) **Plano Normativo** (da **norma impositiva do imposto sobre a renda**)

e.1. Antecedente

Se uma pessoa adquirir a disponibilidade econômica ou jurídica de *renda*, assim entendido o produto do capital, do trabalho ou da combinação de ambos, ou de *proventos* de qualquer natureza, assim entendidos os acréscimos patrimoniais não compreendidos no conceito de renda, no período de 01 de janeiro a 31 de dezembro de cada ano, no território nacional.

e.2. Consequente

Aquela pessoa que adquirir a disponibilidade econômica ou jurídica de renda ou de proventos (sujeito passivo) estará obrigada ("O") a entregar ("p") 10% (alíquota) do montante real, arbitrado ou presumido, da renda ou dos proventos de qualquer natureza (base de cálculo), em dinheiro, à União Federal (sujeito ativo), até o dia 31 de março do ano seguinte (tempo), em qualquer repartição da Receita Federal (espaço).

f) **Plano Fático** (do **fato jurídico tributário**)

Uma determinada pessoa, João, adquiriu uma renda anual no montante de 100.000, em 1996, no território brasileiro.

g) **Plano Relacional** (da relação jurídica tributária e, por conseguinte, da **sujeição passiva tributária**).

João (sujeito passivo tributário, o contribuinte) está obrigado a entregar 10.000 à União Federal (sujeito ativo tributário), até o dia 31 de março de 1997, em qualquer repartição da Receita Federal.

5.4.2.2.2. Quando o *lançamento* é necessário

O esquema a seguir exposto, que se inicia com a **Norma Constitucional** (a norma-origem) e termina com a **sujeição passiva tributária**, demonstrará a necessidade de haver o "lançamento", para que nasça a sujeição passiva tributária. Tomar-se-á como exemplo o processo da causalidade jurídica relativo ao Imposto sobre a Propriedade Predial e Territorial Urbana (IPTU).

a) **Plano Normativo** (da **norma constitucional de produção normativa**)

a.1. Antecedente

Se o Congresso Nacional (*sujeito de direito*) e o Presidente da República (*sujeito de direito*) efetuarem (aprovação e sanção, respectivamente) uma *declaração prescritiva-condicional* (*proposição implicante* e *proposição implicada*), segundo um determinado *procedimento* (arts. 61 e segs., em especial, a aprovação por maioria absoluta – art. 69 – Constituição da República – CRFB).

a.2. Consequente

Surgirá uma norma jurídica (de produção normativa, norma complementar *tributária*), segundo a qual se ocorrer um certo fato (*proposição implicante*), surgirá uma terceira norma (de conduta, a norma impositiva tributária) – (*proposição implicada*).

b) **Plano Fático**

O Congresso Nacional aprovou e o Presidente da República ratificou, segundo o procedimento prescrito pela norma constitucional de produção normativa, a seguinte declaração prescritiva-condicional: se os sujeitos previstos constitucionalmente quiserem criar a norma impositiva tributária que institui o imposto sobre a propriedade predial e territorial urbana, deverão atender, além dos requisitos formais e materiais da Constituição, o seguinte requisito material – o **antecedente** da referida norma impositiva tributária deve descrever o fato de alguém ter a propriedade, o domínio útil ou a posse de bem imóvel por natureza ou por acessão física localizado na zona urbana do Município; e o **consequente** da aludida norma impositiva tributária deve prescrever, no mínimo, que aquele que tiver a propriedade, o domínio útil ou a posse daquele imóvel estará obrigado a entregar um valor equivalente a um percentual, a ser escolhido pelos mencionados sujeitos de direito (legisladores ordinários), do valor venal do imóvel.

c) **Plano Normativo** (da norma complementar tributária de produção normativa)

c.1. Antecedente

Se o Congresso Nacional (*sujeito de direito*) e o Presidente da República (*sujeito de direito*), segundo um determinado *procedimento* (arts. 61 a 67 – CRFB, efetuarem uma declaração prescritiva-condicional, cuja *proposição implicante* (que equivalerá ao antecedente da norma impositiva do imposto sobre a propriedade predial e territorial urbana) contenha a descrição do fato de uma pessoa ter a propriedade, o domínio útil ou a posse de bem imóvel por natureza ou acessão física localizado na zona urbana do Município, em certo tempo e espaço, e cuja *proposição implicada* (que equivalerá ao consequente da norma impositiva do imposto sobre a propriedade predial e territorial urbana) estabeleça, no mínimo, que tal pessoa, que tiver a propriedade, o domínio útil ou a posse daquele imóvel, estará obrigada a entregar um valor equivalente a um percentual, a ser escolhido pelos mencionados sujeitos de direito, do valor venal do imóvel, em certo tempo e espaço.

c.2. Consequente

Surgirá a norma impositiva do imposto sobre a propriedade predial e territorial urbana, cujo antecedente equivalerá à *proposição implicante* (referida logo acima – "c.1") e cujo consequente equivalerá à *proposição implicada* (citada logo acima – "c.2").

d) **Plano Fático**

O Congresso Nacional aprovou e o Presidente da República ratificou, segundo o procedimento prescrito pela norma constitucional de produção normativa e incorporado (mesmo que implicitamente) pela norma complementar de produção normativa, a seguinte declaração prescritiva-condicional *de conduta intersubjetiva* (pois a norma a ser produzida é norma de conduta, qual seja, a norma impositiva do imposto sobre a propriedade predial e territorial urbana): a pessoa que tiver a propriedade, o domínio útil ou a posse de bem imóvel por natureza ou por acessão física, localizado na zona urbana do Município, no dia 01 de janeiro de cada ano, no território do Município, e ocorrendo o fato lançamento (*proposição implicante que equivalerá ao antecedente da norma impositiva do IPTU*), estará obrigada a entregar 1% (um por cento) do valor venal do imóvel, em dinheiro, ao Município, até o dia 31 de março do mesmo ano, em qualquer repartição municipal (*proposição implicada que equivalerá ao consequente da norma impositiva do IPTU*).

e) **Plano normativo** (da norma impositiva do imposto sobre a propriedade predial e territorial urbana)

e.1. Antecedente

Se uma pessoa tiver a propriedade, o domínio útil ou a posse de bem imóvel por natureza ou por acessão física, localizado na zona urbana do Município, no dia 01 de janeiro de cada ano, no território do Município e ocorrendo o fato lançamento.

e.2. Consequente

Aquela pessoa que tiver a referida propriedade, o domínio útil ou a posse (sujeito passivo) estará obrigada ("O") a entregar ("p") 1% (alíquota) do valor venal do imóvel (base de cálculo), em dinheiro, ao Município (sujeito ativo) até o dia 31 de março do mesmo ano (tempo), em qualquer repartição municipal (espaço).

f) **Plano Fático** (do fato jurídico tributário)

Uma determinada pessoa, Paulo, teve a propriedade de bem imóvel, localizado na zona urbana do Município, no valor de 100.000, em 01 de janeiro de 1997, no Município do Rio de Janeiro e ocorre o fato lançamento em 10 de fevereiro de 1997.

g) **Plano Relacional** (da relação jurídica tributária e, por conseguinte, da **sujeição passiva tributária**)

Paulo (sujeito passivo tributário, o contribuinte) está obrigado a entregar 1.000 ao Município, até o dia 31 de março de 1997, em qualquer repartição municipal.

5.5. RESUMO

1. Ao se estudar o fenômeno da sujeição passiva tributária, emprega-se a expressão *sujeição passiva tributária* em sentido amplo, envolvendo os planos normativo, fático e relacional. Em sentido estrito, *sujeição passiva tributária* simboliza a situação em que se encontra o contribuinte no pólo passivo da relação jurídica tributária, determinada e individualizada, que decorre da realização do fato jurídico tributário, o qual tem seu conceito descrito pelo antecedente da norma impositiva tributária (item 5.1).

2. **Princípio Constitucional da Capacidade Contributiva** é o complemento, necessário e condicionante, do aspecto *declaração* prescritiva do antecedente da norma constitucional de produção normativa (que dispõe sobre a criação de normas impositivas de imposto), portador de elevada carga axiológica, o qual exige que o antecedente da norma impositiva de imposto descreva um fato que ostente sinal de riqueza pessoal, e que o seu consequente prescreva a conduta (obrigatória) do titular desta riqueza de entregar parte dela ao Estado (item 5.2.1).

3. **Imposto** é uma das espécies de tributo, que se caracteriza pelo fato de a norma impositiva tributária (que dispõe sobre a sua instituição) apresentar, no antecedente, a descrição de um fato que ostente sinal de riqueza por parte de um determinado sujeito de direito e , no consequente, a prescrição da conduta obrigatória do titular desta riqueza de entregar parte dela ao Estado. A norma impositiva tributária que apresentar esta característica é **norma impositiva de imposto** (item 5.2.1).

4. O **Princípio Constitucional da Capacidade Contributiva** condiciona, necessariamente, tanto o conteúdo do antecedente quanto o conteúdo do consequente da norma infraconstitucional sobre imposto (a norma impositiva de imposto) – (item 5.2.1).

5. O **critério pessoal do antecedente** da norma impositiva de imposto está representado pela descrição do sujeito de direito que aparece como titular de uma riqueza (item 5.2.2.1).

6. O antecedente da norma impositiva de imposto, por exigência da correspondente norma constitucional de produção normativa (onde está presente o Princípio Constitucional da Capacidade Contributiva), deve conter em seu **aspecto material** a descrição do comportamento de um sujeito de direito que ostente sinais de riqueza, sob pena de aquela norma carecer de fundamento constitucional de validade, ou seja, ser inconstitucional (item 5.2.2.2).

7. O antecedente da norma impositiva de imposto, ao descrever um fato representado pelo comportamento de uma pessoa, precisa exibir os critérios temporal e espacial. A mensagem estaria incompleta (sem sentido deôntico completo) se o antecedente não contivesse critérios que pudessem identificar o momento da ocorrência do fato (**critério temporal**) e o local da sua realização (**critério espacial**) – (item 5.2.2.3).

8. O **critério pessoal** do consequente da norma impositiva de imposto é o que informa os sinais que permitem identificar os sujeitos de direito referentes à relação intersubjetiva prescrita (item 5.2.3.1).

9. **Critério pessoal ativo** – é o que informa os sinais necessários para identificar o sujeito de direito, denominado sujeito ativo, que terá o "direito subjetivo" de exigir de outrem a entrega de certa importância em dinheiro (item 5.2.3.1).

10. **Critério pessoal passivo** – é o que informa os sinais necessários para identificar o sujeito de direito, denominado sujeito passivo, que terá o "dever jurídico" (obrigação) de entregar a outrem parcela da riqueza de que é titular (item 5.2.3.1).

11. O **critério material qualitativo** do consequente da norma impositiva de imposto é o que informa qual ("entregar") e de que modo ("obrigatório") a conduta é regulada (item 5.2.3.2).

12. O **critério material quantitativo** é aquele que informa **o que** deve ser entregue; apresenta-se, pois, como complemento do verbo entregar (item 5.2.3.2).

13. O Princípio Constitucional da Capacidade Contributiva exige, ao mesmo tempo, que o antecedente descreva um fato que seja sinal de riqueza pessoal e que o consequente prescreva uma relação, onde deva ser entregue parcela (**alíquota**) daquela mesma riqueza pessoal (**base de cálculo**) – (item 5.2.3.2).

14. A **base de cálculo** tem por função fundamental dimensionar a riqueza presente no fato descrito pelo aspecto material do antecedente. A ela cabe a função de desvendar, com total clareza, o elemento riqueza, para que dele possa se extrair parte (daí o termo *alíquota)* – (item 5.2.3.2).

15. A **alíquota** é o critério aplicável sobre a base de cálculo, com o propósito de apurar a quantia líquida que deve ser entregue ao Estado. Pode aparecer sob duas formas: a) de um valor monetário fixo, ou variável em função de escalas da base de cálculo; ou b) de uma fração, percentual ou não (item 5.2.3.2).

16. A mensagem prescritiva estaria incompleta (carecedora de sentido deôntico completo) se o consequente, ao prescrever uma relação jurídico-formal, onde impõe a obrigação de alguém entregar certa parcela de riqueza a outrem, não determinasse quando (**critério temporal**) e onde (**critério espacial**) tal conduta deveria se realizar (item 5.2.3.3).

17. Em termos mais analíticos, **critério pessoal passivo** é o que informa os sinais necessários para identificar o sujeito de direito da relação jurídica tributária, denominado sujeito passivo, que está obrigado (modal obrigatório – "O") a entregar (conduta modalizada – "p") certa quantia em dinheiro, equivalente à parte (alíquota) da riqueza (base de cálculo) de que é titular, a outro sujeito de direito (sujeito ativo) – (item 5.2.4).

18. Por força do Princípio Constitucional da Capacidade Contributiva, o único sujeito de direito que pode estar presente no pólo passivo da relação jurídico-formal

prescrita no consequente da norma impositiva de imposto, tendo a obrigação de entregar dinheiro ao Estado, é aquele (mesmo) titular da riqueza pessoal descrita pelo aspecto material do antecedente da norma impositiva de imposto (item 5.2.4).

19. O único sujeito de direito (sujeito passivo tributário), que é objeto de identificação por meio do critério pessoal passivo do consequente da norma impositiva de imposto, é aquele (mesmo) titular da riqueza pessoal descrita pelo aspecto material do antecedente da norma impositiva do imposto, qual seja, o **contribuinte** (segundo a terminologia adotada pelo Código Tributário Nacional). Se o sujeito passivo for outro (*responsável* ou *substituto*, p. ex.), a norma terá necessariamente natureza diversa da tributária (item 5.2.4.1).

20. O único titular do pólo passivo da relação jurídica tributária é o **contribuinte**; as expressões *contribuinte de fato* e *contribuinte de direito* carecem de rigor científico e devem ser repelidas com veemência do universo da Ciência do Direito (item 5.2.4.1.1).

21. A norma que dispõe sobre a responsabilidade pode apresentar-se de duas formas diferentes: ser uma norma primária principal não-tributária ou ser uma norma primária punitiva (item 5.2.4.2).

22. A **responsabilidade** decorre de uma norma primária principal de natureza não-tributária nos casos em que se processa uma **sub-rogação subjetiva** *de todos os direitos e deveres* (em especial os deveres tributários), exceto os personalíssimos (art. 928 do Código Civil – ex.: o direito à vida, à saúde etc.), **do contribuinte** para o **responsável** (item 5.2.4.2).

23. Em se tratando das chamadas pessoas físicas, esta **sub-rogação subjetiva de todos os direitos e deveres, exceto os personalíssimos**, somente é possível se processar na sucessão *causa mortis*, sendo impossível juridicamente sua realização por intermédio de sucessão *inter vivos* (art. 131, II e III do CTN) – (item 5.2.4.2).

24. No que toca às chamadas pessoas jurídicas, a **sub-rogação subjetiva de todos os direitos e deveres** se processa por meio das figuras da fusão (Lei nº 6.404/76 – art. 228), transformação (Lei nº 6.404/76 – arts. 220 a 222) e incorporação (Lei nº 6.404/76 – art. 227) (item 5.2.4.2).

25. Os demais casos de responsabilidade tributária previstos no Código Tributário Nacional (exceto os relacionados aos arts. 131, I e II e 132, *caput*) decorrem do disposto em **norma primária de natureza punitiva** (item 5.2.4.2).

26. No caso do sujeito passivo ser o **responsável**, a norma primária pode possuir uma dupla natureza: natureza administrativo-fiscal – **norma** primária principal **administrativo-fiscal** ou natureza de pena administrativa – **norma** primária **punitiva administrativo-fiscal** (item 5.2.4.2).

27. O instituto da *substituição tributária* tem por fundamento o atendimento do interesse da chamada "Administração Tributária" (item 5.2.4.3).

28. Só existe relação jurídica tributária entre o contribuinte e o Estado, sendo a relação entre o **substituto** e o Estado de cunho meramente administrativo, funcionando (o substituto) como um *mero agente arrecadador* do Estado. A impossibilidade jurídico-constitucional de se lhe exigir a **entrega antecipada** (antes de receber ou de retirar do contribuinte) comprova que a substituição somente pode realizar-se de duas formas: ou a norma determina (obriga – "O") que o **contribuinte entregue** ("p") o dinheiro ao denominado **substituto** (*agente arrecadador do Estado*), ou a norma permite ("P") que o denominado **substituto** (*agente arrecadador do Estado*) **retire** (retenha definitivamente – "p") o dinheiro que, apesar de estar em sua posse (do substituto), já é da disponibilidade jurídica do **contribuinte**, o que caracteriza o fato-signo de riqueza (é o caso, p. ex., das normas que dispõem sobre o *imposto sobre a renda retido na fonte – IRRF*) (item 5.2.4.3).

29. No fenômeno que envolve a *substituição tributária*, existem duas relações jurídico-formais de naturezas diversas e inconfundíveis: uma que corresponde à relação jurídica tributária que surgirá entre o **contribuinte** e o Estado (representado pelo seu *agente arrecadador*, o **substituto**) – **relação jurídico-formal de natureza tributária**; e outra que corresponde à relação jurídica administrativo-fiscal que nascerá entre o **substituto** e o Estado, onde o **substituto** (*órgão meramente arrecadador*) é obrigado a entregar (repassar) ao Estado o dinheiro recebido ou retido do contribuinte – **relação jurídico-formal de natureza administrativo-fiscal** (item 5.2.4.3).

30. Por uma definição mais completa, *norma impositiva de imposto é aquela que se caracteriza por apresentar, no antecedente, a descrição de um comportamento* (critério material) *de um sujeito de direito* (critério pessoal) *situado no tempo* (critério temporal) *e no espaço* (critério espacial) *representado por um verbo pessoal e um complemento, sendo a descrição de tal comportamento um signo de riqueza pessoal* (ou seja, que haja um sujeito de direito como titular de direitos subjetivos suscetíveis de avaliação econômica) *e, no consequente, a prescrição de uma relação jurídico-formal, onde estão presentes os sinais necessários para o reconhecimento do sujeito de direito que é o titular da riqueza* (critério pessoal passivo, que informa os sinais necessários para identificar o sujeito passivo tributário, o *contribuinte*) *e que tem a obrigação de entregar* (critério material qualitativo) *parcela* (um dos aspectos do critério material quantitativo, a *alíquota*) *desta riqueza* (o outro aspecto do critério material quantitativo, a *base de cálculo*) *a outro sujeito de direito, cujos sinais identificadores estão igualmente presentes* (critério pessoal ativo, que contém os dados suficientes para determinar o sujeito ativo tributário),*em certo tempo* (critério temporal) *e espaço* (critério espacial) – (item 5.2.5).

31. **Imunidade** é o complemento limitativo do elemento declaração prescritiva que compõe fato complexo descrito pelo antecedente da norma constitucional de produção normativa (a que regula a produção da norma impositiva tributária), cuja função é a de impedir que determinados critérios (pessoais ou materiais) venham a integrar o antecedente ou o consequente da norma impositiva tributária (item 5.2.6).

32. A **isenção** não se apresenta como norma de produção normativa nem como norma de conduta, mas, em rigor, apenas simboliza uma situação jurídica onde, no plano fático, o *sujeito competente* emite uma declaração prescritiva, relacionada a uma norma impositiva tributária já existente ou a ser produzida, cujo efeito é, respectivamente: a) a mutilação de um dos critérios do antecedente ou do consequente da norma impositiva tributária já existente (modificação normativa redutora); b) a criação de uma (nova) norma impositiva tributária, cujo campo de abrangência de seu antecedente ou de seu consequente está aquém do que poderia ser, em comparação com o que a correspondente norma de produção normativa possibilitava (criação normativa reduzida) – (item 5.2.6).

33. **Fato jurídico tributário** é aquele acontecimento perceptível pelos sentidos humanos, que se realiza, no tempo e no espaço, e cujo conceito corresponde ao antecedente da norma impositiva tributária (item 5.3.2.1).

34. A expressão **relação jurídica** é plurissignificativa (item 5.4.1.1.1).

35. Concebe-se a expressão *relação jurídica* num único e mais restrito sentido: **relação jurídica** é a relação que decorre (é efeito jurídico) da incidência da norma jurídica (abstrata e geral) sobre o conceito do fato jurídico e que se apresenta como relação **individualizada** e **determinada**, isto é, que se estabelece entre sujeitos plenamente individualizados, tendo por objeto uma conduta intersubjetiva determinada e modalizada deonticamente (item 5.4.1.1.1).

36. A **relação jurídica** é projeção, enriquecida de determinação e de individualização, do consequente da norma jurídica abstrata e geral, assim como o **fato jurídico** é projeção, enriquecida de concretude, do antecedente da norma abstrata e geral (item 5.4.1.1.1).

37. Toda relação apresenta variáveis de termos e variáveis relacionais. A relação jurídica possui a mesma estrutura, porém, apresenta-se inteiramente determinada e individuada, não mais com variáveis (item 5.4.1.1.2).

38. Toda relação jurídica é **irreflexiva, assimétrica** e possui uma relação conversa (item 5.4.1.1.3).

39. **Relação jurídica tributária (em sentido estrito)** é a que se apresenta como projeção, enriquecida de determinação e de individualização, do consequente da norma impositiva tributária e que surge em função da incidência desta norma sobre o conceito do fato jurídico tributário (ocorrido no plano concreto), ou seja, é a relação jurídica que se estabelece entre um sujeito de direito (o sujeito passivo tributário ou contribuinte) que está obrigado ("O") à conduta de entregar ("p" – que é o tributo) uma importância certa (calculada) em dinheiro (objeto do tributo) a outro sujeito de direito (o sujeito ativo tributário, o Estado), num certo tempo e espaço (item 5.4.1.2).

40. **Relação jurídica tributária em sentido amplo (e impreciso)** ou **relação jurídica administrativo-fiscal** é a que se apresenta como projeção, enriquecida de

determinação e individualização, do consequente da norma jurídica administrativo-fiscal e que se refere à conduta compulsória (obrigatória – "O") do sujeito passivo fazer certas atividades instrumentais que contribuem, direta ou indiretamente, para o atendimento dos interesses tributários (fiscalização e arrecadação) do Estado-fisco (sujeito ativo), em certo tempo e espaço (item 5.4.1.2).

41. **Relação jurídica tributária conversa** é a que se apresenta como projeção, enriquecida de determinação e individualização, do consequente da norma impositiva tributária e que surge em função da incidência desta norma sobre o conceito do fato jurídico tributário (ocorrido no plano concreto), ou seja, é a relação jurídica que se estabelece entre um sujeito de direito (o sujeito ativo tributário, o Estado) que tem a *permissão de obrigar* ("PO") a conduta de entregar ("p" – é a conduta, é o tributo) uma importância certa (calculada) em dinheiro (objeto do tributo) por parte de outro sujeito de direito (o sujeito passivo tributário ou contribuinte), num certo tempo e espaço (item 5.4.1.2).

42. A expressão "*obrigação principal*" (art. 113, §1º, do CTN) possui dois significados diferentes e inconfundíveis:

a – na primeira parte do enunciado do §1º do art. 113 do CTN ("A *obrigação principal surge com a ocorrência do fato gerador, tem por objeto o pagamento do tributo...*") designa o estado em que se encontra (do qual é titular) o sujeito passivo (o contribuinte) da relação jurídica tributária, ou seja, o estado de **sujeição passiva tributária** onde o contribuinte está obrigado ("O") a entregar ("P") certa quantia em dinheiro ao Estado (sujeito ativo tributário) a título de tributo, em certo tempo e espaço;

b – na segunda parte do enunciado do § 1º do art. 113 do CTN ("A obrigação principal tem por objeto... ou *penalidade pecuniária...*") não se tem, em rigor, "obrigação tributária", mas sim de natureza **punitiva**, pois designa o estado em que se encontra (do qual é titular) o sujeito passivo da relação jurídica punitiva *tributária*, ou seja, o estado de *sujeição passiva punitiva tributária*, onde o sujeito passivo está obrigado ("O") a entregar ("P") certa quantia em dinheiro ao Estado (sujeito ativo) a título de punição (em virtude de não ter cumprido a conduta prescrita na relação jurídica tributária), em certo tempo e espaço (item 5.4.2.1).

43. A expressão "*obrigação acessória*" contida no art. 113, § 2º do CTN designa o estado em que se encontra (do qual é titular) o sujeito passivo da relação jurídica administrativo-fiscal, ou seja, o estado de **sujeição passiva administrativo-fiscal**, onde o sujeito passivo está obrigado (O) a fazer certas atividades instrumentais que contribuem, direta ou indiretamente, para o atendimento dos interesses tributários (fiscalização e arrecadação) do Estado-fisco (sujeito ativo), em certo tempo e espaço (item 5.4.2.1).

44. A expressão "*obrigação acessória*" contida no art. 113, § 3º, do CTN designa o estado em que se encontra (do qual é titular) o sujeito passivo da relação jurídica punitiva administrativo-fiscal, ou seja, o estado de **sujeição passiva punitiva**

administrativo-fiscal, onde o sujeito passivo está obrigado (O) a entregar (P) certa quantia em dinheiro ao Estado (sujeito ativo) a título de punição (por não ter sido cumprida a conduta prescrita na relação jurídica administrativo-fiscal), em certo tempo e espaço (item 5.4.2.1).

45. O Direito Positivo Tributário brasileiro contém dois diferentes regimes jurídicos no que tange ao surgimento da relação jurídica tributária e, por conseguinte, da sujeição passiva tributária:

a) no primeiro deles, a sujeição passiva tributária surge com a ocorrência do fato jurídico suficiente descrito no antecedente da norma impositiva tributária, independentemente e antes mesmo da existência do denominado "lançamento";

b) no segundo regime, a sujeição passiva tributária só nasce com a ocorrência do denominado "lançamento" (item 5.4.2.2).

Capítulo VI

SUJEIÇÃO PASSIVA *TRIBUTÁRIA* ANTECIPADA

6.1. A SUJEIÇÃO PASSIVA *TRIBUTÁRIA* ANTECIPADA SEGUNDO A EMENDA CONSTITUCIONAL Nº 3/93

A Emenda Constitucional nº 3, de 17 de março de 1993, publicada *no Diário Oficial da União*, de 18 de março de 1993, dispôs em seu art. 1º:

> "Art. 1º. Os dispositivos da Constituição Federal abaixo enumerados passam a vigorar com as seguintes alterações:
> (...)
> Art. 150.
> (...)
> § 7º A lei poderá atribuir a sujeito passivo de obrigação tributária a condição de responsável pelo pagamento de imposto ou contribuição, cujo fato gerador deva ocorrer posteriormente, assegurada a imediata e preferencial restituição da quantia paga, caso não se realize o fato gerador presumido".

Ao se produzir a Emenda Constitucional nº 3/93, pretendeu-se modificar o texto do art. 150 da Constituição da República, para acrescentar o aludido § 7º. O propósito deste comportamento do sujeito de direito (legislador) foi o de "constitucionalizar" (conferir fundamento constitucional) as previsões legais que dispunham sobre a **sujeição passiva** *tributária antecipada* ou, como alguns denominam, *substituição tributária para frente*.

Essa situação suscita algumas questões que merecem um acurado exame, quais sejam:

a) Que requisitos precisam ser atendidos para que se produza norma jurídica a partir do instrumento introdutor de norma "emenda constitucional"?

b) O instrumento introdutor de norma "Emenda Constitucional nº 03/93", no que tange à inclusão do § 7.º ao art. 150 da Constituição da República, foi produzido atendendo aos requisitos exigidos para tanto?

c) Afinal, o instrumento introdutor de norma "Emenda Constitucional nº 3/93", no tocante ao acréscimo do § 7.º ao art. 150 da Constituição da República, veiculou norma jurídica, portanto, válida, com fundamento constitucional de validade?

Essas questões serão devidamente respondidas, segundo o modelo proposto, nos itens subsequentes.

6.2. REQUISITOS CONSTITUCIONAIS DE VALIDADE DA NORMA JURÍDICA VEICULADA POR EMENDA CONSTITUCIONAL

A **emenda constitucional** é um veículo introdutor de norma (fonte formal), que apresenta a peculiaridade de, obedecidos os requisitos previstos na Constituição (norma constitucional, norma-origem do Direito Positivo), introduzir norma de nível constitucional.

Conforme demonstrado anteriormente (Capítulo III, itens 3.5 e 3.8), o processo de causalidade jurídica (de produção e aplicação normativa) se perfaz por intermédio do movimento dialético entre norma (jurídica) e fato (jurídico).

Logo, não é bastante a mera aprovação de um texto sob a forma de "emenda constitucional", para que se introduza no sistema uma norma jurídica (válida). Somente surgirá norma jurídica, seja qual for o instrumento introdutor de norma sob exame, quando forem cumpridos, no plano fático, todos os requisitos previstos no antecedente da respectiva norma de produção normativa, *in casu*, a **norma constitucional de produção normativa**. Se os requisitos não forem integralmente atendidos, a mensagem prescritiva, eventualmente veiculada, não terá o *status* de norma jurídica; será figura estranha ao universo do Direito Positivo.

A norma constitucional de produção normativa, cuja importância foi ressaltada acima, apresenta-se como fundamento de validade da norma veiculada por emenda constitucional. Neste plano, aquela norma descreve, em seu antecedente, o fato complexo que precisa ocorrer concretamente, no tempo e no espaço, para que surja **norma jurídica a partir da emenda constitucional**.

Sabe-se que esse fato complexo compõe-se de três elementos:

a) um sujeito de direito habilitado a emitir uma declaração de cunho prescritivo (**sujeito competente**);

b) uma declaração de cunho prescritivo (**declaração prescritiva**); e

c) um **procedimento**.

O Direito Positivo brasileiro dispõe sobre esses três requisitos no art. 60 da Constituição da República: quanto ao primeiro (sujeito competente) – incisos I a III, §§ 2.º e 3.º, do art. 60; quanto ao segundo (declaração prescritiva) – § 4.º do art. 60; e quanto ao terceiro (procedimento) – §§ 1.º, 2.º e 5.º do art. 60.

Não é demais insistir: só será produzida norma jurídica a partir da emenda constitucional, se todos estes requisitos estabelecidos pela norma constitucional de produção normativa forem atendidos.

A norma veiculada pela emenda constitucional apresenta uma peculiaridade: a norma jurídica produzida (a da emenda constitucional), portanto, com fundamento de validade, passará a integrar o corpo da Constituição (conjunto de enunciados que veicula a norma-origem do Direito Positivo brasileiro) modificando, inclusive, o próprio texto constitucional.

Tal peculiaridade suscita algumas dúvidas:

a) É possível norma jurídica veiculada por emenda constitucional ser inconstitucional?

b) Se por meio de emenda constitucional altera-se o texto da própria Constituição, há hierarquia entre a norma veiculada pela emenda constitucional e a norma constitucional já existente?

c) A norma constitucional de produção normativa (construída a partir do enunciado do art. 60 da Constituição da República), que dispõe sobre a produção de norma veiculada por emenda constitucional, pode ser modificada por uma emenda constitucional?

Essas questões têm que ver com pontos fundamentais para a conformação do sistema do Direito Positivo brasileiro. As respectivas respostas só podem ser fornecidas, de modo coerente, segundo firmes premissas, que, por sua vez, caracterizam, um modelo jurídico. No caso em apreço, aplicar-se-á o modelo desenvolvido para solucionar cada uma daquelas questões.

Primeira – *é possível norma jurídica veiculada por emenda constitucional ser inconstitucional?*

É inadmissível cogitar-se de norma **jurídica inconstitucional**, independentemente do instrumento introdutor de norma (emenda constitucional, lei complementar, lei ordinária, decreto etc.) que a tenha veiculado. Isto é assim pelo fato de, ao se afirmar que uma norma é jurídica, estar se atestando que a norma possui fundamento de validade jurídica, que pertence ao sistema do Direito Positivo. Se é norma jurídica, é necessariamente constitucional. Se é norma inconstitucional, necessariamente não é jurídica (item 3.10 do Capítulo III).

Pode ocorrer, conforme exposto acima, que uma "emenda constitucional" veicule certa mensagem prescritiva contrariando o disposto pela norma constitucional de produção normativa. Neste caso, não é produzida qualquer norma jurídica (válida). Aquela mensagem sequer ingressa no sistema do Direito Positivo. Não pertence ao universo jurídico.

Segunda – *se por meio de emenda constitucional altera-se o texto da própria Constituição, há hierarquia entre a norma veiculada pela emenda constitucional e a norma constitucional já existente?*

O fato relativo à hierarquia das normas jurídicas no sistema do Direito Positivo foi examinado, inicialmente, no subitem 2.8.2. do Capítulo II e, posteriormente, no item 3.3 do Capítulo III. Ficou demonstrado que a relação existente entre a norma produzida e a correspondente norma de produção normativa é, respectivamente, de norma inferior para norma superior.

A norma constitucional de produção normativa regula o modo pelo qual se cria uma norma veiculada por emenda constitucional. Portanto, aquela (norma superior) é o fundamento de validade desta (norma inferior).

Terceira – *a norma constitucional de produção normativa (construída a partir do enunciado do art. 60 da Constituição da República), que dispõe sobre a produção de norma veiculada por emenda constitucional, pode ser modificada por uma emenda constitucional?*

Isso é inadmissível. O art. 60 da Constituição da República contém previsão excepcional, qual seja: a possibilidade de alterar-se a norma-origem (a veiculada pela Constituição originária) do Direito Positivo brasileiro. A norma-origem dispõe sobre que condições são necessárias para que ocorra a sua modificação. Estes limites estabelecidos, originária e constitucionalmente, são intransponíveis, segundo o sistema de Direito Positivo vigente. É impossível ultrapassá-los considerando as normas do atual sistema.

A única possibilidade lógico-jurídica de superar tais limites é mediante a adoção de uma nova Constituição originária, que instaure e fundamente um novo sistema de Direito Positivo.

Pelo acima exposto, pode-se firmar: **de acordo com o sistema de Direito Positivo vigente, é impossível modificar o núcleo normativo construído a partir do art. 60 da Constituição da República, que dispõe sobre os requisitos subjetivo (sujeito de direito competente), material (declaração prescritiva) e formal (procedimento) necessários para a modificação da norma-origem do Direito Positivo brasileiro (o conjunto de normas veiculadas pela Constituição).**

JOSÉ AFONSO DA SILVA,[1] entre outros, adota este posicionamento ao lecionar sobre as limitações ao poder de reforma constitucional:

> "Todavia, das quatro categorias de normas constitucionais que, segundo NELSON DE SOUSA SAMPAIO, estariam implicitamente fora do alcance do poder de reforma, as três seguintes ainda nos parece que o estão, por razões lógicas, como sejam: se pudessem ser mudadas pelo poder de emenda ordinário, de nada adiantaria estabelecer vedações circunstanciais ou materiais a esse poder. São elas:
> (1) 'as concernentes ao titular do poder constituinte', pois uma reforma constitucional não pode mudar o titular do poder que cria o próprio poder reformador;
> (2) 'as referentes ao titular do poder reformador', pois seria despautério que o legislador ordinário estabelecesse novo titular de um poder derivado só da vontade do constituinte originário;
> (3) 'as relativas ao processo da própria emenda', distinguindo-se quanto à natureza da reforma, para admiti-la quando se trata de tornar mais difícil seu processo, não a aceitando quando vise a atenuá-lo."

Uma vez estudados os requisitos de validade para a produção da norma veiculada por emenda constitucional, pode-se analisar a situação que diz respeito especificamente à norma veiculada pela Emenda Constitucional nº 3/93, na parte que acrescentou o § 7º ao art. 150 da Constituição da República.

1 *Idem*, p. 70

6.3. FATO JURÍDICO TRIBUTÁRIO *PRESUMIDO* E *FICTÍCIO*

Antes de iniciar a análise do cumprimento efetivo dos requisitos previstos pela norma constitucional de produção normativa que regula a criação da norma veiculada por emenda constitucional, convém distinguir os conceitos de *presunção* e *ficção*.

A importância dessa distinção é ressaltada em virtude de o aludido § 7º, que se pretendeu acrescer ao art. 150 da Constituição da República, conter, impropriamente, a expressão "fato gerador presumido".

Em rigor, o mencionado dispositivo alude à figura do **fato jurídico tributário fictício** não a do "*fato gerador* (*rectius*: fato jurídico tributário) *presumido*".

Os conceitos de presunção e ficção são inconfundíveis.

Presunção significa "um juízo que se forma sobre indícios ou começos de provas; suspeita, conjetura. (Jur.) o que se supõe verdadeiro até a prova do contrário";[2] é "um juízo antecipado e provisório que se considera válido até prova em contrário"[3]

Por seu turno **ficção** "(do lat. *Fingere*: fingir, imaginar) em seu sentido filosófico, a ficção é uma construção elaborada pela imaginação";[4] é uma "simulação para encobrir a verdade, fingimento".[5]

Como se atesta, a presunção está relacionada à prova da efetiva ocorrência, no tempo e no espaço, de um determinado fato, por meio de sinais, indicações, disponíveis. É uma operação mental (juízo) pela qual, mediante a verificação de sinais (indícios), decide-se sobre a ocorrência de um fato, em certo tempo e espaço.

Falar em **fato jurídico tributário presumido** significa dizer que há uma presunção (isto é, um *juízo*, uma operação mental pela qual decide-se, mediante a verificação de sinais – *indícios*) sobre a efetiva ocorrência de um fato jurídico tributário, em certo tempo e espaço.

Logo, fato jurídico tributário presumido é fato (acontecimento, objeto da experiência) que se considera (julga) realmente ocorrido, no tempo e no espaço.

Ao que parece, a denominada "presunção *juris tantum* (ou presunção relativa)" é verdadeira presunção; enquanto a denominada "presunção *jure et de juris* (ou presunção absoluta)" não é uma presunção. Esta última, segundo os tratadistas, é a que não comporta prova em contrário, é uma "verdade jurídica". Em rigor, a presunção absoluta refere-se a algo que, independentemente de existir, não interfere com os efeitos juridicamente previstos; ou seja, o Direito atribui determinados efeitos, sem depender da realização de um certo fato, o qual é irrelevante juridicamente para tais fins (p. ex.: a "*presunção*" *absoluta* de que todos conhecem a "lei" – significa dizer

2 Caudas Aulete, idem, p. 3257.

3 Nicola Abbagnano, *Dicionário de Filosofia*, cit., p. 758.

4 Hilton Japiassu, Danilo Marcondes, *Dicionário básico de Filosofia*, cit., p. 98.

5 Caldas Aulete, *ibidem*, p. 1.765.

que, independentemente do real conhecimento das normas jurídicas pelas pessoas, todas são obrigadas a cumpri-las – art. 3.º da Lei de Introdução no Código Civil brasileiro).

De outro lado, cogitar-se de *fato jurídico tributário fictício* significa aludir a um fato não realizado no tempo e no espaço, um fato meramente imaginado ou desejado. É preciso relevar: o ato de imaginar ou desejar um fato não se confunde com o próprio fato (algo que tem realidade no tempo e no espaço).

Firmadas as definições de **presunção** e de **ficção**, pode-se avançar no estudo da sujeição passiva tributária antecipada segundo a Emenda Constitucional nº 3/93.

6.4. AFRONTA AOS PRINCÍPIOS CONSTITUCIONAIS DA IGUALDADE E DA CAPACIDADE CONTRIBUTIVA: A FLAGRANTE INCONSTITUCIONALIDADE

Conforme exposto anteriormente, a norma constitucional de produção normativa (que dispõe sobre a criação de normas veiculadas por emenda constitucional) apresenta em seu antecedente a descrição de um fato complexo, que pode ser dividido (abstratamente, por razões cognoscitivas) em três partes: a) o **sujeito de direito**; b) a **declaração prescritiva**; e c) o **procedimento**.

Quanto à norma veiculada pela Emenda Constitucional nº 3/93, o ponto que desperta maior interesse é o relativo ao aspecto *declaração prescritiva* descrito pelo antecedente da norma constitucional de produção normativa.

Esse aspecto está constitucionalmente delimitado. Em outros termos, a **norma constitucional de produção normativa** que dispõe sobre a criação de normas veiculadas por emenda constitucional **restringe, limita, o conteúdo da referida declaração.**

De forma expressa, dispõe o § 4º do art. 60 da Constituição:

> ....
> "Art. 60.
> § 4º. Não será objeto de deliberação a proposta de emenda tendente a abolir:
> I – a forma federativa de Estado;
> II – o voto direto, secreto, universal e periódico;
> III – a separação dos Poderes;
> IV – os direitos e garantias individuais".

Desse modo, está expresso que o **conteúdo da declaração prescritiva** efetivamente produzida (plano dos fatos) não pode *tender* a abolir os direitos e garantias individuais. Basta a tendência a abolir (a simples restrição ou diminuição de qualquer deles) para caracterizar caso de flagrante inconstitucionalidade (norma sem fundamento constitucional de validade).

Nesse sentido esclarece JOSÉ AFONSO DA SILVA:

> "A Constituição, como dissemos antes, ampliou o núcleo explicitamente imodificável na via da emenda, definindo no art. 60, § 4º, que *não será objeto de deliberação a proposta de*

> *emenda tendente a abolir: a forma federativa de Estado; o voto direto, secreto, universal e periódico; a separação dos Poderes; os direitos e garantias individuais.*
> É claro que o texto não proíbe apenas emendas que expressamente declarem: 'fica abolida a Federação ou a forma federativa de Estado', 'fica abolido o voto direto...', 'passa a vigorar a concentração de Poderes', ou ainda 'fica extinta a liberdade religiosa, ou de comunicação..., ou o *habeas corpus*, o mandado de segurança...'. A vedação atinge a pretensão de modificar qualquer elemento conceitual da Federação, ou do voto direto, ou indiretamente restringe a liberdade religiosa, ou de comunicação ou outro direito e garantia individual; basta que a proposta de emenda se encaminhe ainda que remotamente, 'tenda' (emendas tendentes, diz o texto), para a sua abolição".[6]

Essas matérias que não podem figurar no conteúdo da *declaração prescritiva* a ser produzida são denominadas "*cláusulas pétreas*".

Logo, qualquer emenda constitucional que "tenda" a abolir (simplesmente limite ou reduza) quaisquer dos "direitos e garantias individuais" (p. ex., o da **igualdade**, o da **capacidade contributiva**, o da **legalidade**) está eivada de inconstitucionalidade (ou seja, carece de fundamento de validade constitucional).

O Supremo Tribunal Federal já teve oportunidade de firmar entendimento sobre a necessidade de, ao ser produzida a norma veiculada por *emenda constitucional*, serem respeitados os "direitos individuais" constitucionalmente garantidos, entre os quais enquadram-se os Princípios da Igualdade e da Capacidade Contributiva (cláusulas pétreas – § 4.º do art. 60 da Constituição da República), sob pena de esta norma ser caracterizada como inconstitucional (sem fundamento constitucional de validade). Transcreve-se abaixo um elucidativo acórdão da Suprema Corte:

> "AÇÃO DIRETA DE INCONSTITUCIONALIDADE Nº 939-DF
> RELATOR: MINISTRO SYDNEY SANCHES
> JULGAMENTO: 1993/12/15
> SESSÃO: TRIBUNAL PLENO
> DJ-18-03-94, PP-05165
> EMENTA: Direito Constitucional e Tributário.
> Ação Direta de Inconstitucionalidade de Emenda Constitucional e de Lei Complementar. I.P.M.F. Imposto Provisório sobre a Movimentação ou a Transmissão de Valores e de Créditos e Direitos de Natureza Financeira – I.P.M.F. Artigos 5., par. 2., 60, par. 4., incisos I e IV, 150, incisos III, 'b', e VI, 'a', 'b', 'c' e 'd', da Constituição Federal.
> 1. Uma Emenda Constitucional, emanada, portanto, de Constituinte derivada, incidindo em violação a Constituição originária, pode ser declarada inconstitucional, pelo Supremo Tribunal Federal, cuja função precípua e de guarda da Constituição (art. 102, I, 'a', da C.F.). 2. A Emenda Constitucional nº 3, de 17.03.1993, que, no art. 2., autorizou a União a instituir o I.P.M.F., incidiu em vício de inconstitucionalidade, ao dispor, no parágrafo 2. desse dispositivo, que, quanto a tal tributo, não se aplica 'o art. 150, III, 'b' e VI', da Constituição, porque, desse modo, violou os seguintes princípios e normas imutáveis (somente eles, não outros):

6 *Idem, ibidem*, p.69.

> 1. – o princípio da anterioridade, que e garantia individual do contribuinte (art. 5., par. 2., art. 60, par. 4., inciso IV e art. 150, III, 'b' da Constituição);
> 2. – o princípio da imunidade tributária recíproca (que veda à União, aos Estados, ao Distrito Federal e aos Municípios a instituição de impostos sobre o patrimônio, rendas ou serviços uns dos outros) e que e garantia da Federação (art. 60, par. 4., inciso I, e art. 150, VI, 'a', da C.F.);
> 3. – a norma que, estabelecendo outras imunidades impede a criação de impostos (art. 150, III) sobre:
> 'b'): templos de qualquer culto;
> 'c'): patrimônio, renda ou serviços dos partidos políticos, inclusive suas fundações, das entidades sindicais dos trabalhadores, das instituições de educação e de assistência social, sem fins lucrativos, atendidos os requisitos da lei; e
> 'd'): livros, jornais, periódicos e o papel destinado a sua impressão; 3. Em consequência, e inconstitucional, também, a Lei Complementar nº 77, de 13.07.1993, sem redução de textos, nos pontos em que determinou a incidência do tributo no mesmo ano (art. 28) e deixou de reconhecer as imunidades previstas no art. 150, VI, 'a', 'b', 'c' e 'd' da C.F. (arts. 3., 4. e 8. do mesmo diploma, L.C. nº 77/93).
> 4. Ação Direta de Inconstitucionalidade julgada procedente, em parte, para tais fins, por maioria, nos termos do voto do Relator, mantida, com relação a todos os contribuintes, em caráter definitivo, a medida cautelar, que suspendera a cobrança do tributo no ano de 1993".

Em função do acima exposto, pode-se desde já asseverar: **a Emenda Constitucional nº 3/93, ao dispor sobre a "sujeição passiva tributária antecipada" afrontou diretamente os Princípios Constitucionais da Igualdade e da Capacidade Contributiva ("direitos" individuais fundamentais do sistema jurídico brasileiro), caracterizando-se uma flagrante inconstitucionalidade (falta de fundamento constitucional de validade).**

A proposição acima efetuada merece ser melhor desenvolvida.

Conforme já mencionado (capítulo IV, item 4.5), o Princípio da Igualdade está presente no aspecto declaração prescritiva descrito no antecedente de todas as normas constitucionais de produção normativa, sendo um complemento necessário (sempre presente) e condicionante (que limita, restringe) o referido aspecto.

O fato complexo que ocorrer no mundo fenomênico e não contiver esse complemento necessário e condicionante (Princípio da Igualdade) não sofrerá incidência da norma de produção normativa constitucional, não nascendo norma infraconstitucional (válida).

O conceito do Princípio da Igualdade repousa sobre o seguinte tripé: a) fator para desigualar; b) correlação lógica entre ele e a desigualdade de tratamento; e c) consonância dessa correlação com os interesses absorvidos do sistema constitucional.

Por decorrência lógica do Princípio da Igualdade, no momento de se determinar como deverá ser feita a participação obrigatória das pessoas na entrega de recursos (dinheiro) para o Estado a título de imposto,[7] o único fator que pode ser utilizado para desigualar é a **riqueza pessoal**. Se a norma tributária que dispõe sobre o imposto tem como propósito regular a conduta de entrega de dinheiro ao Estado, tal norma só pode exigir esta conduta daquele que tem aptidão para entregar parte da riqueza de que é titular, ou seja, só pode exigir daquele que é titular de *capacidade contributiva*. Eis a demonstração da frequente e correta assertiva: o Princípio Constitucional da Capacidade Contributiva é corolário do Princípio Constitucional da Igualdade.

O Princípio Constitucional da Capacidade Contributiva (que é um complemento do aspecto *declaração prescritiva* descrito no antecedente da norma constitucional de produção normativa que dispõe sobre a criação da norma impositiva de imposto) **exige** (condiciona, limita, restringe, o conteúdo da referida declaração) **que**: a **norma impositiva de imposto** descreva, no aspecto material do **antecedente**, um comportamento de um sujeito de direito que denote sinal (signo) de riqueza pessoal (que tenha um sujeito de direito como titular dessa riqueza) e prescreva, em seu **consequente,** uma relação jurídico-formal, onde o sujeito de direito (sujeito passivo, contribuinte) que for titular da riqueza pessoal descrita pelo critério material do antecedente (somente ele) será obrigado a entregar ('Op') parte (alíquota) daquela riqueza (base de cálculo) ao Estado (sujeito ativo).

Portanto, a *norma impositiva de imposto* só pode prescrever que um sujeito de direito (contribuinte) terá a obrigação de entregar dinheiro (parte da riqueza pessoal), **se e quando** (condição) o comportamento deste mesmo sujeito de direito (que ostente sinal de riqueza) ocorrer, efetivamente, no mundo fenomênico.

Ao tencionarem, por meio da Emenda Constitucional nº 3, adicionar o texto do § 7º ao art. 150 da Constituição da República, desrespeitaram frontalmente os Princípios Constitucionais da Igualdade e da Capacidade Contributiva.

Quando o fato complexo relativo à criação da norma veiculada pela E.C. nº 3/93 realizou-se no mundo fenomênico, o seu conceito (do fato) não correspondeu, integralmente, à descrição da norma constitucional de produção normativa. Em que pese a *forma* (sujeito de direito e procedimento) seguida ter sido a correta, o conteúdo da declaração prescritiva, efetivamente produzido (no mundo concreto), não atendeu os requisitos descritos no antecedente da norma constitucional de produção normativa, representados pelos Princípios Constitucionais da Igualdade e da Capacidade Contributiva.

Por consequência, o conteúdo do elemento declaração do fato complexo produzido no mundo fenomênico não respeitou o Princípio Constitucional da Capacidade

---

7 Nesta exposição, faz-se somente referência ao regime pertinente ao "imposto", apesar de a EC nº 3/93 aludir também à "contribuição". Isto se deve ao fato de, segundo a melhor doutrina, as bases de cálculo das referidas "contribuições", no sistema brasileiro, serem próprias de "impostos". O elemento caracterizador de tais contribuições é a destinação específica.

Contributiva e, por conseguinte, o Princípio Constitucional da Igualdade. Estes princípios constitucionais condicionam, necessariamente, o conteúdo da declaração. Se o conteúdo da declaração, efetivamente, produzido não atendeu àqueles princípios constitucionais, a consequência jurídica é a seguinte: a norma constitucional de produção normativa que dispõe sobre a criação de normas veiculadas por emendas não incidiu sobre o fato complexo produzido no mundo fenomênico, não surgindo, pois, qualquer norma jurídica (válida). Como dizem alguns (de forma imprecisa): "a emenda constitucional é inconstitucional".

Ora, a "Emenda nº 3/93", ao "possibilitar" que uma lei exija de alguém chamado de "responsável" (*rectius:* substituto) o pagamento de um imposto ou contribuição antes de ocorrer o "fato gerador" (*rectius*: fato jurídico tributário), afronta o Princípio Constitucional da Capacidade Contributiva. Pois, somente com a efetiva, real, concreta, ocorrência do fato jurídico tributário no mundo fenomênico é que se configura a capacidade contributiva por parte de alguém. O fato jurídico tributário é que revela o sinal de riqueza. Antes da sua real ocorrência (a do fato) a riqueza não existe. Logo, "presumir" (em rigor, tornar ficção) a ocorrência do fato jurídico tributário, como estabelece a citada emenda ("fato gerador presumido" – *rectius*: fato jurídico tributário **fictício**) é fazer tábula rasa do Princípio da Capacidade Contributiva.

Não há duvidas de que se trata de ficção e não de presunção. Ora, obrigar alguém a pagar um imposto (efeito), em decorrência de se **imaginar** que um fato possa ou não ocorrer no futuro, caracteriza tributação com base em *fato jurídico tributário* **fictício** ("fato" imaginado, pensado; "fato" que não se realizou no tempo e no espaço; "fato" imaginado, esperado, desejado, que não se confunde com o verdadeiro fato – acontecimento que ocorre, concretamente, no tempo e no espaço).

MARÇAL JUSTEN FILHO, ao discorrer sobre a inconstitucionalidade da "substituição tributária para frente" autorizada pela Emenda Constitucional nº 3/93, demonstra a impossibilidade de a norma impositiva tributária conter uma ficção em seu antecedente:

"A transformação pela norma jurídica da realidade existente corresponde a uma ficção. Mas não se pode estabelecer uma ficção acerca da existência da riqueza. Sobre o tema, já afirmamos que "... a ficção sobre existência de riqueza significa ausência de situação economicamente avaliável. Há, com o respeito devido ao mestre BECKER, uma incompatibilidade entre as figuras conceituais do fato signo-presuntivo de riqueza e da ficção. E isso por a ficção não envolver qualquer presunção – um processo mental pelo qual se conclui existente algum evento não porque verificado sensitivamente, mas pela comprovação através dos sentidos da ocorrência de outros fatos vinculados àquele cuja ocorrência se presume. Como já firmamos, só é viável presumir a riqueza através da presença de fatos economicamente avaliáveis. Ora, uma ficção significa impor a ocorrência de um fato independentemente de qualquer outro ou, mesmo, diante da evidência de sua inocorrência. Portanto, não se pode usar a ficção para construir a hipótese de incidência tributária, porque isso acarretaria uma hipótese de incidência não tributária. A conclusões semelhantes chegou PEREZ DE AYALA".[8]

A afronta à norma constitucional se agrava à medida que a emenda determina que o sujeito de direito que deverá pagar (entregar dinheiro ao Estado) não é o **contribuinte** (que teria capacidade contributiva revelada *se* e *quando* realmente ocorresse o fato-signo de riqueza) mas um "*responsável*" (*rectius*: **substituto** – em rigor, não é responsável, pois não se enquadra nas hipóteses de responsabilidade, seja por sub-rogação subjetiva passiva seja por punição – capítulo V, subitem 5.2.4.2). O substituto, por não ser o titular da riqueza (não ter capacidade contributiva), só poderia ser obrigado a entregar (repassar) dinheiro (conforme já demonstrado – capítulo V, subitem 5.2.3) em duas situações:

a) se existisse uma norma impositiva tributária que determinasse (obrigasse – "O") ao **contribuinte**, depois da ocorrência do fato jurídico tributário no tempo e no espaço, a entrega ("p") de dinheiro ao **substituto** (*agente arrecadador do Estado*) – o substituto, somente após o cumprimento da conduta do contribuinte, estará obrigado a entregar (repassar) o dinheiro ao Estado; ou

b) se existisse uma norma impositiva tributária que permitisse que o substituto (*agente arrecadador do Estado*) retirasse (retivesse definitivamente) o dinheiro, que apesar de estar em sua posse já seria de disponibilidade jurídica do contribuinte (o que caracterizaria o fato-signo de riqueza[9]) – o substituto estará obrigado a entregar (repassar) o dinheiro ao Estado, somente após a realização do fato jurídico tributário, quando ele reunirá condições jurídicas de já ter retirado do contribuinte a correspondente quantia.

Sublinha-se que, em ambos os casos, o substituto (mero *agente arrecadador do Estado*) somente entregaria (repassaria) o dinheiro ao Estado depois de, efetivamente, receber ou de poder (ter condição jurídica de) retirar do contribuinte igual quantia.

Desse modo, a Emenda nº 3/93 ao autorizar que a lei estabeleça a obrigação ('O') de alguém (substituto) "adiantar" ("p" – entregar para depois tentar receber do contribuinte) dinheiro ao Estado, permite que se institua uma restrição incons-

---

8 Marçal Justen Filho, "Princípios Constitucionais Tributários", artigo publicado no *Caderno de Pesquisas Tributárias*, São Paulo, Resenha Tributária, 1993, pp. 153 e segs.

9 Mais uma vez se manifesta com correção Marçal Justen Filho: "Eventualmente, a situação pode ser ainda mais grave. A lei ordinária, alterando a exigibilidade da prestação tributária, pode acarretar a incidência sobre riqueza de titularidade de outro sujeito. Ao invés de tributar a riqueza exteriorizada pelo "fato gerador", a lei ignora tanto a existência dessa riqueza como a própria titularidade dela. Tributa-se outra situação que se refere a outro sujeito. Portanto, mesmo a chamada "substituição tributária" pressupõe que a riqueza tributada seja referida ao sujeito que exterioriza a capacidade contributiva". *Ibidem*, p. 154.

titucional ao direito de propriedade, ou melhor, aos direitos subjetivos patrimoniais em geral (já que estas hipóteses são limitadas: tributo, desapropriação, requisição, limitações e servidões administrativas, pena e expropriação), caracterizando confisco, o que é inadmissível juridicamente – art. 150, IV, da Constituição da República (subitem 5.2.4.3. do Capítulo V).

Dessarte, segue um esquema que elucida o asserto de que há flagrante inconstitucionalidade por afronta aos Princípios da Igualdade e da Capacidade Contributiva:

a) se a norma constitucional de produção normativa que regula a produção da norma impositiva de imposto contém em seu antecedente o Princípio da Igualdade e seu corolário, o Princípio da Capacidade Contributiva (item 4.5 do Capítulo IV e item 5.2.1 do Capítulo V);

b) se o Princípio da Igualdade (a igualdade jurídico-constitucional) é um complemento *necessário* (sempre presente) e *condicionante* (pois limita o conteúdo da declaração prescritiva do legislador) do aspecto declaração prescritiva do antecedente de toda e qualquer norma constitucional de produção normativa, portador de elevada carga axiológica (item 4.5 do Capítulo IV);

c) se o Princípio da Igualdade repousa sobre um tripé composto de (i) um fator para desigualar, distinguir, (ii) a correlação lógica entre ele e a desigualdade de tratamento, e (iii) a consonância dessa correlação com os interesses absorvidos do sistema constitucional (item 4.5 do Capítulo IV);

d) se o Princípio da Capacidade Contributiva Objetiva é o corolário do Princípio da Igualdade no que tange ao imposto;

e) se o Princípio da Capacidade Contributiva Objetiva é o complemento, necessário e condicionante, do aspecto *declaração* prescritiva do antecedente da norma constitucional de produção normativa (que dispõe sobre a criação de normas impositivas de imposto), portador de elevada carga axiológica, o qual exige que o antecedente da norma impositiva de imposto descreva um fato que ostente sinal de riqueza pessoal, e que o seu consequente prescreva a conduta (obrigatória) do titular desta riqueza de entregar parte dela ao Estado (subitem 5.2.1 do Capítulo V);

f) se a riqueza, reveladora da capacidade contributiva, somente exsurge, por determinação constitucional, quando ocorre o fato jurídico tributário, isto é, quando ele se realiza no tempo e no espaço;

g) se uma exigência de pagar imposto condicionada à simples possibilidade de vir a ocorrer no futuro um fato jurídico tributário caracteriza tributação com base em *fato jurídico tributário* **fictício** ('fato' pensado, imaginado, não realizado no tempo e no espaço).

Conclusão: *se* a Emenda Constitucional nº 3/93 veicula uma norma que autoriza a produção de outra norma, a norma impositiva de imposto ou de contribuição, tendo como antecedente a descrição de um "fato gerador presumido" (*rectius*: *fato jurídico tributário* **fictício**) e como consequente a obrigação de um "responsável" (*rectius*: substituto) pagar o imposto ou a contribuição antes da ocorrência do efetivo fato jurídico tributário, *então* configura-se uma total afronta aos Princípios da Capacidade Contributiva e da Igualdade, o que acarreta uma flagrante inconstitucionalidade (falta de fundamento constitucional de validade) da norma (mera mensagem prescritiva) veiculada pela referida emenda que "autoriza" a criação da malsinada "sujeição passiva antecipada" ou "substituição tributária para frente".

A doutrina tem sido firme em preconizar a inconstitucionalidade da **sujeição passiva tributária antecipada** ou **substituição tributária para frente.**

Nessa linha, leciona JOSÉ EDUARDO SOARES DE MELO[10]:

> "É inconstitucional a EC-3/93 (art. 150, § 7º da CF) por tratar de matéria vedada em âmbito revisional, dispondo sobre garantias e direitos individuais (art. 60, § 4º, IV).
> A instituição do fato gerador presumido, objetivado na substituição tributária regressiva, viola os princípios da segurança e certeza do direito, tipicidade, igualdade, capacidade contributiva, vedação de confisco e não-cumulatividade".

Professa ROQUE ANTONIO CARRAZA:[11]

> "Deveras, a Emenda Constitucional 3/93 'criou' a absurda figura da responsabilidade tributária por fato futuro. O preceito em tela 'autoriza' a lei a fazer nascer tributos de fatos que ainda não ocorreram, mas que, ao que tudo indica, ocorrerão. Noutros termos, permite que a lei crie presunções de acontecimentos futuros e, com elas, faça nascer obrigações tributárias.
> Ora, o art. 1º da EC 3/93 é inconstitucional, porque atropela o princípio da segurança jurídica, em sua dupla manifestação: certeza do direito e proibição do arbítrio. Este princípio, aplicado ao Direito Tributário, exige que o tributo só nasça após a ocorrência real (efetiva) do fato imponível."

Logo, a Emenda Constitucional nº 3/93, na parte que acrescentou o § 7º ao art. 150 da Constituição, é um típico caso de inconstitucionalidade (falta de fundamento de validade constitucional), pelo que dela não se extrai qualquer norma jurídica (válida). Tal figura, em rigor, não ingressou no direito positivo brasileiro.

Para finalizar este capítulo é mister citar a exemplar lição do saudoso mestre Geraldo Ataliba ao tratar da "responsabilidade por fato futuro (§ 7º do art. 150)":

> "O preceito autoriza a lei a fazer nascer obrigação de fatos ainda não acontecidos.
> Autoriza, portanto, a lei a estabelecer presunção de acontecimentos de fatos futuros, atribuindo a tal presunção (e não aos fatos, até porque não aconteceram e podem não acontecer) a virtude jurídica de fazer nascer obrigações tributárias.

---

10 *Ibidem*, pp. 103 e segs.

11 Roque Antonio Carraza, *ICMS*, São Paulo, Malheiros, 1994, pp. 33 e segs.

> Ora, se, de modo geral, as leis civis, comerciais, administrativas podem prudentemente estabelecer presunções e ficções, a Constituição veda que isso seja feito em matéria penal e tributária (*nullum crimen, nullum tributum sine lege*). Isto integra o art. 5º e está protegido pelo § 4º do art. 60.
> Além do mais, o § 1º do art. 145 – mero desdobramento do art. 5º, I, e por isso expletivo – refere-se a 'capacidade econômica' como critério de tratamento igual dos contribuintes.
> Ora, essa 'capacidade econômica', atribuível a cada contribuinte, em cada caso, revela-se e realiza-se pela exigência de que todo fato tributável tenha conteúdo econômico mensurável.
> Ora, esse conteúdo há de ser real, efetivo, comprovado, concreto. Não pode ser presumido. Não pode resultar de ficção, do mesmo modo que não se pode punir alguém por crime não cometido. Não se tributa por fato provável, plausível, possível. Só por fato ocorrido, consumado.
> A capacidade econômica – corolário da igualdade – é a 'pedra de toque' do sistema. Não pode ser violada".[12]

6.5. RESUMO DA JURISPRUDÊNCIA ACERCA DA SUJEIÇÃO PASSIVA *TRIBUTÁRIA* ANTECIPADA

Neste tópico, objetiva-se dar notícia do posicionamento dos Tribunais Superiores sobre a questão da **sujeição passiva** *tributária* **antecipada** ou, como denominam nos acórdãos, "**substituição** *tributária* **para frente**". Mais especificamente, será fornecido um escorço apenas do posicionamento do Superior Tribunal de Justiça, pois, até o momento, não se tem conhecimento de decisão, após a EC nº 3/93, do Supremo Tribunal Federal a respeito da possibilidade jurídica da "substituição *tributária* para frente".

A fim de não estender em demasia essa parte informativa da jurisprudência, foram selecionados dez acórdãos do Superior Tribunal de Justiça, que se dividem em três grupos.

Nos dois primeiros grupos, estão apontados seis acórdãos do Superior Tribunal de Justiça, representativos da primeira fase vivida por esta Corte.

A primeira **fase** é a **da divergência** de entendimento, quando se verificou uma nítida divisão de posicionamentos entre a Primeira e a Segunda Turmas da 1ª Seção do Superior Tribunal de Justiça. A Primeira Turma defendendo a tese contrária à possibilidade jurídica da "substituição *tributária* para frente" (primeiro grupo). A Segunda Turma preconizando a tese favorável à admissibilidade jurídica da aludida substituição (segundo grupo).

O terceiro grupo de acórdãos refere-se à segunda fase vivida por esta Corte – a fase da predominância no âmbito da 1ª Seção do Superior Tribunal de Justiça do entendimento de que a "substituição tributária para frente" é compatível com o sistema jurídico brasileiro.

12 Geraldo Ataliba, *Emenda 3/93 (À Constituição de 1988)*, p. 175.

Por fim, vale reiterar que esta parte do trabalho tem por propósito **informar** sobre a evolução do posicionamento jurisprudencial e não proceder uma análise profunda dos mencionados julgados. As breves observações, efetuadas ao final da exposição de cada uma das fases, têm por escopo apenas ressaltar alguns aspectos dos acórdãos citados, considerados mais relevantes, permitindo uma melhor visualização da utilidade e relevância de se ter um modelo jurídico que conduza ao alcançamento da **coerência** na construção do sistema do Direito Positivo e do sistema da Ciência do Direito Positivo (Dogmática Jurídica), bem como na solução das questões jurídicas suscitada no seio da comunidade.

6.5.1. Primeira fase – a divergência no Superior Tribunal de Justiça

6.5.1.1. Corrente favorável à sujeição passiva *tributária* antecipada

Antes de iniciar o relato dos acórdãos desta corrente jurisprudencial, vale alertar que nenhum deles apreciou a matéria levando em consideração a relevância dos Princípios Constitucionais da Igualdade e da Capacidade Contributiva, o que, por si só, já explica o porquê de tais decisões estarem admitindo esta inconstitucional figura.

6.5.1.1.1. Recurso Especial nº 35.570-2 – SP

"Relator: O Sr. Ministro Garcia Vieira

EMENTA
ICMS – Veículos – Substituição Tributária – Sujeitos Passivos – Ocorrência de fato gerador.
O industrial, o comerciante ou o prestador do serviço, relativamente ao imposto devido pelas anteriores ou subsequentes saídas de mercadorias ou prestações de serviço, são sujeitos passivos por substituição.
Com o pagamento antecipado não ocorre o recolhimento do imposto antes da ocorrência do fato gerador. O momento da incidência da lei não se confunde com a cobrança do tributo. O fato gerador do ICM é a saída da mercadoria do estabelecimento do contribuinte.
Recurso provido.

ACÓRDÃO
Vistos, relatados e discutidos estes autos, acordam os Exmos. Srs. Ministros da Primeira Turma do Superior Tribunal de Justiça, na conformidade dos votos e das notas taquigráficas a seguir, por unanimidade, dar provimento ao recurso, nos termos do voto do Exmo. Sr. Ministro relator. Votaram com o Relator os Exmos. Srs. Ministros Demócrito Reinaldo e Gomes de Barros. Ausentes, justificadamente, os Exmos. Srs. Ministros Milton Pereira e César Rocha.
Brasília, 10 de setembro de 1993 (data do julgamento).
Ministro Garcia Vieira, Presidente/Relator."

6.5.1.1.2. Recurso Especial nº 50.884-3 – SP

"Relator: Exmo. Sr. Ministro José de Jesus Filho

EMENTA

ICMS. Veículos. Legitimidade *AD CAUSAM*. Substituição tributária. Sujeitos passivos. Fato gerador. Ocorrência.

I – São sujeitos passivos por substituição, o industrial, o comerciante ou o prestador do serviço, relativamente ao imposto devido pelas anteriores ou subsequentes saídas de mercadorias ou prestações de serviços.

II – Conforme já decidiu esta Corte, 'com o pagamento antecipado não ocorre o recolhimento do imposto antes da ocorrência do fato gerador. O momento da incidência da lei não se confunde com a cobrança do tributo. O fato gerador do ICM é a saída da mercadoria do estabelecimento do contribuinte'. Precedentes.

III – Recurso conhecido e provido, no âmbito desta Corte.

ACÓRDÃO

Vistos e relatados estes autos, em que são partes as acima indicadas.

Decide a Segunda Turma do Superior Tribunal de Justiça, por unanimidade, conhecer do recurso e dar-lhe provimento, na forma do relatório e notas taquigráficas constantes dos autos, que ficam fazendo parte integrante do presente julgado. Participaram do julgamento os Srs. Ministros Hélio Mosimann, Peçanha Martins, Américo Luz e Antônio de Pádua Ribeiro.

Custas, como de lei.

Brasília, 14 de setembro de 1994. (data do julgamento)

Ministro Hélio Mosimann, Presidente.

Ministro José de Jesus Filho, Relator."

6.5.1.1.3. Recurso Especial nº 53.093-8 – SP

"Relator: Exmo. Sr. Ministro Peçanha Martins

EMENTA

Tributário – ICMS – Veículos – Cobrança antecipada – Substituição tributária – Fato gerador – Ocorrência – Convênios ICMS 66/88 e 107/89 – Precedentes STJ e STF.

– A exigência da antecipação do ICMS, na venda de veículos automotores não se reveste de ilegalidade ou abusividade.

– O Decreto-Lei nº 406/68, alterado pela Lei Complementar nº 44/83 e o art. 128 do CTN, que se complementam, consagram a regra da substituição tributária.

– Conforme já decidiu esta corte, 'com o pagamento antecipado não ocorre o recolhimento do imposto antes da ocorrência do fato gerador. O momento da incidência da lei não se confunde com a cobrança do tributo. O fato gerador do ICM é a saída da mercadoria do estabelecimento do contribuinte.'

– Não discrepa deste entendimento orientação traçada em decisões do STF.

– Recurso não conhecido.

ACÓRDÃO

Vistos, relatados e discutidos estes autos, acordam os Ministros da Segunda Turma do Superior Tribunal de Justiça, na conformidade dos votos e das notas taquigráficas a seguir, por unanimidade, não conhecer do recurso. Votaram com o Relator os Ministros

Américo Luz e Hélio Mosimann. Ausente, justificadamente, o Sr. Ministro Antônio de Pádua Ribeiro.

Brasília-DF, 14 de dezembro de 1994.
Ministro Hélio Mosimann, Presidente.
Ministro Peçanha Martins, Relator."

6.5.1.1.4. Observações

O primeiro acórdão citado, embora posterior à EC nº 3/93, não examinou a matéria levando tal emenda em consideração. Conforme se manifesta o relator, Ministro Garcia Vieira, "o regime de substituição tributária é previsto pela própria Constituição Federal vigente (artigo 155, inciso XII, letra "b"), nas leis e convênios firmados pelos Estados, com base no artigo 34, parágrafos 3º e 8º do ADCT".

E prossegue o Ministro:

> "Já o Convênio nº 66/88, artigo 25, item I, estabelece que a lei poderá atribuir a condição de substituto tributário a:
> 'industrial, comerciante ou outra categoria de contribuintes, pelo pagamento do imposto devido na operação ou operações anteriores.'
> Esse Convênio, com força de lei complementar (ADCT, artigo 34, parágrafo 8º), autorizou os Estados a 'exigir o pagamento antecipado do imposto, com a fixação, se for o caso do valor da operação ou da prestação subsequente a ser efetuada pelo próprio contribuinte' (artigo 2º, parágrafo 3º).
> A lei estadual e o convênio citados não contrariam os artigos 121 e 128 do CTN e com eles se harmonizam, na instituição desta substituição tributária, sendo legítima a exigência fiscal, com base na lei estadual editada com suporte no citado Convênio nº 66/88".

Recorta-se, ainda, a seguinte passagem do referido voto:

> "Com o pagamento antecipado, não ocorre o recolhimento do imposto antes da ocorrência do fato gerador. Não se pode confundir momento da incidência do tributo com a sua cobrança. Ocorre o fato gerador do ICM na saída da mercadoria do estabelecimento contribuinte. No caso, quando são vendidos os veículos automotores ou suas peças. A sua cobrança é a última fase concreta. Nos termos da Lei Estadual nº 6.374/89, artigo 2º, inciso I e o do Convênio nº 66/88, artigo 2º, inciso V, ocorre o fato gerador do imposto na saída da mercadoria do estabelecimento contribuinte. É claro que esta substituição e antecipação, acolhida pela doutrina e por nossos Tribunais, tem de ser autorizada por lei (artigo 121, inciso I do CTN) e a terceira pessoa deve ser vinculada ao fato gerador da respectiva obrigação (artigo 128 do CTN), mas, no caso em exame estas condições estão amplamente satisfeitas.
> Com base nos poderes amplos a eles conferidos pelo artigo 34, parágrafos 3º e 8º do ADCT, os Estados, têm 'competência legislativa plena' (artigo 6º do CTN) e podiam estabelecer o pagamento antecipado do ICM, inclusive na venda de veículos automotores e suas peças. Este pagamento antecipado é também, adotado no IPI e já era no artigo IVC".

Ora, duas observações merecem ser feitas:

a) foi totalmente desconsiderada pelo acórdão a relevância dos Princípios Constitucionais da Capacidade Contributiva e da Igualdade; isto, por si só, seria suficiente para determinar a inconstitucionalidade (falta de fundamento constitucional de validade) da substituição *tributária* para frente;

b) o Convênio nº 66/88 extrapolou os seus limites materiais, pois ele só podia dispor sobre matéria não prevista em lei, onde existisse lacuna, o que não era o caso em questão; e

c) há "imprecisão" (contradição) quando se afirma que "com o pagamento antecipado, não ocorre o recolhimento do imposto antes da ocorrência do fato gerador", pois evidentemente é isto que ocorre. Ora, se o pagamento do "tributo" é **antecipado** (como está reconhecido na própria ementa do acórdão), isto decorre do fato de ter que ser efetuado antes da ocorrência do "fato gerador presumido" (fato jurídico tributário fictício), que pode (espera-se, imagina-se, tem-se expectativa – caso de **fato fictício**, não de *fato presumido* – ver item 6.3 deste capítulo) ou não vir a acontecer concretamente no futuro. Logo, é incontestável que o pagamento ocorre antes da ocorrência do "fato gerador", ao contrário do que afirma o Ministro-relator GARCIA VIEIRA em seu voto e do que consta da ementa do acórdão.

As observações efetuadas demonstram que a matéria não foi apreciada segundo um modelo jurídico que pretenda caracterizar-se pela coerência.

Nos dois outros acórdãos citados foi seguida a mesma linha de raciocínio do primeiro, sendo pertinentes, pois, as mesmas observações então efetuadas.

6.5.1.2. Corrente contrária à sujeição passiva tributária antecipada

Esta corrente jurisprudencial, embora não aprecie a matéria levando em consideração o relevante papel que exercem os Princípios Constitucionais da Igualdade e da Capacidade Contributiva, tem concluído pela impossibilidade jurídica da denominada substituição tributária 'para frente'.

6.5.1.2.1. Recurso Especial nº 38.529-6/SP

> "Relator Designado: O Senhor Ministro Demócrito Reinaldo
> Relator Originário: O Senhor Ministro Garcia Vieira
>
> EMENTA
>
> Constitucional. Tributário. ICMS. Leis Complementares (Decreto-Lei nº 406/68 e Código Tributário Nacional), preexistentes à Constituição Federal e por ela recepcionadas. Convênios estaduais disciplinando a substituição tributária (66/88 e 107/89) e conflitando com a legislação em vigor. Impossibilidade.
>
> No sistema jurídico-constitucional brasileiro, a promulgação de nova Constituição não acarreta, 'ipso facto', a ineficácia (ou revogação) da legislação preexistente, derrogando só aquela que, com ela, se mostre incompatível.

Por não conflitarem com a Carta Política de 1988, continuam em vigor, com hierarquia de Leis Complementares, o Decreto-Lei nº 406/68 e o Código Tributário Nacional, no pertinente à disciplina do ICM (ICMS), o respectivo fato gerador e a base de cálculo (§ 5º, do artigo 34 do ADCT).
Consoante a legislação em vigor (recepcionada pela Constituição), o sujeito passivo da obrigação tributária, em princípio, deve ser aquele que praticou o ato descrito como núcleo do 'fato gerador' – ao qual é imputável a autoria do fato imponível.
O substituto tributário, em face da disciplina da legislação tributária (CTN, artigo 128), deverá ser sempre alguém 'vinculado' ao 'fato gerador', sendo de todo incabível que algum devedor ('estranho' em relação ao ato imponível) substitua outro que ainda não seja contribuinte relativamente à operação considerada.
O Convênio nº 66/88 (e 107/89), a pretexto de disciplinar o instituto da substituição tributária, já definido em Lei Complementar (CTN, artigo 128), instituiu hipótese de 'antecipação' do ICMS, nas operações de venda de veículos automotores, em que: a) a base de cálculo é fundada em fictício e estimado valor de tabela; b) o pagamento do tributo (ICMS) é exigido antes da ocorrência do fato gerador, em concreto; c) o substituto tributário é um terceiro estranho ao fato imponível.
Ao instituir, 'in casu', a substituição tributária, mediante a antecipação do recolhimento do ICMS, o Convênio nº 66/88 desbordou-se da legislação de regência (Decreto-Lei nº 406/68, artigo 1º, § 1º e artigos 52 e 128 do CTN), quando se sabe, que por determinação de regra transitória da Carta Política (artigo 34, § 8º do ADCT), tem a função de regulamentar provisoriamente a incidência do ICMS tão-só no dizente às lacunas existentes (na legislação recepcionada) e sobre matéria tratada em Lei Complementar não recebida, no todo ou em parte, pela Constituição Federal.
Recurso conhecido e improvido, por maioria de votos.

ACÓRDÃO
Vistos e relatados os autos em que são partes as acima indicadas, prosseguindo no julgamento, a Primeira Turma do Superior Tribunal de Justiça, por maioria, vencido o Sr. Ministro CESAR ASFOR ROCHA, rejeitar a preliminar de não-conhecimento do recurso. No mérito por maioria, vencido o Sr. Ministro GARCIA VIEIRA, negar provimento ao recurso, nos termos do voto do Sr. Ministro Relator, na forma do relatório e notas taquigráficas constantes dos autos, que ficam fazendo parte integrante do presente julgado. Participaram do julgamento os Srs. Ministros HUMBERTO GOMES DE BARROS, MILTON LUIZ PEREIRA, CESAR ASFOR ROCHA e GARCIA VIEIRA. Custas, como de lei.
Brasília (DF), 16 de março de 1994 (data do julgamento).
Ministro DEMÓCRITO REINALDO – Presidente/Rel. Designado."

6.5.1.2.2. Embargos de divergência em Recurso Especial nº 50.884-1 – SP

"Relator: O Exmo. Sr. Ministro Cesar Asfor Rocha

EMENTA
Tributário. ICMS. Operações de vendas de veículos automotores. Antecipação do recolhimento em decorrência do regime de substituição tributária disciplinado pelo Convênio nº 66/88 e 107/89.

– A competência atribuída aos Estados e ao Distrito Federal, para, na ausência de lei complementar necessária à **instituição** do ICMS, celebrarem Convênio para regular provisoriamente o mencionado imposto, restringe-se às **lacunas** existentes e às matérias legais **não** recepcionadas pela Constituição vigente (art. 34, § 5º, ADCT).
– Nos termos do artigo 155, XII, 'b', da atual Constituição, a disciplina do instituto da substituição tributária, relativamente ao ICMS, deve ter base em **lei** complementar, cuja ausência não se enquadra na autorização prevista no artigo 34, § 8º, ADCT, não podendo pois ter suporte em Convênio celebrado pelos Estados-membros.
– Embargos recebidos.

ACÓRDÃO
Vistos, relatados e discutidos estes autos, acordam os Srs. Ministros da Primeira Seção do Superior Tribunal de Justiça, na conformidade dos votos e das notas taquigráficas a seguir, por maioria, receber os embargos, vencidos os Srs. Ministros **Américo Luz**, **Hélio Mosimann** e **Peçanha Martins** que os rejeitavam. Votaram com o relator os Srs. Ministros **Demócrito Reinaldo**, **Humberto Gomes de Barros** e **Milton Luiz Pereira**. Ausente, justificadamente, o Sr. Ministro **Antônio de Pádua Ribeiro.** Presidiu o julgamento o Sr. Ministro **Garcia Vieira.**
Brasília, 18 de abril de 1995 (data do julgamento).
Ministro Garcia Vieira, Presidente.
Ministro Cesar Asfor Rocha, Relator."

6.5.1.2.3. Recurso Especial nº 67.744-0 – SP

"Relator: O Exmo. Sr. Ministro Cesar Asfor Rocha

EMENTA
Tributário. ICMS. Operações de vendas de veículos automotores. Antecipação do recolhimento em decorrência do regime de substituição tributária disciplinado pelos Convênios nºs 66/88 e 107/89. Ilegitimidade.
I – A competência atribuída aos Estados e ao Distrito Federal, para, na ausência de lei complementar necessária à **instituição** do ICMS, celebrarem Convênio para regular provisoriamente o mencionado imposto, restringe-se às **lacunas** existentes e às matérias legais **não** recepcionadas pela Constituição vigente (art. 34, § 5º, ADCT).
II – Nos termos dos artigos 150, § 7º e 155, XII, 'b', da atual Constituição, a disciplina do instituto da substituição tributária, relativamente ao ICMS, deve ter base em lei, cuja ausência não se enquadra na autorização prevista no artigo 34, § 8º, ADCT, não podendo pois ter suporte em Convênio celebrado pelos Estados-membros.
III – A eleição de '*substituto tributário*' por simples **Decreto**, como ocorrente na espécie dos autos, vulnera o artigo 97 do Código Tributário Nacional.
IV – A estipulação de base de cálculo do ICMS diversa da prevista no inciso I do artigo 2º do Decreto-Lei nº 406/68 somente é possível na falta de valor **real** da operação.
V – Recurso improvido.

ACÓRDÃO
Vistos, relatados e discutidos estes autos, acordam os Srs. Ministros da Primeira Turma do Superior Tribunal de Justiça, na conformidade dos votos e das notas taquigráficas a seguir, por unanimidade, negar provimento ao recurso. Participaram do julgamento os

Srs. Ministros **José de Jesus Filho, Demócrito Reinaldo, Humberto Gomes de Barros** e **Milton Luiz Pereira.**

Brasília, 02 de outubro de 1995 (data do julgamento).
Ministro Demócrito Reinaldo, Presidente.
Ministro Cesar Asfor Rocha, Relator."

6.5.1.2.4. Observações

O primeiro acórdão citado já levanta importantes pontos que demonstram a inviabilidade jurídica da denominada 'substituição *tributária* para frente'. O relator designado para o acórdão foi o Ministro Demócrito Reinaldo. O Ministro desenvolve, basicamente, os seguintes argumentos:

> "Ocorre que, o Convênio nº 66/88 (como o de nº 107/89) criou, a pretexto de disciplinar o instituto da substituição tributária, uma hipótese de 'antecipação' do ICMS, nas operações de venda de veículos automotores, em que:
> a) a base de cálculo (do ICMS) é fundada em fictício e estimado valor de 'tabela';
> b) determinou a exigência do tributo antes da ocorrência do fato gerador, em concreto;
> c) definiu, como substituto tributário, um terceiro sem qualquer vínculo com o fato imponível.
> O ponto nodal da questão consiste em saber-se se as disposições do convênio 66/88 (107/89) encontram base legal (e, até, constitucional) para a instituição da substituição tributária, nos moldes em que foi disciplinada. O meu entendimento, aliás, já esposado quando do julgamento do Resp. nº 31.386-SP, com apoiamento da unanimidade da 1ª Turma é o de que, nem o convênio, nem a lei estadual poderiam dispor sobre a ocorrência do fato gerador do imposto, nem alterar a sua base de cálculo e determinar-lhe o recolhimento antecipado (para momento anterior à ocorrência do fato imponível), contrariando dispositivos do Decreto-Lei nº 406/68 e do Código Tributário Nacional (artigos 121 e 128). Na ausência da Lei Complementar (artigo 34, § 8º do ADCT), os Estados poderão celebrar convênios para regulamentar provisoriamente o ICMS, mas, tão-só, no que diz respeito às 'lacunas' existentes e sobre matéria tratada em dispositivos de Lei Complementar (Decreto-Lei nº 406 e CTN) que não foi recepcionada, no todo ou em parte, pela Carta Magna".

Convém ressaltar que, em acórdãos posteriores (ERESP nº 34781-SP, ERESP nº 39413-7-SP, ERESP nº 52520-SP etc.), o Ministro Demócrito Reinaldo aprofundou o exame da matéria, sendo mais veemente quanto à impossibilidade jurídica da "substituição tributária para frente", quando assim se manifestou:

> "Acrescento que, na hipótese, não está em causa a Emenda Constitucional nº 3/93, visto como, todos os casos de substituição tributária julgados, nesta Corte, são anteriores àquela Emenda. A pendenga, assim, há de lograr desate com base na interpretação da legislação complementar (Dec.-Lei 406/68 e Código Tributário Nacional) recepcionada pela C. Federal e dos Convênios editados por força de normas das Disposições Transitórias da Lei Maior.
> Desvaliosa, ainda, a falaciosa argumentação sobre concluir que, na 'substituição tributária para a frente', não existe antecipação do tributo, que é exigido antes da ocorrência do fato gerador.

Com efeito, de acordo com a legislação estadual (e os Convênios n°s 66 e 107), as montadoras, que comercializam veículos automotores, estão obrigadas ao pagamento antecipado do ICMS, na saída de veículos novos e com destino a outros estabelecimentos, ficando, ademais, responsáveis (na condição de substitutos tributários) pelo pagamento do ICMS incidente nas subsequentes saídas. O ICMS é exigido sobre as operações estas ainda não ocorridas (mas, que, hipoteticamente, poderão se realizar).
Como é curial, se o fato gerador do ICMS, no caso, é a saída da mercadoria do estabelecimento do contribuinte, as montadoras não podem recolher esse tributo em relação às operações que, no futuro, se verificarão entre as revendedoras e o consumidor final. Do contrário, estar-se-ia a exigir tributo sem fato gerador e, de conseguinte, sem obrigação tributária".

Afirma, ainda, que:

"Desmerece consideração, também, a alegação de que a Lei Complementar nº 44/83 acrescentou um § 3º ao art. 6º do Decreto-Lei nº 406/68, possibilitando a substituição tributária. Admitindo-se, todavia, que a referida Lei Complementar não estivesse eivada dos defeitos que os Tributaristas apontam, ainda assim, um único parágrafo seria manifestamente insuficiente para a instituição dessa figura tributária. É que, malgrado acrescentar dispositivo ao Decreto-Lei 406, passou ao largo quanto ao CTN, sem alterá-lo, em seus artigos 116, 121 e 128 para, com as suas regras, compatibilizar essa forma de responsabilidade tributária".

E continua, nessa linha:

"Geraldo Ataliba e Cleber Giardino, manifestando-se sobre o tema – Substituição Tributária – advertem que a substituição, mesmo fundada na Lei Complementar nº 44/83, 'viola a Constituição, eis que, a moldura constitucional do ICMS não se afasta à própria concepção básica da substituição para a frente, em especial, o enunciado constitucional que caracteriza o imposto e sua incidência sobre operações de circulação de mercadorias efetivamente realizadas, não se podendo admitir que elas sejam tributadas antes de sua ocorrência' (*Revista de Direito Tributário* nº 34/204)".

O argumento desenvolvido pelo Ministro Demócrito Reinaldo é plenamente escorreito e fundado nas lições proferidas pela melhor doutrina. Todavia, merece reparo a observação do Ministro, relativa à EC nº 3/93. Ao contrário do afirmado pelo Ministro, a EC nº 3/93 não tornou viável a denominada substituição tributária "para frente", pois ela ofende os Princípios Constitucionais da Igualdade e da Capacidade Contributiva, não tendo veiculado qualquer norma **jurídica.** A norma (simples mensagem prescritiva não-jurídica) veiculada não ingressou no sistema do Direito Positivo brasileiro, carecendo de fundamento constitucional de validade.

Provavelmente, o Ministro não chegou a essa conclusão, pelo fato de ter apreciado tal matéria sem considerar a importância e influência dos Princípios

Constitucionais da Igualdade e da Capacidade Contributiva sobre a produção de norma impositiva de imposto.

Com relação ao segundo acórdão, cujo relator foi o Ministro CESAR ASFOR ROCHA, cabe ressaltar que a decisão foi proferida em Embargos de Divergência, onde prevaleceu, junto à 1ª Seção do Superior Tribunal de Justiça, o entendimento então reinante na Primeira Turma, qual seja: a tese contrária à admissibilidade da denominada substituição *tributária* "para frente". Os argumentos utilizados são, basicamente, os mesmos que o Ministro Democrático Reinaldo utilizou (e já referidos acima).

Apesar de não haver qualquer menção à EC nº 3/93 na ementa do acórdão sob exame, o Ministro relator a ela se referiu em seu voto, como se atesta:

> "Não olvido que a Emenda Constitucional nº 3, de 17 de março de 1993, acrescentando o § 7º ao artigo 150, conferiu foros de constitucionalidade à chamada substituição 'para frente', mas desde que prevista em lei, pontificando que, *verbis*:
> '§ 7º – A lei poderá atribuir a sujeito passivo de obrigação tributária a condição de responsável pelo pagamento de imposto ou contribuição, cujo fato gerador deva ocorrer posteriormente, assegurada a imediata e preferencial restituição da quantia paga, no caso não se realize o fato gerador presumido'.
> Também é certo que, ao fixar as normas gerais sobre o ICMS, a Constituição, no seu artigo 155, inciso XII, alínea 'b', atribuiu à lei **complementar** as disposições sobre substituição tributária.
> E esse instituto não é necessário à instituição do ICMS de forma que pudesse ser enquadrado no § 8º do art. 34 do ADCT.
> Assim, nos termos do artigo 155, XII, 'b', a disciplina do instituto em comento deve ter base em **lei complementar**, cuja ausência, como visto, não se enquadra na autorização prevista no art. 34, § 8º, ADCT, não podendo pois ter suporte em Convênio celebrado pelos Estados-membros".

Com relação a essa referência à EC nº 3/93, vale a mesma observação efetuada anteriormente (final do subitem 6.5.1.2.1 deste capítulo), qual seja: a questão envolvendo a afronta aos Princípios Constitucionais da Igualdade e da Capacidade Contributiva não foi considerada no julgamento. Se tivesse sido focada, a posição do Ministro relator acerca da aludida emenda, certamente, seria outra.

Os argumentos utilizados no terceiro acórdão são os mesmos referidos anteriormente (houve unanimidade). Vale observar, contudo, que este é o primeiro acórdão da corrente contrária à denominada 'substituição *tributária* para frente' que faz constar na ementa uma referência ao § 7º do art. 150, veiculado pela EC nº 3/93. O Ministro relator Cesar Asfor Rocha manifestou-se sobre a aludida emenda da mesma forma que fizera no julgado anterior (subitem 6.2.2 deste capítulo).

6.5.2. Segunda fase – o entendimento que tem predominado no Superior Tribunal de Justiça

6.5.2.1. A aceitação da sujeição passiva *tributária* antecipada

6.5.2.1.1. Embargos de divergência no Recurso Especial nº 45.923-9 – RS

"EMENTA

TRIBUTÁRIO – ICMS – COBRANÇA ANTECIPADA – VEÍCULOS AUTOMOTORES – CONVÊNIOS 66/88 E 107/89 – DECRETO-LEI Nº 406/68 – ADCT, ART. 34, § 8º – PRECEDENTES STJ.

A exigência da antecipação do ICMS, na venda de veículos automotores, não se reveste de ilegalidade ou abusividade.

O Decreto-Lei nº 406/68, recepcionado na Nova Carta, alterado pela Lei Complementar nº 44/83 e o art. 128 CTN, que se complementa, consagram a regra da substituição tributária. Embargos rejeitados. Prevalência da orientação preconizada pela Eg. 2ª Turma.

ACÓRDÃO

Vistos, relatados e discutidos estes autos, acordam os Ministros da Primeira Seção do Superior Tribunal de Justiça, na conformidade dos votos e das notas taquigráficas a seguir, por maioria, vencidos os Srs. Ministros Milton Luiz Pereira (Relator), Cesar Asfor Rocha, Demócrito Reinaldo e Humberto Gomes de Barros, rejeitar os embargos.

Os Srs. Ministros Antonio de Pádua Ribeiro, Hélio Mosimann, Peçanha Martins e Garcia Vieira (voto-desempate) votaram com o Sr. Ministro Américo Luz que lavrará o acórdão.

Brasília-DF, 20 de junho de 1995 (d. do Julg.)"

6.5.2.1.2. Embargos de divergência no Recurso Especial nº 39.413-7 – SP

"Relator: Sr. Ministro Antônio de Pádua Ribeiro

EMENTA

Tributário. ICMS. Revenda de veículos automotores. Substituição tributária para frente. Legalidade.

I – Não é ilegal a exigência do recolhimento antecipado, pela empresa fabricante, do ICMS, incidente na revenda de veículos pela concessionária.

II – A legislação infraconstitucional, atinente à chamada 'substituição tributária para frente', continua em vigor, hoje com endosso de Emenda Constitucional nº 3/93.

III – Constituição, art. 155, § 2º, XII, *b*; EC nº 3/93. Decreto-Lei nº 406/68. Lei Complementar nº 44/83. C.T.N., art. 128. Convênio 66/88.

IV – Embargos de divergência conhecidos e recebidos.

ACÓRDÃO

Vistos, relatados e discutidos estes autos, em que são partes as acima indicadas.

Decide a Primeira Seção do SUPERIOR TRIBUNAL DE JUSTIÇA, na conformidade dos votos e das notas taquigráficas anexas, por maioria, vencidos os Srs. Ministros Demócrito Reinaldo (voto-vista), Humberto Gomes de Barros, Milton Luiz Pereira e César Asfor Rocha, receber os embargos, nos termos do voto do Sr. Ministro Relator.

Os Srs. Ministros Hélio Mosimann, Peçanha Martins, Américo Luz e Garcia Vieira (voto-desempate) votaram com o Sr. Ministro Relator.

Brasília, 20 de junho de 1995 (data do julgamento).
Ministro Garcia Vieira – Presidente
Ministro Antônio de Pádua Ribeiro – Relator"

6.5.2.1.3. Embargos de divergência no Recurso Especial nº 52.520 – SP

"EMENTA

TRIBUTÁRIO – ICMS – REVENDA DE VEÍCULOS AUTOMOTORES – SUBSTITUIÇÃO TRIBUTÁRIA PARA FRENTE – LEGALIDADE.

I – Não é ilegal a exigência do recolhimento antecipado, pela empresa fabricante, do ICMS, incidente na revenda de veículos pela concessionária.

II – A legislação infraconstitucional, atinente à chamada 'substituição tributária para frente', continua em vigor, hoje com endosso da Emenda constitucional nº 3/93.

III – Constituição, art. 155, parágrafo 2º, XII, *b*; EC nº 3/93. Decreto-Lei nº 406/68. Lei Complementar nº 44/83. C.T.N., art. 128. Convênios 66/88 e 107/89.

IV – Embargos de divergência conhecidos e recebidos.

ACÓRDÃO

Vistos, relatados e discutidos estes autos, em que são partes as acima indicadas.

Decide a Primeira Seção do SUPERIOR TRIBUNAL DE JUSTIÇA, na conformidade dos votos e das notas taquigráficas anexas, por maioria, conhecer e receber os embargos, nos termos do voto do Sr. Ministro Relator, vencidos os Srs. Ministros Demócrito Reinaldo e Milton Luiz Pereira que os rejeitavam.

Os Srs. Ministros José de Jesus Filho, Peçanha Martins, Humberto Gomes de Barros e Ari Pargendler votaram com o Sr. Ministro Relator.

Ausente, ocasionalmente, o Sr. Ministro José Delgado.

Brasília-DF, 24 de abril de 1996 (data do Julgamento)."

6.5.2.1.4. Embargos de divergência no REsp nº 35.958 – SP

"EMENTA

TRIBUTÁRIO – ICMS – OPERAÇÕES DE VENDA DE VEÍCULOS AUTOMOTORES – EXIGÊNCIA DO RECOLHIMENTO ANTECIPADO, PELO SUBSTITUTO TRIBUTÁRIO (MONTADORA/ EMPRESA FABRICANTE DOS AUTOM"VEIS), DO IMPOSTO INCIDENTE NA REVENDA DE VEÍCULOS PELO CONTRIBUINTE SUBSTITUÍDO (CONCESSIONÁRIA/REVENDEDORA): ADMISSIBILIDADE – REGIME DE SUBSTITUIÇÃO TRIBUTÁRIA: APLICAÇÃO PRECEDENTES DA 1ª SEÇÃO – EMBARGOS RECEBIDOS.

I – Assentou-se, no âmbito da 1ª Seção do STJ, a orientação de que, tratando-se de operações de venda de veículos automotores, é admissível a exigência do recolhimento antecipado do ICMS pelo regime de substituição tributária. Inteligência do art. 155, parágrafo 2º, XII, "b", da CF/88, do art. 34, parágrafos 3º e 8º, do ADCT, dos arts. 121 e 128 do CTN, do Decreto-Lei nº 406/68, da Lei Complementar nº 44/83, dos Convênios nºs 66/88 e 107/89, e da Lei do Estado de São Paulo nº 6.374/89.

II – Precedentes da 1ª Seção do STJ: EREsp nº 52.520/SP, EREsp nº 30.269/SP, EREsp nº 45.923/RS e EREsp nº 39.413/SP.

III – Embargos de Divergência recebidos sem discordância.

ACÓRDÃO

Vistos e relatados estes autos, em que são partes as acima indicadas. Decide a PRIMEIRA SEÇÃO do Superior Tribunal de Justiça, por unanimidade, receber os embargos, nos termos do voto do Sr. Ministro-relator, na forma do relatório e notas taquigráficas constantes dos autos, que ficam fazendo parte integrante do presente julgado. Votaram de acordo os Srs. Ministros Ari Pargendler, Antônio de Pádua Ribeiro, Demócrito Reinaldo, Humberto Gomes de Barros e Milton Luiz Pereira. Ausentes, ocasionalmente, os Srs. Ministros José de Jesus Filho e Peçanha Martins. Ausente, justificadamente, o Sr. Ministro José Delgado. Custas, como de lei.

Brasília-DF, 28 de agosto de 1996 (data do julgamento)."

6.5.2.2. Observações

A partir de 20 de junho de 1995, começou a prevalecer no Superior Tribunal de Justiça o entendimento que, até então, era dominante na Segunda Turma desta Corte, qual seja: "é admissível a exigência do recolhimento antecipado do ICMS pelo regime de substituição tributária". Naquele mesmo dia foram julgados diversos embargos de divergência em igual sentido, valendo destacar um ponto comum em todos eles: a decisão foi muito apertada (5 votos a favor e 4 votos contrários à "substituição *tributária* antecipada", com o voto-desempate do Presidente, o Ministro GARCIA VIEIRA.

Quanto ao mérito da questão não há muito o que se dizer além do que foi dito anteriormente, ao se efetuar algumas observações sobre o posicionamento da corrente favorável à substituição tributária antecipada.

Um dado novo a se destacar é a afirmação, presente nos dois últimos acórdãos transcritos (publicados no *Diário de Justiça*, respectivamente em 27 de maio de 1996 e em 16 de setembro de 1996), de que: "a substituição tributária para frente continua em vigor, hoje com endosso da Emenda Constitucional nº 3/93".

Nesse sentido, é elucidativo o voto do Ministro-relator ANTONIO DE PÁDUA RIBEIRO, proferido no segundo acórdão acima citado (subitem 6.5.2.1.2 deste capítulo):

> "Com efeito, não há olvidar que o Supremo Tribunal Federal teve por constitucional a chamada 'substituição tributária para frente', desde que instituída por lei complementar. Encampado o instituto pela Constituição em vigor (art. 155, § 2º, XII, *b*), o Convênio 66/88 (que, por força do art. 34, § 8º, do ADCT, tem força de lei complementar) o adotou em seu texto, repetindo, em última análise, as normas da Lei Complementar nº 44, de 1983. Posteriormente, sobreveio a Emenda Constitucional nº 3/93, que, em termos inequívocos, constitucionalizou o instituto, amplamente utilizado desde o advento do ICM no nosso sistema tributário. Eis o seu texto:
>
> 'A lei poderá atribuir ao sujeito passivo da obrigação tributária a condição de responsável pelo pagamento do imposto ou contribuição, cujo fato gerador deva ocorrer posteriormente, assegurada a imediata e preferencial restituição da quantia paga, caso não se realize o fato gerador presumido'.
>
> Em suma: a legislação infraconstitucional, atinente à chamada 'substituição tributária para frente', continua em vigor, hoje com expresso endosso do texto constitucional antes mencionado".

Ora, não é demais insistir: a EC nº 3/93 não tornou viável a denominada substituição tributária "para frente", pois ela ofende os Princípios Constitucionais da Igualdade e da Capacidade Contributiva, não tendo veiculado qualquer norma **jurídica.** A norma (simples mensagem prescritiva não-jurídica) veiculada não ingressou no sistema do Direito Positivo brasileiro, carecendo de fundamento constitucional de validade. Provavelmente, o Ministro não chegou a esta conclusão, pelo fato de ter apreciado tal matéria sem considerar a importância e influência dos Princípios Constitucionais da Igualdade e da Capacidade Contributiva sobre a produção de norma impositiva de imposto.

Por fim, convém manifestar a esperança de que o Superior Tribunal de Justiça reveja seu posicionamento e considere inconstitucional (sem fundamento constitucional de validade) a "substituição *tributária* para frente". Para tanto basta atender o que impõem os Princípios Constitucionais da Igualdade e da Capacidade Contributiva, o que é evidenciado pelo modelo jurídico desenvolvido neste livro.

6.6. RESUMO

1. A **emenda constitucional** é um veículo introdutor de norma (fonte formal), que apresenta a peculiaridade de, obedecidos os requisitos previstos na Constituição (norma constitucional, norma-origem do Direito Positivo), introduzir norma de nível constitucional (item 6.2).

2. É inadmissível (segundo o modelo proposto) cogitar-se de norma **jurídica inconstitucional**, independentemente do instrumento introdutor de norma (**emenda constitucional**, lei complementar, lei ordinária, decreto etc.) que a tenha veiculado (item 6.2).

3. A norma constitucional de produção normativa regula o modo pelo qual se cria uma norma veiculada por emenda constitucional. Portanto, aquela (norma superior) é o fundamento de validade desta (norma inferior) – (item 6.2).

4. De acordo com o sistema de Direito Positivo vigente, é impossível modificar o núcleo normativo construído a partir do art. 60 da Constituição da República, que dispõe sobre os requisitos subjetivo (sujeito de direito competente), material (declaração prescritiva) e formal (procedimento) necessários para a modificação da norma-origem do Direito Positivo brasileiro (o conjunto de normas veiculadas pela Constituição) – (item 6.2).

5. **Presunção** significa "um juízo que se forma sobre indícios ou começos de provas; suspeita, conjetura. O que se supõe verdadeiro até a prova do contrário"; é "um juízo antecipado e provisório que se considera válido até prova em contrário" (item 6.3).

6. **Ficção** "(do lat. *Fingere*: fingir, imaginar) em seu sentido filosófico, a ficção é uma construção elaborada pela imaginação"; é uma "simulação para encobrir a verdade, fingimento" (item 6.3).

7. Falar em **fato jurídico tributário presumido** significa dizer que há uma presunção (isto é, um *juízo*, uma operação mental pela qual decide-se, mediante a verificação de sinais – *indícios*) sobre a efetiva ocorrência de um fato jurídico tributário, em certo tempo e espaço. *Fato jurídico tributário presumido* é fato (acontecimento, objeto da experiência) que se considera (julga) realmente ocorrido, no tempo e no espaço (item 6.3).

8. Cogitar-se de **fato jurídico tributário** *fictício* significa aludir a um fato não realizado no tempo e no espaço, um fato meramente imaginado ou desejado. O ato de imaginar ou desejar um fato não se confunde com o próprio fato (algo que tem realidade no tempo e no espaço) – (item 6.3).

9. A Emenda Constitucional nº 3/93, ao dispor sobre a "sujeição passiva tributária antecipada" afrontou diretamente os Princípios Constitucionais da Igualdade e da Capacidade Contributiva ("direitos" individuais fundamentais do sistema jurídico brasileiro), caracterizando-se uma flagrante inconstitucionalidade (falta de fundamento constitucional de validade) – (item 6.4).

10. A Emenda Constitucional nº 3/93 ao veicular uma norma que autoriza a produção de outra norma, a norma impositiva de imposto ou de contribuição, que, por sua vez, poderá ter como antecedente a descrição de um "fato gerador presumido" (*rectius*: *fato jurídico tributário* **fictício**) e como consequente a obrigação de um "responsável" (*rectius*: substituto) pagar o imposto ou a contribuição antes da ocorrência do efetivo fato jurídico tributário, afronta diretamente os Princípios da Capacidade Contributiva e da Igualdade, o que acarreta uma flagrante inconstitucionalidade (falta de fundamento constitucional de validade) da norma (mera mensagem prescritiva) veiculada pela referida emenda que "autoriza" a criação da malsinada "sujeição passiva *tributária* antecipada" ou "substituição *tributária* para frente" (item 6.4).

11. A jurisprudência dos Tribunais Superiores (mais especificamente, do Superior Tribunal de Justiça) encontrava-se, numa fase inicial, dividida acerca da possibilidade jurídico-constitucional da denominada "substituição tributária para frente". Contudo, atualmente, prevalece o entendimento naquela Corte de que é juridicamente possível a "substituição tributária para frente". É imprescindível ressaltar que o Superior Tribunal de Justiça, em nenhum momento, apreciou a matéria, levando em consideração a relevância dos Princípios Constitucionais da Igualdade e da Capacidade Contributiva. Se estes princípios fossem considerados, certamente, as decisões seriam uníssonas no seguinte sentido : **há flagrante inconstitucionalidade da norma veiculada pela EC nº 3/93 na parte relativa à "autorização" da "substituição tributária para frente"** (item 6.5)

BIBLIOGRAFIA

ABBAGNANO, Nicola. *Dicionário de Filosofia*, Tradução de Alfredo Bosi, São Paulo, Ed. Mestre Jou, 1982.

AFTALI"N, Enrique, VILANOVA, José. *Introducción al Derecho*, Buenos Aires, Abeledo-Perrot, 1988.

ALMEIDA, Napoleão Mendes de. *Gramática Metódica da Língua Portuguesa*, São Paulo, Ed. Saraiva, 1995.

ARAÚJO, Jackson Borges de. *O Controle Judicial da (in) Constitucionalidade da Emenda à Constituição*, Recife, Inojosa Editores, 1995.

ATALIBA, Geraldo. *Hipótese de Incidência Tributária*, São Paulo, Ed. Malheiros, 1992.

________, GIARDINO, Cleber. *"Responsabilidade Tributária – ICM – Substituição Tributária (Lei Complementar 44/83)"*, *Revista de Direito Tributário*, São Paulo, Ed. Revista dos Tribunais, 1985.

ATALIBA, Geraldino, BARRETO, Aires. "Emenda 3/93 (à Constituição de 1988) – Responsabilidade por Fato Futuro (§ 7º do Art. 150)", *Revista Trimestral de Direito* Público, 4.

________. Aires. "Substituição e responsabilidade tributária", *Revista de Direito Tributário*, São Paulo, Ed. Revista dos Tribunais.

AULETE, Caldas. *Dicionário Contemporâneo da Língua Portuguesa*, Rio de Janeiro, Ed. Delta, 1968.

BALEEIRO, Aliomar. *Direito Tributário Brasileiro*, Rio de Janeiro, Ed. Forense, 1977.

________. *Limitações Constitucionais ao Poder de Tributar*, Rio de Janeiro, Ed. Forense, 1974.

BANDEIRA DE MELLO, Celso Antônio. *O Conteúdo Jurídico do Princípio da Igualdade*, São Paulo, Ed. Malheiros, 1995.

________. *Curso de Direito Administrativo*, São Paulo, Ed. Malheiros, 1995.

BANDEIRA DE MELLO, Oswaldo Aranha. *Princípios Gerais de Direito Administrativo*, Rio de Janeiro, Ed. Forense, 1979, tomo I.

BECKER, Alfredo Augusto. *Teoria Geral do Direito Tributário*, São Paulo, Ed. Saraiva, 1972.

BEVILÁQUA, Clóvis. *Direito das Obrigações*, Bahia, José Luiz da Fonseca Magalhães Editor, 1910.

BITTAR, Djalma. "Relação Jurídica Tributária em Nível Lógico", Exposição de mestrado, São Paulo, PUC/SP, 1991.

BOBBIO, Norberto e outros. *Derecho, Filosofía y Lenguaje*, Buenos Aires, Ed. Astrea, 1976.

BOBBIO, Norberto. *Teoria General del Derecho*, Santa Fé de Bogotá, Colombia, Editorial Temis, 1994.

________. *Teoria della Norma Giuridica*, Torino, Gianpichelli, 1960.

dell' ordinamento

________. *Teoria dell' Ordinamento Giuridico*, Torino, Gianpichelli, 1960.

________. *Teoria do Ordenamento Jurídico*, Tradução de Maria Celeste Cordeiro Leite dos Santos, Brasília, UNB, São Paulo, Polis, 1990.

BORGES, José Souto Maior. *Lançamento Tributário*, Tratado de Direito Tributário, Rio de Janeiro, Ed. Forense, 1981, vol. 4.

________. *Isenções Tributárias*, São Paulo, Sugestões Literárias, 1980.

________. *Obrigação tributária: uma introdução metodológica*, São Paulo, Ed. Saraiva, 1984.

BOSELLO, Furio. "A Formulação da Norma Tributária e as Categorias Jurídicas Civilistas", *In Direito Tributário: Estudos em Homenagem ao Prof. Ruy Barbosa Nogueira*, Brandão Machado (Coord.), São Paulo, Ed. Saraiva, 1984.

CANARIS, Claus-Wilthelm. *Pensamento Sistemático e Conceito de Sistema na Ciência do Direito*, Tradução de Antônio Manuel de Rocha e Menezes Cordeiro, Lisboa, Fundação Calouste Gulbenkian, 1989.

CANOTILHO, José Joaquim Gomes. *Direito Constitucional*, Coimbra, Almedina, 1991.

CARRAZA, Roque Antônio. *Curso de Direito Constitucional Tributário*, São Paulo, Ed. Revista dos Tribunais, 1991.

________. *ICMS*, São Paulo, Ed. Malheiros, 1994.

CARRIO, Genaro R. *Sobre el Concepto de Deber Juridico*, Buenos Aires, Abeledo-Perrot, 1966.

CARVALHO, Paulo de Barros. *Curso de Direito Tributário*, São Paulo, Ed. Saraiva, 1995.

________. *"Formalização da Linguagem – Proposições e Fórmulas"*, *Direito* – revista do programa de pós-graduação em direito, PUC/SP, São Paulo, Ed. Max Limonad, 1995.

_______. *Fundamentos Jurídicos da Incidência Tributária*, São Paulo, obra inédita, 1996.

_______. "Sobre os Princípios Constitucionais Tributários", *Revista de Direito Tributário*, São Paulo, Ed. Revista dos Tribunais, 1991.

_______. *Teoria da Norma Tributária*, São Paulo, Ed. Lael, 1974.

COELHO, Sacha Calmon Navarro. *Comentários à Constituição de 1988*, Rio de Janeiro, Ed. Forense, 1990.

_______. *O Controle da Constitucionalidade das Leis e do Poder de Tributar na Constituição de 1988*, Belo Horizonte, Ed. Del Rey, 1992.

COPI, Irwing. *Introdução à Lógica*, Tradução de Álvaro Cabral, São Paulo, Ed. Mestre Jou, 1981.

_______. "Capacidade Contributiva", *Revista de Direito Tributário*, São Paulo, Ed. Revista dos Tribunais, 1991.

COSTA, Alcides Jorge. *Da Extinção das Obrigações Tributárias*, São Paulo, Ed. Revista dos Tribunais, 1993.

_______. "ICM – Substituição Tributária – Responsabilidade por Retenção e Recolhimento por Operações ainda não Realizadas", *Revista de Direito Tributário*, São Paulo, Ed. Revista dos Tribunais, 1988.

DANTAS, San Tiago. *Programa de Direito Civil*, Rio de Janeiro, Ed. Rio, 1979.

DENARI, Zelmo. *Curso de Direito Tributário*, Rio de Janeiro, Ed. Forense, 1993.

DERZI, Mizabel Abreu Machado. *Direito Tributário, Direito Penal e Tipo*, São Paulo, Ed. Revista dos Tribunais, 1988.

DINIZ, Maria Helena. *A Ciência Jurídica*, São Paulo, Ed. Resenha Universitária, 1982.

ECHAVE, Delia Tereza, URQUIJO, Maria Eugenia, GUIBOURG, Ricardo. *Lógica Proposición y Norma*, Buenos Aires, Ed. Astrea, 1991.

ENGISH, Karl. *Introdução ao Pensamento Jurídico*, Tradução de João Baptista Machado, Lisboa, Calouste Gulbenkian, 1983.

FALCÃO, Amílcar de Araújo. *Fato Gerador da Obrigação Tributária*, Rio de Janeiro, Ed. Forense, 1984.

_______. *Introdução ao Direito Tributário*, Rio de Janeiro, Ed. Forense, 1994.

FANUCCHI, Fábio. *A Decadência e a Prescrição em Direito Tributário*, São Paulo, Ed. Resenha Tributária, 1971.

FERRARI, Regina Maria Macedo Nery. *Efeitos da Declaração de Inconstitucionalidade*, São Paulo, Ed. Revista dos Tribunais, 1990.

FERRAZ JÚNIOR, Tércio Sampaio. *Introdução ao Estudo do Direito*, São Paulo, Ed. Atlas, 1990.

GORDILLO, Agustin. *Introducción al Derecho Administrativo*, Abeledo-Perrot, 1996.

GRECO, Marco Aurélio. *Dinâmica da Tributação e Procedimento,* São Paulo, Ed. Revista dos Tribunais, 1979.

GUIBOURG, Ricardo A., GHIGLIANI, Alejandro M., GUARINONI, Ricardo V. *Introducción al Conocimiento Científico*, Editorial Universitária de Buenos Aires, 1985.

GUSMÃO, Paulo Dourado de. *Introdução ao Estudo do Direito*, Rio de Janeiro, Ed. Forense, 1989.

HART, Herbert L. A. *O Conceito de Direito*, Tradução de Armindo Ribeiro Mendes, Lisboa, Fundação Calouste Gulbenkian, 1961.

HORVATH, Estevão. *Lançamento Tributário e "Autolançamento"*, São Paulo, Ed. Dialética, 1997.

JAPIASSU, Hilton, MARCONDES, Danilo. *Dicionário básico de Filosofia*, Rio de Janeiro, Jorge Zahar Editor, 1991.

JUSTEN FILHO, Marçal. *Capacidade Contributiva*, Caderno de Pesquisas Tributárias, São Paulo, Ed. Resenha Tributária, 1989.

________. *Princípios Constitucionais Tributários*, Caderno de Pesquisas Tributárias, São Paulo, Ed. Resenha Tributária, 1993.

________. *Sujeição passiva Tributária*, Belém. Ed. Cejup, 1986.

KELSEN, Hans. *Teoria Geral do Direito e do Estado*, Tradução de Luís Carlos Borges, São Paulo, Ed. Martins Fontes, 1990.

________. *Teoria Pura do Direito*, Tradução de João Baptista Machado, São Paulo, Martins Fontes, 1991.

________. *Teoria Geral das Normas*, Tradução de José Florentino Duarte. Porto Alegre, Ed. Fabris, 1986.

LARENZ, Karl. *Metodologia da Ciência do Direito*, Tradução de José Lamego, Lisboa, Ed. Calouste Gulbenkian, 1983.

LEITE JÚNIOR, Orlando. *A Regra-Matriz do IVVC: sua Textualidade*, São Paulo, Ed. Gonçalves, 1993.

MACHADO, Hugo Brito. *Curso de Direito Tributário*, São Paulo, Ed. Malheiros, 1993.

MELO, José Eduardo Soares de. *ICMS – Teoria e Prática*, São Paulo, Dialética Edições, 1995.

MICHELI, Gian Antônio. *Curso de Direito Tributário*, Tradução de Marco Aurélio Greco e Pedro Luciano Marrey Jr., São Paulo, Ed. Revista dos Tribunais, 1978.

NEVES, Marcelo. *A Constitucionalização Simbólica*, São Paulo, Ed. Acadêmica, 1994.

________. *Teoria da Inconstitucionalidade das Leis*. São Paulo, Ed. Saraiva, 1988.

NINO, Carlos Santiago. *La Validez del Derecho*, Buenos Aires, Editorial Astrea, 1984.

NOGUEIRA, Rui Barbosa. *Curso de Direito Tributário*, São Paulo, Ed. Saraiva, 1990.

OLIVEIRA, José Marcos Domingues. *Capacidade Contributiva – Conteúdo e Eficácia do Princípio*, Rio de Janeiro, Ed. Renovar, 1988.

________. *O Direito e a Vida dos Direitos*, São Paulo, Ed. Max Limonad, 1952.

QUEIROZ, Luís Cesar Souza de. *Imposto sobre a renda: requisitos para uma tributação constitucional*. Rio de Janeiro: Forense, 2003.

________. Tributação de controladas e coligadas no exterior. In: Aires F. Barreto et al. *Direito tributário linguagem e método: as grandes disputas entre jurisprudência e dogmática na experiência brasileira atual*. São Paulo: Noeses, 2008.

________. "O julgamento da ADIN 2.588 e suas repercussões para o regime do imposto sobre a renda". *In Revista Tributária das Américas*, vol. 9/2014, jan-jun/2014, p. 365 – 401.

______. "A importância da Constituição para a identificação das espécies tributárias e produção das respectivas normas.". In. FUX, Luiz; QUEIROZ, Luís; ABRAHAM, Marcus (org). *Tributação e justiça fiscal*. Rio de Janeiro: LMJ Mundo Jurídico, 2014, pp. 69-106.

______. "Controle de constitucionalidade, mutação jurídica e coisa julgada tributária – reflexos sobre prescrição e decadência em matéria tributária.". In. QUEIROZ, Luís Cesar Souza de; OLIVEIRA, Gustavo da Gama Vital (org). *Tributação constitucional, justiça fiscal e segurança jurídica*. Rio de Janeiro: LMJ Mundo Jurídico, 2014, pp. 1-44.

______. "Imposto sobre a renda, os princípios da irretroatividade e da anterioridade e a Súmula 584 do STF". In: GOMES, Marcus Lívio Gomes; VELLOSO, Andrei Pitten. (org.). *Sistema Constitucional Tributário: dos fundamentos teóricos aos hard cases tributários: estudos em homenagem ao ministro Luiz Fux*. Porto Alegre: Livraria do Advogado, 2014, v. 1, pp. 79-98.

______. "Imposto sobre a renda: o conceito constitucional de renda e a recente visão do STF". *In* QUEIROZ, Luís Cesar Souza de; GOMES, Marcus Lívio Gomes (org.). *Finanças Públicas, tributação e desenvolvimento*. Volume 9, da Coleção Direito UERJ 80 Anos. Rio de Janeiro: Bastos Freitas, 2015, pp. 231-262.

RÁO, Vicente. *Ato Jurídico*, São Paulo, Ed. Max Limonad, 1964.

REALE, Miguel. *Fontes e Modelos do Direito*, São Paulo, Ed. Saraiva, 1994.

ROSS, Alf. *Sobre el Derecho y la Justicia*, Buenos Aires, Editorial Universitaria de Buenos Aires, 1994.

RUGGIERO, Roberto de. *Instituições de Direito Civil*, São Paulo, Ed. Saraiva, 1971.

SANTI, Eurico Marcos Diniz de. *Lançamento Tributário*, São Paulo, Ed. Max Limonad, 1996.

SEABRA, Antonio Fernando. *Deslocamento do Fato Gerador – Exigência de Recolhimento Antecipado do ICM e outros Temas Tributários*, São Paulo, José Bushatsky Editor, 1982.

SILVA, José Afonso da. *Curso de Direito Constitucional Positivo*, São Paulo, Ed. Malheiros, 1996.

SOUZA, Rubens Gomes de, ATALIBA, Geraldo, CARVALHO, Paulo de Barros. *Comentários ao Código Tributário Nacional: Parte Geral*, São Paulo, Ed. Revista dos Tribunais, 1985.

SOUZA, Rubens Gomes de. *Compêndio de Legislação Tributária*, São Paulo, Ed. Resenha Tributária, 1975.

TORRES, Ricardo Lobo. *Curso de Direito Financeiro e Tributário*, Rio de Janeiro, Ed. Renovar, 1993.

TRABUCCHI, Alberto. *Istituzioni di Diritto Civile*, Padova, Cedam – Casa Editrice Dott Antonio Milani, 1986.

ULLMANN, Sthephen. *Semântica: uma Introdução à Ciência do Significado*, Tradução de J. A. Osório Mateus. Lisboa, Fundação Calouste Gulbenkian, 1964.

VERNENGO, Roberto José. *Curso de Teoria General del Derecho*, Buenos Aires, Ediciones Depalma, 1988.

VILANOVA, Lourival. *Causalidade e Relação no Direito*, São Paulo, Ed. Saraiva, 1989.

________. *As Estruturas Lógicas e o Sistema do Direito Positivo*, São Paulo, Ed. Revista dos Tribunais, 1977.

________. *Lógica Jurídica*, São Paulo, José Bushatsky, 1976.

________. "Teoria da Norma Fundamental". *In Estudos em Homenagem a Miguel Reale*, Organização Teófilo Cavalcanti Filho, São Paulo, Ed. Revista dos Tribunais, 1977.

WARAT, Luiz Alberto. *O Direito e sua Linguagem*, Porto Alegre, Ed. Fabris, 1984.

XAVIER, Alberto. *Os Princípios da Legalidade e da Tipicidade da Tributação*, São Paulo, Ed. Revista dos Tribunais, 1978.